NATIONAL GEOGRAPHIC
LES GUIDES DE VOYAGE

MEXIQUE

Jane Onstott

COMMENT UTILISER

**Museo Nacional
de Antropología**

🅜 178 B2

✉ Paseo
de la Reforma
et Gandhi, Bosque
de Chapultepec

☎ (55) 55 53 63 86

🕐 Mar.-dim. 9 h-19 h

💶 €€

Ⓜ Auditorio

RENSEIGNEMENTS

Des informations sur les principaux sites à visiter
figurent en marge des pages (voir la légende des
symboles sur le dernier rabat de la couverture).
Lorsque la visite est payante, le tarif des entrées
est indiqué par le symbole €.

€	moins de 2 euros
€€	de 2 à 5 euros
€€€	de 5 à 10 euros
€€€€	de 10 à 15 euros
€€€€€	plus de 15 euros

77

CODE COULEUR
Chaque région est identifiée
à l'aide d'une couleur afin
de faciliter la navigation dans le
guide. Ce même principe
est appliqué dans la partie
Informations pratiques.

Concordance entre
pictos et prix

Pictos figurant les
principales presta-
tions

Établissement
recommandé

HÔTELS ET RESTAURANTS
Vous trouverez une liste d'hôtels et de restaurants
pp. 356-380 ; des bonnes adresses classées par
région et présentées avec des indications de prix.

ADRESSES
Au Mexique, les noms de rues ou d'avenue sont
rarement précédés de leur qualification, on écrit
donc « Morelos » pour « Av. Morelos ».

CARTE RÉGIONALE

Numéro de route

Site à voir absolument

Site à voir

Départ de l'itinéraire

Aéroport

Coordonnée de la carte

ITINÉRAIRE DE PROMENADE

Les chiffres en rouge renvoient aux lieux et bâtiments mentionnés dans le texte

Point de départ

Bâtiment intéressant

Site intéressant hors de l'itinéraire

Sur l'itinéraire, site à ne pas manquer (en gras)

Itinéraire

Sens de la promenade

● Un encadré indique le point de départ et d'arrivée, la durée et le nombre de kilomètres de la promenade et les endroits à ne pas manquer.

● Quand deux itinéraires sont présents sur la carte, le deuxième est indiqué en orange.

CARTE D'ESCAPADE

Départ de l'excursion

Numéro de route

Trajet

Les chiffres en rouge renvoient aux lieux et bâtiments mentionnés dans le texte

Photographies : p. 1 : Masque en bois, Tzintzuntzan ;
pp. 2-3 : Cathédrale, San Cristóbal de las Casas.

SOMMAIRE

Photographie p. 8 : Cactus, Basse-Californie.

Histoire
et culture

**Un prêtre mixtèque,
illustration du codex Nuttal.**

Le Mexique aujourd'hui

PRIX NOBEL, POÈTE ET ESSAYISTE MEXICAIN, OCTAVIO PAZ (1914-1998) JUGE SES COMPA-triotes réservés et distants, toujours sur la défensive. Pour la plupart des visiteurs, ce sont des gens sympathiques, obligeants et aimant faire la fête. Voilà un exemple des nombreux paradoxes, contradictions et surprises du Mexique. Sensibles au pathos et à la sentimentalité, les Mexicains sont intenses et passionnés, mais cachent leurs émotions derrière un masque de sérénité et d'indifférence.

LE PAYS

Le cœur physique et politique du Mexique est situé dans la vallée de Mexico, sur le plateau d'Anáhuac, où vivent plus de 20 % de la population. Mexico, construite en 1521 sur les ruines de l'ancienne capitale aztèque, Tenochtitlán, est entourée par des terres agricoles parmi les plus fertiles du pays. Malgré une majorité de terres arides, le Mexique produit la majeure partie de ses besoins alimentaires : maïs, froment, soja, riz, haricots, café, cacao, fruits et légumes.

Le pays, d'une grande variété géographique, est dominé par les montagnes. Depuis la frontière avec les États-Unis, les chaînes occidentale et orientale de la Sierra Madre (« montagne mère »), prolongement des Rocheuses, s'étirent sur plus de 1 100 kilomètres. Entre les deux, le plateau mexicain abrite une série de chaînes moins importantes et de hautes vallées, et, dans le nord, les déserts du Chihuahua et du Sonora.

Baignée par les eaux de l'océan Pacifique et du golfe de Californie, la péninsule de Basse-Californie (*Baja California*) se partage entre déserts et montagnes et compte des dizaines d'îles. Le nord et le sud de cette péninsule, l'une des plus longues et des plus isolées au monde, ne sont reliés par la route que depuis les années 1970.

C'est en raison de leurs filons importants de minerais précieux que les massifs escarpés et souvent inhospitaliers des Sierra Madre orientale et occidentale ont été l'un des premiers lieux explorés et colonisés par les Espagnols. Ces minerais demeurent une importante source de revenus. Le Mexique, premier producteur d'argent au monde, dispose de réserves importantes de cuivre, or, plomb, zinc et fer. Les Mexicains exploitent les forêts, en particulier celles du Centre et du Nord-Ouest – acajou, noyer et bois de rose –, et d'autres bois durs précieux ainsi que des conifères pour le papier. Malgré une loi de 1988 visant à promouvoir le développement durable, l'élevage intensif, la culture sur brûlis et l'abattage des arbres pour le chauffage individuel aggravent la déforestation, en particulier dans les régions pauvres du Sud. Le tourisme vert, encore balbutiant, pourrait fournir des solutions viables aux communautés démunies et se substituer à ces pratiques destructrices.

Les alpinistes se laissent séduire par quelques-unes des cimes les plus élevées du continent, dont le Pico de Orizaba, l'Iztaccíhuatl et La Malinche, qui sont regroupés dans la cordillère néo-volcanique, à la lisière sud de la Sierra Madre orientale. À l'instar d'El Fuego de Colima, sur la côte Pacifique, le volcan Popocatépetl est actuellement en activité et interdit à l'escalade. Les villages de ses versants et des vallées environnantes ont souvent dû être évacués.

La péninsule du Yucatán, saillie étonnante faite de calcaire, riche en rivières souterraines et *cenotes* (gouffres), débouche sur la mer des Antilles. C'est l'une des rares régions de basse altitude. De vastes étendues de basses terres tropicales et semi-tropicales, parsemées de rivières, de marais et d'estuaires longent le golfe du Mexique. Entre cette région et le littoral Pacifique, plus long et étroit, le Mexique possède 8 560 kilomètres de côtes.

Le long de la côte Pacifique et jusqu'au Guatemala se dressent la Sierra Madre del Sur et la Sierra Madre de Chiapas. Les villages qui y sont établis ont subi un isolement

Petite marchande devant une grande peinture murale, à Izamal, dans le Yucatán.

qui a préservé les cultures indigènes, au détriment d'infrastructures élémentaires telles que l'accès à l'eau potable, le tout-à-l'égout, les écoles, les hôpitaux et l'électricité.

LES MEXICAINS

Peu de pays présentent à la fois un tel degré de *mestizaje* (métissage) et une identité indigène aussi forte. Presque 20 % des 100 millions de Mexicains sont indiens et environ 70 % sont métis. Plus de 7 millions de Mexicains ont pour première langue un des deux cents idiomes indiens répartis en groupes, maya, yuman, mixtèque, náhua et tarasque. La population d'origine castillane (9 %) ne constitue pas exclusivement la classe aisée du Mexique mais il est certain que les plus pauvres – un quart de la population – se rencontrent chez les métis et les Indiens.

Au XVIe siècle, les conquérants espagnols introduisirent les animaux de trait et la roue, mais aussi l'évangélisation brutale et l'escla-

vagisme. Des dizaines de cultures indépendantes et uniques durent se soumettre à la conquête et à la conversion, même si certaines poches de résistance durèrent jusqu'au XXᵉ siècle. Quelques ethnies ont réussi à préserver leur identité. Des groupes culturels tels les Lacandóns et les Huicholes, qui s'étaient réfugiés dans les épaisses forêts vierges et les montagnes hostiles, évitèrent les contacts importants avec la société occidentale jusqu'au milieu du XXᵉ siècle. Aujourd'hui

Le Monumento a la Independencia (36,5 m) de Mexico, couronné par « l'ange », fut érigé en 1910 en l'honneur des héros de la guerre d'indépendance.

encore, les Huicholes, qui vivent dans la Sierra Madre occidentale célèbrent leurs dieux au travers de cérémonies traditionnelles teintées de catholicisme.

Toutefois, la plupart des peuples indigènes ont assimilé à leurs anciennes coutumes les

Deux voyageurs bavardent devant l'hôtel moderniste de Mexico, le Camino Real, œuvre de l'architecte Ricardo Legorreta (1968) et où sont exposées les œuvres d'artistes mexicains.

saints et les rites religieux des Espagnols. 90 % des Mexicains pratiquent un catholicisme influencé à des degrés divers par les croyances indiennes. Une grande part des 10 % restants sont des protestants évangéliques, dont le christianisme plus austère est à l'origine de fréquents conflits, par exemple sur le plateau du Chiapas où les Tzotziles catholiques sont en lutte ouverte depuis des dizaines d'années avec les membres de leur communauté convertis au protestantisme ou à d'autres formes d'évangélisme.

Depuis des siècles, les grands voyageurs ont été fascinés par les coutumes et les cultures précolombiennes. Au XIXe siècle, l'Occident s'est passionné pour les récits de l'écrivain John Llyod Stephen (1805-1852) et du peintre Frederick Catherwood (1799-1854) décrivant les ruines enterrées des Mayas. Depuis, d'autres écrivains ont loué ou raillé les charmes et les particularités du Mexique, sans jamais y être restés indifférents.

LES DÉFIS MODERNES

Fondé au lendemain de la révolution, le Parti révolutionnaire institutionnel, ou PRI (*Partido Revolucionario Institucional*) est le parti officiel du gouvernement depuis 1929.

Selon des sondages effectués avant les élections de 2000, les habitants des régions les plus rurales croyaient que le PRI et le gouvernement n'étaient qu'une même entité, et à raison : entre 1929 et 1994, ce parti gagna toutes les élections présidentielles, et presque tous les postes de gouverneur. À partir de 1978, pour donner l'illusion d'un débat démocratique, les partis d'opposition furent admis à la Chambre des députés (*Cámara de Diputados*), mais sans y détenir de réels pouvoirs. En 1994, ils remportèrent les élections législatives. En 1997, Cuauhtémoc Cárdenas, candidat du Parti de la révolution démocratique (*Partido de la Revolución Democrática*), fut le premier maire élu de Mexico.

Au cours des années 1990, plusieurs événements majeurs ravivèrent l'intérêt du public pour le changement politique. Luis Donaldo Colosio, candidat populaire aux élections présidentielles, fut assassiné en 1994. Le président sortant, Carlos Salinas de Gortari, même s'il permit une série d'avancées économiques pendant ses six années au pouvoir, laissa derrière lui scandales politico-judiciaires et chaos économique – dévaluation du peso et une dette bancaire de plus de 93 millions de dollars. La même année,

De retour à Tulum, sur la côte de la péninsule du Yucatán, avec la prise du matin.

un groupe de guérilleros autoproclamés Armée zapatiste de libération nationale ou EZLN (*Ejército Zapatista de Liberación Nacional*), prit le contrôle de plusieurs villes stratégiques du Chiapas. Pourchassés par l'armée, ils se retirèrent dans la forêt, mais leurs sites Internet et leurs communiqués aux médias ont attiré l'attention internationale sur le triste sort des paysans mexicains, privés de toute représentation.

Les mesures économiques prudentes du successeur de Salinas, Ernesto Zedillo Ponce de León (1994-2000) ont contribué à redresser l'économie, mais c'est par ses réformes politiques que cet économiste diplômé de Yale a surpris. Pour préparer les élections présidentielles de 2000, il révisa en profondeur les institutions électorales. La présence importante d'observateurs étrangers évita nombre des habituelles « irrégularités » entachant les votes et encouragea l'électorat à participer. Par ailleurs, sous l'égide de Zedillo, le PRI, au lieu de désigner un successeur présumé – pratique traditionnelle depuis sa formation –, organisa des élections primaires historiques dans tout le pays. Ces réformes fondamentales aboutirent à l'élection du candidat d'opposition, Vicente Fox Quesada, du Parti d'action nationale, ou PAN (*Partido de Acción Nacional*), à la fonction présidentielle en juillet 2000. Le candidat du PRI, Francisco Labatida, reconnut sa défaite de bonne grâce, aidant au maintien de l'ordre et favorisant une transition pacifique.

Le nouveau gouvernement mexicain doit faire face à des défis écrasants. Si les échanges commerciaux avec le Canada et les États-Unis ont doublé depuis l'entrée en vigueur de l'Accord de libre-échange nord-américain (Alena), en 1994, l'expansion industrielle a engendré bien des problèmes : pollution de l'air et de l'eau, élimination des déchets dangereux, embouteillages continus et crise du logement, en particulier dans les villes proches de la frontière américaine, où la croissance industrielle est la plus forte. Les puissants cartels de la drogue intimident, assassinent et corrompent les policiers et les juges qui refusent de coopérer ou qui tentent de s'opposer. Les tensions entre les partisans de l'EZLN et l'armée persistent au Chiapas. Par ailleurs, les exigences d'autres groupes de rebelles, petits mais non sans importance, dans les États d'Oaxaca et du Guerrero, menacent la stabilité du pays.

En dépit de toutes ces difficultés, le Mexique apparaît désormais comme un acteur important de l'économie mondiale.

Son produit intérieur brut le situe au trei-
zième rang mondial. Des accords commerciaux avec l'Europe et Israël sont actuellement à l'étude. Surtout, le pays a évité les
coups d'État depuis 1920, véritable prouesse
en Amérique latine.

LES FESTIVALS ET LES FIESTAS
Fervents catholiques, les Mexicains organisent de grandes festivités en l'honneur des
saints et à l'occasion des autres fêtes religieuses. Adeptes des feux d'artifices, ils ne
sauraient s'en passer pour leurs fiestas, où ces
immenses colonnes d'étincelles fusent jusqu'à
l'aube. Il est rare qu'ils se couchent tôt le soir
d'une fête, ni d'ailleurs les soirs précédents.

Au Mexique, les habitants des régions
côtières sont réputés pour leurs fêtes déli-
rantes et leur amour de la musique et de la
danse. À Veracruz se tient le carnaval le plus
célèbre du pays (8 jours avant le mardi gras) :
bals masqués, magnifiques défilés de chars et

de personnages costumés et fêtes de rue durent toute la nuit. Ceux de Campeche, Mazatlán et Cozumel sont aussi animés et très courus.

Pâques est une fête plus solennelle, célébrée en grande pompe. Des rituels particulièrement émouvants ont lieu à Oaxaca, San Miguel de Allende, San Luis Potosí et Taxco. Noël est l'occasion de nombreuses réunions familiales avec force spécialités culinaires, processions et musique.

Célébration de la fête de la Vierge de Guadalupe, à Mexico.

Pour la Toussaint et le jour des morts (*Día de los Muertos*), les familles nettoient, décorent les tombes de leurs parents avec de magnifiques autels domestiques et organisent des veillées. À Pátzcuaro, Oaxaca, Campeche, Mérida et ailleurs, des autels publics permettent aux visiteurs d'être associés aux fêtes familiales. ∎

La gastronomie

LA CUISINE MEXICAINE EST EN GÉNÉRAL PLUTÔT SIMPLE MAIS PEUT ÊTRE COMPLEXE. PENDANT plus de 5 000 ans, le maïs, qui avait pour les Mayas et les Huicholes, entre autres, une importance religieuse, a dominé l'alimentation des Mexicains. Les conquistadores rapportèrent d'Amérique centrale les courges (et leurs délicieuses fleurs), les haricots, les piments, la dinde, les avocats, les tomates, les patates douces et le chocolat. À ce régime déjà varié, les Espagnols ajoutèrent le blé (et le pain), le sucre, le riz et le bétail : bœufs, vaches laitières et chèvres.

Si les délicieuses tortillas de froment sont l'accompagnement typique de certains plats, les tortillas de maïs constituent l'aliment traditionnel. Hernán Cortés, le conquistador, appelait « gâteaux de maïs » ces sortes de crêpes à base de pâte sans levain et cuites sur une plaque en fonte. Aujourd'hui, des « fabriques » de quartier produisent des tortillas fraîches toute la journée, comme nombre de restaurants et de paysannes. On sert du pain à la maison comme au restaurant, mais difficile pour un Mexicain d'imaginer un repas traditionnel sans tortillas. Il est vrai que plus une famille est pauvre, plus les tortillas constituent la base de l'alimentation. Chez les plus démunis, le repas se réduit souvent aux tortillas avec du sel.

La *masa* (farine de maïs finement moulue) fait également partie de l'alimentation de base. Cette dernière sert à la confection des *tamales*, gâteaux rectangulaires enveloppés dans des feuilles de maïs ou de bananier, puis bouillis. Les tamales simples, légèrement sucrés, se consomment avec du café ou du chocolat chaud. En dessert, ils sont servis autour de morceaux d'ananas. Salés, ils sont fourrés de morceaux de viande mijotés dans une sauce épicée.

La cuisine mexicaine propose un large choix d'en-cas chauds, les *botanas* ou *antojitos*, élaborés avec des tortillas ou de la masa. Ils figurent au menu des restaurants ou sont vendus par des marchands ambulants. Ce sont eux que les étrangers connaissent le mieux. Rentrent dans cette catégorie les *enchiladas* (tortillas mijotées dans une sauce au chili), ainsi que les tacos farcis et les *taquitos*, *chalupas*, *gorditas* et *memelas* (crêpes de masa cuites sur plaque chauffante ou grillées et garnies de fromage émietté, de sauce piquante, d'oignons et souvent de coriandre).

Si chaque région a sa recette d'antojitos, chaque quartier a une *taqueria* d'élection. Spécialisées dans les tacos, les taquerias vont des bons restaurants aux simples échoppes ou aux chariots tirés par un vélo. Les tacos mous se composent de tortillas chaudes garnies de viandes grillées et servies avec divers condiments. On peut également les déguster en rouleaux (ils sont alors appelés *taquitos*) fourrés de friture de viande rouge ou de poulet, servis avec du guacamole (sauce à l'avocat) ou de la sauce fraîche épicée.

Le piment est le compagnon inséparable des tortillas. Il en existe des dizaines de variétés, fraîches, grillées ou séchées, de l'*habanero* explosif du Yucatán au *chile poblano* relativement doux. Une fois séchés, les piments changent de nom – et de goût. Le *jalapeño* terriblement épicé, par exemple, quand il est sec, devient le *chile chipotle* au goût distinct de fumé ; le *chile manzano* orange clair se transforme en *chile cascabel*.

Moulinés ou hachés, crus ou cuits, les piments s'associent à l'oignon, à l'ail, à la coriandre et aux tomates (vertes et rouges) pour donner de délicieuses « salsas » (sauces) accompagnant presque tous les repas. Le *jalapeño* et le *serrano* sont également servis en pickles (*en escabeche*), avec des carottes et des oignons.

Les Mexicains possèdent plusieurs variétés de fromage de chèvre ou de vache, de la *cotija* piquante et grumeleuse à la *panela* douce et crémeuse. On effrite du *queso fresco*, un peu salé, sur de nombreux plats et on le sert avec les desserts très sucrés pour rectifier le goût. L'Oaxaca produit du *quesillo*, une boule de fromage en lanières, doux mais un peu

Une femme prépare ses légumes pour le marché de Tlacolula, près d'Oaxaca.

piquant. Il entre dans la composition du *queso fondido*, délicieuse fondue au fromage accompagnée de piles de tortillas au froment, souvent recouvertes de champignons, de chorizo ou de lanières de piments doux ou forts.

Les piments moulus étaient l'un des ingrédients principaux du *chocolate*, l'une des boissons favorites des rois aztèques.

Seuls le Jalisco et quelques États mexicains produisent l'authentique tequila.

Aujourd'hui, les chocolatières fumantes sont faites de barres de chocolat amer, mélangées à de la poudre d'amandes, de la cannelle et du sucre. Battu jusqu'à ce qu'il mousse, à l'eau ou au lait, le chocolat est l'accompagnement idéal d'une assiette de *pan dulce* ou pain sucré. Les amateurs de café se doivent d'essayer le *café de olla*, merveilleusement aromatisé, cuit avec de la cannelle et du *piloncillo* (sucre roux brut). Il est nettement supérieur au *café americano* servi dans certains cafés.

On hésite parfois à acheter de la nourriture sur un marché, dans une échoppe ou à un marchand ambulant. On se prive d'une expérience authentiquement mexicaine. En fait, rien ne garantit qu'un restaurant avec terrasse sera plus propre qu'un humble étal de tacos ou une échoppe modeste, mais bien tenue. Si vous vous décidez, allez là où il y a le plus de monde et assurez-vous de la propreté du vendeur et de ses produits. De plus, il est sage de manger au moment des repas, quand la nourriture vient tout juste d'être préparée. Évitez de boire de l'eau du robinet à moins que vous ne l'ayez au préalable traitée avec un comprimé de désinfectant. Sinon, consommez des sodas et bières en cannettes ou en bouteilles. La plupart des marchands ambulants font leur café et leurs boissons à l'eau minérale mais posez-leur la question en cas de doute.

Les marchés sont le lieu idéal pour se mêler à la population. Ils regorgent de fruits tropicaux dont la variété est infinie, et qui entrent dans la composition des jus de fruits et des *aguas frescas*, délicieuses et rafraîchissantes, qui sont en fait des jus de fruits à l'eau. Les restaurants pour touristes n'offrent souvent que des jus de fruits en bouteille ou en boîte, au lieu des boissons régionales à base de mangue, papaye, agave et pastèque.

L'*atole* et la *horchata* sont également très appréciées. La première, épaisse et consistante, légèrement sucrée, est faite de farine de riz ou de maïs et servie chaude ou à température ambiante. La seconde, à boire fraîche, se compose d'eau de riz filtrée, de sucre et de cannelle, parfois relevée de fruits frais et d'amandes effilées.

Le Mexique brasse nombre d'excellentes bières. Certaines sont régionales, comme la Pacífico du Mazatlán ou la Montejo et la León Negro du Yucatán ; d'autres sont saisonnières (la Noche Buena, à Noël seulement), mais la plupart se trouvent partout. Les exploitations viticoles de Basse-Californie produisent des vins et des alcools corrects, voire bons. L'agave donne le *pulque*, une boisson fermentée gluante assez spéciale. Le mezcal et la tequila (voir p. 154), autres produits distillés de l'agave, se boivent plus facilement.

Le Mexique est un pays immense et la cuisine varie selon les régions et la topographie. Ses côtes s'étirant sur des milliers de kilomètres, il est connu pour ses poissons et fruits de mer frais. À Cabo San Lucas, à la pointe de la Basse-Californie, les cuisiniers offrent grillades et fritures à l'ail (*al mojo de ajo*) mais aussi sashimi, sushi et sauces élaborées. Le *huauchinango a la veracruzana* a toujours de nombreux adeptes. Ce vivaneau grillé entier avec des tomates, des piments, des oignons, de l'ail, du persil, des câpres et des olives vertes est un plat national. Les Mexicains apprécient aussi le *ceviche*, du poisson blanc mariné dans un jus de citron vert et servi avec des oignons frais hachés, du piment, des tomates et de la coriandre. En fonction de la pêche du jour, on peut y ajouter des coques, du poulpe ou des crevettes. La saison des homards s'étend d'avril à septembre : si l'on veut vous servir du « homard frais » au menu entre octobre et mars, renseignez-vous sur sa provenance.

La viande, souvent accompagnée de *frijoles charros* (haricots cuits avec des couennes de porc) et de tortillas de blé, est l'aliment de base dans le Nord, région où l'on raffole non seulement du bœuf séché, grillé ou émincé, mais aussi du *cabrito*, ou chevreau, au barbecue. C'est d'ici que proviennent aussi les *huevos rancheros* (œufs à la ranchera), de délicieux œufs au plat servis sur une tortilla de blé légèrement grillée après avoir mijoté dans une *salsa* cuite peu épicée. Ce plat, comme les autres mets habituels du petit-déjeuner, est souvent accompagné de haricots et d'un panier de tortillas fraîches.

Certaines spécialités des plus étonnantes viennent du centre et du sud du Mexique. L'État d'Oaxaca à lui seul compte plus de sept sauces ou *moles* très différentes. Les graines de potiron (*pipían*) et les piments qui lui donnent sa couleur verte figurent parmi les principaux ingrédients du *mole verde*. Le *mole mancha manteles* (« tache sur la nappe ») doit sa couleur rouge vif à des fruits et à des raisins secs. Le classique *mole negro* (mole noir, ou, dans l'État de Puebla, *mole poblano*) associe des ingrédients aussi divers que tortillas rassies, graines de sésame, piments, chocolat, noix, grains de poivre et clous de girofle. Cette recette alambiquée, qui aurait été inventée par une religieuse de Puebla, représente ce que la cuisine mexicaine offre de plus complexe. Les cuisiniers de Tlaxcala, Puebla et Oaxaca sont réputés.

La péninsule du Yucatán possède aussi ses recettes originales et savoureuses, en particulier à Mérida, sous l'influence des immigrants français, espagnols et libanais. Les oranges amères cultivées sur place sont le secret du *poc chuc* mariné, un délicieux porc grillé avec des oignons, des tomates et de l'ail. On continue à assaisonner le *pollo* (poulet) et le *cochinita pibil* (cochon de lait) avec une pâte rouge relevée, l'*achiote*, à base de graines

Les tortillas, ces « gâteaux de maïs » comme les appelait Hernán Cortés.

de rocouyer. La cuisson se fait dans un four maya, le « pib », creusé dans le sol.

Sur les marchés, on vend des cornets de fritures de vers d'agaves (*gusanos de maguey*) et des sauterelles très salées et épicées (*chapulines*), mais ces plats se retrouvent aussi à la table des restaurants chics servant de la nouvelle cuisine mexicaine. N'oublions pas les *escamoles* (œufs de fourmi) et les *huitlacoche* (champignon du maïs noir) employé dans les crêpes et les *quesadillas* (tortillas de blé au fromage fondu), ou des recettes plus exotiques. Goûtez également à des figues de Barbarie grillées (dont on a retiré les épines), servies avec un verre de jus de melon frais. ∎

L'histoire du Mexique

LES PEUPLES MÉSOAMÉRICAINS VIVAIENT AU RYTHME DES SAISONS, UTILISANT DES CALENDRIERS solaire et lunaire et un cycle de 52 ans qui remonte peut-être à la fin des glaciations, c'est-à-dire vers 10 000 avant notre ère. Au cours de ces cycles, de grandes civilisations virent le jour puis disparurent. Si certains peuples vivaient isolés, la plupart commerçaient et entretenaient des contacts jusqu'à la Prairie des actuels États-Unis et aux chaînes montagneuses du Pérou. Non moins fascinante, l'histoire du Mexique colonial et moderne, qui a forgé, à partir des cultures européennes et indiennes, l'une des plus importantes nations en développement.

LES PREMIERS HABITANTS

Il y a 40 000 ans, lors de la dernière glaciation, des groupes d'humains poursuivant leurs troupeaux traversèrent incidemment le détroit de Béring pour passer du nord-est de l'Asie en Amérique du Nord. Se déployant peu à peu sur tout le continent, ils occupèrent les grottes et les abris disponibles, vivant de petit gibier et de cueillette.

Au cours du pléistocène final (de 14 000 à 10 000 av. J.-C.), le pays que nous appelons aujourd'hui Mexique se composait de deux zones distinctes. Au nord, de Tampico à la pointe de Basse-Californie, les grands déserts chauds et les immenses plaines appelés la Gran Chichimeca s'étendaient jusqu'au centre des États-Unis actuels. Longtemps après l'arrivée des explorateurs européens, des tribus solitaires de chasseurs-cueilleurs nomades, les Chichimèques, subsistèrent dans cet environnement hostile. Lors des périodes de disette et de sécheresse, ils allaient semer le chaos et la destruction dans les villages de paysans hors de leur territoire.

Au sud, la zone géographique et culturelle aujourd'hui appelée Mésoamérique s'étendait du sud de la Gran Chichimeca jusqu'au nord du Honduras et du Salvador. Dès la période archaïque (7000-1500 av. J.-C.), de nombreuses tribus abandonnèrent le nomadisme et se regroupèrent en villages. Vers 3000 av. J.-C. environ, la domestication du maïs, puis de l'amarante, de la courge, de l'avocat et du piment contribue à leur sédentarisation. Vers 1500 av. J.-C., des sociétés agricoles rudimentaires existaient un peu partout sur le territoire mexicain.

Les premiers Mésoaméricains avaient des contacts avec les tribus d'Amérique du Sud. Les marins des environs de l'Équateur et du Pérou apportèrent des variétés nouvelles et améliorées de maïs, qui furent croisées avec succès avec les espèces indigènes. Ces marchands firent découvrir aux peuples de la côte ouest la céramique, de même que la métallurgie, seulement pratiquée par les Tarasques et les Mixtèques (qui vivaient respectivement dans les États actuels de Michoacán et d'Oaxaca). La langue tarasque, qui ne ressemble à aucune autre en Amérique du Nord, présente une parenté linguistique avec le quechua du Pérou.

Au début de la période préclassique ou formative (1500 av. J.-C.), certaines sociétés devinrent suffisamment vastes et hiérarchisées pour se lancer dans la construction d'imposants édifices publics. Cela représentait une somme fabuleuse d'heures de travail, puisqu'elles ne connaissaient ni la roue ni les animaux de trait. L'un des premiers exemples connus est un énorme tertre artificiel, pyramide archaïque en terre édifiée vers 1450 av. J.-C. à San Lorenzo, dans l'État de Veracruz.

LA CULTURE MÈRE

Ce sont les Olmèques, la plus ancienne civilisation connue en Amérique du Nord, qui élevèrent la pyramide de San Lorenzo. Leur société était hiérarchisée. L'élite régnait sur les classes des prêtres, des artisans et des commerçants et sur une vaste majorité de paysans. Les basses terres tropicales, fertiles et bénéficiant d'une pluviosité extrême, toléraient bien la culture sur brûlis. De plus, les nombreuses rivières, les lagunes et les estuaires formaient un vaste réseau de transport.

Ces têtes de pierre sont caractéristiques de la culture olmèque. La plus petite mise au jour pèse plus de huit tonnes.

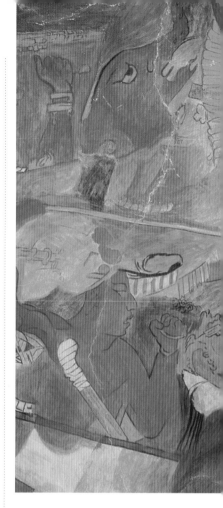

Si la présence de la culture olmèque est attestée très tôt sur la côte du Pacifique Sud, les premiers grands centres virent le jour le long du golfe, dans le sud du Veracruz et du Tabasco. Pendant des années, les linguistes se heurtèrent à l'obstacle des origines de la langue olmèque, jusqu'à ce qu'ils émettent l'hypothèse – en se fondant sur la lecture des glyphes – qu'elle soit de la famille zoque-mixe, dont les descendants peuplent toujours la côte Pacifique des États d'Oaxaca et du Chiapas.

L'apogée de San Lorenzo se situe entre environ 1200 et 1000 av. J.-C. Des cités voisines l'éclipsèrent par la suite, dont La Venta, Tres Zapotes et Laguna de los Cerros. À San Lorenzo, des canalisations de basalte évacuaient l'eau de pluie de la pyramide. Les pierres, extraites des monts de Tuxtla près de Laguna de los Cerros, étaient roulées, tirées et transportées sur l'eau jusqu'à San Lorenzo, autant de prouesses techniques. Les Olmèques réalisèrent également ces immenses têtes de pierre qui semblent commémorer de grands dirigeants ou guerriers.

Nombre des masques et statuettes creuses en terre cuite représentent des divinités telles que le jaguar et un être mi-jaguar, mi-homme, qui symbolisait sans doute le lien entre le dieu félin et la dynastie régnante. Les Olmèques importaient en outre du jade, de la jadéite, de l'obsidienne, ainsi que des produits agricoles. Ils exportaient également des céramiques, des lames de hache en jade, des masques et des figurines en céramique et en pierre jusqu'à Tlatilco au nord, dans la vallée de Mexico, et, au sud, dans les hauts plateaux du Salvador. Si les emprunts culturels entre les civilisations des hauts plateaux et celles des côtes du golfe se faisaient dans les deux sens, les principaux apports artistiques, intellectuels et politiques venaient des Olmèques.

Au Ve siècle av. J.-C., avec les premiers signes du déclin de la civilisation olmèque, d'autres villes et cités-États firent leur apparition dans l'Oaxaca et les hautes vallées du Centre. Monte Albán, perchée stratégiquement à la confluence de trois vallées de l'Oaxaca, prospéra à partir d'environ 500 av. J.-C. À Cuicuilco, au sud de Mexico, la pyramide sphérique en terrasses construite vers 400 av. J.-C. (et engloutie par la lave du volcan Xitle tout proche, quelque 450 ans plus tard) est l'une des premières et des plus inhabituelles structures de la période préclassique.

Au Chiapas, dans la région de Soconusco, Izapa constitue un lien important entre les cultures olmèque et maya. Cette grande ville atteignit son apogée entre 300 et 50 av. J.-C., quand ses habitants taillèrent une quantité de stèles d'un style pictural hautement narratif, qui rappellent celles de l'art maya du classique ancien. Répandus dans toute la région, ces monuments témoignent de la dévotion des habitants à des rituels liés à l'astronomie et à d'autres événements naturels. Il existe des similitudes importantes entre les Mayas et les Olmèques, dont les représentations d'un « Dieu à la longue lèvre » (précurseur du dieu maya de la pluie, Chac) et l'utilisation du

compte long (voir ci-dessous). Certains experts attribuent l'invention de ce dernier aux Mayas, bien que la date la plus ancienne calculée selon le système maya (21 av. J.-C.) ait été relevée sur la stèle de Tres Zapotes, dans la région olmèque. Un même débat concerne la paternité de l'écriture glyphique.

LES CIVILISATIONS CLASSIQUES

La civilisation maya, qui s'est développée au Yucatán, sur les hautes et basses terres du Chiapas et de l'Amérique centrale, est l'une des plus anciennes et des plus fascinantes. Aujourd'hui au nombre de trois millions, les Mayas constituent le premier groupe indien du Mexique, et beaucoup ont conservé leurs coutumes anciennes. La culture maya commença à s'épanouir juste avant l'ère

Des scènes de bataille, comme sur cette fresque de Bonampak, ont permis de réfuter les théories sur le pacifisme des Mayas.

chrétienne. Ses cités virent naître des mathématiciens émérites, des artistes et des architectes. Sans aucun des instruments connus du monde moderne, les Mayas acquièrent des connaissances très précises en astronomie. Pour leurs calculs, ils utilisaient un système vicésimal (base vingt) et deux calendriers, un, solaire, de 365 jours et un, rituel, de 260 jours. La combinaison des deux calendriers produit un cycle de 52 années, où chaque jour avait une importance prophétique. Les Olmèques et les Mayas se servirent également du compte long, un calendrier chronologique. Débutant à une date mythique (selon le calendrier

grégorien, le 11 août 3114 av. J.-C.), il servait à enregistrer les événements historiques. Par ailleurs, les Mayas avaient inventé l'écriture la plus sophistiquée de Mésoamérique : à la fois syllabique et phonétique, transcrite sous forme de glyphes.

Les palais et temples en pierre taillée des Mayas étaient revêtus de stuc peint de couleurs vives. Ils sculptaient de complexes représentations accompagnées de glyphes sur les linteaux et les stèles figurant leurs dieux et leurs souverains dont les hauts faits étaient parfois consignés dans des inscriptions. Si la plupart des cités de l'ère préclassique étaient dans l'ensemble isolées et autonomes, les civilisations mayas classiques avaient développé un vaste réseau de communications. Les « routes blanches » (*sacbeob*), construites

en hauteur, jusqu'à 2 m au-dessus du niveau du sol, à travers la jungle, se distinguaient dans l'obscurité, sans doute pour guider les messagers et les marchands. L'aménagement de ces voies pavées, recouvertes d'une épaisse couche de stuc facilitait le commerce et les transports, tout en répondant sans doute à des objectifs militaires et religieux.

Très tôt, les Mayas eurent des relations commerciales avec Teotihuacán, grande métropole du plateau mexicain fondée au début de notre ère. Teotihuacán avait le monopole de certaines ressources – dont l'obsidienne – et contrôlait les routes commerciales avec des contrées très éloignées, du sud-ouest des États-Unis au Guatemala. À l'instar des Mayas, les habitants de Teotihuacán étaient des mathématiciens et

cosmiques furent détruites : par des jaguars, par le vent, par le feu et par le déluge. Le Cinquième Soleil, placé sous le signe du mouvement, devait être anéanti par un séisme qui serait survenu au terme d'un cycle de 52 ans. Cette conception cyclique de l'univers expliquerait, selon la pensée mésoaméricaine, la disparition successive des différentes civilisations au faîte de leur puissance.

Teotihuacán fut détruite vers 650 sans qu'on en connaisse les raisons exactes, décadence politique et économique ou menaces extérieures… Monte Albán fut abandonnée vers 900. Les cités mayas classiques des basses terres disparurent les unes après les autres au cours du IXᵉ siècle. Les centres cérémoniels, délaissés par les élites, furent réutilisés par la suite par des populations ignorantes comme lieux de culte ou cimetières.

LA MÉSOAMÉRIQUE POSTCLASSIQUE

Si l'on pensait autrefois que des révoltes paysannes avaient été à l'origine de la ruine des cités mayas, il semble aujourd'hui que le passage à la phase postclassique se soit fait progressivement entre environ 900 et 1200. Des conseils tribaux remplacèrent les régimes totalitaires qui avaient prévalu jusque-là. Après 1200, l'art monumental à la gloire des dirigeants céda la place à un art et à une architecture publics et plus utilitaires.

Une autre théorie erronée prétend que l'effondrement de la société et la multiplication des guerres ont caractérisé la période postclassique (900-1521). Or la majorité des archéologues conviennent que la guerre et les sacrifices rituels caractérisent la plupart des civilisations classiques, dont celle des Mayas. Toutefois, le caractère belliqueux des Aztèques (voir p. 184), qui se livrèrent à partir du XIVᵉ siècle à une politique expansionniste brutale, a sans doute contribué à augmenter le nombre de sacrifices humains.

En général, on arrachait le cœur des victimes en ouvrant la poitrine avec un couteau en silex. Ou bien on les ligotait et on les jetait du haut des pyramides ou on les faisait rôtir à petit feu sur le Foyer divin. Avant les semailles, on noyait des enfants pour apaiser Tláloc, leurs cris désespérés étant censés plaire au dieu de la pluie. Les nobles pratiquaient

Statue de Chac-mool, intercesseur entre les hommes et les dieux (Chichén Itzá, Yucatán).

des astronomes. Des siècles après son effondrement, les seigneurs aztèques continuaient à faire des pèlerinages dans la cité en ruine pour consulter les dieux et en ramener des reliques pour leurs palais et leurs autels. Selon la mythologie aztèque, c'est à cet endroit que se sacrifièrent les dieux pour donner naissance au « Cinquième Soleil » au XIIᵉ siècle. Selon la pensée mésoaméricaine, le monde placé sous le signe de la dualité et de l'instabilité, est sans cesse menacé de destruction. La fameuse « pierre du Soleil » du musée d'Anthropologie de Mexico (voir p. 199) illustre comment les quatre premières ères

l'autosacrifice en se transperçant la langue, les lobes des oreilles et les organes génitaux, pour offrir leur sang aux dieux.

Le jeu de balle précolombien, qui devint plus tard un spectacle entre équipes itinérantes, était à l'origine une sorte d'épreuve cosmique entre deux seigneurs rivaux, qui s'achevait par la mort de l'un d'eux. Les

Hernán Cortés mit fin au long règne triomphal de Moctezuma Xocoyotzin (vers 1502-1520).

prisonniers de guerre d'origine noble devaient se soumettre à ce jeu rituel, à l'issue duquel la mort du perdant était synonyme de fécondité et de fertilité pour les vainqueurs. Ces parties se jouaient sur un terrain rectangulaire et les joueurs se servaient des hanches, des jambes et des bras (sans les mains) pour faire passer une petite balle dure en caoutchouc dans un anneau de pierre.

Les tribus chichimèques, craignant les grandes sécheresses, migraient périodiquement vers le sud. Le résultat de l'une de ces incursions fut la fondation de Tula, au nord de la vallée de Mexico. Les Chichimèques-

Toltèques (mieux connus sous le nom de Toltèques) ne tardèrent pas à se révéler un peuple de savoir et de culture.

Tula était un comptoir commercial de Chichén Itzá et les influences entre les Toltèques et les Mayas étaient réciproques. Les Aztèques, ou Mexicas, furent la dernière des grandes tribus chichimèques à partir vers le sud. Ils quittèrent l'île d'Aztlán (« le lieu de la blancheur ») pour fonder une ville sur un îlot au milieu du lac de Texcoco, au XIVe siècle. En un siècle, les Aztèques, ces nomades illettrés du Nord, devinrent les maîtres de la Mésoamérique. Les conquistadores furent ébahis par la splendeur de leur capitale, Tenochtitlán, ses immenses marchés, ses palais, et ses temples imposants abritant une foule de divinités. Des chaussées pavées reliaient la cité lacustre au rivage et les jardins « flottants » qui l'entouraient (voir p. 208) assuraient son ravitaillement.

Selon les chroniqueurs espagnols – qui exagérèrent probablement les chiffres – l'intronisation de l'empereur Ahuítzotl en 1486 donna lieu au sacrifice de 80 000 personnes au Templo Mayor de Tenochtitlán. Pendant quatre jours, les tambours de peau de serpent ne cessèrent de résonner au rythme des couteaux de silex abattus sur les poitrines par les prêtres du dieu de la guerre Huitzilopochtli, peints en noirs, leurs longs cheveux englués de sang. Ce besoin de sang humain pour nourrir le soleil – une victime au moins était sacrifiée dans chaque temple au lever du soleil – favorisa la pratique de la « guerre fleurie » inaugurée sous le règne de Moctezuma Ilhuícamina (1440-1469) entre cités alliées. Les victimes de guerre sacrifiées sur l'autel de Huitzilopochtli étaient assurées de rejoindre le paradis de l'Est et d'accompagner le soleil durant sa course jusqu'au zénith. Par ailleurs, c'est grâce à l'entretien d'une importante armée régulière que les Aztèques se taillèrent un immense empire de quelque 370 cités soumises au tribut.

Les Tarasques du Michoacán, l'un des rares peuples mésoaméricains à connaître la métallurgie, bénéficiaient d'un grand avantage technologique sur les Aztèques, qui ne parvinrent jamais à conquérir leurs terres riches en mines d'or et d'argent. Bien que partageant la même structure expansionniste et militariste que les Aztèques, les Tarasques se distinguent par une architecture originale et un artisanat raffiné.

LA CONQUÊTE ET LES DÉBUTS DE LA COLONISATION

L'irruption des Espagnols individualistes et cupides dans ce monde collectif et magique régi par des lois cosmiques et mathématiques eut des conséquences irréversibles sur le devenir des Mésoaméricains. Persuadés de jouer un rôle providentiel en fondant une nouvelle Église appelée à se substituer à celle de Rome menacée par Luther, les conquistadores n'eurent guère de scrupules à détruire des civilisations qui, à bien des égards, étaient plus évoluées que celles de l'Ancien Monde. Le 22 avril 1519, Hernán Cortés débarqua à Veracruz à la tête d'une flottille de six navires, 508 soldats et 16 chevaux, et prit possession, au nom du roi Charles Quint, d'une terre dont il ne connaissait ni l'étendue ni les habitants.

Chef machiavélique et fervent catholique, Cortés était motivé autant par le goût de l'aventure que par l'attrait de l'or. Le gouverneur de Cuba, Diego Velásquez, l'ayant chargé d'explorer les nouvelles terres à l'ouest et d'en dresser la carte, il transforma l'expédition pacifique en une campagne de conquête de terres où le pouvoir des Antilles n'avait aucun effet.

Les premiers affrontements avec les peuples totonaques renseignèrent Cortés sur la façon dont il pourrait tirer parti de la situation. Les Indiens étaient impressionnés par les chevaux et les armes à feu, jusqu'alors inconnus d'eux, et, surtout, ils s'ouvrirent à lui de leur haine pour leurs maîtres aztèques.

À Tenochtitlán, l'empereur Moctezuma II (1502-1520) avait de bonnes raisons d'être inquiet. Selon d'antiques prophéties, l'année « Un-roseau », au cours de laquelle Cortés arriva de l'est, était celle du retour du dieu-roi Quetzalcóatl, venant réclamer son trône abandonné des siècles auparavant. Moctezuma envoya des ambassadeurs avec de l'or, de riches étoffes et des nourritures raffinées à celui qu'il pensait être Quetzalcóatl, tout en le priant de reprendre la mer. Ces somptueux présents persuadèrent Cortés de marcher sur Tenochtitlán, et pour inciter ses soldats à le suivre, il fit brûler ses vaisseaux, à l'exception d'un seul envoyé à Séville avec une lettre pour Charles Quint.

Dans un récit fascinant, l'*Histoire véridique de la Conquête de la Nouvelle-Espagne*, Bernal Díaz de Castillo, un soldat de Cortés, relata des années plus tard dans le détail les batailles et alliances conduites par les

La culture des Indiens impressionna, éblouit et horrifia l'Espagnol Hernán Cortés.

Espagnols, puis la prise de Tenochtitlán et la conquête. Ce chroniqueur sut accorder aux deux interprètes, Jerónimo de Aguilar et La Malinche, toute l'importance qu'ils méritaient. Aguilar était un soldat espagnol qui avait fait naufrage lors d'une expédition précédente et qui avait été recueilli par les Mayas de Cozumel. La Malinche, jeune fille maya d'origine noble, avait été vendue comme esclave à Tabasco et connaissait le náhuatl, la langue des Aztèques. Baptisée et nommée doña Marina par les Espagnols, elle se révéla une auxiliaire très précieuse. En dépit des chevaux et des canons, la conquête espagnole n'aurait pas été possible sans l'alliance des

ennemis des Aztèques en particulier les Tlaxcaltèques et les Totonaques, qui fournirent des contingents armés aux Espagnols.

Avant de se lancer dans la guerre contre les Aztèques, les Espagnols furent reçus en grande pompe à Tenochtitlán, en qualité d'hôtes, mais aussi de captifs, assignés à résidence dans le palais d'Axayácatl par l'empereur Moctezuma qui émit des réserves sur leur nature divine. Au début de l'année 1520, profitant d'une fête en l'honneur du dieu Huitzilopochtli, quelques conquistadores massacrèrent la noblesse aztèque. Le forfait déclenche la révolte des Mexicas qui s'en prirent aux Espagnols. Une partie d'entre eux parvint à prendre la fuite lors de la *Noche Triste*, alors que l'empereur Moctezuma, conspué par ses sujets qui lui reprochaient sa

faiblesse, fut lapidé. La riposte de Cortés fut terrible. Avec l'aide de plusieurs milliers de soldats indigènes, ennemis des Aztèques, il tint le siège devant Tenochtitlán pendant trois mois et s'en empara le 13 août 1521.

Cuauhtémoc, le dernier empereur aztèque, fut capturé, puis, comme il refusait de révéler l'emplacement d'un trésor, fut torturé et pendu. Cortés a anéanti l'empire aztèque deux ans et demi après avoir mis le pied sur le sol mexicain.

Une ville nouvelle, Ciudad de México, naquit alors sur les ruines de Tenochtitlán, élevée grâce au travail du peuple conquis, converti de force au christianisme.

Dans le chaos des premières années de la colonisation, le sort des Indiens, qui avaient souffert sous le régime aztèque, ne connut

**Peinture représentant la bataille de Cholula
(1519), qui eut lieu avant la conquête.**

aucune amélioration. Ils échappaient au couteau sacrificiel, mais avaient statistiquement plus de chances de mourir au travail dans une mine ou d'une maladie apportée par les Espagnols, petite vérole, variole, typhus, grippe et syphilis. Au cours du premier siècle de la domination espagnole, des millions d'Indiens – sans doute plus de 90 % d'entre eux – moururent ainsi.

La Couronne mit en place le gouvernement de la Nouvelle-Espagne, dont les conquistadores furent exclus. Placées sous l'autorité du vice-roi (qui ne rendait de comptes qu'au roi d'Espagne), les *audiencias* de México et Guadalajara (autorités judi-ciaires) contrôlaient une hiérarchie de fonctionnaires soumis aux caprices de leurs supérieurs directs. Les *encomenderos*, bénéficiaires de concessions immenses (*encomiendas*), faisaient régner leur propre loi en dépit de la législation existante.

Du mélange des populations naquit la caste des *mestizos* (métis). Le premier métis fut Martin, le fils qu'eut Cortés avec La Malinche. Les colons entretenaient des concubines, ou, durant le XVIᵉ siècle tout au moins, prenaient une Indienne pour épouse légitime. Les premières générations de métis n'eurent aucun statut légal. Repoussés par les Indiens comme par les Blancs, ils formèrent un groupe d'exclus, sans appartenance culturelle ni place dans la colonie émergente.

Si le peuple indien et les métis vivaient en général dans la misère, les nobles indigènes et autres individus chanceux qui avaient juré fidélité au roi obtenaient des charges de caciques et régnaient sur leurs anciens territoires. Caciques et encomenderos exigeaient des tributs considérables des paysans, et accaparaient les terres des Indiens.

Pour échapper à cet esclavage dans les encomiendas (et, plus tard, dans *les haciendas*, qui dominèrent le Mexique rural jusqu'au XVIᵉ siècle), des Indiens se réfugièrent dans les régions désertiques ou les montagnes. Beaucoup de ceux qui restèrent choisirent de se convertir au catholicisme, encouragés par l'apparition miraculeuse en 1531 de la Vierge noire de Guadalupe sur une colline (voir p. 193) où s'élevait jadis un temple dédié à la déesse-mère aztèque Tonántzin.

Pendant presque trois siècles de domination coloniale, l'Espagne s'enrichit considérablement grâce aux ressources minières et à une main-d'œuvre gratuite ou presque. Dans la Sierra Madre, l'or, l'argent, le fer, le zinc, furent à l'origine de fortunes colossales. Dans le sillage des mineurs, ou les devançant parfois, les ordres religieux fondaient des missions pour convertir les Indiens. Les douze franciscains arrivés en 1524, tels les apôtres, pour accomplir leur mission évangélique furent suivis peu de temps après par les dominicains et les augustins. Les jésuites et les franciscains affrontèrent les régions reculées du Nord et – avec les dominicains – le terrain difficile de la Basse-Californie. En 1767, le roi

Charles III, convaincu par les ordres rivaux que les jésuites prenaient trop d'importance, les chassa de Nouvelle-Espagne.

L'INDÉPENDANCE

L'Église catholique, propriétaire fortunée de terres et d'exploitations minières, détenait un grand pouvoir dans le Mexique colonial.

Benito Juaréz parla le zapotèque avant l'espagnol et fit des études de théologie avant de choisir le droit.

Elle contrôlait largement un État faible, en connivence avec les riches familles influentes. Malgré leur opulence et leur puissance, certains *criollos* (ou créoles, d'origine espagnole mais nés au Mexique) ne bénéficiaient pas de tous les privilèges accordés aux *peninsulares*, les Espagnols nés en Espagne. S'inspirant de la Révolution américaine et des idéaux du siècle des Lumières, des criollos et des prêtres mécontents, désireux de réformes sociales, se mirent à comploter pour l'indépendance au début du XIXᵉ siècle.

Comme les forces royalistes avaient eu vent de la conspiration, en 1810, le mouve-ment d'indépendance débuta un peu plus tôt que prévu, sous l'égide d'un prêtre, Miguel Hidalgo y Costilla (1753-1811) et d'intellectuels de Morelia et Querétaro. Cette cause ne fit pas l'unanimité. Du fait de son isolement, le Yucatán, par exemple, était plus lié à l'Europe qu'à Mexico. Les peninsulares, dans l'ensemble, qui n'avaient rien à y gagner, conservèrent leur loyauté envers l'Espagne.

Après les premières victoires des rebelles, les royalistes se regroupèrent. La guerre s'enlisait, des insurgés livraient des batailles isolées et aucun des deux partis n'avait de vraies chances de l'emporter. En 1821, Agustín de Iturbide (1783-1824) et le chef rebelle Vicente Guerrero signèrent le plan d'Iguala, ou « plan des trois garanties » (catholicisme, monarchie constitutionnelle et égalité de droits entre Mexicains nés au Mexique et Mexicains nés en Espagne). L'Espagne s'opposa à peine à la perte de sa colonie et signa la même année le traité de Córdoba qui ratifiait le plan d'Iguala. Suite à ce traité, les riches reprirent leur vie de privilégiés et les pauvres retrouvèrent le servage. Le catholicisme resta la religion officielle.

Il s'ensuivit un demi-siècle de reconstruction et de chaos économique et politique. Agustín de Iturbide régna moins d'un an à la tête de la nouvelle monarchie constitutionnelle, avant d'être contraint à l'exil. Après son départ, ce fut une succession de gouvernements qui se renversaient les uns les autres. Antonio López de Santa Anna (1794-1876), un général énergique de Veracruz, fut président à de multiples reprises, tout en déclenchant et réprimant des rébellions dans tout le pays. Dans les campagnes, les grands propriétaires terriens, qui accaparaient toutes les terres communes, exploitaient sans pitié les *campesinos* (paysans). Les caciques (voir p. 31) terrorisaient ceux qui étaient assez hardis pour protester.

Une telle faiblesse de l'État central était tentante pour les puissances étrangères. En 1838, les Français bloquèrent le port de Veracruz et déclenchèrent un conflit appelé la guerre des Gâteaux en raison des dommages subis par un boulanger et quelques Français lors des premières émeutes à Mexico. En 1846, les États-Unis déclarèrent la guerre au Mexique, sous des prétextes fallacieux, pour annexer le Texas et d'autres terres à l'ouest. Débarquant à Veracruz, les troupes américaines anéantirent rapidement la garnison mexicaine du fort de Chapultepec, à Mexico. À l'issue de cette guerre (1846-1848), les États-Unis confisquèrent les terres du Texas, du Nouveau-Mexique, d'Arizona et de Californie (Alta California). Le Mexique, qui avait perdu la moitié de son territoire, gardait la péninsule de Basse-Californie et les terres au sud du Río Bravo (le Rio Grande aux États-Unis).

Pendant la guerre, des *hacendados* blancs de la péninsule isolée du Yucatán mirent sur pied une troupe maya, qui retourna immédiatement les armes contre ceux qui l'avaient si imprudemment armée. Les Mayas réussirent à s'emparer des villes les plus importantes de la péninsule. Ils ne voulaient pas prendre le pouvoir, mais seulement se venger et récupérer leurs terres ancestrales. Après quelques succès, ils déposèrent simplement les armes et retournèrent à leurs cultures. Mais ils n'avaient pas mesuré les conséquences de leurs actions. Blancs et métis se réorganisèrent et contre-attaquèrent. Au cours des représailles, la moitié des Mayas du Yucatán périrent dans la guerre des Castes.

Dans le chaos politique qui s'ensuivit, le juriste zapotèque Benito Juárez (1806-1872) fit promulguer des lois réformatrices ayant pour seul but de séparer l'Église de l'État. Les libéraux, dirigés par Juárez, gagnèrent la guerre de la Réforme (1858-1861). Mais les caisses vides de l'État l'empêchèrent de payer la dette extérieure, ce qui donna à la France un prétexte pour envahir le Mexique et y installer un empereur, avec l'approbation des conservateurs, l'Autrichien Maximilien de Habsbourg (1832-1867). Le 5 mai 1862, les Mexicains remportèrent contre les Français une victoire sans lendemain, mais importante symboliquement. Jeunes et mal armés, ils battirent un corps expéditionnaire français au cours de la bataille de Puebla. Elle est désormais fêtée chaque année dans tout le pays.

Le second Empire ne dura que trois brèves années (1864-1867). Homme juste, Maximilien irrita les conservateurs en refusant de revenir sur ses réformes libérales. Mais personne au Mexique ne voulait d'un souverain étranger et, quand l'armée française fut rappelée à cause de la menace prussienne, l'empereur fut fait prisonnier et fusillé à Querétaro en 1867. Benito Juárez revint d'exil pour diriger le pays pendant cinq ans, jusqu'à sa mort en 1872.

Malgré de bonnes intentions, sa politique de confiscation des biens de l'Église eut des conséquences désastreuses pour les Indiens.

La dictature de Porfirio Díaz dura 35 ans (1876-1911).

Les propriétés ecclésiastiques que les paysans exploitaient en commun furent vendues aux enchères et rachetées par les riches propriétaires d'haciendas. Nombre d'Indiens et de métis furent alors forcés de travailler pour des salaires de misère dans les champs qu'ils avaient jusque-là labourés pour leur compte.

LE PORFIRIAT

Si Juárez passe néanmoins pour un héros, Porfirio Díaz, parvenu au pouvoir en 1876, est une figure politique plus controversée. Sous sa présidence, le pays trouva enfin la stabilité économique et politique. La construction d'un vaste réseau de chemin de fer favorisa le transport des marchandises, développant la consommation et l'exportation. L'exploitation minière et les autres secteurs industriels prospéraient, et les investissements étrangers affluaient. Grand admirateur d'art et d'architecture européens, ce métis né en Oaxaca fit édifier de magnifiques édifices publics pendant les trente-trois ans de sa présidence, qui fut de fait une dictature à peine voilée.

Sous le porfiriat (ère de Porfirio Díaz), la presse ne jouissait d'aucune liberté, le dialogue social était inexistant et une milice, *los rurales*, réprimait la moindre révolte dans les campagnes. Si une classe moyenne émergente bénéficia des retombées de la prospérité, le sort des paysans était épouvantable et leurs terres étaient confisquées. Vivant dans un quasi esclavage, les paysans pauvres (*peones*) étaient payés une misère et étaient liés au domaine sur lequel ils travaillaient à cause des dettes dues à leurs achats – savon, café ou maïs – au magasin de la hacienda. Les enfants, une fois adultes, tenus responsables des dettes de leurs parents, se voyaient obligés de travailler dans la même hacienda pour rembourser les dettes.

RÉVOLUTION ET RECONSTRUCTION

En réclamant de véritables élections, le riche Francisco Madero (1873-1913) mobilisa les Mexicains contre le patriarche Díaz, qui dut s'exiler à Paris en 1911. Les espoirs de transition pacifique vers un régime égalitaire furent vite déçus quand les chefs militaires échouèrent à s'entendre sur le calendrier des réformes. Madero souhaitait une réforme politique. Depuis le Morelos, au sud de Mexico, Emiliano Zapata (1879-1919) réclamait avec ardeur la restitution des terres communes et d'autres réformes agraires favorables aux paysans dépossédés.

La longue et sanglante guerre de révolution (1911-1917) fut jalonnée de trahisons. Des généraux porfiristes mécontents emprisonnèrent et assassinèrent Madero, élu président de la République en 1912. Zapata périt dans une embuscade à l'instigation de son rival révolutionnaire (et propriétaire terrien) Venustiano Carranza (1859-1920). Le tacticien militaire Pancho Villa (1878-1923) fut

tué dans une embuscade plusieurs années après la fin de la guerre.

La révolution coûta environ deux millions de vies, dont une large proportion de civils. Le conflit se poursuivit jusqu'en 1920, date à laquelle on adopta les idéaux de la Constitution de 1917. Les années de guerre avaient ruiné le pays. Les troubles politiques persistaient et les élections s'accompagnaient de révoltes et d'instabilité.

La Constitution promettait une réforme agraire, mais personne ne voulut ni n'osa redistribuer les terres jusqu'à l'élection à la présidence du général Lázaro Cárdenas del Río (1895-1970), en 1934. Authentique partisan des pauvres, ce métis originaire du Michoacán expropria et redistribua presque vingt millions d'hectares, créant 180 000 *eji-*

dos, ou fermes collectives. Au grand effroi des investisseurs et des États étrangers, Cárdenas entreprit des réformes dont la plus révolutionnaire fut la nationalisation des chemins de fer et des compagnies pétrolières. Tout en encourageant les syndicats, il élimina les partisans de son prédécesseur, Plutarco Elías Calles (1877-1945), qui l'avait choisi pour lui succéder à la présidence – dans la plus pure tradition mexicaine.

Calles avait appliqué certains articles de la nouvelle Constitution, jusque-là négligés, limitant le pouvoir de l'Église. Le clergé outragé ayant décidé de boycotter les services religieux, les catholiques, furieux, engagèrent d'épouvantables batailles de rue contre leurs adversaires. Après cette insurrection, appelée plus tard « la révolte des

Ces partisans de Venustiano Carranza, chef du nouveau gouvernement en 1916, traversent le camp de la 6ᵉ division d'Infanterie américaine, près de San Antonio, pour aller combattre Pancho Villa.

Cristeros », les églises continuèrent à être ravagées et dépouillées de leurs ornements coloniaux. L'ingérence séculaire de l'Église dans les affaires de l'État avait pris fin.

LE XXᵉ SIÈCLE

Avant 1910, Mexico était une capitale paisible, ornée d'églises coloniales et entourée de villages indiens traditionnels. Les terribles troubles de la révolution incitèrent les paysans à venir se réfugier dans la capitale, où beaucoup s'établirent. Pendant la Seconde

Guerre mondiale, Mexico entra dans l'ère industrielle et les ouvriers s'y installèrent par vagues pour travailler dans les usines. Le président Miguel Alemán (1946-1952) encouragea le développement des infrastructures et attira les investissements étrangers et nationaux dans l'industrie.

Le Parti révolutionnaire institutionnel, ou PRI, qui vit le jour en 1929 sous le nom de Parti révolutionnaire national, devint le parti officiel, adopta le drapeau tricolore mexicain et gouverna en toute impunité. Les partis d'opposition, incapables de surmonter leurs querelles internes et de tirer parti du mécontentement des *campesinos* et des classes moyennes, permirent au PRI de maintenir le statu quo. De 1929 à 2000, il remporta toutes les élections présidentielles.

Après-guerre, l'économie mexicaine continua de croître. Mais l'explosion démographique multiplia le nombre des pauvres, dont le fardeau ne fut pas vraiment allégé par les

**Défilé de la fête de l'Indépendance,
à San Cristóbal de las Casas.**

quelques réformes, entre autres, d'Adolfo Ruíz Cortines (1952-1958). Des investissements considérables dans la production pétrolière rendirent le pays vulnérable aux fluctuations du marché international. La chute des prix, au début des années 1980, provoqua une récession et accrut la dette extérieure. Pourtant, les Mexicains ne remirent jamais vraiment en question l'hégémonie du PRI. L'élection à la présidence de l'ancien patron de Coca-Cola et gouverneur du Guanajuato Vicente Fox, du Parti d'action nationale (PAN) en 2000 fut donc une surprise.

La réforme du système politique a été lente mais, au regard de l'ampleur du népotisme et de la corruption, remarquablement pacifique. On se demande aujourd'hui comment le PAN, parti de centre-droit et favorable aux affaires, relèvera les défis du XXIe siècle. ∎

Les arts

INFLUENCÉE PAR SES RACINES PLURIETHNIQUES, LA CULTURE MEXICAINE EST VARIÉE. L'architecture baroque espagnole prit vite un caractère mexicain, inspiré de thèmes indiens et généreux dans la surcharge et l'extravagance. Les troupes de danseurs folkloriques recréent des danses précolombiennes dans des théâtres de la Belle Époque, tandis que les Yaquis du Sonora perpétuent la Danse du cerf (*Danza del Venado*) dans son esprit d'origine. Les danses régionales, qui ont souvent repris les instruments et les pas de danse des immigrants afin de les adapter à la sensibilité mexicaine, permettent d'admirer la culture métisse.

L'ARCHITECTURE

Avant la conquête espagnole, les cités antiques et les centres cérémoniels de Mésoamérique étaient construits sur le même schéma que les villes modernes. Temples et palais encadraient une place centrale au cœur de la ville. Le lieu de culte se dressait d'un côté, de l'autre, les bâtiments publics les plus importants, dont le siège du gouvernement local. Les places adjacentes accueillaient des marchés en plein air et les rues latérales conduisaient aux commerces et aux quartiers résidentiels. À la pierre, à l'adobe et au mortier, principaux matériaux de construction, s'ajoutaient le bois et des fibres naturelles comme la paille. Les édifices étaient couverts de peintures murales et de sculptures particulièrement complexes.

À partir du XVIe siècle, les goûts et les techniques espagnols influencèrent l'architecture commanditée par les conquistadores mais construite par les esclaves indigènes, contraints d'élever palais et églises avec les pierres des temples abattus. L'iconographie européenne supplanta celle des Indiens ; les peintures de guerriers coiffés de plumes cédèrent la place à d'audacieux bas-reliefs de conquérants casqués.

Les Espagnols concentrèrent leurs efforts de construction dans les régions peuplées, où il était facile d'exploiter la main-d'œuvre. Églises et monastères figurent parmi les premiers édifices de l'ère coloniale. Les plus belles cathédrales ont été élevées au fil des siècles, associant des éléments à la fois gothiques, baroques, platéresques (ornementation Renaissance rappelant l'orfèvrerie) et indiens. Les arcs-boutants, les gargouilles, les vitraux et les plafonds à caisson de style mudéjar (mêlant éléments espagnols et

arabes) formaient le décor des plus somptueuses cathédrales. À la fin du XVIIe siècle, les façades des églises ainsi que les structures internes disparaissent dans un foisonnement de colonnes torsadées, statues, feuillage sculpté en stuc. Cette architecture churrigueresque, du nom de l'architecte espagnol José Churriguera, connaît un développement particulier à Puebla, où les carreaux de faïence ajoutent au raffinement et au luxe. Au XIXe siècle, on assista à une véritable frénésie de style néoclassique, jusqu'à ce que la guerre d'indépendance mette fin aux constructions.

Témoignages précieux des premiers arts coloniaux, les monastères et les couvents, avec leurs simples cloîtres et leurs grandes salles voûtées, subsistent dans les environs de Mexico. Les architectes européens conçurent pour l'élite mexicaine des palais aux multiples patios encadrés de corps de bâtiments à un ou deux étages. Ce modèle fut repris dans les belles haciendas du Yucatán au Chihuahua. Des villes coloniales entières, comme San Miguel de Allende, dans le Guanajuato, et Oaxaca, sont désormais inscrites au patrimoine mondial de l'Unesco. Plusieurs grands monastères ont été restaurés dans le Querétaro et l'Oaxaca, et certaines des plus belles haciendas du Yucatán ont été converties en hôtels de luxe.

L'architecture moderne s'est appropriée des éléments stylistiques issus de l'architecture précolombienne, coloniale et mexicaine. Des bâtiments publics, tel le célèbre musée d'Anthropologie de Mexico, ont été construits sur un modèle préhispanique tout

Ce danseur célèbre la fête de la Vierge de Guadalupe (le 12 décembre) en portant un couvre-chef au décor somptueux.

en intégrant des technologies contemporaines. On assiste au grand retour dans les maisons des talaveras, décorées de motifs du XVIIᵉ-XVIIIᵉ siècle. Les artisans de Guanajuato sont devenus célèbres pour leurs *bóvedas*, voûtes en berceaux entièrement en brique.

En 1956, Leonardo Zeevaert édifia le premier gratte-ciel important de Mexico, la Torre

L'hôtel Camino Real de Legorreta, à Mexico, un exemple de l'architecture du XXᵉ siècle.

Latinoamericana, à côté du Palacio de Bellas Artes, de style Art nouveau. Elle est entourée de constructions coloniales traditionnelles, dont l'église de San Francisco (1524), d'un style churrigueresque exubérant, et la Casa de los Azulejos (1596), entièrement revêtue de carreaux de faïence peints en 1737.

L'œuvre de l'architecte Pedro Ramirez Vásquez, qui conçut le Museo Nacional de Antropología, dans le parc de Chapultepec, juxtapose les styles anciens et nouveaux. Reprenant un plan mixtèque, les bâtiments décorés d'une mosaïque de pierres s'agencent autour d'une cour à moitié couverte par un parapluie de pierre sculptée et d'aluminium.

Cette même utilisation d'éléments naturels et usinés caractérise les structures élancées de Mathias Goeritz, un Allemand ayant fui le régime nazi, qui enseigna à l'université de Guadalajara et à l'UNAM, l'université nationale autonome de Mexico. Mais l'architecte le plus influent du XXᵉ siècle fut Luis Barragán (1902-1988). Son utilisation des lignes pures et des couleurs vives dans les structures monumentales souligne l'importance des éléments naturels, y compris la lumière du soleil, dans le concept architectural global.

Ricardo Legorreta (né en 1931) est l'un des plus prolifiques et des plus remarquables parmi les architectes qui ont suivi la trace de Barragán. Son style novateur joue sur des murs massifs et nus peints dans des tons vifs pour refléter les mouvements de la lumière. L'hôtel Camino Real de Mexico, avec ses murs et ses niches rose indien, jaunes ou bleus, est né de la collaboration entre ces deux architectes. Cette réussite entraîna de nombreuses commandes pour Legorreta, considéré comme l'un des plus grands architectes de notre époque. On lui doit plus d'une centaine d'édifices au Mexique et à l'étranger.

Le recours aux couleurs vives est, de fait, d'une grande importance dans l'esthétique mexicaine. Les structures en simple pisé ou en stuc sont peintes en bleu de cobalt avec une bordure jaune vif, jaune citron ou *rosa mexicano* – un rose foncé. Pour attirer l'attention, les publicités, les messages de services publics et les slogans politiques rivalisent de couleur avec les façades des maisons et des commerces, les murs et toute surface potentielle.

PEINTURE ET SCULPTURE

Bien avant l'arrivée des conquistadores, les Indiens excellaient dans ces deux disciplines. En 790, des artistes mayas couvrirent les murs du temple des Peintures à Bonampak, dans le sud-est du Chiapas, de scènes d'un réalisme surprenant, traitées avec des couleurs saturées. Vers 1150 av. J.-C., les Olmèques sculptèrent de gigantesques têtes dans une pierre basaltique dure et certaines des peintures rupestres de Basse-Californie dateraient d'il y a 5 000 ans.

Avec l'arrivée des Espagnols, l'art devint essentiellement religieux. Les missionnaires proposèrent aux artistes indiens des modèles

européens, qu'ils reproduisirent à leur manière, car ils les percevaient sous un angle différent. Ces peintures et ces sculptures à sujet
catholique interprété, et intégrant des éléments indiens, appartiennent à l'art *tequitqui*.
Il se développa surtout dans les missions des
ordres mendiants et se manifeste par des statues de saints apparentés aux divinités préhispaniques, des volutes et les antiques symboles
du vent et du feu. Les façades des églises et les
retables, où émergent des visages d'anges et de
saints aux traits mayas ou zapotèques, sont
couverts de ces symboles. À Mexico et dans les
villes minières, on fit appel aux artistes européens, espagnols ou flamands (*flamencos*). Les
peintres Simón Peyrens et Andrés de Concha,
arrivés au Mexique autour de 1570, fondèrent
d'importants ateliers où ils enseignèrent aux
apprentis indigènes la technique de la peinture à l'huile pour réaliser des tableaux à sujet
biblique. L'iconographie de la Vierge Marie
est à l'honneur depuis l'apparition miraculeuse d'une Vierge noire à l'Indien Juan Diego
sur la colline de Tepeyac en 1531. L'image
vénérée de cette Vierge de Guadalupe aurait
d'ailleurs été peinte par un métis formé par le
jésuite Pedro de Gante.

Au XVIIe siècle, sous l'impulsion des
artistes créoles et métis, l'art mexicain s'enga-
gea dans deux directions. Le courant manié-
riste, caractérisé par un allongement des
corps dans une lumière immatérielle (Luis
Juárez et López de Herrera) précéda le
courant baroque, apparu vers le milieu du
siècle, avec l'influence de l'école espagnole
de Zurbarán.

La première école officielle des beaux-arts
du Mexique, la Real Academia de las Bellas
Artes de México, fut fondée à Mexico en
1731. Des sculpteurs et des peintres européens vinrent enseigner leur métier aux
jeunes artistes mexicains. Ceux-ci trouvèrent
leur inspiration dans l'histoire de leur pays.
Parmi les peintres les plus remarquables du
XVIIe siècle figurent José de Ibarra et surtout
Miguel Cabrera (1695-1798) dont les toiles
ornent de nombreux retables churrigueresques. Le XIXe siècle, en proie aux agitations
de la guerre d'indépendance, compta cependant de grands peintres. Les portraits de José
María Estrada (1830-1862) et les paysages de
José María Velasco (1840-1912), en parti-

culier, attestent l'existence d'un art national.
Velasco est considéré comme le maître de la
peinture académique au XIXe siècle. Peintre
de paysages, il représenta avec un grand art
les lacs et les volcans de la vallée de Mexico et
les cactus-cierges de l'Oaxaca. Certaines de
ses plus belles toiles (voir p. 190) sont visibles
au Museo Nacional de Arte de Mexico.

La Torture de Cuauhtémoc, fresque
de David Alfaro Siqueiros, décore
le Palacio de Bellas Artes, à Mexico.

Le début du XXe siècle fut la belle époque
du Mexique – du moins pour les classes
aisées. Sous la dictature de Porfirio Díaz (voir
p. 33-34), qui idolâtrait tout ce qui était européen, les Mexicains formés aux modes et aux
styles du Vieux Monde commencèrent à célébrer leur identité naissante. Les artistes, bien
qu'encore très influencés par leur formation
à l'européenne, se servirent de leur connais-
sance de l'impressionnisme, du symbolisme
et de l'Art nouveau pour aborder des thèmes
mexicains. Les plus jeunes choisirent pour
sujets les injustices de la dictature et réclamè-
rent un renouveau de la culture mexicaine.

Gerardo Murillo (1875-1964) protesta contre l'emprise européenne en prenant pour nom « Dr Atl », « eau » dans la langue náhuatl des Aztèques. Il était avant tout paysagiste et ses vues de volcans ont inspiré le rideau de scène en mosaïque de cristaux opalescents du Palacio de Bellas Artes (voir p. 190).

Il fut le professeur et le guide spirituel des plus grands artistes mexicains du XXᵉ siècle. Dans les années 1900, il fut le premier à proposer que les artistes mexicains couvrent les édifices publics de peintures murales. La révolution de 1910 retarda ses projets.

Cet épisode de leur histoire renforça la passion des jeunes artistes pour leur pays et leur désir de réaliser des œuvres d'art vraiment mexicaines. En 1921, le ministre de l'Éducation, José Vasconcelos, commanda à Dr Atl des peintures murales (aujourd'hui détruites) pour la Escuela Nacional Preparatoria (École nationale préparatoire). En 1922, Vasconcelos lança le mouvement muraliste, qui domina la vie artistique pendant presque cinquante ans. Les étudiants de Dr Atl, dont Diego Rivera (1886-1957) et José Clemente Orozco (1883-1949), représentèrent toute l'histoire du Mexique sur les murs des bâtiments les plus importants du pays, en revalorisant la culture indigène et l'héritage précolombien, sans oublier la révolution.

Très vite, les muralistes devinrent les artistes les plus célèbres du Mexique, et la politique, leur thème de prédilection. David Alfaro Siqueiros (1896-1974) déclara en 1922 : « Nous condamnons la peinture dite de chevalet. L'art ne devrait plus être l'expression

La Fresque de l'Indépendance, de Juan O'Gorman, associe le commentaire politique à une technique superbe.

de la satisfaction individuelle, ce qu'il est aujourd'hui, mais devrait s'attacher à devenir un art combattant et éducatif pour tous. » Les plus fameux muralistes peignaient sur toile aussi bien que sur mur. Après ses études en Europe, le peintre Francisco Goita (1882-1980) rejoignit l'armée de Pancho Villa, comme chroniqueur artistique de la lutte pour la liberté et l'égalité. Ses œuvres rappellent les horreurs de la guerre.

Les artistes mexicains du XXe siècle étaient inspirés par le concept de *mexicanidad*, la célébration de leurs origines indiennes, des paysages et des particularismes culturels de leur pays. Une bonne partie de leur travail était violente, enflammée et parcourue d'une grande émotion, mais même les plus engagés prenaient le temps de peindre la beauté qui les entourait. Diego Rivera rendit hommage à la beauté et à la dignité de la population indigène de Mexico à travers ses jolis portraits de vendeurs de tortillas et de fleuristes. Frida Kahlo (1907-1954), l'épouse de Rivera, également peintre et célèbre pour ses autoportraits angoissés, aimait revêtir les somptueuses robes des femmes tehuanas de l'Oaxaca. Antonio Ruíz (1895-1964), moins connu, peignit des scènes de la vie quotidienne, souvent pleines d'humour.

Le travail des muralistes fit connaître l'art mexicain dans le monde entier ; ils devinrent de vrais héros populaires et les porte-parole de leur pays. Orozco, Siqueiros et Rivera réalisèrent des peintures murales aux États-Unis. Miguel Covarrubias (1904-1957), auteur de certaines des plus célèbres fresques de Mexico, fut illustrateur et dessinateur pour le *New Yorker* et *Vanity Fair* dans les années 1920 et 1930. Rufino Tamayo (1899-1991), membre d'un petit groupe de peintres qui préféraient l'art moderne à la politique, se révolta contre le « carcan » nationaliste : l'homme vu par lui-même et l'animal devinrent ses thèmes favoris.

Aujourd'hui, la multitude de galeries et d'écoles d'art à Mexico, Oaxaca, San Miguel de Allende et ailleurs témoignent de la vitalité artistique du pays. À Mexico, le Museo José Luis Cuevas présente quelques Picasso et les œuvres d'artistes contemporains et d'avant-garde, ainsi que les sculptures érotiques de Cuevas (voir p. 210).

LES ARTS POPULAIRES

Le Mexique, où les objets usuels sont souvent de vraies œuvres d'art, est le pays des tisserands, potiers, sculpteurs sur bois et souffleurs de verre. Déjà, les premières civilisations mésoaméricaines décoraient des vases en céramique. Les Mixtèques créaient de fabuleux bijoux, notamment des pendentifs en jade et en or. Après la conquête, les artisans indiens s'étant vite formés aux techniques européennes, une nouvelle forme d'art populaire vit le jour, issue de la fusion des matières naturelles, du talent des Indiens et des influences étrangères. Aujourd'hui, les arts populaires constituent l'un des plus précieux trésors du Mexique, où certains des artistes les plus célèbres sont des artisans – hommes et femmes.

Ils s'inspirent souvent de thèmes anciens. Les tisserands de l'Oaxaca reprennent dans leurs tapis en laine le motif chantourné, très

L'Oaxaca se distingue par son riche artisanat, notamment les céramiques, telle, ici, la poterie de San Bartolo Coyotepec.

stylisé, des ruines de Mitla. Les Huicholes de Nayarit reproduisent fidèlement d'antiques symboles de lézards et de serpents sur des bols cérémoniels et des sacs à bandoulière ornés de petites perles. Dans tout le pays, des hommes et des femmes talentueux peignent des tableaux aux couleurs vives sur du papier d'*amate* (écorce battue). Ce papier est utilisé pour fabriquer les livres de comptes et d'autres ouvrages importants depuis l'ère pré-colombienne.

Les sujets religieux prennent des formes multiples, portraits peints sur fer-blanc de la Vierge de Guadalupe ou chemins de croix figurés sur des carreaux ornementaux. On trouve des nativités (*nacimientos*) dans presque tous les matériaux, du verre soufflé à la paille tressée. La grande fascination des Mexicains pour le macabre revêt de multiples visages : dioramas miniatures faisant intervenir des squelettes ou *judas* en papier mâché – diables ou personnages bigarrés des processions de la semaine sainte.

Dans les mains d'un artisan mexicain, toutes les matières deviennent œuvres d'art. À Oaxaca, on organise une fête en l'honneur des sculptures sur radis. La terre elle-même a toujours été une source d'inspiration. Partout, les musées regorgent de vaisselle et de figurines en terre cuite, œuvres des Olmèques, Mayas, Mixtèques et Aztèques. La poterie est l'une des formes d'art les plus anciennes au Mexique, et l'une des plus populaires.

L'argile prend les formes les plus fantaisistes, comme les crocodiles et les oiseaux rouges des Lancandóns du Chiapas ou les cruches anthropomorphes des Náhuas du Guerrero. Les collectionneurs avertis recherchent la poterie Mata Ortíz, de Casas Grandes dans le Chihuahua, ou les céramiques vernissées noires de San Bartolo Coyotepec, en Oaxaca.

C'est aux conquistadores que l'on doit certaines des plus belles céramiques du Mexique. Les potiers précolombiens ignoraient la glaçure, et les Espagnols firent venir des artisans qui réalisèrent des carrelages vernissés et des vaisselles magnifiques. Ces artistes s'installèrent à Puebla, où ils créèrent de belles pièces bleu et blanc, les talaveras, ainsi nommées à cause de leur ressemblance avec la production de la ville de Talavera de la Reina, en Espagne. Cette technique est encore employée aujourd'hui pour les vases, assiettes, jarres et carreaux produits dans les États de Puebla, Michoacán, Guanajuato et Jalisco.

L'argile est souvent utilisée pour les instruments de musique, jouets, poupées et autres figurines fantastiques. Dans presque toutes les civilisations primitives, les hommes se sont servis de flûtes et de sifflets en céramique. Les artisans modernes ont réalisé des tableaux absurdes et élaborés, aux figures miniatures vivement colorées. Ils les montrent dans des situations réalistes et grotesques Adam et Ève, la Vierge de Guadalupe, les anges et les démons, mais aussi des hommes ordinaires. Le Michoacán et le Puebla comptent quelques-uns des meilleurs peintres sur argile. Les potiers d'Oaxaca fabriquent des mannequins d'argile grandeur nature, les *muñecas bordadas*; à Toluca et dans l'État de Puebla, ils se sont spécialisés dans d'énormes arbres de vie couverts de figures et de symboles minuscules.

Ce ludisme se retrouve dans le travail du bois. Les *alejibres* semblables à des dragons, sculptés dans du bois tendre et peints dans des jaunes et des roses presque criards, ont fait leur apparition en Oaxaca dans les années 1980, à côté d'animaux plus réalistes, les *animalitos*. Presque tous les groupes indigènes réalisent des figurines primitives en bois. Les Tarahumaras de la Sierra Tarahumara les revêtent de chemises et pantalons blancs typiques, tandis que les artistes du Chiapas ont mis sur pied une véritable industrie de personnages dont les armes en bois et les cagoules évoquent les rebelles zapatistes.

Les masques utilisés dans les cérémonies religieuses depuis l'époque précolombienne sont souvent en bois. Les fabricants du Guerrero, du Tlaxcala, du Morelia, du Chiapas et de l'Oaxaca sont particulièrement talentueux et prolifiques. Leurs œuvres, qui pimentent les danses folkloriques et les processions religieuses, représentent saints et démons, poètes et politiciens, animaux et conquistadores aux pommettes roses.

Les Espagnols firent d'abord du troc avec des perles de verre, avant d'apprendre l'art du verre aux artisans indiens. Aujourd'hui, de petits ateliers familiaux, mais aussi des usines, fabriquent une verrerie et des miniatures exceptionnelles, en particulier dans les États de Puebla et de Mexico, et aux environs de Guadalajara, dans le Jalisco.

San Cristobál de las Casas (Chiapas) est connu pour ses magnifiques tuniques tissées et brodées de motifs mayas, les *huipiles*. Les Mayas de cet État dédaignent la mode occidentale, préférant les ponchos en laine et les huipiles en coton aux broderies bigarrées. Les motifs compliqués évoquent l'héritage et les légendes mayas. Chaque groupe ethnique s'identifie grâce à ses vêtements : châles de laine noire typiques de San Juan Chamula ou chapeaux enrubannés réservés aux cérémonies à Zinacantán. Dans certaines régions de l'Oaxaca, ils portent encore le costume traditionnel et confectionnent des châles (*rebozos*), ceintures et huipiles qui sont des chefs-d'œuvre de l'art du tissage mexicain.

Les sujets religieux jouent un rôle important dans les arts populaires. Les masques et

Les squelettes en papier mâché, sont fréquents dans les arts populaires mexicains, en particulier le jour des Morts.

les costumes utilisés dans les danses régionales évoquent souvent des saints et des pêcheurs. Les ex-voto, petites peintures sur fer-blanc, expriment les remerciements adressés à un saint pour son intervention. Apparus au XVIIIe siècle, ils figurent la guérison miraculeuse ou la résolution du problème. Dans la basilique de Guadalupe, à Mexico, une chapelle est entièrement tapissée d'ex-voto rendant grâce à la célèbre sainte mexicaine.

Le terme *milagros*, signifiant « miracles », désigne aussi des amulettes en fer-blanc, en argent et parfois en or qui reproduisent

des parties du corps humain, des vaches, des maisons ou des voitures. Les pénitents les épinglent aux tuniques des statues de leurs saints favoris, puis prient pour le soulagement de leurs souffrances, ou pour obtenir l'objet tant convoité. Récemment, de jeunes bijoutiers ont relancé la mode des milagros, créant des chaînes d'argent ponctuées de petits cœurs, de jambes et de têtes.

La tradition de l'orfèvrerie mexicaine débuta avec les Mixtèques, qui furent de fabuleux joailliers au service des classes dirigeantes. Pendant l'ère coloniale, des quantités incroyables d'or et d'argent servirent à la décoration intérieure des églises catholiques et des objets du culte. Nombre d'artisans actuels s'inspirent de motifs préhispaniques pour réaliser des bijoux et autres objets en argent. C'est la grande spécialité de Taxco, dans le Guerrero, où toute une ville vit de l'orfèvrerie, ainsi que d'Oaxaca, pays des Mixtèques.

L'estampe est devenue un mode d'expression populaire à la fin du XIXᵉ siècle, grâce à José Guadalupe Posada (1852-1913), le plus grand graveur du Mexique. Ses gravures montraient les politiciens véreux sous forme de macabres squelettes.

Les *calaveras* (têtes de mort) sont des petites affiches satyriques créées pour le jour des morts. Destinées à l'origine aux classes populaires, les calaveras de Posada attirèrent l'attention des artistes du début du XXᵉ siècle.

Des mariachis Plaza de Garibaldi, à Mexico.

Certains firent de lui le père d'un mouvement artistique authentiquement mexicain.

Le papier mâché, l'une des techniques les plus populaires de l'artisanat mexicain, sert à la confection de toutes sortes d'objets, des masques aux inévitables *piñatas* (remplies de sucreries et de petits cadeaux, à briser à coups de bâton). À Mexico, la famille Linares est célèbre pour ses squelettes, crânes, dragons et diables grandeur nature en papier mâché. Les somptueux mannequins du Guanajuato arborent un maquillage excessif et des bijoux clinquants.

Au Mexique, tout devient art, de l'or à la calebasse. Certaines régions – Oaxaca, Chiapas, Michoacán – sont de véritables musées vivants où les marchés ressemblent à des galeries.

LA MUSIQUE

Chaque Mexicain est musicien dans l'âme. Selon le dicton, *También de dolor se canta, cuando llorar no se puede* (« La douleur se chante lorsqu'on ne peut pas pleurer »).

Les airs les plus familiers et les plus célèbres sont les *rancheras*, interprétées par les mariachis au violon, à la trompette et avec plusieurs instruments ressemblant à la guitare. Certaines de ces chansons d'amours défuntes et de défaites remontent à la révolution mexicaine ; les musiciens itinérants venaient chanter à Mexico les ballades des régions du Nord déchirées par la guerre. Dans les années 1930 et 1940, les films de *charros* (cow-boys mexicains) firent connaître cette musique dans tout le pays et le compositeur José Alfredo Jiménez enrichit le répertoire des mariachis de dizaines de chansons nouvelles.

Avant la mode des mariachis et des rancheras, la musique mexicaine était régionale et s'inspirait de traditions indigènes et religieuses. Avec la radio, le cinéma et la télévision, la musique des mariachis devint l'emblème national. Le folklore en profita aussi et les Mexicains se mirent à apprécier les marimbas du Chiapas ou les boléros romantiques d'Agustín Lara, auteur des rythmes sensuels de Veracruz.

Les thèmes sont souvent empreints de nostalgie et de passion. Les chanteurs se distinguent par leur aptitude à prêter une intensité émotionnelle même aux airs les plus connus, comme *Cielito Lindo* (Joli petit ciel) et *La Paloma* (La Colombe). Le chant passionné de Lola Beltrán en fit longtemps la reine des rancheras, à partir des années 1950, tandis que María Félix, dans les années 1940, fit découvrir, lors des soirées huppées d'Acapulco, les paroles romantiques des ballades tropicales. Les chanteurs actuels – Juan Gabriel ou Luis Miguel – s'inspirent de vieux airs très appré-

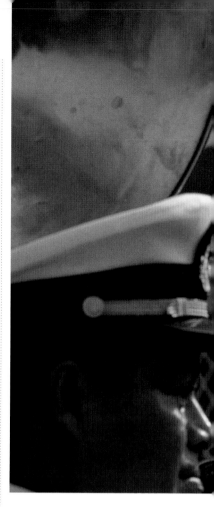

ciés pour pimenter leur répertoire moderne et se faire acclamer de leurs fans.

Amour et nostalgie inspirent encore les musiciens modernes du Mexique, même les représentants les plus délirants de la dernière tendance musicale – le *rock en español*. Les rockers mexicains, s'ils aiment toujours les belles histoires d'amour tristes, mêlent désormais instruments traditionnels, électronique et sujets politiques. Carlos Santana, originaire de Tijuana, près de la frontière avec les États-Unis, fut le premier grand artiste à imposer les rythmes mexicains sur la scène internationale. Les groupes Maña (rock) et Café Tacuba (rock alternatif) sont très connus en dehors du Mexique.

Chaque région du pays a un son particulier. Les groupes de *norteño* associent

accordéon, basse et guitare à des polkas et rancheras, pour produire une musique country et western très appréciée dans le Nord. Les thèmes de l'immigration et de la politique nationale reviennent souvent. La cumbia, la salsa et la marimba, avec un rythme tropical, enfièvrent les danseurs à Veracruz, patrie de la chanson *La Bamba*. Quant à la *banda* (fanfare) de cuivres, de Sinaloa, elle révèle ses origines allemandes remontant aux immigrants des années 1920.

LA DANSE
La fusion des rites catholiques et de la tradition indigène a donné naissance à des danses comme celles des Yaquis du Sonora lors des fêtes de la Semaine sainte. Les masques de cerf (esprit du bien) et les fleurs sont les vestiges

Le fameux festival de Veracruz ne saurait exister sans cuivres.

d'un important cérémoniel précolombien où il était demandé au cerf de se sacrifier pour le bien du peuple. Aujourd'hui, les danseurs incarnant le cerf se joignent à ceux jouant Jésus et les Saintes Femmes pour défendre l'Église du mal (les pharisiens) dans des chorégraphies élaborées.

Un peu partout, on trouve des groupes de *ballet folklórico*, les meilleurs se produisant souvent dans les lieux les plus touristiques. Dès leur plus jeune âge, les danseurs se donnent en spectacle sur toutes les places publiques, puis, quand ils grandissent, tentent d'être engagés par une troupe professionnelle. La plus grande de toutes, celle d'Amalia Hernández, se produit au Palacio de Bellas Artes de Mexico.

La danse folklorique traditionnelle, qui a vu le jour vers 1800, associe des pas et des thèmes précolombiens, espagnols et métis. Les danses régionales font écho à la musique des immigrants et aux rythmes de la nature. À San Luis Potosí, on aime le *huapango*, semblable au fandango espagnol. À Veracruz, les couples apprécient le *danzón* cubain mais aussi la salsa, la cumbia et tous les rythmes antillais. La plus célèbre de toutes les danses mexicaines, *el jarabe tapatío* (la danse du chapeau mexicain), est un legs métis.

De nombreux États sont connus pour leurs danses folkloriques. En Oaxaca, les danseurs viennent de tous les coins de l'État pour fêter, chaque année pendant deux semaines en juillet, la Guelaguetza, qui commémore leur héritage ethnique. Les costumes des danseurs de l'Oaxaca et du Chiapas sont de véritables œuvres d'art qui mettent en valeur la beauté des mouvements et des artistes. Les *jaranas* du Yucatán ont lieu tous les dimanches au *zócalo* de Mérida. L'étonnante danse des Vieillards (*Danza de los Viejitos*), originaire du Michoacán, offre un interlude plein d'humour pendant les représentations. Les fêtes religieuses, en particulier celles de la semaine sainte, s'accompagnent de danses moins familières. Les Indiens Coras de Nayarit dansent, sous l'emprise d'hallucinogènes, plusieurs jours d'affilée, tandis que les Tarahumaras de la Sierra Tarahumara simulent de tumultueuses et sinistres batailles entre soldats et pharisiens.

La danse fait partie de toutes les fêtes, des anniversaires aux réceptions protocolaires. Les Mexicains, quel que soit leur âge, vont dans les dancings et les clubs pour danser la valse, la salsa et le meringue, ou le *rock en español*.

LA LITTÉRATURE

Les premiers livres mexicains étaient des codex en écorce et peau d'animal, illustrés de peintures et de glyphes. Les Mayas rédigèrent deux des plus importants livres précolombiens, ainsi que plusieurs codex relatant des événements historiques. Rédigé en maya quiché entre 1555 et 1560, le *Popol Vuh* (livre du conseil) est un recueil de mythes et d'histoires anciennes. Les recueils du *Chilam*

De nombreux jeunes gens étudient la danse, comme ici la troupe de l'université de Guadalajara.

Balam (devin-jaguar), qui datent des XVIe et XVIIe siècles, sont des transcriptions en caractères latins de recueils prophétiques et historiques des Mayas yucatèques. Par ailleurs, de nombreux codex en langue náhuatl et mixtèque nous sont parvenus intacts, tout comme de nombreuses inscriptions sur les stèles et les monuments narrant des batailles et des généalogies royales.

Si certains Espagnols ont cherché à sauver les codex et les écrits des Indiens, d'autres, après la conquête, ont anéanti sans scrupules ces documents qu'ils considéraient comme l'œuvre manifeste de Satan. Fray Diego de

Landa, évêque de Mérida, fit brûler tous les codex mayas dans un gigantesque autodafé. Il s'avéra pourtant un excellent chroniqueur dans sa *Relación de las cosas de Yucatán*, dans laquelle il donne une transcription alphabétique des signes glyphiques mayas.

Les Espagnols restèrent par ailleurs fidèles aux sujets européens et religieux en poésie, théâtre et littérature. La première presse à imprimer, qui arriva au Mexique en 1537, servit avant tout à propager des informations sur la science, la nature et la colonisation du pays. Au XVIᵉ siècle, les métis et les créoles, s'inspirant de sujets indigènes, créèrent la littérature mexicaine. Juana Inés de la Cruz (1648-1695), une religieuse, fut l'écrivain le plus célèbre de l'ère coloniale et une poétesse prolifique. Elle évoque à plusieurs reprises les souffrances que

les colons infligeaient aux habitants de la Nouvelle-Espagne, tout en pillant leur pays au profit de l'Espagne. Elle écrivit, dans l'un de ses poèmes les plus célèbres :

« Señora, je suis née dans le pays
    de l'abondance…
Envers aucun autre pays de la Terre, Mère
    Nature ne s'est montrée aussi généreuse.
L'Europe le sait plus que toute autre,
    qui, pendant ces années, insatiable,
A saigné les veines abondantes
    des riches mines d'Amérique. »

Les premiers journaux apparurent vers 1800. Le journaliste José Joaquin Fernández de Lizardi (1776-1827) publia à cette époque le premier roman picaresque exprimant des sentiments mexicains, *La Perruche galeuse*. Au XIXᵉ siècle, les écrits imprimés servirent avant tout à promouvoir des causes politiques et sociales, même si quelques écrivains se tournèrent vers le roman à sujet mexicain. Francisco Madero (futur président de la République) écrivit l'une des œuvres majeures sur la réalité politique, le roman *La Succession présidentielle de 1910*, qui contribua à la chute de Porfirio Díaz.

De toute la littérature du XXᵉ siècle, *Le Labyrinthe de la solitude* (1957) est remarquable par son étude du caractère mexicain. L'auteur et prix Nobel Octavio Paz essaie d'y analyser et de décrire l'essence de la *mexicanidad*. Bien que controversé, ce roman est considéré comme un chef-d'œuvre et Paz comme le chef de file des écrivains mexicains. Autre maître moderne, Carlos Fuentes a écrit *La Plus Limpide Région* et *Le Vieux Gringo*, odes au Mexique.

Carlos Fuentes, homme d'État et écrivain.

LE CINÉMA

Les premiers films mexicains contribuèrent à faire connaître la musique mariachi et la vie des cow-boys du nord. Les exploits de Pancho Villa notamment, étaient un thème très populaire. Ils forgèrent l'unité des Mexicains peu habitués à la culture des régions lointaines, et, dès les années 1930, le monde entier s'intéressa au cinéma mexicain.

Les cinéastes et acteurs mexicains bénéficièrent de la fascination qu'exerçait sur Hollywood la topographie de leur pays. Un bon nombre des premiers westerns américains fut tourné dans le nord du Mexique et, dans les années 1940, les stars de Hollywood fréquentaient Acapulco. Dolores del Río (1905-1983), familière des vedettes hollywoodiennes à Caleta Beach, commença à se faire un nom en dehors du Mexique au Festival de Cannes de 1946. Vedette de *María Candelaria* (1944), grand succès dirigé par Emilio Fernández (1904-1986), Dolores del Río assura la promotion du cinéma mexicain, tout comme Mario Moreno (1911-1993), mieux connu sous le nom de Cantinflas (le Charlot mexicain), et Germán Valdés (ou Tin Tan). Dans les années 1940, María Félix, Jorge Negrete et Pedro Infante étaient de véritables idoles. La consécration de films tels que *Enamorada* (dirigé par Fernández) et *Distinto Amanecer* (de Julio Bracho) fut immédiate. Luis Buñuel (1900-1983), avait fui la guerre d'Espagne et trouvé refuge au Mexique. Avec *Los Olvidados* (1950), il a donné un chef-d'œuvre au cinéma mexicain.

Dans les années 1950 et 1960, une série de films d'horreur de troisième ordre s'acquit un public fidèle. Beaucoup s'inspiraient sans finesse d'originaux mexicains. La *Momie aztèque* de Jerry Warren (1963), par exemple, était une adaptation du film mexicain *La Momia Azteca* de 1957. Le plus grand de tous les films cultes sortit en 1970 : *El Topo*, d'Alejandro Jodorowsky, mêle violence, surréalisme et images de western.

Dans les années 1980, des sujets plus sérieux furent abordés. Gregory Nava se pencha sur les misères de l'immigration illégale dans un film très applaudi, *El Norte* (1984). En 1993, Roberto Rodríguez dressa le portrait du nord du Mexique moderne, avec le film *El Mariachi*, puis avec *Desperado* (1995), interprété par Antonio Banderas.

Dans le film le plus célèbre de la décennie suivante, *Como Agua Para Chocolate* (1992), Alfonso Arau adapte le roman de son épouse, Laura Esquivel. Aujourd'hui, au Mexique, les cinéastes luttent pour obtenir financements, récompenses et attention, et les acteurs se font enfin un nom dans leur pays. ∎

La Basse-Californie, pointe isolée et déchiquetée de montagnes et de déserts entre l'océan Pacifique et le golfe de Californie, était autrefois une péninsule oubliée. Aujourd'hui, c'est une région touristique en plein développement.

La Basse-Californie

**Bernacles incrustées
sur une baleine grise.**

La Basse-Californie

EN DÉPIT DE SES PAYSAGES ARIDES ET DÉSOLÉS, LA PÉNINSULE DE BASSE-CALIFORNIE, ATTIRE depuis longtemps scientifiques et aventuriers. Vers 1950, l'écrivain John Steinbeck explora ses côtes qui lui inspirèrent un roman, *Dans la mer de Cortés*, où il écrit ces mots : « L'air ici est miraculeux et les contours de la réalité changent à chaque instant. Un rêve flotte sur toute la région. » C'est un sentiment similaire qui anime les aventuriers modernes désireux d'explorer les anses les plus sauvages de la Basse-Californie.

La péninsule de Basse-Californie s'est peu à peu séparée du continent il y a cinq millions d'années le long de la faille de San Andreas, en donnant naissance à une série de chaînes montagneuses. Elle atteint sa largeur maximale – 193 km – à la frontière américaine. La majorité des touristes visitent le couloir de Tijuana à Ensenada ou les plages de Los Cabos, à 1 300 km au sud. Entre ces deux pôles s'étend un pays mythique et mystérieux.

Quand le père Juan María Salvatierra fonda une mission à Loreto, en 1697, au moins cinq groupes d'Indiens vivaient en Basse-Californie. Au fur et à mesure que missionnaires et aventuriers européens remontaient le long de la péninsule, la population indigène succombait à la guerre ou aux maladies. Il ne reste environ qu'un millier d'Indiens en Basse-Californie. Certains continuent de suivre les traditions de leurs ancêtres dans des communautés isolées.

Les deux côtes de Basse-Californie sont très appréciées des pêcheurs, des surfeurs, des plongeurs et des plaisanciers. La côte Pacifique est réputée pour ses vagues, ses marlins et les migrations de cétacés. Le golfe de Californie (ou mer de Cortés) est le paradis des biologistes. Des milliers d'espèces marines y prospèrent dans les criques protégées et en pleine mer. De nombreux groupes de protection de l'environnement dans le monde cherchent à préserver le golfe de Californie de la pêche commerciale et de tout développement menaçant son équilibre naturel.

Les amateurs de solitude trouveront leur bonheur dans ces immensités désertiques.

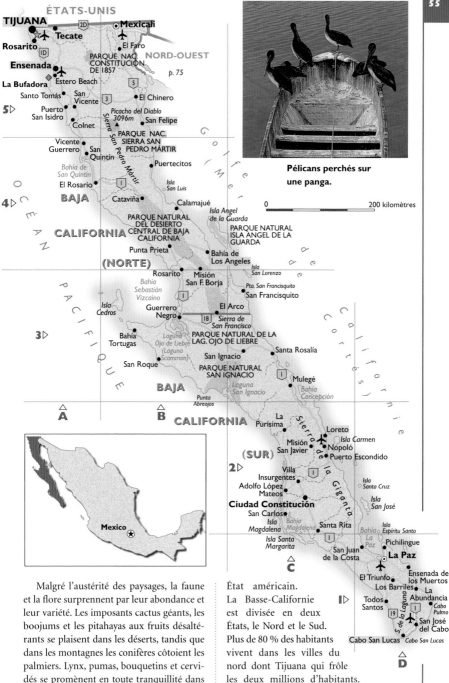

ÉTATS-UNIS

TIJUANA
Mexicali
Tecate
El Faro
Rosarito NORD-OUEST
PARQUE NAC.
Ensenada CONSTITUCIÓN
DE 1857 p. 75
La Bufadora Estero Beach
Santo Tomás San
Vicente El Chinero
Puerto
San Isidro Picacho del Diablo
Colnet 3096m San Felipe
PARQUE NAC.
SIERRA SAN
Vicente PEDRO MÁRTIR
Guerrero San
Quintín Puertecitos
Bahía de
San Quintín Isla
El Rosario San Luis
BAJA Cataviña Calamajué
Isla Angel
de la Guarda
CALIFORNIA PARQUE NATURAL PARQUE NATURAL
DEL DESIERTO ISLA ANGEL DE LA
CENTRAL DE BAJA GUARDA
(NORTE) CALIFORNIA
Punta Prieta Bahía de
Los Angeles
Rosarito Misión Isla
San F. Borja San Lorenzo
Bahía
Sebastián Pta. San Francisquito
Vizcaíno San Francisquito
Isla
Cedros Guerrero El Arco
Negro Sierra de
San Francisco
Bahía Laguna PARQUE NATURAL DE LA
Tortugas Ojo de Liebre LAG. OJO DE LIEBRE
(Laguna
Scammon) Santa Rosalía
San Roque San Ignacio
PARQUE NATURAL
SAN IGNACIO
BAJA Laguna Mulegé
San Ignacio Bahía
Punta Concepción
Abreojos

OCÉAN PACIFIQUE

Golfe de Mexique

Californie (Cortés)

Pélicans perchés sur
une panga.

0   200 kilomètres

A   B   CALIFORNIA
(SUR)
La
Purísima
Loreto
Isla Carmen
Misión Nópoló
San Javier Puerto Escondido
Villa
Insurgentes Isla
Adolfo López Santa Cruz
Mateos
Ciudad Constitución Isla
San Carlos San José
Isla Bahía
Magdalena Magdalena Santa Rita Isla
Espíritu Santo
Isla Santa Bahía
Margarita La Pichilingue
Paz
San Juan La Paz
de la Costa
Ensenada de
los Muertos
El Triunfo Los Barriles La
Abundancia
Todos Cabo
Santos Pulmo
San José
del Cabo
Cabo San Lucas Cabo San Lucas

Sierra de la Giganta

S. de la Laguna

Mexico

Malgré l'austérité des paysages, la faune et la flore surprennent par leur abondance et leur variété. Les imposants cactus géants, les boojums et les pitahayas aux fruits désaltérants se plaisent dans les déserts, tandis que dans les montagnes les conifères côtoient les palmiers. Lynx, pumas, bouquetins et cervidés se promènent en toute tranquillité dans les parcs nationaux et les régions sauvages.

Autrefois, la péninsule appartenait à une région plus vaste qui comprenait l'actuel État américain. La Basse-Californie est divisée en deux États, le Nord et le Sud. Plus de 80 % des habitants vivent dans les villes du nord dont Tijuana qui frôle les deux millions d'habitants. Cela laisse beaucoup d'espace pour ceux qui souhaitent s'aventurer seuls dans un cadre naturel préservé. ∎

De Tijuana à Ensenada

Tijuana

🅜 55 A5

Informations

✉ Av. Revolución 711 et calle 1

☎ (664) 688 05 55

TIJUANA EST LA QUATRIÈME VILLE DU MEXIQUE, ENSENADA LE PLUS grand port de Basse-Californie. Entre les deux, hôtels, magasins et villas en bord de mer n'ont cessé de se multiplier ces dernières décennies, absorbant les villages de pêcheurs. Pourtant, ici, le tourisme n'est pas récent. Depuis l'époque de la prohibition aux États-Unis, Tijuana attire les visiteurs avec ses discothèques, ses bars animés et ses combats de taureaux. Au sud de la ville, les hôtels du front de mer entre Rosario et Ensenada accueillent depuis longtemps les Californiens désireux de s'échapper le temps d'un week-end.

TIJUANA

Ville frontalière, Tijuana est tournée vers la satisfaction des touristes américains. Pour nombre d'entre-eux, elle est un résumé du Mexique,

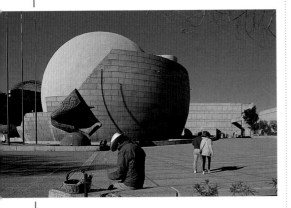

Le Centro Cultural de Tijuana héberge le merveilleux Museo de las Californias.

synonyme de shopping. La ville offre peu d'intérêts culturels et n'est bien souvent qu'une étape vers les terres plus sauvages du sud.

Bien des touristes ne voient de Tijuana que sa rue principale, la belle **Avenida Revolución**. On y trouve de tout: des *sarapes* (couvertures), *piñatas* (tirelires en céramique), bottes en cuir, artisanat indien, céramiques, mezcal, bijoux en argent, chapeaux de mariachis… Les restaurants proposent de la cuisine tex-mex, les bars, entre autres, la fameuse tequila, et le quartier de Coahuila, ses créatures lascives.

Pour assister à des combats de taureaux, allez aux **arènes de la Plaza Monumental de Tijuana** (*Paseo Monumental et Playas de Tijuana, tél. (664) 686 15 10*).

Le **Centro Cultural Tijuana** (*Paseo de los Héroes et Mina, tél. (664) 687 96 41*) se dresse à l'est du centre-ville. Le cinéma **Omnimax** de mille places (€) a trouvé abri dans un dôme futuriste couleur de sable (séance à partir de 15 h en semaine et 11 h le week-end). Le musée voisin comporte une librairie, un restaurant et deux étages d'œuvres d'art et d'anthropologie. Le centre culturel héberge le nouveau **Museo de las Californias** (*tél. (664) 687 96 41, mar.-ven. 10 h-18 h, sam.-dim. 10 h-19 h, €*) qui propose environ 500 objets pour comprendre l'histoire de la péninsule: dents de mammouth ou répliques de missions, ustensiles domestiques du XXᵉ siècle ou bien outils de paysans.

ROSARITO

Rosarito est situé à 29 km au sud de Tijuana. Aujourd'hui, la municipalité de cette ville au développement rapide s'enorgueillit de ses 32 km de belles plages. Plus de 500 boutiques, magasins et étals proposent aux visiteurs (en majorité américains) des poteries vernissées ou non, du fer forgé, de rudimentaires meubles en bois sculpté à la main

Rosarito

🅜 55 A5

Informations

✉ Bd Juárez et centre commercial d'Oceana Plaza

☎ (661) 612 03 96

et des objets artisanaux de tout le Mexique. La plupart de ces boutiques longent le **boulevard Benito Juárez**, où la circulation est intense et où vous trouverez aussi bars, hôtels et restaurants.

ENSENADA

Ensenada, à 80 km au sud de Rosarito, épouse l'extrémité nord d'une baie longue et abritée, **Bahía de Todos Santos**, découverte par un explorateur portugais, Rodríguez Cabrillo, en 1542. Ensenada vit essentiellement de la pêche, de l'agriculture (surtout de la culture des oliviers et des vignes), mais avant tout du tourisme. L'abondance des restaurants de fruits de mer et les multiples sports aquatiques font tout son attrait. Et, bien sûr, on peut faire du shopping sur l'**Avenida López Mateos**, où boutiques d'artisanat et hôtels alternent avec restaurants, bars et cafés.

On peut pratiquer l'équitation sur les plages d'Ensenada, même si les chevaux ont piètre allure. De décembre à mars, embarquez au **Sportfishing Pier** (*bd Costero, près de l'av. Macheros*) pour observer les baleines en haute-mer. Du même quai, on peut partir pêcher de nuit des bars, des bonites, des rascasses et, parfois, des limandes à queue jaune. La meilleure période pour la pêche s'étend de juin à septembre.

Au sud d'Ensenada, un évent naturel, **La Bufadora**, projette de l'eau de mer jusqu'à 24 m de haut. Plus bas, l'anse rocheuse de **Punta Banda** a la faveur des plongeurs, pêcheurs et amateurs de kayak. Il est toutefois plus facile de partir de la plage d'**Estero**, un estuaire situé au milieu de la baie proposant des rampes d'accès pour bateaux, de la planche à voile et de la pêche.

Goûtez au petit vin du pays au domaine viticole la **Bodega de Santo Tomás** (*666 av. Miramar, tél. (646) 178 33 33*), planté par les dominicains au XIXᵉ siècle. Il dispose d'un petit café, d'une galerie et d'une librairie. Les visites ont lieu du lundi au vendredi à 11 h, 13 h et 15 h, et les samedi et dimanche sur rendez-vous, mais vous pouvez téléphoner à l'avance pour confirmer l'heure et réserver. ■

Vue plongeante sur la ville frontalière de Tijuana, la quatrième du Mexique.

Ensenada
🅰 55 A5
Informations
✉ Bd Costero et 540 bd J. Azueta (entrée nord de la ville)
☎ (661) 178 36 75

Les sommets impressionnants de la Sierra de la Giganta, près de Loreto.

Circuit de Basse-Californie

Jusqu'en 1974, les amoureux de la nature ou les pêcheurs étaient les seuls à s'aventurer sur les routes caillouteuses menant au bout de la péninsule. Puis l'État fit recouvrir d'asphalte la route transpéninsulaire, ouvrant la région à un public plus nombreux. Heureusement, le trajet est encore suffisamment pénible pour décourager les foules. La route longe et traverse plusieurs chaînes de montagnes. Des chemins de fortune mènent à des criques rocheuses ou des cimes escarpées. Certaines attractions, à l'écart de la route, restent accessibles. Les autres, qui nécessitent des 4 x 4 ou des véhicules à châssis surélevé, sont réservées aux initiés désireux de sortir des sentiers battus.

Les Angeles Verdes (Anges verts, voir p. 349) patrouillent sur la route pour porter assistance aux voyageurs en panne, et les mécaniciens du cru sont d'une ingéniosité extraordinaire, mais attention à la chaleur, aux nids-de-poule, aux *arroyos* (ruisseaux) et aux vaches errantes. Faites souvent le plein, emportez une grande quantité d'eau, un cric et un pneu de rechange en bon état, des cartes détaillées. N'essayez pas de rouler vite. Les croix sur le bord de la route signalent les endroits où des conducteurs imprudents ont trouvé la mort. Prenez plutôt le temps d'apprécier le paysage fabuleux, les cactus, les canyons, les montagnes et les criques.

L'itinéraire de 1 160 km sur la transpéninsulaire (aussi appelée route 1) commence à

Tijuana ❶ (p. 56), gigantesque ville frontière qu'il est préférable d'éviter pour se diriger au sud vers **Rosarito** (voir p. 56-57) et la percée de **Cantamar**. Tout près, à **Puerto Nuevo** – autrefois simple village de pêcheurs de homard –, une trentaine de restaurants proposent homard, purée de *frijoles*, riz et tortillas.

Après l'intense circulation de Tijuana à Ensenada, la véritable aventure commence. La route descend dans les vignobles vallonnés des environs de **Santo Tomás**, avant de monter à l'assaut d'un versant assez raide puis elle s'aplatit en longeant les fermes et les domaines viticoles isolés de **San Vicente**. Autour de **Colnet**, **Camalú** et **Vicente Guerrero,** l'agriculture est reine : les champs de tomates s'étendent sur des kilomètres, ponctués par les logis de fortune des ouvriers venus du continent. De Colnet, des routes latérales conduisent aux cimes fabuleuses de la **Sierra San Pedro Mártir**, loin à l'est et hors de vue.

Les restaurants (essayez les clams *pismo*), les hôtels et les plages du port de **San Quintín** ❷, à 185 kilomètres au sud d'Ensenada, en font une halte agréable pour le déjeuner ou la nuit. Des routes plus ou moins pavées longent la **Bahía de San Quintín**. Au XIXᵉ siècle, des Anglais y créèrent une exploitation de céréales qui ne survécut pas à la sécheresse. Les vestiges du moulin décorent le bar du Old Mill Motel à côté de la baie, appréciée par les pêcheurs.

Quelques-unes des meilleures plages de Basse-Californie bordent la route 1 sur les 48 kilomètres entre San Quintín et El Rosario, qui dispose de magasins d'alimentation et de stations-service. Au sud d'El Rosario, la route part brutalement à l'est, pour gagner l'austère désert central qui s'annonce à grand renfort de cactus géants. Sur la *mesa* (plateau) entrecoupée de ravins poussent les cactus *Idria Columnaris* dont le tronc velu peut atteindre 20 m de haut. Aux alentours de **Cataviña**, les mesas et les collines peu élevées cèdent la place à d'énormes roches rondes. Un panneau indique la bifurcation, à 105 km au sud de Cataviña, pour la route cahoteuse de **Bahía de Los Angeles** (voir p. 73). Plus loin, d'autres panneaux indiquent un autre tournant à 53 km au sud vers un autre **Rosarito**, où les voitures à châssis surélevé peuvent faire le détour (35 km) par la **Misión San Francisco Borja** (voir p. 73).

L'étape suivante, **Guerrero Negro**, se trouve à 234 km au sud de Cataviña, sur la frontière avec la Basse-Californie du Sud. Cette ville terne et battue par les vents, d'où partent des excursions d'observation de cétacés (*déc.-mars;* voir p. 68-69), n'a d'autre intérêt que le ravitaillement. Près de là, les baleines grises s'accouplent et mettent leurs petits au monde dans les eaux calmes des **Laguna Ojo de Liebre** et **Laguna Scammon**. Les immenses salines produisent un million de tonnes de sel par an.

Au sud de Guerrero Negro, la route coupe par l'intérieur et dans les montagnes

La pêche sportive est une affaire qui se porte très bien dans toute la péninsule.

sur 142 km, jusqu'à **San Ignacio** ❸, véritable oasis d'altitude dans la sierra sèche (voir p. 62). Une descente en piqué aboutit au golfe de Californie et à **Santa Rosalía**. Faites un bref détour vers le sud jusqu'à **Caleta San Lucas**, pour pêcher et faire du tuba au milieu des mangroves, et **Bahía Santa Inés** ❹, où vous attendent plongée sous-marine, pêche et planche à voile.

L'entrée de **Mulegé** (voir. 63) est marquée par une rivière bordée de nombreux palmiers. Il devient de plus en plus difficile de garder les yeux sur la route. La magnifique **Bahía Concepción** ❺, festonnée d'anses à l'eau translucide et verte, fait l'effet d'un mirage. Accordez-vous une pause pour nager sur les plages de **Coyote**, **Santispac** ou **Requesón** et buvez un verre en compagnie des campeurs et kayakeurs dans l'un des bars à toit de palme. L'étape suivante sur la route 1 est **Loreto** ❻ (voir p. 63), à 136 km au sud de Mulegé. **Misión San Francisco Javier** (voir p. 73-74), à une heure à l'intérieur des terres (sur une route non goudronnée mais correcte), est sans doute l'église ancienne la plus impressionnante de Basse-Californie.

Après Loreto, la route 1 part à l'assaut de la **Sierra de la Giganta**, montagne couleur de

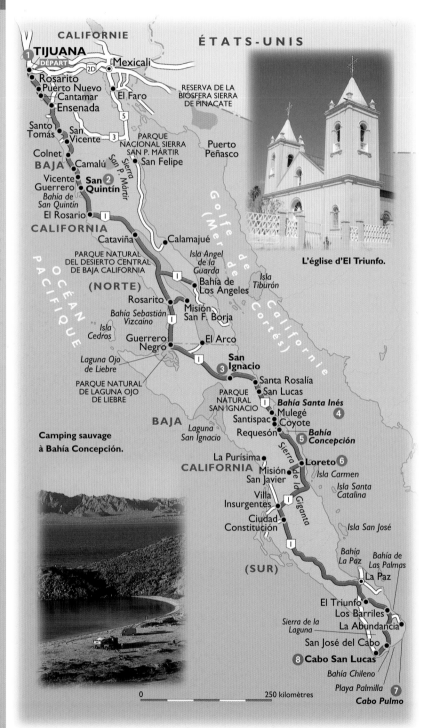

CALIFORNIE

ÉTATS-UNIS

1 TIJUANA
DÉPART
2D
Mexicali

Rosarito
Puerto Nuevo
Cantamar
El Faro

RESERVA DE LA
BIÓSFERA SIERRA
DE PINACATE

Ensenada

5

Santo
Tomás
San
Vicente

3

Colnet
BAJA
Camalú

PARQUE
NACIONAL SIERRA
SAN P. MÁRTIR
San Felipe

Puerto
Peñasco

Vicente
Guerrero
San 2
Quintín

Sierra San P. Mártir

Bahía de
San Quintín
El Rosario

CALIFORNIA

Cataviña

Calamajué

PARQUE NATURAL
DEL DESIERTO CENTRAL
DE BAJA CALIFORNIA

Isla Angel
de la
Guarda

Golfe de Californie (Mer de Cortés)

L'église d'El Triunfo.

(NORTE)
Rosarito

Isla
Tiburón

OCÉAN PACIFIQUE

Bahía Sebastián
Vizcaíno

Bahía de
Los Angeles

Misión
San F. Borja

Isla
Cedros

Guerrero
Negro

El Arco

San 3
Ignacio

Laguna Ojo
de Liebre

PARQUE NATURAL
DE LAGUNA OJO
DE LIEBRE

Santa Rosalía
San Lucas

BAJA

PARQUE
NATURAL
SAN IGNACIO

Bahía Santa Inés
Mulegé 4
Santispac Coyote
Requesón

Camping sauvage
à Bahía Concepción.

Laguna
San Ignacio

Bahía 5
Concepción

La Purísima

CALIFORNIA

Misión
San Javier

Sierra de la Giganta

Loreto 6
Isla Carmen

Isla Santa
Catalina

Villa
Insurgentes

Ciudad
Constitución

Isla San José

(SUR)

Bahía
La Paz
Bahía de
Las Palmas
La Paz

El Triunfo
Los Barriles
La Abundancia
San José del Cabo

Sierra de la
Laguna

8 Cabo San Lucas

Bahía Chileno

Playa Palmilla 7
Cabo Pulmo

0   250 kilomètres

Mulegé, oasis de la Basse-Californie du Sud, attire de nombreux visiteurs en hiver.

rouille, jusqu'à la vallée de Santo Domingo, **Villa Insurgentes** et **Ciudad Constitución**, troisième ville de la Basse-Californie du Sud. Il est prudent d'y faire le plein d'essence et de provisions. Ensuite, unique distraction : des champs de luzerne, de coton et de maïs irrigués par des puits profonds.

Il est presque impossible de se retenir de rouler à vive allure sur les 216 km de désert entre Constitución et **La Paz**. La route frôle **Bahía La Paz** avant d'entrer dans la capitale très affairée de la Basse-Californie du Sud, une excellente halte pour la nuit (voir p. 66-67).

La route 1, traversant des forêts de cactus géants et de cactus-cierges, franchit la **Sierra**

☒ Carte p. 55 A5-D1
▶ Tijuana
↔ 1 800 km
⊕ 4 jours à 2 semaines
▶ Cabo San Lucas

À NE PAS MANQUER
- San Ignacio
- Bahía Concepción
- Loreto
- Cabo Pulmo

---

de la Laguna, située au sud de La Paz, puis **El Triunfo**, vieille ville minière excentrique. Le golfe de Californie apparaît à Los Barriles, porte de la région en pleine expansion du **Cap Est**. Un peu partout, on trouve des camps de pêcheurs et des hôtels de catégorie moyenne au bout de routes non goudronnées. La planche à voile est une activité populaire à la toute proche **Bahía de las Palmas**. Un détour de 17 km au sud de Los Barriles conduit à la route de la plage du cap Est. La route asphaltée finit à La Abundancia. Ensuite, des plages au sable d'une finesse incroyable, ponctuées d'étranges formations rocheuses, vous récompensent de routes pour le moins cahoteuses. À **Cabo Pulmo** **❼**, la pêche et la plongée dans les massifs coralliens sont fabuleuses.

De Los Barriles, tournant vers l'intérieur des terres, la route à quatre voies dessert l'aéroport international de Los Cabos. Elle passe à **San José del Cabo** (voir p. 71) et longe la côte et de hauts lieux du surf tels que **Costa Azul** et **Acapulquito**. **Playa Palmilla** est recommandée pour la baignade, **Bahía Chileno** et **Bahía Santa María**, idéales pour la plongée. Le voyage s'achève à **Cabo San Lucas** **❽** et sur le roc le plus connu de la Basse-Californie, El Arco (voir p. 72). ■

De San Ignacio à Loreto

À GUERRERO NEGRO, VILLE QUI MARQUE LA FRONTIÈRE ENTRE LA Basse-Californie Nord et Sud, la route 1 part à l'est vers le golfe de Californie. 145 km de soleil ardent plus tard, elle débouche sur San Ignacio, première étape d'une série de cités historiques. L'église de la mission, bien conservée donne un aperçu de ce qu'était la région au siècle dernier. Si Santa Rosalía est une ville minière du XIXe siècle à peine touchée par la modernité, Mulegé et Loreto rappellent les villages du continent avec leurs missions et leurs places. Leur situation sur le golfe de Californie ajoute à leur beauté.

San Ignacio
🗺 55 C3
Informations
✉ Av. Hidalgo 5
☎ (615) 154 01 50

La ville montagnarde et endormie de **San Ignacio** apparaît au voyageur tel un mirage du désert. Ses fondateurs jésuites plantèrent cette oasis de palmiers dattiers, d'orangers et de figuiers, puis les dominicains achevèrent la construction de l'église en pierre de lave de **San Ignacio de Loyola**, près de la place principale. Assistez à la messe du dimanche ou visitez le petit **musée** (*fermé dim.*). San Ignacio est le point de départ pour observer les baleines à **Laguna San Ignacio** (voir p. 69) et visiter les grottes et leurs peintures rupestres, dans les montagnes (voir p. 65). Pour ces

deux activités, réservez sur place, en ville, ou à l'avance.

La route 1 embrasse une première fois le golfe à 74 km au sud-est de San Ignacio, à **Santa Rosalía**, fondée par des Allemands qui y exploitèrent le cuivre à la fin du XIXe siècle, avant de céder la place à des Français. L'église de métal de **Santa Bárbara** (*calle Obregón, près de la place*), dessinée par Gustave Eiffel, fut expédiée de France en pièces détachées. Avec ses rues rectilignes, bordées de maisons en bois édifiées pour les mineurs venus d'Inde et de Chine, on a l'impression que la ville appartenait à la mine. Ses dirigeants français vivaient sur la mesa au nord de la ville, avec vue sur les rails et la mer. Ne ratez pas la vue de l'**Hotel Francés** (*av. 11 de Julio et Jean M. Cousteau, col. Mesa Francia, tél. (615) 522 00 52*) du XIXᵉ siècle, qui a été restauré. Malgré ses origines exotiques, Santa Rosalía ne mérite qu'une visite rapide. Les petits hôtels accueillent les voyageurs prenant le ferry entre Santa Rosalía et Guaymas sur le continent.

Oasis luxuriante, **Mulegé**, à 61 km au sud de Santa Rosalía, séduit par son rythme paisible, ses infrastructures touristiques et sa verdoyante vallée fluviale en bord de mer. Les randonneurs partent dans les montagnes voisines pour admirer les peintures rupestres à **San Borjitas**, **Trinidad** ou **Piedras Pintas,** ou pour pêcher, plonger, faire du kayak ou de la planche à voile sur le littoral rocheux.

Mulegé est entourée d'orangers et de palmiers dattiers. Les petits hôtels, voyagistes spécialisés dans le trekking et restaurants sont groupés près de la place. Fondée en 1705, dévastée par un ouragan en 1770, abandonnée en 1828, l'église de la mission de **Santa Rosalía de Mulegé**, aujourd'hui restaurée, se trouve au sud du centre-ville, dans la calle Zaragoza. Une ancienne prison au nord de la ville abrite le **Museo de las Misiones** (*fermé lun.*) exposant des collections d'art, d'archéologie et d'artisanat local.

Situé entre les montagnes et le lanquissant golfe de Californie, **Loreto** était autrefois le centre religieux et politique de toute la péninsule. Édifiée en 1687, la **Misión Nuestra Senõra de Loreto** (*Salvatierra, entre Sears et Misioneros*), fut restaurée dans les années 1970. Jetez un coup d'œil sur l'autel doré, la Vierge miraculeuse et le musée.

Loreto fut la capitale de Basse-Californie jusqu'au terrible ouragan de 1829. Elle sombra dans l'oubli une fois le gouvernement installé à La Paz. En 1974, les autorités mexicaines décidèrent d'en faire une destination touristique importante, dotée d'un aéroport international. À **Bahía Nopoló**, vous trouverez un golf à 18 trous. Tout près, **Puerto Escondido** s'est enrichi depuis peu d'une marina et d'un hôtel, et a agrandi son terrain pour camping-cars.

Aujourd'hui, les avions restent assez rares et Loreto a conservé son air provincial. Les eaux poissonneuses abondent de bancs de dorades, thons, barbiers rouges et marlins, et les pêcheurs sont nombreux autour des **îles Coronados**, **El Carmen** et de la minuscule **Danzante**. Plongeurs et adeptes du kayak ont pour compagnie raies et poissons tropicaux. ∎

Loreto
⚑ 55 C2
Informations
✉ Palacio del Municipio, Plaza Cívica
☎ (613) 135 04 11

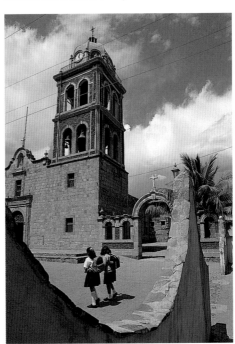

Nuestra Señora de Loreto, construite en 1697, fut la première mission de Californie.

Les peintures rupestres de Basse-Californie

Les peintures rupestres, situées pour la plupart à une altitude de plus de 300 m, sont une particularité du centre de la Basse-Californie. On en trouve aussi bien à l'extérieur que sur les murs et les plafonds des grottes. Les pigments les plus utilisés sont le rouge et le noir, puis le jaune, l'orange, le rose et le blanc. Certains dessins semblent avoir été esquissés préalablement à la craie blanche, au charbon de bois ou à la peinture. Hommes et cervidés (souvent percés de flèches) côtoient oiseaux, reptiles, lapins, calmars, poissons, tortues, baleines et raies manta – c'est-à-dire toutes les créatures qui peuplaient le monde à cette époque.

Les styles sont propres à chaque montagne. Les figures humaines (*monos*) prédominent dans la Sierra de Guadalupe, près de San Ignacio. Rigides, souvent en forme de bulbe, elles sont formées de stries verticales et tendent les bras et les jambes. Dans la Sierra de San Borja, les artistes peignirent de grandes figures rouges sur d'immenses roches en granit. Au sud, dans les montagnes de San Juan et San Francisco, ils choisirent les parois et les plafonds de cavernes qui atteignent jusqu'à 9 m de haut. Les figures de San Francisco, aux coiffures complexes, sont en général rouges d'un côté, noires de l'autre.

Au nord et au sud de cette région centrale, on trouve d'autres innovations artistiques. Au sud, les personnages sont plutôt abstraits, parfois traités sur fond en damier. Au nord-ouest de San Borja, les peintures sont plus fantaisistes, la palette plus variée avec davantage de rose et de jaune.

Le père jésuite Francisco Javier Clavijero découvrit ces peintures en 1789. Les Indiens Cochimies de la région les attribuaient à des « géants venus du Nord ». Aujourd'hui, les avis sur leur provenance divergent, mais la datation au carbone 14 du site de la Cueva d'El Ratón les fait remonter à presque 5 000 ans quand les estimations précédentes oscillaient entre 500 et 2 000 ans. Néanmoins, des peintures ont été superposées sur d'autres, plus anciennes, ce qui indique que les peintres accordaient plus de valeur à la création qu'au résultat.

Plusieurs facteurs déterminent la conservation des peintures qui nous sont parvenues, dont la solidité de la surface rocheuse et l'exposition aux éléments. Cueva Pintada, au nord de San Ignacio, dans la chaîne de San Francisco, est l'une des grottes les plus magnifiques et les plus visitées. Ses 150 m de parois sont recouverts d'images d'hommes, de femmes, d'oiseaux et de créatures marines. Pour atteindre le plafond, l'artiste a sans doute utilisé des troncs de palmier ou des squelettes fibreux de cactus géant.

Depuis 1993, le site fabuleux de la Sierra de San Francisco appartient au Patrimoine mondial de l'Unesco. L'État et des organismes privés collaborent pour le préserver, en associant les communautés locales et en facilitant l'accès aux visiteurs. À San Ignacio, à côté de la mission (*tél. (615) 154 02 22*), on peut louer les services d'un guide pour les sierras de Santa Marta et San Francisco. Les plus belles peintures, dont celles de la Cueva Pintada et El Ratón, sont accessibles exclusivement avec un guide local (*de 7 h à 17 h, €€*). La meilleure période (la plus fraîche) pour visiter se situe entre novembre et février. ∎

Les parois de la Cueva Pintada, dans le Sud, sont couvertes d'images de poissons, d'oiseaux et d'hommes (ci-dessus). D'immenses dessins polychromes ornent le surplomb de la grotte (à gauche).

La Paz

MALGRÉ SA SITUATION EXCEPTIONNELLE SUR LE GOLFE DE CALIFORNIE ET la beauté de ses plages, La Paz doit son caractère non au tourisme mais à son port très actif et à son université. Cette capitale de moins de 200 000 âmes, ancrée au fond d'une baie en demi-lune, accueille plusieurs orchestres et troupes de théâtre et compte des musées de valeur. Elle est célèbre pour ses couchers de soleil que l'on peut admirer aussi bien depuis la plage isolée d'une anse turquoise que de la terrasse d'un restaurant sur la promenade. Juste à côté se trouvent d'excellents endroits pour la pêche en haute mer et les meilleurs spots de plongée de la péninsule.

Au XVIe siècle, les Espagnols explorèrent brièvement cette péninsule hérissée de cactus, qu'ils laissèrent plus ou moins en paix jusqu'à la création d'une mission jésuite en 1720. Elle fut abandonnée moins de trente ans plus tard, les moines ayant transmis les maladies, telle la petite vérole, qui allaient exterminer la plupart des candidats à la conversion. Aujourd'hui, une cathédrale du même nom, **Nuestra Señora de la Paz** (Notre-Dame-de-la-Paix) (*Revolución de 1910 et 5 de Mayo*) a été construite à l'emplacement de l'ancienne mission.

La cathédrale fait face à la **Plaza Constitucíon** qui, avec la promenade en bord de mer de 5 km, est un lieu de rencontres parmi les plus appréciés de La Paz. De l'autre côté de cette place, la **Biblioteca de História de las Californias** (*Madero et 5 de Mayo, lun.-ven. 8 h-20 h, tél. (612) 125 37 67*) expose des tableaux, des archives, et propose des informations en espagnol et en anglais sur les peintures rupestres, les missions et autres curiosités des environs. On trouve des pièces intéressantes sur la géologie, l'histoire et le folklore de la région au **Museo de Antropología** (*Altamirano et 5 de Mayo, tél. (612) 122 01 62, lun.-ven. 8 h-18 h, sam. 9 h-14 h, €*), dont les indications sont en espagnol.

Les amis des baleines visiteront le **Museo de la Ballena** (*Navarro entre Altamirano et Gomes Faria, lun.-ven.10 h-13 h, €*). De début décembre à mars, les grands hôtels et les voyagistes de la région organisent des expéditions pour observer les cétacés.

Les meilleures plages sont situées au nord de la ville, sur la

Les perles

Enflammé par les récits sur les femmes farouches de l'Ouest, Hernán Cortés partit en expédition pour la Basse-Californie, qu'il s'imaginait être une île. Les Espagnols baptisèrent l'endroit California (à l'origine « Callida fornax », le four chaud), d'après une île imaginaire décrite par Garci Ordóñez de Montalvo dans son roman populaire *Les Hauts Faits d'Esplandián* (1510). Durant son séjour, on raconte que Cortés se fit offrir quelques-unes des perles blanches, roses et noires de l'île d'Espíritu Santo. Quand John Steinbeck publia son roman allégorique sur les malheurs d'une famille de pêcheurs d'huîtres, *La Perle* (1947), les huîtres de La Paz, exterminées par un fléau mystérieux, appartenaient au passé. ∎

La Paz
⬛ 55 D1
Informations
✉ Paseo Alvaro Obregón et 16 de Septiembre
☎ (612) 124 01 03

langue de terre qui sépare la baie de La Paz du golfe de Californie. De simples restaurants en front de mer dominent la baie turquoise de **Playa Pichilingue**, près des docks où les ferries partent tous les jours pour Topolobampo et Mazatlán sur le continent. La jolie anse de **Puerto Balandra** est dénuée de toute infrastructure. À la pointe, la plage populaire d'**El Tecolote** propose restaurants et location d'équipements sportifs.

Vous pouvez louer un bateau pour l'**île d'Espíritu Santo,** à 8 km au large. C'est l'un des meilleurs endroits pour plonger. De juillet à septembre, plongez au milieu des requins-marteaux et des raies manta près du **mont sous-marin d'El Bajo** (**Marisla**), au nord de l'île. En kayak, explorez les 22,5 km de criques de cette île et de deux autres plus petites, **La Partida** et **Los Islotes** au nord, peuplées de vastes colonies d'otaries.

Il existe de splendides plages plus isolées, telles **Punta Coyote** et **San Evaristo**, accessibles de La Paz par des routes non goudronnées et, au sud, **La Ventana** et **Ensenada de los Muertos**, pour lesquelles il faut compter une journée sur la route 286. Vous longerez les champs de cactus et des ranches en escaladant la Sierra de la Laguna, puis des collines et des terres plantées de maïs, piment, tomates et haricots autour de **San Juan de los Planes**. Après cette petite ville agricole, des chemins de terre et de sable mènent à des plages idéales pour nager ou aller pêcher et faire du bateau. ■

La promenade de La Paz longe les tranquilles eaux du golfe que protège El Mogote, un long et étroit banc de sable.

Dauphins et baleines

Fascinant les hommes depuis des centaines d'années, ces magnifiques créatures ne vous laisseront pas indifférents. Les orques, avec leurs grandes dents coniques, souffrent d'une réputation imméritée de tueuses, tandis que la baleine bleue (ou rorqual), le plus grand mammifère au monde, relève du mythe. Difficile, en effet, d'imaginer un nouveau-né pesant presque deux tonnes !

Les cétacés sont des mamifères marins intelligents et curieux. Aujourd'hui, les scientifiques en dénombrent une quarantaine d'espèces. On distingue les cétacés à fanons, qui se nourrissent de krill (crustacés et larves vivant dans le plancton) et de petits poissons qu'ils filtrent avec les plaques osseuses qui partent de leur mâchoire supérieure, et les cétacés à dents, orques, grands cachalots, marsouins et dauphins.

Il n'existe pas de meilleur endroit pour les observer que la péninsule de Basse-Californie. Le golfe de Californie abrite huit des dix (onze selon certains spécialistes) espèces survivantes de cétacés à fanons – c'est un record mondial. Les touristes peuvent apercevoir le rorqual commun, deuxième pour la taille après la baleine bleue. La baleine à bosse aime jaillir hors de l'eau ou frapper la surface de sa nageoire caudale dentelée. Plus rares sont le rorqual de Bryde, le petit rorqual, le rorqual boréal et la baleine franche de Biscaye. Les grands dauphins surfent sur les vagues translucides près du rivage, les dauphins communs préférant s'adonner à d'étonnantes acrobaties qui démentent leur nom. Si elles sont moins

Ci-dessus : La nageoire caudale d'une baleine, large et plate.
À gauche : Baleine grise à Laguna San Ignacio. Les cétacés viennent ici pour s'accoupler et mettre leurs petits au monde ; elles sont visibles de janvier à la mi-avril.

Observer les baleines

La Reserva de la Biósfera el Vizcaíno au sud de Guerrero Negro est le meilleur endroit pour observer les baleines de janvier à fin avril. Adressez-vous aux *pangueros* (loueurs de bateaux) sur le port pour qu'ils vous emmènent dans les lagunes peu profondes de Ojo de Liebre et Scammon où il est possible d'approcher les cétacés et leurs petits. Pour observer leurs ballets depuis la côte, campez à Ojo del Liebre. La Laguna San Ignacio, près de la petite ville du même nom, et la Bahía Magdalena accessible depuis Puerto López Mateos, sont deux autres excellents sites pour les approcher. Dans chacune de ces villes, des agences locales organisent des sorties en mer (€€€€) de deux à trois heures. Étant donné l'affluence, il est préférable de réserver. Baja Outpost, (*Bd Adolfo López Mateos, Loreto, tél. (613) 135 11 34, www.bajaoutpost.com*) propose des forfaits de 2 à 9 jours avec sortie en mer quotidienne pendant plusieurs heures pour voir les baleines bleues dans la mer de Cortés ou les baleines grises sur la côte Pacifique. Voir aussi Contactur (*tél. : (612) 123 22 12*), Lybsa (*tél. : (612) 122 46 80*) et Ecobajasur (*tél. : (612) 122 42 70*). ∎

grégaires que les baleines à bosse, les baleines grises, recouvertes de bernacles, s'approchent parfois des kayaks ou des *pangas* (yoles), et se laissent caresser par des navigateurs saisis d'émotion.

Les baleines grises s'attardent dans les lagunes abritées du littoral de Basse-Californie. Elles aiment se reproduire dans les lagunes d'Ojo de Liebre et de San Ignacio, ou dans la baie de Magdalena, protégée de l'océan par une île longue de 64 kilomètres. Chaque année, on estime que 18 000 à 24 000 baleines grises partent de la mer de Béring au nord vers leurs terrains de chasse au sud. Un nombre inconnu d'entre-elles accomplit cette migration extraordinaire pour mettre au monde leurs petits ou s'accoupler dans les eaux relativement chaudes et peu profondes des lagunes et des estuaires de Basse-Californie. Le voyage, l'un des plus ambitieux accomplis par des mammifères, fait plus de 8 000 kilomètres ! ∎

Cabo San Lucas
🅰 55 D1
Informations
✉ Av. Lázaro Cárdenas
☎ (624) 114 34 180

Los Cabos

LES DÉSERTS FABULEUX ET LES MAGNIFIQUES PLAGES ATTIRENT LES TOU-ristes vers la pointe de la péninsule, où les eaux turquoise du golfe de Californie rejoignent celles du Pacifique. L'endroit est réputé dans le monde entier pour la pêche en haute mer. Dans les années 1940, John Wayne ou Hemingway avaient l'habitude de venir chasser et pêcher ici. Cabo San Lucas se composait alors d'une poignée de modestes maisons donnant sur des rues poussiéreuses. Aujourd'hui, à moins de trois heures en avion des États-Unis et facilement accessible par la route transpéninsulaire, Cabo a perdu sa tranquillité, mais non ses allures de désert de bord de mer.

Le port de Cabo San Lucas.

Dans les années 1960, quelques hôtels confortables, situés en bord mer, avaient surgi au milieu des cactus-cierges et des grêles oco-tillos. Quelques décennies et des millions de dollars plus tard, **Cabo San Lucas** a grandi, mais peut-être pas mûri pour autant : la nuit, au

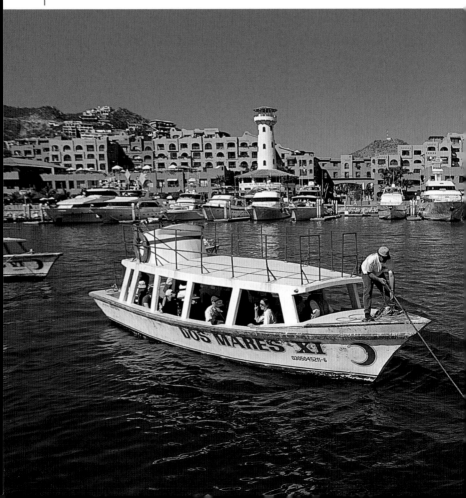

Squid Roe et au *Giggling Marlin*, le public – surtout américain – descend des litres de tequila et danse sur le bar. La chaleur du climat, l'atmosphère détendue et d'excellentes infrastructures sportives attirent toutes sortes de voyageurs vers cette pointe.

Des hôtels chics et cinq golfs de 18 trous bordent les 37 km de littoral au nord de Cabo San Lucas. (Cabo San Lucas, San José del Cabo et le couloir entre les deux villes ont été surnommés « Los Cabos ».) La plupart des stations balnéaires ont leurs propres plages et pourvoient aux besoins de leurs hôtes – une bonne idée, le moindre trajet en taxi, dans cette

région isolée, coûtant au moins 20 euros. Piscines, jacuzzis, restaurants ou stations thermales assurent la distraction des touristes. Si vous avez des envies qui dépassent l'horizon d'un verre au bord de la piscine de l'hôtel, pourquoi ne pas louer une voiture pour explorer les environs ?

Les jésuites fondèrent **San José del Cabo** au XVIIIe siècle. Les acacias et les lauriers indiens mettent un peu d'ombre sur la place typiquement mexicaine, avec son kiosque à musique en fer forgé finement ouvragé et ses bancs assortis. Face à la plage se dresse l'église simple mais charmante de San José dont l'intérieur blanchi à

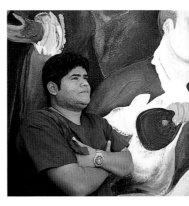

la chaux est orné de peintures assez naïves. Les boutiques et les restaurants touristiques qui entourent la place et bordent la rue vers la ville disparaissent vite au profit de maisons et de magasins faisant plus couleur locale. Si Cabo San Lucas offre le voisinage de la marina et le tapage de sa vie nocturne agitée, à San José, l'ambiance est plus paisible et plus mexicaine.

La plage la plus proche de la ville de San José, **La Playita**, est une longue bande de sable, parfaite pour se promener ou pêcher à bord d'une barque. Au sud, vers San Lucas, les surfeurs appré-

San José del Cabo

55 D1

Informations

Calle Zaragoza et Mijares

(624) 142 33 10

Peinture murale et son auteur à San José del Cabo.

El Arco, vu ici de la Playa del Amor, n'est accessible que par bateau.

cieront les plages de **Costa Azul** et d'**Acapulquito**, celle de **Palmilla** (à l'hôtel Palmilla) étant la plus proche pour nager. Les baies de **Chileno** et **Santa María** sont formidables pour la plongée et la natation (équipements de plongée, tubas et parasols y sont proposés). La **Playa Médano**, sur la baie de Cabo San Lucas, offre de nombreux sports aquatiques : scooters des mers, catamarans et banana-boats encombrent la baie. Plus haut, les amateurs de parachute ascensionnel observent du ciel la pointe de la péninsule et **El Pedregal**, petite ville peuplée de stars américaines et de retraités richissimes. En dessous d'**El Arco**, l'arche rocheuse symbole de Cabo, ne ratez pas la **Playa del Amor** ; allez-y en taxi des mers ou en bateau à fond de verre (bon marché). Les plages les plus isolées ne sont accessibles qu'en véhicule tout-terrain ou en 4 x 4

Les avancées rocheuses de la baie sont idéales pour la plongée sous-marine. À 27 m de profondeur se trouvent de mystérieuses cascades de sable : le courant fait glisser du sable fin sur un pic sous-marin, puis l'entraîne vers les fonds. La pêche sportive reste toutefois l'attraction principale de Los Cabos. On y prend plus de marlins et d'espadons qu'en aucun autre endroit au monde. En octobre, des centaines de passionnés de pêche se réunissent pour le Bisbee's Black et Blue Marlin Tournament, concours qui dure trois jours et dont le prix est d'une valeur supérieure à un million de dollars. Si la meilleure saison de pêche (sauf pour le marlin) dure de juin à septembre, toute l'année, on attrape tazards du large, thons, mérous, vivaneaux, dorades, espadons, requins ou barbiers rouges.

Dans la vieille ville de **Todos Santos**, située à 65 km au nord de Cabo San Lucas vous trouverez quelques restaurants, des galeries d'arts et une mission. Les hôtels et des voyagistes de Los Cabos organisent des randonnées intéressantes dans la **Sierra de la Laguna**, relativement préservée pour l'instant. ■

Les cimes de la Sierra San Pedro Mártir se dressent au-dessus de Bahía de Los Angeles.

Autres sites à visiter

BAHÍA DE LOS ANGELES

Les pics austères de la partie orientale de la chaîne de San Pedro Mártir entourent cette baie idéale pour la pêche, la plongée et le kayak. Au large, l'île Angel de la Guarda sert de barrière à cette baie en demi-lune, où l'eau peut monter de sept mètres. Au sud, se trouve un chapelet de petites îles, dont **Isla Raza**, réserve d'oiseaux marins. Le petit musée de la ville, à l'ouest de la place, présente la faune de la péninsule, la vie marine et l'artisanat indien. Les voitures 4 x 4 poursuivent vers **Punta San Francisquito**, à 131 km au sud, jusqu'à la baie isolée de Santa Teresa, où l'on trouve des bungalows rudimentaires, un restaurant et un camp de pêcheurs.

 55 B4

MISIÓN SAN FRANCISCO BORJA

En 1759, près d'une source, les jésuites fondèrent cette mission, qui fut exploitée par les franciscains puis achevée par les dominicains. Les religieux abandonnèrent rapidement cette belle église en pierre – l'une des plus remarquables de Basse-Californie, entourée de vergers de figuiers, d'oliviers et de palmiers dattiers –, la maladie ayant décimé les Indiens Cochimies convertis. Située à 35 km à l'est de Rosario, près de Guerrero Negro (à ne pas confondre avec la station balnéaire au nord d'Ensenada), cette église célèbre la messe le dimanche. Louez les services d'un guide pour aller admirer les peintures rupestres aux environs. Seules des voitures robustes à châssis surélevé peuvent tenter l'aventure.

55 B4

MISIÓN SAN FRANCISCO JAVIER

Au sud de Loreto, San Francisco Javier, considérée comme la plus charmante et la mieux conservée des missions de Basse-Californie, fut la deuxième à être construite sur la péninsule (entre 1699 et 1759). L'édifice de style mudéjar, situé dans une vallée encaissée, offre un contraste saisissant avec les simples maisons en pisé, couvertes de toits de palme, de cette région de la Sierra de la Giganta. Admirez les vitraux, le retable du maître-autel du XVIIIe siècle doré à la feuille et la statue de saint François-Xavier. Les véhicules à châssis surélevé peuvent supporter les trois heures de route caillouteuse depuis Loreto, mais un 4 x 4 est préférable. Vous pouvez trouver un guide à

San Javier pour aller voir les peintures rupestres. Les pèlerins affluent pour le 3 décembre, fête de saint Xavier. Le 15 août, on rend grâce pour la plus importante des récoltes, celle des oignons.

🖼 55 C2

LE PARC NATIONAL SIERRA SAN PEDRO MÁRTIR

Les pics granitiques et les forêts de ce parc national étendu sur 20 000 hectares sont peu fréquentés. Si les routes sont mauvaises et parfois fermées pour cause de neige en hiver, elles sont accessibles aux voitures à châssis surélevé. On peut y pêcher, camper et faire de la randonnée. Les alpinistes chevronnés s'attaquent au Picacho del Diablo (pic du Diable) – le plus haut de la péninsule avec ses 3 096 m. Si vous préférez la photographie, ne manquez pas la vue fantastique de l'Observatoire de l'université nationale autonome de Mexico, au bout de la route d'accès au parc. Les randonneurs

Observatoire de la Sierra San Pedro Mártir.

doivent emporter leurs provisions, de l'eau, une carte et une boussole.

🖼 55 B5 ✉ Entrée à 75 km de la route 1 sur une route non goudronnée. Poste de gardes à Corona de Abajo 🌐 €

SAN FELIPE

Jusqu'en 1951, San Felipe était un paisible village de pêcheurs sur la côte nord-ouest du golfe de Californie, mais aujourd'hui, cette

station balnéaire de 20 000 habitants vit surtout du tourisme. Le long d'une baie large et assez peu profonde, cette ville tranquille vit à l'ombre de Punta San Felipe, un promontoire à deux cimes atteignant 300 m d'altitude. Comme il tombe à peine 5 cm de pluie par an, la végétation est rare et, en été, les températures peuvent monter à 46 °C. En hiver, Américains et Canadiens, fuyant les rigueurs de leur climat, envahissent tout avec leurs camping-cars et lancent leurs véhicules tout-terrain sur la plage. Au sud de la ville, les bateaux des pêcheurs de crevettes partent du port, qui accueille aussi les embarcations privées. Les nombreux restaurants le long du bord de mer proposent des poissons et fruits de mer frais – calamars tendres ou *campechana* géant, cocktail de crevettes, clams et poulpe. Ici, les marées très fortes laissent derrière elles de beaux coquillages pour les amateurs, sur les 19 km d'immenses plages de sable souvent presque désertes.

🖼 55 B5 **Informations** ✉ Av. Mar de Cortéset calle Manzanillo, 300 ☎ (686) 577 11 55 ou (686) 577 18 65

TECATE

Installée dans une vallée circulaire à 515 mètres d'altitude, Tecate n'a pas l'animation de la plupart des villes frontalières. Cette agréable commune de 50 000 habitants se développe en associant industrie légère et agriculture – céréales, olives et raisins. On peut visiter la **brasserie de Tecate** en prenant rendez-vous par téléphone (*av. Dr Arturo Guerra 70, lun.-sam. 11 h-15 h, tél. (665) 654 93 00*) ou se promener tranquillement dans le beau **Parque Hidalgo** (*av. Juárez et calle Ortíz Rubio*).

Le week-end, des excursions en train (€€€€) occasionnelles, pour la journée ou la demi-journée, permettent de découvrir les environs. Elles vont de Campos, en Californie, à Tecate (parfois même Tijuana). D'autres vous conduiront aux vignobles de la vallée de Santo Tomás. En mai, la ville organise une course cycliste entre Tecate et Ensenada. Le délicieux *pan dulce* (pain sucré) est l'une des spécialités locales avec la poterie non vernissée, les pots pour plantes et les carreaux ornementaux.

🖼 55 A5 **Informations** ✉ 1305 callejón Libertad ☎ (665) 654 10 95 ou (665) 654 47 90 ■

D'une grande diversité géographique, le nord-ouest du Mexique possède d'immenses déserts à haute et à basse altitude, plus de 1 600 kilomètres de côtes, le plus vaste ensemble volcanique du monde et des terres agricoles parmi les plus riches du pays.

Le Nord-Ouest du Mexique

Un cactus-tonneau.

Ce Tarahumara fête Pâques selon un rituel
local, mêlant christianisme et rites antiques.

Le Nord-Ouest du Mexique

RUDE ET IMPOSANT, L'IMMENSE NORD-OUEST EST PEU FRÉQUENTÉ
malgré ses richesses naturelles : hauts sommets tapissés de
forêts mixtes, déserts et 2 000 km de côtes. Les explorateurs iront à
la découverte des nombreux canyons de la Sierra Tarahumara, qu'il
est relativement facile de visiter à pied, à cheval ou en voiture pour voir
des cascades spectaculaires ou les missions perdues des jésuites.

Longeant le golfe de Californie, la chaîne
imposante de la Sierra Madre occidentale
domine à l'est le haut désert du Chihuahua,
tandis qu'à l'ouest, les vallées, les canyons et
les cimes débouchent sur des collines puis la
côte. Une dizaine de grands cours d'eau
arrosent la fertile plaine côtière et en font
une terre agricole de premier plan.

Au XVIᵉ siècle, des explorateurs européens
et créoles (Espagnols nés au Mexique), des
aventuriers et des jésuites commencèrent à
pénétrer ces régions difficiles. Ils durent lutter contre les éléments, mais aussi contre les
Chichimèques, farouches tribus du Nord qui,
pour la plupart, avaient résisté aux Aztèques.
Au fil des siècles, les Indiens par tribus
entières, succombèrent aux maladies, à
l'esclavage, à la déportation et aux exécutions
capitales. Pourtant, les guerres et les révoltes
sporadiques durèrent jusqu'au XXᵉ siècle.

Malgré cette résistance, les jésuites
fondèrent des dizaines de missions avant
leur expulsion en 1767. Certains aventuriers bâtirent d'incroyables empires miniers
dans la région. Les propriétaires d'immenses
ranches, qui fournissaient de la viande
aux mines, aux missions et aux *presidios*
(garnisons), firent des fortunes colossales.
Aujourd'hui, l'élevage intensif reste important, ainsi que l'exploitation forestière,
l'agriculture et la pêche.

Le Nord-Ouest offre une variété incroyable de paysages. Explorez les ruines de
Paquimé (voir p. 80-81), où se développa la
culture de Casas Grandes, ou les paysages
lunaires et surréalistes du solitaire Pinacate,
ses formidables cratères et ses coulées de
lave, ses cônes et ses dunes de sable. Les routes
et les infrastructures de la Sierra Tarahumara
ainsi que les modestes stations balnéaires du

Sonora sont en voie d'amélioration, et la seule plage très touristique de la région, Mazatlán, est en plein essor.

En général, mieux vaut visiter le Nord-Ouest en automne, de façon à éviter l'été particulièrement torride et, après la pluie, profiter du manteau de verdure des montagnes ou des fleurs fragiles du désert. ■

◁6

Chihuahua

M 77 E4

Informations

✉ Calle Escudero et
calle technológico

☎ (614) 429 33 20

Chihuahua

Née d'une mine d'argent, baignée par la lumière éblouissante de l'immense désert du nord du Mexique et entourée de montagnes qui abondent en ressources naturelles, Chihuahua était vouée à la réussite. Si aujourd'hui l'élevage intensif, l'industrie et le bois ont remplacé l'extraction de l'argent, la ville continue à prospérer et les mines d'être exploitées. Les élégants édifices coloniaux, les demeures victoriennes et quelques sculptures modernes et hardies font de Chihuahua – n'en déplaise aux minuscules chiens dotés d'énormes yeux de la race éponyme – une ville digne d'être admirée.

Le nord-ouest du Mexique est un pays d'élevage bovin et ovin.

Baptisée « berceau de la révolution », Chihuahua occupe une grande place dans l'histoire du Mexique. Le héros de l'indépendance Miguel Hidalgo y Costilla et trois de ses lieutenants y furent exécutés en 1811. Capitale du plus grand État du Mexique, elle fut à plusieurs reprises celle de Benito Juárez pendant l'intervention française et le second Empire (voir p. 33). La División del Norte de Pancho Villa – héros populaire, visionnaire, bandit et même gouverneur du Chihuahua – y séjourna plusieurs années, pendant la révolution.

Le centre historique reste séduisant et varié. Les vestiges de l'aqueduc du XVIIIᵉ siècle donnent une note européenne à certaines parties du centre, tandis que les lignes volontaires et les couleurs vives des statues de Sebastián (né en 1947) lui confèrent une sorte d'assurance. Son travail est visible au nouveau **Museo de Sebastián**, dans la Casa Siglo XIX (*calle Colón et Escudero, tél. (614) 410 75 06*). Le beau **Museo Centro de Arte Contemporaneo**, fermé pour un certain temps, doit s'installer dans la Casa Redonda (*av. Technologic et Escudero*).

Sur la **Plaza de Armas**, des jardins bien entretenus entourent le kiosque à musique importé de Paris en 1893. Au bout se dresse la **Catedral Metropolitana**, de style churrigueresque (*Libertad, entre calle 2 et Independencia*), consacrée à saint François d'Assise. Son achèvement fut retardé de presque un siècle par des raids d'Indiens et l'expulsion des jésuites – qui

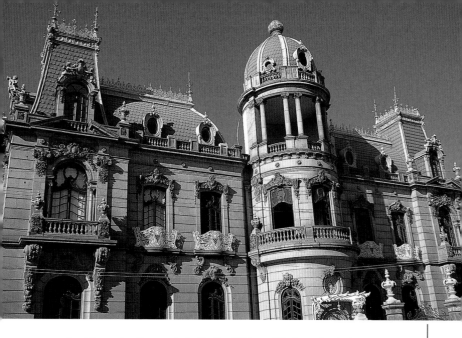

commencèrent la construction en 1735. La façade, ornée de statues des douze apôtres, est couronnée par deux tours ocre et élancées. À l'intérieur, remarquez les lustres de Venise et l'orgue monumental. Le grand autel du XIXᵉ siècle, en pierre sculptée, est presque éclipsé par l'autel néoclassique en marbre de Carrare. Derrière l'église, le **Museo de Arte Sacro** (*lun.-ven. 9 h-14 h et 16 h-19 h, €*) conserve des objets et des tableaux religieux des XVIIᵉ et XVIIIᵉ siècles.

Au nord de la place principale, dans le **Palacio Federal** (*tél. (614) 415 14 17, fermé lun., €*), se trouve la petite geôle où fut emprisonné le père Hidalgo avant de passer devant le peloton d'exécution. On peut voir sa Bible, son crucifix et son pistolet. De l'autre côté se dresse le **Palacio de Gobierno** (*Plaza Hidalgo, Aldama 911, entre Guerrero et Carranza, tél. (614) 410 63 24*), le lieu de l'exécution, entouré de saisissantes fresques relatant ce fait et d'autres épisodes de l'histoire locale.

Le **Museo Histórico de la Revolución Mexicana**, au sud (*calle 10a 3014 et Méndez, tél. (614) 416 29 58, mar.-dim. 9 h-13 h et 15 h-19 h, €*) explique la révolution et le rôle du général Francisco « Pancho » Villa, fils adoptif de Chihuahua. Il occupe la **Quinta Luz**, une demeure portant le nom de l'épouse légitime de Villa, Luz Corral de Villa. Y sont exposés le mobilier d'origine, des photos, des documents, des armes à feu ainsi que la Dodge noire que conduisait Villa quand il fut assassiné en 1923. Quelques rues plus au nord, la **Quinta Gameros** (*Paseo Bolívar 401 et calle 4, tél. (614) 416 66 84, fermé lun.*) ancien palais de justice, est une magnifique maison Art nouveau. Ce musée (*mar.-sam. 9 h-13 h et 15 h-19 h*), qui organise des événements culturels, abrite des collections permanentes de peintures européennes des XIXᵉ et XXᵉ siècles, un élégant mobilier Art nouveau et de la céramique du site archéologique de Paquimé (voir p. 80).

Le dimanche, les habitants de Chihuahua vont souvent admirer les maisons restaurées de **Santa Eulalia**, à 9 km au sud de la ville. ■

La façade élégante et le toit couvert de tuiles de cuivre du centre culturel, la Quinta Gameros.

www.cnart.mx/cnca/inah/zonarq/paquime.html

Paquimé

LE SITE LE PLUS IMPORTANT DU NORD-OUEST DU MEXIQUE, PAQUIMÉ, FUT construit par le groupe culturel de Casas Grandes, qui vivait dans une région s'étendant du nord-ouest du Chihuahua et du nord-est du Sonora au sud-ouest des États-Unis, appelée Oasis América. À l'époque de sa grandeur, c'était une ville commerçante importante. Ses habitants vivaient dans des maisons de terre comprimée qui ressemblaient aux constructions en pisé des Pueblos du nord. Toutefois, à la différence des villages des Anasazi-Pueblo, les habitants de Paquimé disposaient d'escaliers fixes et intérieurs et avaient élaboré un système de canalisation sophistiqué.

Paquimé

🗺 77 D5

Informations

✉ À 1 km de Nuevo Casas Grandes

☎ (616) 692 41 40

€ €

🕐 tlj 8 h-17 h

Habité depuis 700 de notre ère, ce site, qui domine la rivière de Casas Grandes, commença à prospérer peu après 1150 et atteignit son apogée entre 1300 et 1450 avant d'être brusquement abandonné. Selon certains archéologues, la fuite serait antérieure ou peut-être consécutive aux attaques dévastatrices des Apaches venus du Nord. L'épaisseur des murs (1,5 m), qui avait sans doute un rôle défensif, permettait surtout d'isoler contre la chaleur torride et le froid glacial du désert.

Si le style architectural de Paquimé rappelle celui des cousins du Nord, d'autres aspects de cette culture témoignent de l'influence du centre du Mexique. Ainsi, les artisans étaient regroupés par quartiers et les habitants vénéraient le dieu Quetzalcóatl (le Serpent à plumes), utilisaient des places cérémonielles et des terrains de jeu de balle rectangulaires.

Aujourd'hui, la ville de 60 hectares ressemble à un labyrinthe de terre friable. Les fouilles et la restauration ont débuté en 1958. En général, seuls les murs extérieurs et les nombreuses parois des rez-de-chaussée ont survécu. Les portes étroites ont une forme caractéristique en T.

Le **Monticulo de la Cruz** est une structure cruciforme en pisé, surélevée et plus ou moins orientée d'après les points cardinaux, qu'entourent quatre plates-formes circulaires. Il servait très certainement à des rites agricoles ou célestes, même si l'on n'en connaît pas l'objectif précis. Au sud, on peut

La céramique Mata Ortíz

Les céramiques du petit village de Juan Mata Ortíz, à 20 km au sud de Casas Grandes, sont ravissantes, leurs parois d'une minceur extrême et la glaçure douce et lumineuse. Juan Quezada mit au point cette technique au bout de quinze années d'expériences sur l'argile, les pigments, les techniques de cuisson. En 1976, Spencer MacCallum découvrit quelques pots non signés dans un dépôt-vente au Nouveau-Mexique et se lança sur les traces de Quezada. Vingt-cinq ans plus tard, un sixième de la population de la ville fabrique – sans tour ni four – ces pièces recherchées par les amateurs du monde entier. Si ces artisans ont repris les techniques de Quezada, les modèles leur sont souvent propres. ■

voir les vestiges d'un deuxième étage à la **Casa del Pozo**, ainsi que des parquets, colonnes en bois et poutres en partie reconstruits. Un escalier mène à l'aqueduc de pierre qui apportait l'eau à la ville. La roue hydraulique appartenait à l'un des systèmes de distribution d'eau les plus impressionnants de Mésoamérique à l'époque.

Sous la **Casa de los Muertos** (maison des Morts), située derrière la **Casa de los Cráneos** (qui tire son nom de crânes et d'ossements humains trouvés ici), les archéologues ont mis au jour plus de 90 tombes. Des oiseaux – sans doute des aras importés du Sud – vivaient dans des cages en pisé dans la maison voisine et la **Casa del Serpiente**; leurs plumes servaient à confectionner des vête-

ments et parures de tête. Au sud de la Casa de los Muertos, la **Casa de las Columnas**, qui comptait à l'origine quatre à cinq étages, est l'une des rares à avoir conservé des murs de plus d'un étage. À l'ouest, le **Monticulo de la Serpiente**, édifice serpentant en pierre, était sans doute dédié à Quetzalcóatl.

Le **Museo de las Culturas del Norte** (*tél. (616) 692 41 40, mar.- dim. 10 h-17 h,* €), moderne et bien conçu, présente la culture de Casas Grandes et Paquimé. On y trouve une maquette du site et des objets de l'église de la mission construite près de Casas Grandes en 1660.

Cette excursion d'une journée s'effectue depuis Nuevo Casas Grandes, à 8 km au nord, qui possède quelques hôtels et restaurants simples, mais confortables. ∎

Les portes basses en T des maisons de Paquimé – aujourd'hui en ruine – ont aidé à repousser les envahisseurs.

Les Seris

Au cours de leur histoire, les Seris, peuple polythéiste, ont vénéré la Lune et le Soleil, la tortue de mer, le pélican et d'autres manifestations divines. Les jésuites les crurent athées et ne comprirent pas leur refus de se convertir. Leur culture fut l'une des dernières du Mexique à s'occidentaliser et à accepter le christianisme.

Les Seris payèrent le prix fort de leur résistance à la mission et aux dirigeants espagnols. En 1662, pour mettre fin à une violente rébellion déclenchée par une bande de Seris, les Espagnols mirent à mort

Ce danseur incarne le cerf que les Seris vénèrent, mais chassent néanmoins.

hommes et femmes, et enlevèrent leurs enfants. Pendus pour vol de bétail, déportés et décimés par les maladies européennes, les Seris n'étaient plus que 150 au début du XXe siècle. Aujourd'hui, quelque 600 personnes parlent la langue seri et vivent pour la plupart dans les villes de Punta Chueca et El Desemboque, au nord de Bahía Kino sur la côte du Sonora (golfe de Californie).

Autonomes et fiers, les Seris peuplaient les déserts hostiles, les plaines, les côtes et les îles longtemps avant l'arrivée des Espagnols. Vivant au gré des saisons, ils cherchaient leur nourriture dans le désert d'Altar et pêchaient des crustacés. La récolte annuelle de tortues de mer était une source de nourriture mais aussi un lien religieux avec leur culture traditionnelle. Les chants narratifs sont un élément important de leur héritage, transmis de génération en génération. Ces chants font l'éloge des animaux qui les nourrissent ou sont censés les protéger contre les phénomènes naturels, comme les traîtrises de la mer pour aller sur l'île Tiburón.

Privés de la pêche traditionnelle de tortues depuis 1991, le gouvernement ayant interdit leur chasse et le ramassage des œufs, les Seris luttent pour conserver leur identité.

Malgré les pressions visant à les acculturer, les Konkaak – c'est ainsi qu'ils s'appellent – continuent à chanter. Ils vivent de la pêche et de la vente de leur artisanat, en particulier de bijoux de coquillages, de jolies vanneries de *torote* et de statuettes en bois de charme représentant des lézards, dauphins ou autres animaux. En collaboration avec le Musée du désert de l'Arizona-Sonora à Tucson (Arizona), quelques Seris dressent le catalogue des plantes médicinales qu'ils connaissent dans l'espoir de voir leur tribu s'y intéresser de nouveau. Tout en préservant leur savoir traditionnel, ils conservent leurs coutumes et partagent leur sagesse ancestrale.

L'ÎLE TIBURÓN

Fuyant les expéditions des Espagnols ou les éleveurs agressifs, les Seris cherchaient refuge dans l'île Tiburón, l'île aux requins, qui est le berceau de la tribu. S'ils n'ont plus le droit de vivre sur la plus grande île du Mexique, réserve écologique depuis 1963 et d'une grande richesse biologique, les guides seris y accompagnent les visiteurs qui viennent camper, faire de la randonnée, du kayak et de la plongée.

Des bouquetins – espèce en danger – parcourent les deux chaînes de montagnes qui s'étendent du nord au sud, sous le regard des faucons pèlerins, des hiboux et des frégates. Les fous de Bassan exhibent leurs pattes bleu pastel sur les belles plages isolées et les mangroves rouges, noires et blanches abritent une faune marine d'une grande variété. La baie de Kun Kaak, au sud, est un bon point d'ancrage.

Pour plus d'informations, contactez le Gobierno de la Comunidad Seri (*Kino Viejo*, tél. (632) 242 05 57). ■

Les traditions seris. À gauche, une femme brûle les écorces de tiges destinées à la vannerie ; ci-dessus, la langue des Seris n'est plus parlée que par 600 personnes ; ci-dessous, une cérémonie de peinture faciale.

Cerro Colorado est l'un des nombreux cratères qui se dressent dans le Gran Desierto de Altar.

El Pinacate

PAYSAGE LUNAIRE D'UN AUTRE MONDE, EL PINACATE EST AUSSI GRANDIOSE que désolé. Les immenses cratères escarpés contrastent avec la plaine désertique qui les entoure. Dans la partie ouest de ce parc, le vent construit des dunes mouvantes de plusieurs dizaines de mètres de hauteur. Les géologues et les photographes prisent particulièrement les riches textures et les couleurs étonnantes de cette région aride. Les ingénieurs de la Nasa, impressionnés par son aspect extraterrestre, y envoyèrent l'équipage d'Apollo 14 s'entraîner sur de nouveaux matériels d'alunissage.

Reserva de la Biósfera Sierra de Pinacate

🗺 76 B6

Informations

✉ Carretera n° 8, km 52, Ejido Los Norteños Puerto Peñasco Sonora

☎ (638) 384 90 07

🕐 tlj 8 h-17 h

L'écosystème exceptionnel du Gran Desierto de Altar (partie mexicaine du désert de Sonora), classé réserve de la biosphère par l'Unesco en 1993, se distingue par la plus grande concentration au monde de cônes et de cratères volcaniques. L'activité volcanique qui commença voilà trois ou quatre millions d'années a produit des kilomètres de coulées de lave déchiquetées, si terribles que les voyageurs les avaient surnommées la « Mer de verre brisé ». Plus de 400 cônes (monts coniques formés autour d'une cheminée volcanique) ponctuent le désert sur une surface

large de 48 km. Les plus élevés sont le **Cerro del Pinacate**, d'un noir corbeau, et le **Cerro del Carnegie**, à 1 219 et 1 128 m respectivement.

C'est sans doute le magma en ébullition qui, au contact de la nappe phréatique, a creusé les immenses cratères en projetant dans les airs vapeur, roches et lave. L'un des plus spectaculaires, le **Cráter Elegante**, se dresse à 19 km à l'est de l'entrée principale du parc. Ses parois, qui s'élèvent à 165 m au-dessus du sol, ont été sculptées par les vents dominants au moment de l'éruption. Ce cratère possède une largeur de

1,5 km et une profondeur de 245 m. Le parc compte dix cratères, mais aussi de nombreuses coulées de lave souterraines et d'autres formations extraordinaires. Les possibilités d'exploration sont infinies.

Après une première impression de vide et de désolation, on remarque un grand nombre de plantes et d'animaux. Le bouquetin du désert, le pronghorn du Sonora et la tortue, espèces menacées, partagent cet habitat impitoyable avec le scarabée du Pinacate. Les grands géocoucous et les serpents à sonnettes abondent. On a identifié plus de 550 espèces de plantes. Au printemps, les brèves pluies font fleurir la primevère blanche ou le souci jaune du désert.

Les visiteurs doivent s'inscrire à l'entrée principale du parc, située sur la route 8 Sonoyta-Puerto Peñasco, km 52. Le parc ne possède aucun aménagement ; apportez votre eau et votre nourriture et ne laissez aucun déchet. Le printemps est la meilleure saison pour la visite, à cause de la floraison et des températures moins élevées. De fin avril à septembre, les températures peuvent atteindre 49 °C le jour mais tomber en dessous de zéro la nuit en hiver. Les écrans solaires, lunettes de soleil, chapeaux et de l'eau sont indispensables. Un véhicule à châssis surélevé est conseillé, un 4 x 4 recommandé mais non obligatoire.

Le parc possède deux campings élémentaires. **El Tecolote**, à 8 km au nord-est d'Elegante, offre le meilleur accès aux sentiers de randonnées et aux cratères. **Cono Rojo**, à 22 km au nord-ouest, convient mieux aux visiteurs souhaitant escalader les pics volcaniques. Le camping sauvage est permis, à quelques restrictions près, sur demande préalable à l'entrée du parc. ∎

Les cactus

On compte environ 1 650 espèces de cactus dans le monde, mais le Mexique en possède plus que tout autre pays. C'est dans le désert de Sonora, le plus aride et le plus chaud d'Amérique du Nord, que la diversité est la plus grande. Les cactus affectionnent ce milieu hostile, s'adaptant grâce à leur absence de feuilles, des racines étalées et peu profondes et la capacité de stocker l'eau plus d'un an.

Depuis toujours, les cactus ont été utilisés de différentes manières par les habitants du désert. Les Huicholes (voir p. 13) se servent du peyotl, un hallucinogène, pour communiquer avec leurs dieux ou provoquer visions et guérisons. Les figuiers de Barbarie, les saguaros et les cactus-cierges donnent des fruits sucrés, juteux et nourrissants. Le cactus-tonneau fournit de l'eau en cas d'urgence, d'autres servent de combustible ou de haie vive. ∎

Le cactus-cierge donne des fruits qui sont un aliment précieux pour les habitants du désert.

Les plages du Sonora

LES JEUNES TOURISTES DE L'ARIZONA VOISIN ET LES NORD-AMÉRICAINS en général apprécient depuis longtemps les plages de sable désertes qui longent la côte du désert du Sonora. Elle offre d'excellentes possibilités de pêche et de plongée. Au cours des dernières décennies, l'amélioration des infrastructures touristiques et la construction d'hôtels, de marinas et de golfs ont attiré une clientèle plus exigeante, mais déçu les amateurs d'authenticité et de dépaysement.

Puerto Peñasco
🅰 76 A5
Informations
✉ Bd. Juárez 320-B

Deux Seris naviguant vers l'île Tiburón, terre de leurs ancêtres et aujourd'hui parc naturel.

Adossés à des falaises aux tons rouille ou dorés, les simples villages de pêcheurs et les villes sans prétention qui s'étendent de Puerto Peñasco à Guaymas offrent de charmants restaurants de fruits de mer et on y apprécie la nonchalance mexicaine. Les hôtels et résidences se multiplient, tout comme les restaurants et services destinés surtout à une clientèle canadienne et américaine. Au printemps et en automne, à la basse saison, les prix sont plus intéressants qu'en hiver.

Puerto Peñasco est un petit port de pêche qui s'est converti en station balnéaire pour les « gringos » qui viennent en camping-car depuis l'Arizona et la Californie. Les plages de sable, les criques et les marées très fortes attirent les collectionneurs de coquillages et les amateurs de longues promenades. La ville, fondée en 1920 pour la pêche à la crevette, avait longtemps auparavant été baptisée Rocky Point par des explorateurs anglais, nom qu'utilisent encore les anglophones. Ces dernières années, la pêche intensive a considérablement réduit le nombre de crevettes, autrefois pivot essentiel de l'économie locale. Aujourd'hui, le tourisme est l'un des secteurs les plus importants et le gouvernement est en train de construire une marina avec boutiques, restaurants, hôtels et appartements. C'est un excellent point de départ pour les excursions dans le parc d'El Pinacate.

Au sud de Puerto Peñasco se trouve **Bahía Kino**, d'après le nom d'un jésuite italien et aventurier, le padre Chini (1645-1711), surnommé padre Kino. **Kino Viejo**, simple village de pêcheurs, occupe la baie avec ses belles plages de sable. Au nord, **Kino Nuevo** est une enclave pour vacanciers et retraités nord-américains. De plus en plus d'hôtels et de résidences surgissent le long de la route de front de mer (13 km), qui constitue la ville et était autrefois dominée par les nombreux parcs pour camping-cars. Découvrez la culture seri au **Museo de los Seris** (*4 km sur la*

route de la plage, à Kino Nuevo). Les Seris eux-mêmes viennent en ville vendre paniers, poteries, statuettes de bois et colliers de coquillages, de graines ou d'os. Au large de Bahía Kino s'étendent l'**île Tiburón** (voir p. 82) et la minuscule île **San Esteban**, réserves écologiques depuis 1963.

Les hauteurs rouge carmin de la **Sierra de Bacochibampo** – et le symbole de la ville, le Tetakawi, ou « colline du pis de chèvre » – forment le cadre magnifique de **Bahía San Carlos** (*Informations, Bellamar Local 2*), l'un des sites touristiques du Nord marqués par une expansion très rapide. Les grêles ocotillos aux fleurs rouges arachnéennes illuminent le désert à l'automne. Les couleurs tout aussi éclatantes des poissons de roche entre Bahía San Carlos et **Bahía Bacochibampo** séduisent les adeptes du tuba. Les plongeurs pourront explorer la **fosse de Guaymas** (1 500 m), qui attire 700 espèces marines. Partez en bateau pêcher des limandes à queue jaune, des marlins et des mérous. Plus près du rivage, les pêcheurs à la ligne attrapent balistes et bars. À l'abri de la baie, la marina assez bien équipée fait le bonheur des plaisanciers. Quelques stations balnéaires importantes bordent la jolie **Playa los Algodones**, à l'extrémité ouest de San Carlos, et proposent kayaks, scooters des mers et planches à voile.

Une péninsule montagneuse sépare **San Carlos** de **Guaymas**, (*Malecón Malpica, entre calles 22 et 23, tél. (622) 222 17 51*) à environ 16 km au sud-est. Guaymas, qui vit grâce à d'importantes conserveries et à une raffinerie pétrolière de PEMEX, est le principal port du Sonora. Des monts orangés dominent sa belle rade naturelle qu'encombrent des navires de toutes sortes, pétroliers ou crevettiers. Les projets d'expansion à grande échelle n'ont jusque-là abouti qu'à une marina et à un golf, nombre de visiteurs préférant San Carlos, plus balnéaire. En général, on séjourne à Guaymas pour fuir les touristes ou prendre le ferry bihebdomadaire qui dessert Santa Rosalía, en Basse-Californie du Sud. ∎

Avec 965 km de côtes, le Sonora offre de nombreuses plages idylliques.

La Sierra Tarahumara

LES MEXICAINS ADORENT RACONTER AUX VISITEURS (ET SURTOUT AUX Américains) à quel point les canyons de la Sierra Tarahumara sont plus grands et plus beaux que le Grand Canyon en Arizona. Et il est vrai que ces gorges fantastiques sont aussi gigantesques qu'impressionnantes. Sur les six principaux canyons composant Las Barrancas del Cobre (les Canyons du Cuivre), quatre sont plus profonds que le Grand Canyon. Outre leur beauté naturelle, ils sont ponctués de missions jésuites, de mines abandonnées, de belles demeures du début du XXe siècle et d'habitations troglodytiques indiennes.

Chihuahua

⧄ 77 E4

Informations

✉ Calle Libertad et calle Trece

☎ (614) 429 34 21

Los Mochis

⧄ 77 C3

Informations

✉ Unidad Administrativa del Gobierno del Estado, Marcial Ordoñez y Allende

☎ (668) 815 10 90 ou (668) 816 20 15

Ci-contre :
au pied des pics
de la Sierra
Madre, ce train
qui aborde l'un
des 37 ponts
de la Sierra
Tarahumara
semble un jouet
d'enfant.

LA SIERRA TARAHUMARA

Durant les quelques 10 à 15 millions d'années de l'ère tertiaire, l'activité volcanique et le mouvement des plaques tectoniques ont fait surgir cette chaîne montagneuse dont les cimes se situent aux alentours de 3 650 m. Sculptant les fissures de la surface, le temps, la pluie, les écoulements et les cours d'eau souterrains ont creusé une douzaine de gorges regroupées sous le nom de Las Barrancas del Cobre (Canyons du cuivre). Les couches ignées plus dures, en résistant à l'érosion, ont produit d'impressionnants massifs rocheux. Dans les six principaux canyons de la Sierra Tarahumara, la profondeur varie entre 1 520 m à Barranca Oteros et 1 870 m à Barranca Urique. La Barranca Sinforosa, à 2 528 m, est la plus élevée, Chínipas, à 1 998 m, la plus basse.

Les missionnaires et les mineurs furent les premiers non-Indiens à s'installer dans ces montagnes embaumant les pins et dans les gorges encaissées et broussailleuses de la Sierra Tarahumara, qui longe la Sierra Madre occidentale à l'ouest de Chihuahua. Aux XVIIe et XVIIIe siècles, les jésuites bâtirent de jolies églises toutes simples dans ce pays de ravins, malgré l'opposition très opiniâtre des Indiens. Parallèlement, on découvrit une grande quantité de cuivre dans le canyon Urique et de beaux filons d'or et d'argent dans la Barranca de Batopilas.

Forcés à travailler dur dans les mines des Espagnols puis sur les chemins de fer des Américains et des Mexicains, les Indiens se virent ensuite interdire l'accès à une bonne partie de leurs terres ancestrales. Des cinquante groupes indigènes qui vivaient dans la Sierra Tarahumara et le désert du Chihuahua au XVIIe siècle, seuls dix ont survécu.

Les Tarahumaras (qui se nomment Rarámuri, « les coureurs à pied ») sont entre 50 000 et 60 000. Se nourrissant sobrement de maïs et de haricots, ils ont un mode de vie adapté à la rudesse de leurs montagnes. Ils peuvent courir sur de longues distances en portant de lourdes charges et organisent des courses par équipe qui durent des journées entières. Les femmes rarámuri portent des vêtements mêlant pois et fleurs, longues jupes amples et chemisiers bouffants, avec des foulards aux motifs contrastés. Près des sites touristiques, elles vendent des paniers en fibres de pin, des figurines et des poteries. La plupart des hommes ont échangé le pagne (*tagora*) traditionnel en coton blanc sur lequel dépasse la chemise contre des vêtements à l'occidentale.

**Gare de
Chihuahua**

✉ Méndez et calle 24

☎ (614) 415 77 56

€ €€€€€ (l'aller sur
la ligne Chihuahua
al Pacífico)

**Gare de Los
Mochis**

☎ (668) 812 08 53

Les Rarámuri continuent à vivre selon le mode semi-nomade ancestral. L'été, ils vivent dans des grottes, le long des versants, ou dans des maisons de bois et de pierre près du bord du canyon, quand la température au fond peut atteindre 45 °C. Le reste de l'année, ils s'installent dans des grottes ou des cabanes en bois au fond du canyon. Le maïs est l'aliment de base, mais ils font aussi pousser des arbres fruitiers.

LA LIGNE DE CHIHUAHUA AL PACIFICO

En 1961, la ligne de chemin de fer reliant Chihuahua à Los Mochis, sur la côte du Sinaloa, permit enfin au grand public de découvrir ces canyons fabuleux. Elle franchit 87 tunnels en 670 km. Le plus long des 37 ponts s'étend sur presque 500 m au-dessus d'un ravin vertigineux. Pour profiter au mieux des paysages, voyagez d'ouest en est et asseyez-vous à droite.

Au bout de 96 km, le train se lance dans une ascension spectaculaire, puisqu'il atteint une altitude de 2 286 m en un peu plus de 241 km. Tout au long du trajet et aux arrêts en gare trop brefs, vous contemplerez des paysages splendides. À l'est de Creel, les canyons cèdent la place à des montagnes alpines et à de hautes vallées dominées par des cimes gigantesques. Le train entame sa descente progressive à travers des terres agricoles fertiles et des prairies de montagnes jusqu'à Chihuahua.

Pour bien profiter du voyage, réservez-vous au moins une escale d'une nuit. Creel, la localité la mieux équipée en hôtels, restaurants et services, est le point de départ le plus pratique pour visiter les canyons. Divisadero propose des panoramas magnifiques et plusieurs hôtels. Batopilas, située au fond du canyon du même nom, assez éloignée de Creel, constitue un autre bon point de départ pour explorer les canyons.

DE L'OUEST À L'EST

Si vous commencez votre voyage à l'ouest, évitez **Los Mochis** et passez une journée à **El Fuerte**, charmante localité à 80 km à l'est. Cet ancien fort fut un important comptoir commercial pour les exploitants des mines d'or et d'argent. La ville continue à commercer avec les fermes et les ranches

Adolfo López Mateos
(La Junta)
Laguna Bustillos
Anáhuac
Chihuahua
Riva Palacio
Cuauhtémoc
45D

San Juanito

Creel   2500m

0   60 kilomètres

Chemin de fer

Divisadero   Cusárare
Bahuichivo   Barranca del Cobre
Témoris   Cerocahui
Urique   Norogachic
PARQUE NATURAL
BARRANCA DEL COBRE
Batopilas
Satevó

Agua Caliente
Choix

El Fuerte

San Blas

Los Mochis
Topolobampo   15D
Guasave

Ferrocarril Mexicano

Ci-dessus : la ligne à voies étroites de Chihuahua au Pacifique (670 km) fut achevée en 1961.

des environs. Comme sa voisine Alamos, El Fuerte est une jolie ville aux rues pavées qui compte près du centre de belles demeures des XVIIIᵉ et XIXᵉ siècles. Visitez l'**église del Sagrado Corazón de Jesús** (1854), le **Palacio Municipal** et la **Casa de la Cultura**, autour de la place principale, la **Plaza de Armas** (*Degollado et Rosales*). Les lacs de la région sont réputés pour l'abondance de leurs achigans à grande bouche.

Cerocahui est une charmante localité blottie au fond d'un ravin à 1 525 m d'altitude et entourée de pommiers (à environ 16 km au sud de la gare de Bahuichivo).

Porte du canyon Urique, cette petite ville de montagne fut fondée en 1680 par des jésuites. Ici, comme dans toute la sierra, les Tarahumaras dansent leur traditionnelle *Danza de Matachines* lors de leurs fêtes religieuses liées au calendrier agricole et catholique. Louez un cheval ou marchez jusqu'à la mine d'or de **Sangre de Cristo** (3 km) et à la **cascade de Wicochic** (3,25 km), ou faites une randonnée de 2 à 3 jours jusqu'à Batopilas (voir p. 94). À 38 km au sud de Cerocahui, Urique propose de magnifiques panoramas de son canyon et des promenades rafraîchissantes le long de la rivière. S'il fait chaud, allez nager près de la mine abandonnée de **Chiflón**, à 20 minutes à pied. Mieux vaut louer les services d'un guide local pour explorer ce canyon.

De Divisadero, la vue sur le canyon Urique est vraiment fabuleuse. Ce n'est pas une vraie ville mais vous pourrez vous restaurer dans les hôtels. À l'**hôtel Divisadero Barrancas**, réservez une visite organisée ou une randonnée à cheval.

Flore et faune de la Sierra Tarahumara

Les plus hauts versants de la Sierra Tarahumara, qui dépassent les 2 400 m, sont couverts de forêts de conifères, parmi lesquels des sapins de Douglas et des ponderosas. En hiver, la neige blanchit parfois les cimes. Au-dessus de 1 800 m, les chênes verts, les genévriers et les arbres aux fraises tordus (*madraño*) se mêlent aux pins encore prédominants.

De 1 800 à 1 300 m, la forêt mixte devient une forêt aride et tropicale d'épineux à feuillage caduc et de maquis, où poussent mezquites, plantes succulentes et certains cactus. En dessous de 1 300 m, on rencontre les forêts tropicales et subtropicales. Ici, les palmiers côtoient arbres à feuillage persistant, orchidées et figuiers sauvages, et, dans les zones humides, ceibas, bambous et joncs.

Près de 30 % des mammifères du Mexique habitent la Sierra Tarahumara, mais beaucoup se raréfient. À haute altitude vivent les ours noirs, pumas, serpents à sonnettes et loups mexicains, une espèce menacée. Les chevreuils, lynx, sangliers, cerfs de Virginie et pécaris à collier se laissent rarement apercevoir. Vous observerez plus souvent des ratons laveurs, skunks, lièvres, renards gris, écureuils et chauves-souris. Les serpents corail et les hélodermes perlés – des lézards –, tous deux venimeux, habitent la forêt tropicale d'épineux ; les jaguars, jaguarundis et boas constricteurs préférant le fond des canyons.

Dans toute la région, on compte une cinquantaine d'espèces de poissons d'eau douce : poisson-chat, truite arc-en-ciel, carpe ou mulet.

Sur les bords du canyon, vous pouvez observer quelque 360 espèces d'oiseaux, moucherolle vermillon, urubu noir, caracara huppé, conure à gros bec, buse à queue barrée ou pic chevelu. Le fond du canyon est l'habitat de l'ariane à couronne violette, du colibri lucifer, de l'oriole, de l'oréontangara élégant et de l'ara militaire, magnifique oiseau en danger. Près des rivières vivent l'amazone à couronne lilas et le trogon. ∎

Ci-dessus : l'église de la mission de Satevó est située dans la vallée. On en trouve d'autres à San Ignacio de Arareko et à Cusárare. Ci-dessus à gauche : les loups mexicains occupent les hauteurs de la Sierra Tarahumara.

Allez à cheval à **Wacajipare**, un village tarahumara situé à environ 4 km dans le ravin, et qui offre de splendides points de vue.

Le train continue jusqu'à **Creel**, bourgade de bûcherons à 58 km de Divisadero, qui mérite vraiment une visite. Il y a quinze ans, les chevaux étaient plus nombreux que les hôtels dans les rues de terre battue. Aujourd'hui, une route fédérale relie Creel à Chihuahua (voir p. 78-79) et les visiteurs profitent de toutes sortes de commodités, même si la ville a gardé son charme rustique. Vous y trouverez guides, bêtes de somme, chevaux et visites organisées.

À quelques kilomètres au sud de Creel, **San Ignacio de Arareko** et l'église de sa mission sont désormais accessibles par une route goudronnée. Là, louez un canot pour pêcher sur le grand **Lago Arareko**, entouré de campings en pleine forêt et de simples bungalows. Le camping sauvage est autorisé dans les vallées environnantes, dont le nom s'inspire de leurs formations rocheuses originales : **Valle de los Hongos** (champignons), **Las Ranas** (grenouilles), **Las Chichis** (seins) et **Bisabírachi** (pénis). À 25 km de Creel, visitez la **cascade de Cusárare** (prévoyez une longue journée de voyage), ou campez-y pour la nuit.

Les deux plus hautes cascades du Mexique se situent à 120 km au nord-ouest de Creel, dans le **Parque Nacional Basaseáchic**. Si la **cascade de Piedra Volada** fut découverte en 1995, le parc national doit son nom à la cascade de

Creel
77 D4

La bourgade de Creel, point de départ pour visiter la cascade de Cusárare.

Basaseáchic – la plus haute du Mexique –, à voir pendant ou après la saison des pluies (juin-octobre), qui plonge de 243 m dans un bassin rocheux. Minuscule localité, **Batopilas** est perchée près d'une rivière vert jade qui porte son nom, au fond de la vallée. Reliée au monde par une route goudronnée depuis vingt ans seulement, elle fut fondée au XVIIᵉ siècle par des Espagnols qui cherchaient des métaux précieux. Ils en trouvèrent à profusion, et même des pépites polies sur les rives. La richesse minière est à l'origine d'élégantes demeures datant du porfiriat. De Batopilas, visitez à pied ou à cheval la mission abandonnée en briques de **Satevó** (6,5 km), ou, un peu moins loin, l'**Hacienda de San Miguel**, désertée, ou encore le barrage de pierre qui alimente toujours l'aqueduc de la ville. Satevó compte quelques logements simples. Pour changer de la route de Creel – cinq heures splendides, mais éprouvantes –, quittez Cerocahui à cheval ou à dos de mule. ■

Le *burro*, précieux auxiliaire

Le *burro*, stoïque et au pied sûr, ne mérite pas sa mauvaise réputation. Au Mexique, le mot « burro », désigne non seulement un petit âne, mais aussi un idiot, un cheval perdant ou un homme à tout faire. En français, son ancêtre l'âne, têtu ou ignare, ne vaut guère mieux. Les *campesinos* ne peuvent cependant se passer d'eux pour se déplacer et transporter leurs fardeaux.

Particulièrement utiles sur les terrains pentus et caillouteux, les ânes portent plus de charge que les chevaux, boivent moins et ont le pied plus sûr. Ils aiment les plantes épineuses, d'où leur importance dans les déserts et les montagnes. Selon la légende, la croix noire marquant leur garrot serait le signe de la protection divine, en remerciement pour avoir porté la Vierge Marie lors de sa fuite en Égypte. ■

La Casa de Alvarado, d'un style s'inspirant de la Renaissance, appartient à la famille Alvarado, propriétaire de mines.

www.hdelparral.com

Hidalgo del Parral

BLOTTIE DANS UNE VALLÉE ISOLÉE, HIDALGO DEL PARRAL EST L'UNE DES plus riches villes minières du pays. Parral (son nom usuel) produisit du plomb, du cuivre et de l'argent pendant plus de 350 ans, jusqu'à l'épuisement de ses filons dans les années 1980. Elle doit une partie de sa renommée à l'assassinat du héros révolutionnaire Pancho Villa, qui eut lieu dans ses murs en 1923.

Aux XVIᵉ et XVIIᵉ siècles, les esclaves indiens employés dans les mines de Parral succombèrent en grand nombre en raison de conditions atroces. Dans les galeries étroites et dangereuses, les mineurs bâtirent souvent des autels à leur sainte patronne, Notre-Dame de Fátima ; tandis que les propriétaires immensément riches édifièrent des églises et des cathédrales aux parois et aux colonnes parfois incrustées d'or brut ou raffiné.

La belle **Parroquia de San José** (*Francisco Moreno et General Benítez, tél. (627) 522 09 50*) du XVIIᵉ siècle est décorée de morceaux de minerai et son autel baroque de pierre de taille est bordé d'or fin. Construit trois cents ans plus tard, le **Templo de Nuestra Señora**

de **Fátima** domine la ville, près de la mine de La Prieta. La façade et le clocher sont dénués d'ornements, mais les murs intérieurs sont incrustés d'argent, d'or, de cuivre et de zinc.

Si les mines sont épuisées, l'opulence des siècles passés se remarque encore dans de magnifiques demeures. La **Casa de Alvarado** (*lic. Verdad et Riva Palacio*) construite en 1899, arbore un somptueux portail néobaroque et une façade de pierre de taille ornée de masques et de figures animales.

Le petit **Museo del General Francisco Villa** (*Barreda et Juárez*) est consacré aux photos et souvenirs de ce révolutionnaire qui fut enterré dans le cimetière de Parral avant d'être transféré à Mexico. ∎

Hidalgo del Parral
🅰 77 E3
Informations
✉ Miranda et República de Cuba
☎ (627) 811 21 39

La lune se lève sur la Sierra de Organos, cadre de nombreux westerns hollywoodiens.

Durango

NICHÉE DANS LA FERTILE VALLÉE DE GUADIANA, DURANGO EST UN important centre agricole et industriel. Son passé colonial se lit dans les bâtiments anciens et bien entretenus du centre, classé au patrimoine national. L'amabilité des habitants, la douceur du climat et l'absence de touristes en font une halte idéale pour ceux qui sont à la recherche du Mexique « authentique », loin des voyages organisés.

Durango

🅰 77 E2

Informations

✉ Calle Florida 1106

☎ (618) 811 21 39

Fondée en 1563, la ville fut tout d'abord un avant-poste de la Nueva Vizcaya, région sauvage et immense du nord de la Nouvelle-Espagne. La ville et la région se développèrent lentement, à cause des hostilités terribles entre les Espagnols et les Indiens Tepehuánes et Acaxes. Durango finit par prospérer au début du XXᵉ siècle, quand l'achèvement du chemin de fer jusqu'à Mexico en fit un centre de transport du bois et des minerais des riches montagnes voisines.

Celles-ci continuent à fournir d'importantes quantités d'argent, d'or, de cuivre et de fer. L'un des plus grands gisements de fer au monde se trouve à **Cerro del Mercado**, juste au nord de la ville.

Chaque jour, on extrait des centaines de tonnes de minerai de fer de cette montagne de métal.

Les monuments historiques de Durango sont concentrés au centre, près de la **Plaza de Armas** (*20 de Noviembre et Juárez*). Le dimanche après-midi, l'orchestre officiel joue dans le kiosque à musique entouré de jardins et de fontaines. La **cathédrale** (*tjl 8 h-14 h et 16 h-20 h*), commencée en 1695, et son imposante façade baroque dominent la place au nord. Les habitants aiment à raconter l'histoire de cette jeune fille qui se jeta du haut du clocher après avoir appris la mort de son amoureux, un soldat français. On dit que son fantôme hante l'édifice au coucher du soleil.

Dorées et ornées de bas-reliefs de saints et des apôtres, les stalles du chœur sont l'un des plus précieux trésors de la cathédrale.

À une rue à l'ouest de la Plaza de Armas se dresse le **Palacio de Gobierno** (*5 de Febrero, entre Bruno Martínez et Zaragoza, tél. (618) 811 56 00, fermé sam.-dim.*). Édifié au XVIIIe siècle par un puissant propriétaire de mines espagnol, il fut confisqué par l'État à la fin de l'ère coloniale. Aujourd'hui siège du gouvernement, il abrite des peintures murales pittoresques décrivant l'histoire de Durango.

De somptueuses maisons coloniales ornent le quartier historique. Remarquable exemple de cette architecture churrigueresque du XVIIIe siècle, la **Casa del Conde de Suchil** (*5 de Febrero et Madero, fermé sam.-dim.*), autrefois l'hôtel de la Monnaie de la région, abrite aujourd'hui la banque Banamex. Le magnifique **Teatro Ricardo Castro** (*20 de Noviembre et Bruno Martínez, tél. (618) 811 77 66*), de style néoclassique fait aussi office de cinéma.

Le **Museo de las Culturas Populares** (*Juárez 302 Norte et Gabino Barreda, mar.-dim. 9 h-13 h et 16 h-17 h, €*) possède une collection d'objets artisanaux fabriqués par les mennonites, les Huicholes, Acaxes et Tepehuánes. Au **Mercado Municipal** (*20 de Noviembre et Pasteur*), vous trouverez de l'artisanat, du cuir et des *sarapes* (couvertures) en laine. Au **Museo Regional de Durango** (*Victoria 100 Sur et Aquiles Serdán, tél. (618) 813 10 94, mar.-dim. 9 h-13 h et 16 h-17 h*), appelé ici « El Aguacate », découvrez les beaux tableaux du maître colonial Miguel Cabrera (1895-1768), ainsi que l'histoire et l'archéologie régionales. ■

Durango et le cinéma

Depuis les années 1950, des centaines de films – surtout des westerns – ont été tournés dans les environs de Durango. Les ciels bleus et dégagés, le climat tempéré et l'absence de traces de la société moderne en font la région idéale pour les tournages en extérieur. *À la poursuite du diamant vert* (1984) et *Wagons East* (1994) y furent tournés.

À environ 12 km au nord de Durango, la Villa del Oeste (*tél. (618) 810 12 12*) date des années 1950 et fut pendant des décennies l'un des lieux privilégiés de Durango. Dans les années 1980, quand la production cinématographique déclina, des habitants s'y installèrent et en firent une ville de cow-boys vivante. Visitez les autres décors naturels de la région, Chupaderos, Cañón de Los Delgado et Rancho La Joya (qui appartient toujours à la famille de John Wayne). ■

www.allaboutmazatlan.com

Mazatlán et ses environs

MALGRÉ SON CÉLÈBRE CARNAVAL QUI ASPIRE AU TROISIÈME RANG MON-
dial, sa pêche de classe internationale et ses fruits de mer parmi les
meilleurs sur terre, Mazatlán n'est pas l'une des stations balnéaires les plus recherchées du Mexique. Ville de 700 000 habitants, elle possède de belles plages qui s'étendent sur 24 km au
nord et au sud de la ville et les prix des restaurants et des hôtels
sont à peu près la moitié de ceux de Cancún ou de Los Cabos.

Située à 19 km au sud du tropique du Cancer, Mazatlán jouit d'un climat semi-tropical. Il y fait chaud toute l'année, le pic de la saison des pluies – août et septembre – étant le plus chaud et le plus humide, mais sans comparaison avec le climat qui sévit plus au sud.

Les visiteurs aiment la formule plage, soleil et vie nocturne. Au nord de **Punta Camarón** (pointe des Crevettes), la **Zona Dorada** (Zone dorée) compte quelques-unes des plages les plus populaires de Mazatlán. Les magasins de souvenirs et de coquillages, les terrasses des cafés et les restaurants avec vue sur la mer s'agglutinent au milieu des hôtels de cette partie de la ville très animée. Les hôtels louent des équipements de sports aquatiques. Des vendeurs arpentent toute la plage, proposant des mangues découpées en forme de fleurs sur un bâton, de la céramique talavera ou des hamacs. En face se trouvent trois îles : **Isla de Pájaros, Isla de Venados** et **Isla de Lobos** – îles des oiseaux, des cerfs et des loups –, mais seuls les oiseaux y sont encore visibles.

L'extrémité nord de la Zona Dorada (parfois appelée « la Zona Platinum ») abrite les stations les plus récentes, dont **El Cid Mega Resort**, un complexe d'hôtels et de résidences avec marina et golf à 13 trous. Les surfeurs s'élancent sur les vagues idéales de la **Playa las Brujas** (plage des Sorcières), où, le dimanche après-midi, l'on peut danser au son des orchestres dans les restaurants de fruits de mer aux toits de palme. Les marcheurs et les joggers préfèrent la **Playa Cerritos** (plage des Petites Collines), après la pointe nord de la Playa las Brujas. Pour vous y rendre, prenez le bus, le taxi ou un *pulmonía* (taxi ouvert sur les côtés).

Au sud de la Zona Dorada, à la **Playa Norte**, commence le long *malecón* (promenade de bord de mer) de la ville. Dans la rue parallèle se trouve l'**Acuario Mazatlán** (*av. de Los Deportes 111, tél. (669) 981 78 15, tlj 9h30-18h30, €*), qui abrite quelque 150 espèces marines et propose des spectacles d'otaries ou d'oiseaux. L'aquarium comporte des boutiques de cadeaux, un café, un jardin botanique, une petite volière et une vaste aire de jeux pour enfants.

Une grande statue d'un pêcheur nu et de sa compagne – surnommés « los Monos Bichis » (les Singes nus) – domine la partie sud de la baie. Les bateaux de pêche partent de la **Playa los Pinos**, où tous les jours se tient un petit marché de poissons, juste après l'aube. Plus au sud, à marée haute, des jeunes gens plongent dans l'eau assez peu profonde du haut du rocher El Mirador (15 m).

Dirigez-vous vers l'intérieur pour admirer les rues du centre historique et les maisons des XIXᵉ et XXᵉ siècles plus ou moins bien conservées. Nombre de ces édifices à un ou deux étages, en brique et

Mazatlán
77 D2
Informations
✉ Tiburón et Camarón
Sábalo, 4ᵉ étage,
immeuble Banrural
☎ (669) 916 51 60

en ciment, sont peints dans des tons pastel avec des bordures blanches. Les fenêtres et les portes sont protégées par de belles grilles ouvragées en fer forgé. La **Plaza Revolución** (*entre calles Flores, Nelson, 21 de Marzo et Juárez*) est le cœur administratif et religieux de la ville. Les vendeurs de mangues et de noix de coco sont assis à l'ombre des grands cocotiers et des lauriers. Au nord, deux flèches bien visibles et coiffées de carreaux jaunes encadrent la cathédrale néogothique avec son intérieur d'un baroque exubérant.

Quelques rues plus au nord, le **Mercado Pino Suárez** (*Juárez et Aquiles Serdán*), marché typique et très animé, propose vêtements, souvenirs et victuailles. La plus ancienne place de Mazatlán, la **Plazuela Machado** (*Constitución, entre Frías et Carnaval*) est entourée de terrasses de cafés. C'est un don de Juan Machado, un Philippin qui fit fortune dans le commerce et la mine, dans les années 1830 et 1840.

De retour à la plage, la route serpente vers le sud en passant devant plusieurs points de vue sur la baie et le deuxième phare du monde par sa hauteur (152 m), à **Cerro de la Crestería**, auquel mène un sentier escarpé dans les rochers. D'ici, vous apercevez l'**Isla de la Piedra** (île de la Pierre, en fait une péninsule), point de ralliement des familles pour le pique-nique dominical. Promenez-vous dans cette ville de pêcheurs, arrêtez-vous dans l'un des nombreux petits restaurants

À Mazatlán, du haut d'El Mirador (15 m), de jeunes plongeurs imitent ceux d'Acapulco en se jetant dans les eaux turbulentes et pleines de rochers.

**Pour
le mardi gras,
des décorations
pittoresques
pavoisent le trajet
du carnaval.**

Le carnaval

Le carnaval du mardi gras de Mazatlán est l'un des plus raffinés au monde. La tradition remonte au XIXᵉ siècle et aux batailles amicales entre dockers qui se lançaient des œufs remplis de farine et échangeaient des *comparsas* (poèmes moqueurs). Quand les vers et les œufs se muèrent en insultes et en cailloux, les édiles remplacèrent l'improvisation par des défilés organisés avec des chars décorés, des groupes locaux de *tambora* (joueurs d'instruments à vent et à percussion), une reine et un roi.

Aujourd'hui, les dizaines de milliers de participants lancent des confettis plutôt que de la farine et la joute en vers est devenue un concours de poésie. Le vendredi soir, un ballet a lieu au stade de base-ball, au son des orchestres et de la tambora. Le samedi soir, la *Batalla Naval* est un simulacre de bataille navale dans la baie d'Olas Altas, avec de magnifiques feux d'artifice. ∎

de fruits de mer sur la plage. C'est ici que se trouve le nouveau golf à 18 trous de Mazatlán, l'**Estrella del Mar** (*tél. (669) 982 33 00*). De petits bateaux assurent la liaison avec l'est du centre-ville (**€**) (gardez votre billet pour le retour).

Au pied du Cerro de la Crestería, la flotte de pêche sportive de Mazatlán vous emmène pêcher des espadons-voiliers, des marlins, des thons albacores et des bars. Mazatlán est l'un des premiers ports de pêche sportive du Mexique : on y prend – et relâche – 12 000 poissons par an. À côté, des ferries assurent la liaison avec La Paz, en Basse-Californie du Sud.

De Mazatlán, on peut se rendre aux anciennes villes minières de Concordia et Copala. Elles ne sont pas extraordinaires, mais le voyage dans les collines faisant face à la Sierra Madre occidentale est intéressant. À l'entrée de **Concordia** (à 48 km de Mazatlán), des meubles trapus en bois sculpté et des terres cuites sont à vendre. À Concordia, admirez la jolie **cathédrale de San Sebastián** sur la place principale, et faites le tour de la ville avant de quitter la route 40 et d'emprunter une route de montagne vers **Copala** (24 km), plus petite et plus isolée.

La seule rue de Copala conduit à la rustique **cathédrale de San José**, où des jeunes gens vendent des églises miniatures taillées dans un bois d'épineux de la région, le *pochotla*. D'autres, plus jeunes, proposent des promenades à dos d'âne. Visitez la cathédrale et admirez les pittoresques maisons en pisé habillées de bougainvillées jaunes, pêche ou pourpres, de cactus-cierges et de poinsettias en fleur. Ensuite, il ne vous restera qu'à dîner dans l'un des trois agréables restaurants. Si vous souhaitez vous attarder à Copala, deux des petits restaurants ont des chambres. ∎

À Álamos, de belles demeures anciennes sont aujourd'hui devenues des chambres d'hôtes.

Autres sites à visiter

ÁLAMOS

Álamos fut l'une des villes minières les plus lucratives du XIXe siècle. Les rébellions des Yaquis et la révolution mexicaine provoquèrent la fermeture des mines et son déclin. Dans les années 1940, un groupe d'artistes mexicains rénovèrent les demeures de style andalou, avec patios en grandes fenêtres aux grilles en fer forgé. Pendant la saison, faites une **visite des maisons et jardins** (*2 calle Comercio*, €€€).

Sur la belle **Plaza de Armas**, vous trouverez le modeste **Museo Costumbrista de Sonora** (*tél. (642) 428 00 53, merc.-dim. 9h-18h*, €), sur l'histoire du Sonora, et la **Purísima Concepcíon**, église baroque du XVIIIe siècle, coiffée d'un clocher à trois niveaux décoré de céramique. Flânez dans le **Parque Alameda** («peupleraie», *álamos* signifiant «peupliers») et dans les nombreux magasins et galeries d'art.

Du haut d'**El Mirador** (le belvédère) – suivre la *calle* Juárez vers le sud –, on a une belle vue de la ville. Si vous voulez vous aventurer plus loin, votre hôtel peut organiser une excursion jusqu'à une mine d'argent abandonnée ou l'un des villages mayo (où des artisans fabriquent des masques en bois traditionnels). Peu visitée mais intéressante, la **Réserve écologique de Cuchujaqui** abrite forêts mixteset semi-tropicales où vivent plus de 400 espèces d'oiseaux.

▲ 77 C3 **Informations** ✉ Juárez
☎ (647) 428 04 50

LES VILLES FRONTALIÈRES

Nogales et Ciudad Juárez sont les plus grands et les plus touristiques des neuf postes-frontières du nord-ouest du Mexique. Ces villes attirent les Américains à la recherche de prix intéressants, mais aussi les jeunes fêtards amateurs de bars mexicains. Elles proposent cuisine régionale, souvenirs, un soupçon de culture et l'ambiance agitée des bars.

Avenida Obregón, la principale artère touristique de **Nogales**, n'est pas loin du poste-frontière. Les fêtes animées du 5 mai s'accompagnent de corridas, de courses de chevaux, de ventes d'artisanat et de défilés.

Ciudad Juárez est une ville importante. C'est elle qui accueille le plus de *maquiladoras* (ateliers d'assemblage en sous-traitance) de la région et c'est le premier point de passage pour les candidats à l'immigration vers les États-Unis qui, en attendant, survivent en exerçant des petits métiers et en se livrant à des trafics en tout genre. À l'ouest de la **Plaza Principal** (*av. 16 de Septiembre et Mariscal*) s'élève l'église de la mission, **Nuestra Señora de Guadalupe** – les poutres sculptées du plafond sont une merveille. À 50 km de la ville, visitez les **Dunas de Samalayuca**, d'impressionnantes dunes de sable.

Nogales 🅼 77 C5 **Ciudad Juárez** 🅼 77 D6

CUAUHTÉMOC

Bien qu'elles vivent dans l'État de Chihuahua depuis 1921, les communautés mennonites qui vivent au sud et au nord de Cuauhtémoc continuent à parler leur dialecte frison et à porter leur traditionnelle tenue de paysan – salopettes et chemises boutonnées pour les hommes, robes à manches longues, foulards et grands chapeaux de paille pour les femmes. Cette importante communauté, fondée au XVIᵉ siècle par Menno Simonis, un réformateur hollandais, a trouvé la liberté de culte et de conscience dans le désert du nord du Mexique. Après plusieurs siècles d'errance à travers l'Europe où ils étaient persécutés, notamment en raison de leur refus de porter les armes, ils gagnèrent le Canada à la fin du XIXᵉ siècle, pays qu'ils quittèrent en masse pour le Mexique quand les hommes refusèrent de servir pendant la Seconde Guerre mondiale.

🅼 77 D4

ROSARIO

Si vous n'êtes pas lassé des anciennes villes minières, pittoresques et coloniales, visitez Rosario. Ses mines fournirent d'énormes quantités d'or et d'argent pendant presque trois cents ans. Une bonne partie de l'or semble avoir atterri sur l'autel baroque de l'église de **Nuestra Señora del Rosario** (XVIIIᵉ siècle). Elle se distingue des missions jésuites du Nord, souvent sobres, par son style délicieusement baroque. Des forages excessifs dans les mines voisines ayant provoqué son affaissement, elle fut déplacée pierre par pierre jusqu'à son emplacement actuel, sur la place. Pour les habitants du Sinaloa, Rosario est surtout la ville natale de l'actrice et chanteuse Lola Beltrán (1932-1996).

🅼 77 E1

HERMOSILLO

À quatre heures au sud du poste-frontière de Nogales, Hermosillo est la capitale de l'État de Sonora. Ville de taille moyenne, entourée de plaines dorées et de cimes montagneuses déchiquetées, c'est une halte commode pour les voyageurs se dirigeant vers le sud. Promenez-vous dans le quartier historique, délabré mais charmant, admirez la **Plaza** (*Pino Suárez, P. E. calles, Yáñez et Monterrey*), où la **cathédrale de la Asunción**, néoclassique, s'offre des fantaisies néogothiques. Depuis la crête du **Cerro de la Campana**, on a une belle vue sur la ville ; au pied, le **Museo Regional de Sonora** (*Jesús García et calle Esteban Sarmiento, tél. (662) 213 12 34, mar.-sam. 10 h-17 h, dim. 9 h-16 h, €*) présente l'histoire, la géologie et l'anthropologie du Sonora.

Au sud de la ville, le **Centro Ecólogico de Sonora** (*carretera a Guaymas, km 2,5, tél. (662) 250 10 34, mer.-dim. 8 h-17 h, €*) est un centre gouvernemental de recherches et de protection de l'environnement. Un chemin de 3 km sillonne dans la nature, dévoilant 300 plantes et 240 espèces animales, souvent originaires de la région. Si vous venez à la mi-juillet, participez avec les vignerons, les amateurs de vin et toute la population à la Fiesta de la Vendimia (fête des Vendanges).

🅼 77 C4

Informations ✉ Edificio Estatal, calle Comonfort et Paseo del Canal ☎ (662) 217 00 44

TEACAPÁN

Près de la frontière sud du Sinaloa, Teacapán et ses environs sont très connus pour leurs prunes, les crevettes et les mangues. Les fermes d'élevage et les plantations de cocotiers bordent les 18 km de la péninsule qui conduit à cette ville de bord de mer. Faites une pause sur l'une de ses plages tranquilles de sable blanc : **La Tambora, Las Lupitas, Las Cabras** ou **Los Angeles**. Des excursions d'une journée partent de Mazatlán pour explorer les beaux estuaires et les mangroves mystérieuses de Teacapán, peuplés de nombreux canards canadiens, hérons blancs et roses, flamants roses et d'oiseaux, migrateurs ou non.

🅼 77 E1 ■

Cces terres arides
à la beauté sauvage,

où jusqu'à l'aube du XXᵉ siècle

seuls s'aventurèrent

les prospecteurs

et les missionnaires,

comptent désormais parmi

les États les plus dynamiques.

Le Nord-Est du Mexique

Statue de Juan Soriano, à Monterrey.

Le Nord-Est du Mexique

Dans le nord du Mexique, tout semble plus grand. Les distances ne sont en effet pas négligeables. Ce facteur, combiné à l'absence de richesses minérales (sauf dans le Zacatecas) et à la férocité avec laquelle les Chichimèques défendirent leur territoire (voir p. 28), a limité l'immigration au minimum pendant l'ère coloniale. La côte est n'était pas plus séduisante, du fait des incursions de pirates ou des lagons infestés de moustiques. Mais le XXe siècle vit l'essor de la région. Monterrey, grâce au développement d'une importante brasserie, de sa verrerie, de ses cimenteries et fonderies de fer et d'acier, est devenue l'une des premières villes industrielles du pays.

En 1547, la découverte d'une mine d'argent dans le Zacatecas favorisa l'exploration du Nord. Mais, contrairement à sa sœur occidentale, la Sierra Madre orientale contenait relativement peu de métaux précieux. Vers 1750, la Couronne espagnole, pour encourager la colonisation, concéda d'immenses terres aux téméraires éleveurs d'ovins et de bovins. La disponibilité de la terre et la souplesse des lois sur l'immigration incitèrent de nombreux Nord-Américains à s'installer dans les territoires du Mexique. Cette politique expansionniste des États-Unis déboucha, en 1836, sur la déclaration d'indépendance du Texas, qui comptait quatre fois plus d'Anglo-Saxons que de Mexicains.

Au sud de la frontière du Río Bravo (Río Grande pour les Américains), l'élevage d'ovins et de bovins est toujours présent. La viande, aliment principal, est souvent servie avec des petits pains ou des tortillas de froment, à la place des tortillas de maïs du Centre et du Sud. Avec la *machaca* (bœuf séché et émincé) et le barbecue de chevreau, l'une des spécialités est la *carne a la tampiqueña* – minces tranches de steak grillées ou au barbecue, accompagnées de riz, de *frijoles charros* (haricots cuits avec des couennes de porc et de

Ces dunes de gypse se trouvent dans l'Area Protegida Pozas de Cuatrociénegas.

la coriandre), d'oignons verts grillés, de *salsa* fraîche et d'avocat.

Les habitants des vallées intérieures vivent d'élevage et de cultures vivrières : pommes, figues de Barbarie, noix et pignes. L'économie de la côte repose sur la pêche et la crevette, même si le pétrole est roi à Tampico. L'industries poursuit son expansion dans les villes près de la frontière et dans le couloir de Monterrey à Saltillo.

À l'écart des principales agglomérations, les régions sauvages du nord-est du Mexique tenteront les aventuriers. Sites archéologiques, petites villes aux églises décorées d'or et d'argent ou vignes vierges surgissent du désert broussailleux. Malgré des infrastructures encore limitées, le trekking, le canyoning et l'escalade se développent dans les montagnes encore sauvages. ■

Saltillo

Saltillo
▲ 105 B3
Informations
✉ Bd Francisco Coss
et Manuel Acuña,
à la vieille gare
☎ (844) 412 51 22

EN 1575, FRANCISCO URDIÑOLA FONDA SALTILLO, CAPITALE DE L'ÉTAT de Coahuila et plus vieille ville du nord-est du Mexique, pour disposer d'un point stratégique sur le Camino Real (Route royale). Vingt ans plus tard, 87 familles de Tlaxcaltèques convertis quittèrent volontairement le Centre pour s'installer dans les environs et aider à christianiser les tribus irréductibles du désert. Grâce à leur habileté de tisserands, le *sarape* de Saltillo, une couverture de laine aux tons clairs, est aujourd'hui un symbole mexicain universel.

L'absence de tourisme contribue au charme de Saltillo, ville ancienne et moderne.

La ville, située à 1 600 m d'altitude, se prolonge par des banlieues et des complexes industriels, mais le centre historique séduit par la variété de ses styles architecturaux. Des maisons basses et des arcades entourent la **Plaza de Armas** (*Hidalgo et Juárez*). Les bancs de fer forgé se tournent d'un côté vers la fontaine centrale de pierre et de bronze et, de l'autre, vers le **Palacio de Gobierno**, tout en pierre rose.

Derrière ce siège du gouvernement de l'État, la **Plaza de la Nueva Tlaxcala** se distingue par les statues classiques des fondateurs de la ville : Espagnols, Indiens Tlaxcala et moines. Trois rues au nord-ouest, la **Plaza Acuña** (*Aldama, entre Allende et Flores*) est entourée de magasins, de cafés et du marché municipal où l'on vend des objets en cuir, de confortables *sarapes* et de la poterie locale.

En face de la Plaza de Armas se dressent l'une des plus remarquables églises du nord du Mexique, la **cathédrale Santiago** (*tél. (844) 414 02, tlj 8 h-14 h et 16 h-20 h*), édifiée entre 1745 et 1800, et sa chapelle. Le premier registre de la façade churrigueresque est orné de colonnes salomoniques (torsadées) couvertes de fruits, de fleurs et de coquillages. Les magnifiques portes de bois sculpté représentent les saints Pierre et Paul. À l'intérieur, notez le magnifique travail du pupitre sculpté et doré, les deux retables latéraux et le parement d'argent sur le premier autel à droite.

Dans un parc à l'est, le **Museo del Desierto** (*Prol. Pérez Treviño 3745, Parque las Maravillas, tél. (844) 410 66 33, mar.-dim. 9 h-17 h, €€*) est un bâtiment neuf qui aborde la faune, la géologie et la paléontologie du désert de Chihuahua, ses écosystèmes mais aussi les cultures indiennes et l'histoire de la région depuis la conquête. ■

Las Pozas de Cuatrociénegas

LES DÉSERTS ÉVOQUENT DES ÉTENDUES VIDES ET SANS VIE DE TERRE BRUNE et de broussailles, mais ils peuvent se révéler d'une beauté surprenante, ce qui est souvent le cas du désert du Chihuahua. À Cuatrociénegas, des centaines de sources minérales surgissent du désert pour former des mares, des lagons, des rivières superficielles et des marais salés frangés de touffes de graminées. Promenez-vous à pied dans les dunes de gypse d'un blanc éclatant. Pour voir les grandes pièces d'eau, il vous faudra un moyen de transport.

Cuatrociénegas
🅰 105 B4
Informations
✉ Calle Morelos 103
sur, Cuatrociénegas
☎ (869) 696 05 74
01 800 310 480

Le désert du Chihuahua abrite une zone humide tout à fait exceptionnelle : l'**Area Protegida Pozas de Cuatrociénegas** (aire protégée des mares des quatre marais), nichée entre deux éperons de la Sierra Madre orientale. Ces prairies, forêts de broussailles, dunes de gypse et sources minérales sont protégées depuis 1995. L'eau des centaines de mares – de 30 cm à 80 m de diamètre – provient de profonds aquifères souterrains. La teneur en minéraux et la présence de matières organiques et d'algues déterminent la clarté et la couleur de chacune d'entre elles.

À cause de l'isolement, de nombreux poissons et reptiles indigènes vivent dans cette étonnante zone humide en plein désert. Sur les seize espèces de poissons connues, la moitié n'existe qu'ici. Nager avec ou sans tuba dans des eaux tièdes est un vrai plaisir, surtout en hiver. Quatre zones sont autorisées dans un rayon de 10 à 18 km autour de la ville de Cuatrociénegas.

La **Mezquites** est une rivière peu profonde alimentée par plusieurs sources. Un canal naturel relie deux mares d'un bleu cristallin à **Becerra**. Vous trouverez là des ombrelles de palme (*palapas*) et des toilettes rustiques (€). On accède par un chemin de terre à l'étang vert de **Playitas**, fréquenté surtout par les habitants et dénué d'infrastructures. Clair comme l'eau de roche, celui de **Shurince** diminue considérablement en été et fait partie d'un vaste réseau de rivières et de lagons.

Les mares, comme à Shurince, créent des dépôts de gypse que le vent souffle vers l'ouest, formant des dunes blanches et étincelantes, hautes de plusieurs étages. Visitez-les aux sources de Becerra (€) ou louez les services d'un guide (€€€€ *par groupe*) à la mairie (*municipio*) de Cuatrociénegas. ■

Il est particulièrement agréable de nager dans les étangs de Cuatrociénegas en hiver, quand la température de l'eau oscille entre 21 et 28 °C.

Monterrey et ses environs

MONTERREY, QUI OCCUPE UNE VALLÉE À 540 M AU-DESSUS DU NIVEAU DE la mer, est cernée par les cimes escarpées de la Sierra Madre orientale. L'impressionnant Cerro de la Silla, son symbole, se dresse à 1 792 m à l'ouest. Moderne et d'un esprit indépendant, Monterrey est la troisième ville du Mexique (après Mexico et Guadalajara). Sa position de leader industriel lui assure le plus haut revenu par habitant du pays et l'un des niveaux d'alphabétisation les plus élevés.

Monterrey

△ 105 C3

Informations

✉ 5 de Mayo 525
Oriente

☎ (81) 20 20 68 00
(81) 83 45 70 10
(81) 83 45 70 11

Ci-contre : grâce à son importante université et au commerce international, Monterrey est une ville moderne.

Monterrey s'est développée lentement, à cause des incursions des Chichimèques, de plusieurs graves inondations aux XVIe et XVIIe siècles et de la guerre contre les États-Unis, suivie d'une occupation. La construction du chemin de fer en 1882 et les exemptions fiscales pour l'industrie sous le président Porfirio Díaz attirèrent des investisseurs nord-américains, français, anglais et mexicains. La création d'une brasserie, la Cervecería Cuauhtémoc, en 1890, entraîna celle d'une verrerie puis d'une fonderie. Aujourd'hui, l'économie de Monterrey se concentre également autour du ciment, de la brique, de l'acier, de la pétrochimie et des accessoires pour automobiles.

Dans les années 1980, 40 pâtés de maisons furent rasés dans le centre, pour créer la **Macroplaza**, ou **Gran Plaza** (*entre 5 de Mayo, av. de la Constitución, Zuazua et Zaragoza*), 40 hectares de verdure agrémentés de fontaines et de statues. Lieu idéal pour se détendre et regarder les passants, ce parc animé et populaire est entouré de quelques-uns des premiers bâtiments modernes de Monterrey, dont le **Condominio Acero**, en acier et en verre, et le **Faro del Comercio**, obélisque rouge de 70 m dû à Luis Barragán (voir p. 40), père de l'architecture mexicaine contemporaine. Au nord de la Macroplaza, au 5 de Mayo, vous pouvez entrer dans le **Palacio de Gobierno** et admirer les vitraux

célébrant les héros de la révolution, les parquets étincelants, les lustres de cristal et autres magnifiques éléments néoclassiques.

La **Zona Rosa**, qui commence au sud de l'étroit parc et s'étend vers l'ouest, est une zone piétonnière d'une dizaine de rues avec des magasins, des cafés, des bars, des restaurants et les plus beaux hôtels du centre. Au coin sud-est de ce parc, le **MARCO, Museo de Arte Contemporaneo de Monterrey** (*Zuazua et Padre Raymundo Jardón, tél. (81) 83 42 48 20, mar.-dim.10 h-18 h, mer. jusqu'à 20 h, €€*), édifice en pisé, affiche les couleurs – jaune d'or, violet et rose – de l'architecte Ricardo Legorreta. Ce superbe musée d'art contemporain accueille installations et œuvres d'avant-garde au rez-de-chaussée ; les collections permanentes sont à l'étage. La **cathédrale de Monterrey** (*Zuazua 1100 Sur, tél. (81) 83 40 37 52*), du XVIIIe siècle en face, a été reconstruite plusieurs fois à la suite d'incendies et d'inondations ; l'intérieur néoclassique a été refait au XIXe siècle. Les cinq peintures murales de l'abside (1942) valent le détour. Le **Museo de Historia Mexicana** (*Diego de Montemayor 444, tél. (81)8345 98 98, mar.-ven. 10 h-19 h, sam.-dim. 10 h-20 h, €*), à l'extrémité nord-est de la Macroplaza, présente une fascinante histoire visuelle de la nation : artisanat, objets et vêtements religieux, maquettes, installations et cartes illustrées. Les

Au musée
de la Science, au
Centro Cultural
de Monterrey,
grands et petits
s'enthousiasment
pour la science
et la technologie.

galeries du premier étage sont consacrées aux arts populaires et au folklore.

Derrière la cathédrale, les boutiques d'antiquités et les cafés se multiplient dans les immeubles XIXᵉ siècle du **barrio antiguo**, un vieux quartier en vogue. Dans cette zone d'une quinzaine de rues pavées et de maisons du XIXᵉ siècle et du début du XXᵉ, remarquez l'un des rares exemples locaux d'architecture coloniale séculière, la **Casa del Campesino** (du XVIIIᵉ siècle) (*Abasolo 1024 entre Mina et Naranjo, (81) 83 45 65 13, ouv. mar.-sam. 11 h-20 h et dim. 15 h - 20 h, €*). La chapelle contient des peintures murales plus récentes décrivant l'histoire mexicaine. Fin novembre, pendant le festival annuel du *barrio*, il y a des projections de films, des expositions et des concerts.

El Obispado (l'Évêché) (*José Rafael Verger, tél.(81) 83 33 97 51, mar.-dim. 10 h-17 h, €*), palais baroque où se réfugia Pancho Villa en 1913 était l'ancienne résidence d'été de l'un des derniers évêques de l'ère vice-royale. Il abrite aujourd'hui le **Museo Regional de Nuevo León**. Le bâtiment – sa façade churrigueresque et sa chapelle dédiée à la Vierge de Guadalupe – est beaucoup plus intéressant que les collections qu'il abrite.

La **Cervecería Cuauhtémoc**, (*Alfonso Reyes 220 Norte, tél. (81) 83 28 53 55, vis. guidée mar.-ven. à 11 h, 12 h et 15 h*), construction de brique couverte de lierre située à l'ouest de la ville organise des visites gratuites de la brasserie (il est préférable de réserver), suivies de dégustations dans le jardin. Logé dans les beaux bâtiments industriels désaffectés de la brasserie, le **Museo de Monterrey** (*tél. (81) 83 28 60 60, mar.-sam. 9 h 30-19 h et dim. 9 h-17 h*) est une belle galerie d'art graphique et plastique du XXᵉ siècle.

À côté, c'est le base-ball qui est à l'honneur dans le **Salón de la Fama** (*galerie des célébrités, lun.-ven. 9 h-18 h, sam. et dim. 10 h 30-18 h*). On y montre des photos de joueurs célèbres du club de la brasserie **Cuauhtémoc.** Ce sont des travailleurs mexicains immigrés aux États-Unis qui introduisirent ici « el Beis » à la fin du XIXᵉ siècle.

Au sud-ouest de la ville, sur la route du Parque Ecológico Chipinque (voir ci-dessous), le **Centro Cultural Alfa** (*Gómez Morín 1100, tél.(81) 83 03 00 02, mar.-ven. 15 h-21 h, sam. et dim. 12 h-21 h, €*), compte un planétarium, un cinéma Omnimax et un musée de la Science. On trouve aussi dans ce complexe culturel moderne une boutique de cadeaux, un restaurant et une grande peinture murale de Rufino Tamayo, artiste de l'Oaxaca (voir p. 202).

PARQUE NACIONAL CUMBRES DE MONTERREY

Encerclant Monterrey, le **Cumbres de Monterrey** se compose d'une série de parcs répartis sur 250 500 hectares, qui ont chacun leur administration et leur programme. Son nom se réfère aux cimes en dents de scie qui dominent Monterrey – cachée sous un épais brouillard dans la vallée en contrebas. Seule une petite partie est aménagée pour le tourisme, le reste servant de refuge pour la faune et, pour le moment, d'aquifère naturel.

Au sud-ouest, les pics vert acier du **Parque Ecológico Chipinque** (*Final de av. Gómez Marín, San Pedro, tél. (81) 83 03 00 00, €*) se dressent à environ 20 km du centre de la ville. Si la superficie de Chipinque représente moins de 1 % de celle de Los Cumbres, sa topographie variée englobe vallées, canyons, cimes montagneuses

et forêts mixtes. Vous y rencontrerez des écureuils, des renards gris et des coatis, mais on y trouve aussi des cerfs de Virginie et des ours noirs, de même que 120 espèces d'oiseaux. On ne peut pas camper, mais se promener à pied ou en VTT, faire de courtes visites guidées à partir du centre de visite (réservez plusieurs jours à l'avance) ou escalader l'un des quatre sommets du parc (avec des gardes au besoin). Le plus haut sommet, **El Copete de las Águilas** (la crête des Aigles), culmine à 2 260 m ; symbole du parc, **El « M »** (prononcez « eh-mai »), est le plus fréquenté. Pour y accéder, partez de la mesa près de l'entrée de l'**hôtel Chipinque** (*Meseta Chipinque 1000, tél. (81) 83 78 66 00*). Le restaurant de cette cabane a vue sur Monterrey (très belle le soir).

Les alpinistes apprécient les parois verticales de 300 m du **Cañón de la Huasteca** (*av. Morones Prieto, Santa Catarina, tél. (81) 83 37 13 88, €*), à 20 km à l'ouest de Monterrey. Autrefois, lors des attaques des Apaches, les Indiens comme les colons espa-

gnols y cherchaient refuge. À Santiago se trouvent les **Cascadas Cola de Caballo** (*Carr. Cola de Caballo km 6 depuis la route 85, tél. (81) 83 47 15 99, €*), qui ressemblent à des queues de cheval de 25 m, d'où leur nom. Le point de vue se situe à 30 minutes de marche. Sur les derniers kilomètres avant l'entrée du parc, des meubles en osier, des sculptures en pierre et de grands vases en céramique sont à vendre.

Au nord du Cañón de la Huasteca, les **Grutas de García** (*Salida a García, tlj 9 h-18 h, tél. (81) 83 47 15 33, €*) constituent un réseau de grottes vieilles de cinquante millions d'années, garnies de stalactites et de stalagmites. L'accès aux grottes se fait par funiculaire. Un chemin sinueux et éclairé de 2,5 km vous fait traverser durant une heure et demie 16 grottes dont la hauteur dépasse parfois 10 m. Pendant la semaine sainte, des visites guidées partent toutes les heures, de 9 heures à 17 heures. Vous pouvez aussi vous baigner dans la piscine en plein air ou profiter du restaurant. ∎

Le Parque Nacional Cumbres de Monterrey, aux portes de la ville, offre des possibilités d'escapades aux citadins.

Zacatecas

ENTOURÉE DE MONTAGNES ARIDES ET DÉCHIQUETÉES, ZACATECAS occupe un étroit canyon à 2 700 m au-dessus du niveau de la mer. Il y fait froid l'hiver, les rafales de *nortes* (vents du nord, vifs et souvent froids) annulant la protection procurée par les chaînes montagneuses à l'est et à l'ouest. Les Zacatecos, réputés pour leur caractère amical et ouvert, aiment plastronner à la façon des cowboys. Les soirs de week-end, vous les rencontrerez dans des *callejoneadas*, fêtes musicales pleines de vie qui paradent dans les petites rues, souvent en compagnie d'un âne portant du mezcal.

Zacatecas

🅰 105 B2

Informations

✉ Av. Hidalgo 403

☎ (492) 924 03 93

Zacatecas doit son nom náhuatl (« pays où pousse l'herbe zacate ») aux herbes qui poussent en abondance sur les terres environnantes, favorables à l'élevage. La ville se développa rapidement après la découverte de riches filons d'argent au **Cerro de la Bufa** en 1546, malgré les rébellions conduites par la tribu des Caxcanes. Financés par les propriétaires des mines, les dominicains, jésuites et augustins y installèrent leur quartier général pour évangéliser le Nord. Ils ont laissé des églises et séminaires splendides.

La façade de la **Catedral Basílica Menor** (*côté sud de la Plaza de Armas sur Hidalgo, tlj 9 h-14 h et 16 h-20 h, tél. (492) 922 62 11*), fondée en 1730, est considérée comme l'apogée du baroque mexicain. En grès rose merveilleusement sculpté, l'extérieur est une parfaite illustration du style churrigueresque. Un décor presque trop exubérant couvre les trois registres de la façade principale. L'intérieur, pillé pendant la Réforme, puis à la révolution, est presque nu. Sur le côté est de la **Plaza de Armas** se dresse le **Palacio de Gobierno** du XVIIIᵉ siècle (*tlj 8 h-20 h, tél. (492) 923 95 11*). L'intérieur est orné d'une fresque ayant trait à l'histoire locale (1970).

Au sud de la place, le **Mercado González Ortega** (*Hidalgo et Tacuba*), halle en verre et en pierre construite en 1880 pour abriter le marché, est aujourd'hui un centre commercial. Le **Museo Zacatecano** (*Dr Hierro 303, tél. (492) 922 65 80, mer.-lun. 10 h-16 h 30, €*) possède une collection de retables populaires, de l'art huichole et des ferronneries du XVIᵉ au XIXᵉ siècle. L'église voisine de **San Agustín** arbore une belle façade plateresque.

Le **Templo de Santo Domingo** (*Genaro Codima 227 et Plaza Santo Domingo, tél. (492) 922 10 83*), de style baroque, recèle un intérieur somptueux, huit retables churrigueresques et une sacristie octogonale ornée de peintures de Vallejo du XVIIIᵉ siècle. À côté, au **Museo Rafael Coronel** (*Ex-Convento de San Francisco, tél. (492) 922 81 16, jeu.-mar. 10 h-16 h 30, €*), voyez la plus grande collection de masques indigènes du Mexique. Logé dans un monastère franciscain du XVIᵉ siècle, ce musée présente aussi des céramiques précolombiennes, des bijoux de l'époque coloniale et des esquisses de Diego Rivera.

Le **Museo Pedro Coronel** (*av. Fernando Villalpando et Plaza Santo Domingo, tél. (492) 922 80 21, ven.-dim. 10 h-16 h 30, €*) présente une belle collection d'art dans un ancien séminaire jésuite du XVIIIᵉ siècle. Braque, Dalí et Chagall y sont représentés, ainsi que les arts africains, indiens et asiatiques. Le **Museo Manuel Felguérez** (*calle Colón, tél. (492) 922 33 70, mer.-lun.*

10 h-16 h 30, €) présente une collection d'art abstrait dans un ancien séminaire du XIXᵉ siècle.

Au sud-ouest du centre-ville s'étendent le **Parque Alameda** (*Villalpando et av. Torreón*) et le **Parque Enrique Estrada** (*González Ortega et Manuel M. Ponce*). Ce dernier offre une belle vue sur l'aqueduc qui desservit la ville jusqu'au début du XXᵉ siècle. Le **Museo Goitia** (*E. Estrada 101, tél. (492) 922 02 11, mar.-dim. 10 h-16 h 30, €*), à l'ouest du parc, présente des tableaux des XIXᵉ et XXᵉ siècles, œuvres de peintres locaux, dont Francisco Goitia.

Pour jouir du panorama sur la ville, rendez-vous au **Cerro de la Bufa**, qui la domine au nord-est. Un musée (*mar.-dim. 10 h-16 h 30, €*), une chapelle et une rotonde commémorent la bataille du 23 juin 1914 durant laquelle la División del Norte de Pancho Villa chassa les forces gouvernementales pendant la révolution (voir p. 34). Vous pouvez aussi prendre le téléphérique *(tlj 10 h-18 h, tél. (492) 922 56 94, €)* à partir de **Cerro del Grillo**. De là, descendez dans la mine d'« **El Edén** » (*Antonio Dovali à partir de l'av. Torreón, visite guidée tlj 12 h-19 h, tél. (492) 922 30 02, €*) fermée en 1960, qui, pendant plus de 350 ans, produisit de l'argent, de l'or, du cuivre, du zinc et du fer au prix de nombreuses vies.

À 10 km au sud-est de la ville, le **Templo de Guadalupe** (*Jardín Juárez Oriente, tlj 10 h-16 h 30 tél. (492) 923 23 86*), ancien monastère franciscain, détient une collection d'art religieux colonial. ■

Derrière un filet de protection, cet ouvrier nettoie la façade baroque de la Catedral Basílica Menor.

Reserva de la biósfera
El Cielo

EL CIELO (LE CIEL) S'ÉTEND ENTRE DEUX ÉPERONS DE LA SIERRA MADRE orientale, dans le sud-ouest du Tamaulipas. Les différentes élévations (jusqu'à 2 200 m) et la proximité du tropique du Cancer ont produit des écosystèmes très différents : forêt tropicale, tropicale humide, mixte et persistante. Devenu réserve mondiale de la biosphère en 1986, le parc est un refuge pour la faune. Sa forêt tropicale humide retient les nuages de pluie qui arrosent les champs cultivés à l'est et au sud-est.

L'exploitation forestière d'**El Cielo** fut très intense de 1930 à 1960, mais elle fut abandonnée en raison de la topographie difficile et du manque

El Cielo possède quatre écosystèmes : forêt tropicale, tropicale humide, mixte et persistante.

d'infrastructures. Aujourd'hui, certains des 26 ranches et *ejidos* (propriétés communautaires) de la région proposent des restaurants rustiques et des chambres. Le tourisme vert pourrait fournir une alternative viable à l'exploitation forestière et une source de revenus bien utile.

Six espèces de félins y vivent (toutes menacées), ainsi que des cerfs de Virginie, des ours noirs et plus de 250 espèces d'oiseaux. Les ornithologues amateurs n'ont pas besoin d'aller au-delà des forêts tropicales qui se trouvent autour d'**El Nacimiento**, à deux heures environ de Ciudad Victoria. Près des sources du **Río Frío**, ils verront des

chouettes naines, des colibris à gorge améthyste et autres merveilles. Pêchez, baignez-vous dans un étang ou goûtez aux crevettes d'eau douce et aux écrevisses dans l'un des cafés simples d'El Nacimiento.

Des cars desservent **Gómez Farías**, où vous trouverez un hôtel et un camping modestes, un centre d'information, quelques restaurants et magasins. Si vous possédez un véhicule à châssis surélevé, roulez une heure de plus jusqu'au minuscule hameau d'**Alta Cima**, perché au-dessus d'une vallée de la forêt tropicale humide. Prenez un guide local (€€) pour partir dans les vallons et les prairies et, en saison, jusqu'aux cascades et aux ruisseaux. Vous pouvez faire des incursions plus longues dans la réserve à dos d'âne. Le sympathique **Restaurant La Fe** prépare une cuisine simple et vend de l'artisanat local. Logements et camping sont situés à côté du restaurant. Au-delà d'Alta Cima, le 4 x 4 est recommandé.

À 1 400 m d'altitude, **San José** occupe une verte vallée – zone de transition entre forêt tropicale humide et forêt mixte. D'ici, marchez jusqu'à **Cueva del Infernillo**, grotte au lac limpide. Plus loin, vous rencontrerez la forêt persistante de **La Gloria**, un terrain plus difficile et peu de services, mais une nature immaculée. ■

La Sierra del Carmen, après la frontière avec les États-Unis, devient le parc de Big Bend.

Autres sites à visiter

PARRAS DE LA FUENTE

L'une des plus jolies villes historiques du Nord-Est du Mexique, Parras de la Fuente, dans l'État de Coahuila, met une touche de verdure dans le désert. Édifices profanes et religieux abondent dans le centre; ne ratez pas le **Santuario de Guadalupe** (*Viesca et Ocampo, tél. (842) 422 05 48*), et ses retables baroques et néoclassiques ni le **temple de San Ignacio de Loyola** (*Treviño 103 Sur, tél. (842) 422 05 48*), du XVIᵉ siècle, avec son petit musée d'archives, de livres et de tableaux de la vice-royauté.

Situées à 1 520 m, la ville et la campagne environnante bénéficient d'un climat agréable, qui convient à la culture des figues, dattes, noix de pécan, avocats et raisins. La première exploitation viticole du pays y fut fondée en 1597. Autrefois Hacienda de San Lorenzo et aujourd'hui **Casa Madero** (*tél. (842) 422 01 11*), elle produit toujours du vin et du brandy et propose des visites quotidiennes. Les vendanges se fêtent toute une semaine en août (Fiesta de la Vendimia).

🅰 105 B3 ✉ Carretera Parras Paila km 3
☎ (842) 422 02 59

SIERRA DEL CARMEN ET SIERRA LAS MADERAS

Chaîne montagneuse sauvage s'élevant au milieu de l'hostile désert du Chihuahua, la **Sierra del Carmen** touche la frontière avec le Texas tandis que la **Sierra las Maderas** se situe au sud. Les contreforts désertiques qui conduisent à ces deux massifs quasi inhabités sont couverts de roches nues, de créosotes, de cactus opuntia et de mezquite odorant. De rudes chemins de randonnée mènent à des lits de rivières asséchées, des vallées couvertes de fleurs, des prairies, puis des forêts de pins ponderosas, des ruisseaux et des sommets dépassant les 2 100 m.

Des ours noirs peuplent les forêts mixtes du **Cañón de la Media Luna** (canyon de la Demi-Lune), où de beaux buissons, le manzanita et le madrone, montrent leur bois blanc brillant ou rose sous l'écorce rouge boursouflée. Les allées cavalières et les anciens chemins des bûcherons conduisent à des gorges profondes et boisées où vivent lynx, pumas, cerfs de Virginie et cerfs mulets. Vous pourrez établir votre camp de base au Cañón de la Media Luna, auquel on accède par des routes non goudronnées et à pied depuis le village minier de La Cuesta de Malena, à partir de la route 53.

 105 B5

SIERRA DE ORGANOS

Assez peu exploré et dénué d'infrastructures, cette magnifique région du Zacatecas tire son nom de la ressemblance des énormes roches ignées avec les branches du cactus-cierge (*cactus organos* en espagnol). C'est un lieu isolé et tranquille, parfait pour la marche, l'escalade et le VTT, mais souvenez-vous qu'en cas d'urgence vous êtes loin de tout. La vue fantastique sur le canyon et les formations rocheuses ont été le théâtre de scènes d'une cinquantaine de films.

 105 A2

SOMBRERETE

Sombrerete, au Zacatecas, fut un important producteur de plomb, zinc, mercure, argent et or, et possède d'impressionnants édifices de

À l'est de Durango, la Sierra de Organos se distingue par ces étranges et belles formations de roches basaltiques.

style baroque et néoclassique. Visitez **l'église de San Francisco** et la chapelle voisine de la **Tercera Orden**, celle de **Santa Veracruz** dans **l'église de la Soledad** et le **sanctuaire de Santo Domingo**, dont la façade principale est ornée de caryatides (XVIIIᵉ siècle).

 105 A2

TAMPICO

Tampico, grâce à sa fusion avec Ciudad Madero, tout au sud du Tamaulipas, est devenu l'un des premiers ports de mer du Mexique et sa dixième métropole. Tout au long du XVIᵉ et du XVIIᵉ siècles, pirates, colons espagnols et Indiens se battirent pour cette région entourée sur trois côtés par le golfe du Mexique, le río Pánuco et un labyrinthe de lagons. Les bâtiments de la fin du XIXᵉ et du début du XXᵉ siècle qui entourent la **Plaza de la Libertad** attestent des influences françaises et anglaises. Sur les quais, les énormes raffineries de pétrole, les hangars et les pétroliers ont remplacé les constructions plus pittoresques d'antan. Le dimanche après-midi, des groupes de marimba jouent sur la **Plaza de Armas**. À Ciudad Madero, le **Museo de la Cultura Huasteca** (*Juana Inés de la Cruz et 1 de Mayo, tél. (833) 210 22 17, lun.-ven. 10 h-17 h, sam. 10 h-15 h, €*) présente les pièces archéologiques huaxtèques des environs.

 105 D1

ZONA ARQUEOLÓGICA LA QUEMADA

La Quemada, à 50 km au sud de Zacatecas, est un ensemble de ruines d'édifices religieux cylindriques, circulaires et rectangulaires, de pierre, de gravats et de brique, dû à une ou à plusieurs cultures antiques et inconnues. Les archéologues y voient l'œuvre d'un groupe d'agriculteurs-guerriers, qu'ils datent entre 350 et 850 av. J.-C. Toujours debout, le **Salón de las Columnas** (salon des Colonnes) où se tiennent de nos jours d'intéressantes cérémonies religieuses huicholes avant l'équinoxe de printemps, comporte des colonnes de briques de plus de 5 m de haut. On ne sait rien de la vocation de la **Pirámide Votativa** (pyramide votive), mais le jeu de balle est similaire à ceux que l'on trouve un peu partout en Mésoamérique.

Du haut de cette colline, des routes de pierre et de terre rayonnent sur plus de 160 km, sans doute pour relier les tribus du Nord aux peuples plus guerriers du Sud. Une route goudronnée mène au site, depuis la route 54, au sud de Zacatecas.

 105 B2 ☎ (492) 922 50 85 ⏰ tlj 10 h-17 h. Fermé les trois jours avant l'équinoxe de printemps 🖥 € ■

Les États du centre, qui comprennent l'imposante Sierra Madre et les terres basses de Bajío un héritage splendide d'édifices baroques et néoclassiques et de places imposantes, legs de la richesse des mines et du négoce.

Le Mexique central

Motif ornant une céramique.

Le Mexique central

« ARRIBA, ABAJO, AL CENTRO, AL DENTRO » (« EN HAUT, EN BAS, AU MILIEU, AU-DEDANS »). CE toast espagnol décrit le mode de colonisation du centre du Mexique. Aiguillonnés par la découverte d'immenses gisements d'argent dans le Zacatecas (en haut), puis à Guanajuato (en bas), les aventuriers espagnols envahirent le « milieu » pour extraire les richesses minières de l'intérieur de la terre. Guanajuato devint une grande ville minière et San Luis Potosí, Aguascalientes et San Miguel de Allende, d'importants centres agricoles et nœuds de communications.

4▷

Luis Moya

3▷ Rincón de Romos

AGUASCALIENT

Aguascalientes

Calvillo

2▷

△
A

Ruelles de Guanajuato, bordées de maisons en pisé.

L'Église catholique accompagna les aventuriers. Dans l'âpre Sierra Gorda, la tribu des Pames fut évangélisée tardivement et persuadée de construire les missions où le mélange des iconographies indienne et classique est tout à fait remarquable. Autour de San Luis Potosí, néanmoins, quarante années de guerre ne permirent pas de venir à bout des Cuachichiles, une tribu chichimèque. Pour obtenir la paix, les franciscains convainquirent l'Espagne de leur offrir des conditions avantageuses, dont l'exemption du tribut.

Les instigateurs de l'indépendance, une idée née dans le centre du Mexique, étaient des religieux aux idées avancées. Miguel Hidalgo y Costilla, prêtre intellectuel et orateur doué, est considéré comme le père de l'indépendance. Avec le capitaine Ignacio Allende et quelques autres, il organisa le soulèvement à Querétaro (voir p. 136) et les cloches de la paroisse de Dolores Hidalgo sonnèrent son célèbre cri pour la liberté. Ils furent tous deux capturés et exécutés, mais ils avaient initié un conflit sanglant.

Après l'indépendance, l'exploitation des mines continua à prospérer avec un marché européen en expansion. Dans les riches plaines de Bajío, les marchands de Querétaro amassèrent de grandes fortunes en faisant commerce de produits de luxe et en investissant leurs capitaux. Ces hommes richissimes financèrent d'incroyables chefs-d'œuvre architecturaux – profanes et religieux –, satisfaisant le moindre de leurs caprices : carreaux de faïence importés, mobilier français et objets de talentueux artisans locaux.

Aujourd'hui, églises et palais fabuleux – parfois convertis en hôtels, restaurants et musées – bordent des places bien entretenues. Des musiciens de réputation internationale jouent au festival Cervantès de Guanajuato (voir p. 122) et aux festivals de

musique classique et de jazz de San Miguel de Allende. Les élégants théâtres de l'ère coloniale accueillent opéras et orchestres symphoniques, alors que les *callejoneadas* (fêtes musicales itinérantes) attirent un public plus éclectique. La région entière compte de nombreux musées et écoles de langue. Le marché de l'art populaire est remarquable. ■

Guanajuato

🗺 119 B2

Informations

✉ Plaza de la Paz

☎ (473) 732 76 22

Guanajuato

CONTRAIREMENT AUX RUES D'AUTRES VÉNÉRABLES VILLES DE PLAN orthogonal, celles de Guanajuato, longues et sinueuses, se croisent où bon leur semble. Partant à l'assaut des collines, elles s'ornent de jardinières de géraniums et de linge mis à sécher. Une rue pavée peut déboucher sur un escalier ancien ou l'une des quelque douze places qui sont entourées de magasins, de terrasses de cafés et de maisons aux couleurs de l'arc-en-ciel. Le vendredi et le samedi, les *callejoneadas* – fêtes itinérantes – serpentent dans la ville, sous la direction d'étudiants en musique déguisés en troubadours.

Avec ses rues sinueuses et ses élégants édifices, Guanajuato est l'une des cités coloniales les mieux préservées du Mexique.

Guanajuato, qui signifie en purépecha « colline des grenouilles », commence au fond d'une gorge et étend au pied des monts environnants ses maisons de toutes les couleurs. Presque tous les sites présentant un intérêt sont situés sur ou à côté de deux longues rues, Juárez et Pocitos, qui changent de nom à mesure de leur progression le long de l'ancien lit de la rivière.

Autrefois première ville minière du Mexique, Guanajuato, capitale de l'État du même nom, possède un grand nombre d'églises, de musées, de théâtres et de demeures magnifiques – cocktail réussi des styles rococo, mauresque, néoclassique, baroque et autres. Exemple

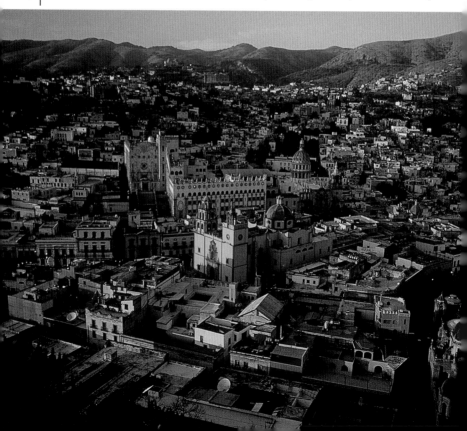

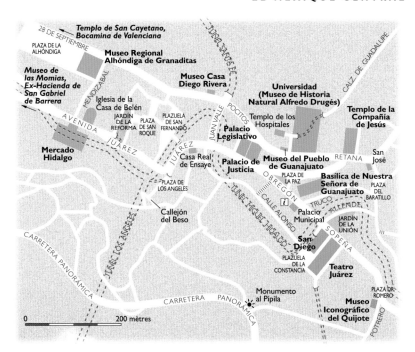

très impressionnant d'architecture churrigueresque, le **Templo de la Compañia de Jesús** (*Plaza de la Compañia, près d'Hidalgo, 8 h-14 h et 16 h-20 h, tél. (473) 732 18 27*) se distingue par une fantastique façade de style churrigueresque coiffée d'une élégante coupole néoclassique.

À l'origine, cette église était rattachée à l'**Université de Guanajuato** voisine (*Lascuráin de Retana 5, tél. (473) 732 00 06*). Ancien collège de jésuites fondé en 1724, c'est aujourd'hui une importante université d'arts et de lettres. Le verdoyant **Jardín de la Unión**, centre social de la ville, occupe l'ancien atrium de l'église adjacente de **San Diego Alcalá**.

Autour du parc se succèdent les terrasses de cafés et le **Teatro Juárez** (*calle de Sopeña, et Jardín de la Unión, tél. (473) 732 01 83, €*), dont la sobre façade néoclassique contraste avec l'intérieur somptueux, aux éléments mauresques et

Art nouveau. Quelques centaines de mètres au sud-est, le **Museo Iconográfico del Quijote** (*Manuel Doblado 1, tél. (473) 732 67 21, mar.-dim. 9 h-18 h, €*), renferme 600 pièces se rapportant à Don Quichotte, héros de Cervantès.

La plupart des sites intéressants de Guanajuato sont situés au nord-ouest du Jardín de la Unión, et plusieurs autour de la **Plaza de la Paz** (*calle de la Paz et av. Juárez*). À côté du **Palacio Legislativo**, édifice néoclassique en pierre verte, se tient le beau **Palacio de Justicia**, élevé par l'architecte Eduardo Tresguerras pour le plus riche propriétaire de mines de Guanajuato, le comte de Rul y Valenciana.

Le **Museo del Pueblo de Guanajuato** (*Pocitos 7, tél. (473) 732 29 90, mar.-dim. 9 h-18 h, €*) abrite une collection variée d'art des XVIIe et XVIIIe siècles. À l'est, tout en jaune, la **Basílica Colegiata de Nuestra Señora de Guanajuato** abrite une statue polychrome de la

Vierge (VIIᵉ siècle) posée sur un piédestal en argent massif. Don du roi Philippe II d'Espagne, elle est considérée comme le plus ancien exemple d'art chrétien du Mexique.

Meubles de famille, photos, esquisses et toiles du peintre muraliste ou œuvres d'artistes contemporains se trouvent au **Museo Casa Diego Rivera** (*Pocitos 47, tél. (473) 732 11 97, mar.-sam. 9 h-14 h et 16 h-18 h, dim. 9 h-15 h, €*), où Rivera naquit en 1886.

Simple grenier à blé à ses tout débuts, l'**Alhóndiga de Granaditas** fut ensuite le théâtre de la première bataille de la guerre d'indépendance et d'une victoire des rebelles en 1810 (voir p. 32). Plus tard, les Espagnols le prirent et suspendirent dans des cages, aux quatre coins, les têtes tranchées des chefs révolutionnaires, Hidalgo, Allende, Aldama et Jiménez. Elles y restèrent jusqu'à la fin de la guerre. C'est maintenant un beau musée (*Mendizabal 6, tél. (473) 732 11 12, mar.-sam. 9 h-14 h et 16 h-18 h, dim. 9 h-15 h, €€*), orné de peintures murales ayant trait à l'histoire locale, avec des salles d'histoire, d'archéologie et d'ethnologie. Tout près, le **Mercado Hidalgo** (*av. Juárez et Mendizabal*), construit en 1910, est une intéressante structure de verre et de fonte.

Les amateurs de macabre (et de mauvais goût) ne manqueront pas le **Museo de las Momias** (*Explanada del Panteón, tél. (473) 732 06 39, tlj 9 h-18 h, €*). On y contemple des caisses en verre, les momies déterrées d'une centaine d'habitants de la ville. Ils doivent cette indignité à leurs descendants qui avaient omis de payer les concessions du cimetière. Hors de la ville, l'**ancienne hacienda de San Gabriel de Barrera** (*Carretera Antigua a Marfil km 2,5, 9 h-18 h, €€*) offre seize fabuleux jardins. Cette hacienda a été restaurée et abrite aujourd'hui un musée d'art et du mobilier européens du XVIIᵉ au XIXᵉ siècle.

Perché au-dessus de la ville, le **Templo de San Cayetano** (*Carretera Dolores Hidalgo, km 2*) fut édifié à la fin du XVIIIᵉ siècle par le comte de Valenciana, propriétaire de mines d'argent. La façade merveilleusement sculptée en pierre rose conduit à un intérieur extraordinaire orné de trois retables dorés et polychromes de style churrigueresque. Visitez la mine d'argent voisine, toujours en activité, la **Bocamina de Valenciana** (*Carretera Dolores Hidalgo km 5, lun.-sam. 8 h-19 h, €*), qui fut l'une des plus importantes au monde. ∎

Au festival annuel de Cervantès, les acteurs font revivre Don Quichotte et Sancho Pança.

Le festival Cervantino

C'est un professeur d'université qui, désireux d'encourager ses élèves à jouer des *entremeses*, petites pièces en un acte, lança le Festival de Cervantès dans les années 1950. Ces représentations décontractées et en plein air rencontrèrent un grand succès et se muèrent en un événement organisé et annuel.

Les producteurs font appel à des troupes traditionnelles, folkloriques et d'avant-garde, à des orchestres ou à des acrobates chinois. En vingt-huit ans s'y sont produits la Royal Shakespeare Company, le New York Philarmonic Orchestra et le Vampire noir d'Argentine. Aujourd'hui, c'est par dizaines de milliers que les spectateurs affluent à ce festival qui dure deux semaines en octobre. N'oubliez donc pas de réserver votre hôtel. ∎

San Miguel de Allende

RARES SONT LES VILLES DONT LA SÉDUCTION EST AUSSI PUISSANTE QUE celle de San Miguel de Allende. Certaines vous coupent le souffle, d'autres ont du charme, mais San Miguel de Allende, elle, vous ensorcelle pour de bon. Si ce lieu a réussi à rester si mexicain avec autant d'étrangers, c'est qu'il y a de la magie dans l'air ! C'est une ville pour les peintres où les rues épousent un relief onduleux. Une forte communauté artistique, un festival de jazz et des saisons de concerts classiques font de cette ville une véritable cité des arts.

Ancienne halte des caravanes de mules sur la route de l'or et de l'argent, San Miguel prospéra ensuite grâce au commerce avec les haciendas voisines. Depuis, son charme tout simple mais pénétrant attire artistes et étudiants en espagnol. Dans l'**Instituto Allende** (*Ancha de San Antonio 20, tél. (415) 152 01 90, www.instituto-allende.edu.mx*), centre culturel logé dans une belle maison du XVIIIᵉ siècle, on donne des cours de langues et d'arts plastiques ;

au **Centro Cultural Nigromante** (*Macías 75, tél. (415) 152 02 89*), dans un couvent du XVIIIᵉ siècle, on enseigne la musique, la danse, la peinture, la sculpture, etc.

La promenade à pied se révélera aussi agréable que sportive. La place principale, **Plaza Allende** (*calles Correo, San Francisco, Portal Allende et Portal Guadalupe*), ou « El Jardín » pour les habitants, est un bon point de départ. Tout en escaladant les rues pavées et les trottoirs élevés, vous passerez

San Miguel de Allende
 119 C2
Informations
✉ Coin sud-est de la Plaza Principal, à gauche de la cathédrale
☎ (415) 152 65 65

Un vendeur d'ail sur le marché.

devant de nombreuses églises et de belles maisons aux tons pastel – certaines bien conservées, d'autres délicieusement décrépites. Pour découvrir leurs secrets, faites une **visite des maisons et des jardins** (*dim. à 12 h*, €€€€), organisée par la **Biblioteca Pública** (*Insurgentes 25, tél. (415) 152 02 93*). Le bénéfice des visites est reversé à des œuvres caritatives locales.

Maison natale du très célèbre Ignacio Allende, héros de l'indépendance, le **Museo de la Casa de Ignacio Allende** (*Cuna de Allende 1, tél. (415) 152 24 99, mar.-dim. 10 h-16 h*, €€) mérite le détour. Découvrez sa belle architecture du XIXe siècle, d'influence baroque, son mobilier colonial et une exposition sur l'histoire de la ville.

Dans les nombreuses boutiques de San Miguel, vous trouverez de remarquables objets d'artisanat – fer-blanc, textile, verre soufflé, papier mâché et bijoux – aux techniques et aux styles nova-

teurs. La ville regorge par ailleurs de magnifiques monuments. La grande cathédrale néo-gothique **la Parroquia de San Miguel de Allende** (*côté sud de la Plaza Allende, tlj 8 h-14 h et 16 h-20 h*) aurait été dessinée par Cerefino Gutiérrez, un tailleur de pierre local autodidacte, qui se serait inspiré de cartes postales de célèbres cathédrales gothiques françaises. L'édifice hérissé de nombreuses flèches est dédié au saint patron de la ville, l'archange saint Michel.

L'autre superbe église de San Miguel, l'**oratoire de San Felipe Neri** (*Insurgentes et Llanos 8 h-14 h et 16 h-20 h*), se situe à peine quelques rues plus loin, au nord-est de la place principale. Sa façade de pierre rose est coiffée de multiples dômes et tours de styles très divers. À l'intérieur, certains tableaux illustrant la vie du saint florentin Philippe Neri sont attribués à un maître espagnol du XVIIIe siècle, Miguel Cabrera. La chapelle de la **Santa Casa de Loreto**, dans le croisillon occidental, fut fondée par le comte et la comtesse de la Canal, dont les portraits sculptés flanquent la statue de la Vierge. La sacristie adjacente, ou *camaïeu*, est une extraordinaire alcôve baroque octogonale ornée de trois magnifiques retables. N'oublions pas deux autres belles églises du XVIIIe siècle, le **Templo de San Francisco** (*San Francisco et Juárez*) et, juste à l'est, le **Templo de Nuestra Señora de la Salud**.

Aux environs, partez pique-niquer dans le jardin botanique spécialisé en cactus, **El Charco del Ingenio** (*1 km à la sortie de la ville, tlj de l'aube au coucher du soleil*, €). Les sources thermales de **Balneario La Gruta**, à 8 km au nord sur la route de Dolores Hidalgo (*tél. (415) 152 25 30, poste 145, fermé lun.*, €) se composent de trois pièces d'eau, dont une dans une grotte. ∎

Querétaro et ses environs

SITUÉE DANS LA FERTILE RÉGION DU BAJÍO, QUERÉTARO FUT L'UNE DES villes les plus importantes de Nouvelle-Espagne. Depuis sa fondation en 1531, elle a été le théâtre de drames politiques majeurs – de la préparation de la révolution (voir p. 32) à la signature du traité de Guadalupe Hidalgo, qui cédait la moitié du territoire mexicain aux États-Unis en 1848 (voir p. 33). Si Querétaro tient aujourd'hui un rôle industriel de premier plan, le centre est riche d'églises baroques, d'édifices historiques et de musées qui méritent le détour.

L'église San Francisco (1540-1550) domine l'agréable jardin Zenea, cœur de Querétaro.

www.queretaro-mexico.com.mx

C'est au sein de la **Casa de la Corregidora** (*av. Pasteur et 5 de Mayo*), sur le côté nord de la **Plaza de Armas**, que se réunissaient les adversaires du régime colonial. C'est ici que Doña Josefa Ortiz de Domínguez, épouse du *corregidor* (maire) nommé par les Espagnols, conspira avec Miguel Hidalgo, Ignacio Allende et d'autres intellectuels. La *corregidora* fut assignée à résidence, puis exécutée. Cette splendide demeure est aujourd'hui occupée par des bureaux de l'administration. Sur le flanc ouest de la place, admirez la façade baroque de la **Casa de Ecala** (XVIIIe siècle), richement ornée de sculptures et de faïences de Tavalera.

Au cœur de la ville, le **Jardín Zenea** (*av. Corregidora, 16 de Septiembre, Juárez et Madero*), se trouve à quelques rues à l'ouest. Là, les couples d'âge mûr se lèvent pour danser dès que l'orchestre se lance dans un air sentimental. À côté, le dôme du **Templo de San Francisco** (XVIe siècle) est orné

Querétaro
🗺 119 C1
Informations
✉ Pasteur Norte 4
☎ (442) 122 14 12

d'azulejos importés d'Espagne. Dans l'ancien monastère voisin, le **Museo Regional de Querétaro** (*Corregidora 3 Sur et Madero, tél. (442) 212 20 31 mar.-dim. 9 h-20 h, €€*), sont exposés du mobilier et des tableaux de l'époque coloniale (XVIIᵉ-XIXᵉ siècle). Quelques rues au nord se trouve le **Teatro de la República** (*Juárez et av. A. Peralta*). C'est ici que fut prononcée la condamnation à mort de l'empereur Maximilien en 1867, que la Constitution de 1917 fut ratifiée et que l'ancêtre du PRI (Parti révolutionnaire institutionnel) fut fondé. Aujourd'hui, cet édifice néoclassique accueille des pièces de théâtre et des concerts; les visiteurs peuvent y entrer dans la journée.

L'austère façade de l'**église de Santa Clara** (*Madero et Allende, tél. (442) 212 17 77*), due à l'archi-

tecte Eduardo Tresguerras (1759-1833), dément le baroque extravagant de l'intérieur. Cet artiste talentueux, natif du Bajío, sculpta en 1797 la **Fuente de Neptuno** (fontaine de Neptune) voisine. Même si l'on ne consomme pas, on peut visiter le salon et le bar très élégants de la **Casa de la Marquesa** (*Madero 41 et Allende, tél. (442) 212 11 66*), connue pour son style mudéjar et l'abondance de ses carrelages ornementaux. Le **Museo de Arte de Querétaro** (*Allende sur 14 et Pino Suárez, tél. (442) 212 23 57, mar.-dim. 10 h-18 h, €€*) occupe un fabuleux bâtiment datant du baroque tardif, ancien monastère d'augustiniens. Ses importantes collections se composent surtout de tableaux mexicains et européens du XVIᵉ au XVIIIᵉ siècle. Remarquez l'expression des caryatides dans le cloître à deux étages de galeries.

Les influences orientales de l'**Iglesia y Convento de Santa Rosa de Viterbo** (*av. General Arteaga et Esequiel Montes, tél. (442) 212 16 91, 8 h-14 h et 16 h-20 h*) se traduisent par une coupole de style mudéjar et d'étonnants arcs-boutants incurvés ornés de gargouilles. L'intérieur compte six retables baroques en bois doré, une belle chaire incrustée d'ivoire, d'ébène et d'argent et un orgue du XVIIIᵉ siècle encore utilisé de nos jours. Derrière l'église, aboutit l'aqueduc, long de 1 200 m, qui fut construit par les Espagnols il y a plus de 250 ans.

En 1867, juste après la chute du second Empire (voir p. 33), Maximilien de Habsbourg fut emprisonné au **Convento de las Capuchinas**, le couvent des capucines, devenu le **Museo de la Ciudad** (*Hidalgo et Guerrero, lun.-ven 10 h-14 h et 16 h-20 h, sam. 10 h-14 h, tél. (422) 212 47 02, €*). Il affronta le peloton d'exécution sur le **Cerro de las Campanas**

À gauche: l'extravagant carrelage des arcs-boutants de l'église de Santa Clara (XVIIᵉ siècle).

(*Morelos et Tecnológico, tlj 16 h-18 h, €*), à l'ouest de la ville. La **chapelle expiatoire**, construite en 1901 par les Autrichiens, commémore le drame. Près du sommet, la statue colossale de Benito Juárez domine une vue magnifique.

De l'autre côté de la ville, au **Convento de la Santa Cruz** (*av. Independencia et Felipe Luna, Barrio de Santa Cruz, fermé lun.*) du milieu du XVIIe siècle, les moines mènent une vie pieuse malgré les distractions apportées par les visites guidées. Un miracle s'y déroula pendant la bataille entre les Espagnols et les Otomí qui peuplaient la région. Selon la tradition, saint Jacques (Santiago, patron de l'Espagne) apparut sur un cheval blanc resplendissant pour exhorter les Espagnols à gagner. (Officiellement, la ville s'appelle Santiago de Querétaro.)

À environ 50 km au sud-est de Querétaro, **San Juan del Río** (*Informations, av. Juárez et El Templo del Santuario*) est une ville commerçante prospère, réputée pour sa vannerie, ses sculptures sur bois, meubles en bois de palmier et pierres semi-précieuses, en particulier les améthystes, les opales et les topazes. Si la campagne entre Querétaro et San Juan convient très bien à l'agriculture et à l'élevage, la route est désormais bordée d'usines. On s'y rend surtout pour acheter des pierres taillées et polies.

Tequisquiapan, au nord de San Juan (*Informations, Plaza Hidalgo, Andador Independencia 1, tél. (414) 273 02 95*), est plus petite et pittoresque. Piscines, restaurants et aires de jeux pour enfants sont regroupés hors de la ville, sur la route d'Ezequiel Montes, où l'on trouve aussi un golf. Articles de vannerie et d'artisanat local sont en vente au **Mercado de Artesanías** (*Salvador Carrizal et Ezequiel Montes*) et dans les magasins autour du *zócalo*. Chaque année s'y déroule la Fiesta del Queso y del Vino (de fin mai à début juin), inaugurée en 1976. On y couronne une reine, et des dégustations de fromage et de vin du pays, des spectacles équestres, des corridas et des événements culturels s'y tiennent. ■

CIRCUIT DE LAS MISIONES DE LA SIERRA GORDA

Circuit de Las Misiones de la Sierra Gorda

Entre 1751 et 1768, les franciscains édifièrent cinq missions dans la Sierra Gorda, dans l'État de San Luis Potosí. Sous l'autorité du frère Junípero Serra, les moines tentèrent de convertir les Pames et les Jonaz, deux tribus chichimèques sédentarisées dans cette région hostile. Ces églises, peu ordinaires, sont emblématiques du baroque mexicain et sont une alliance de symboles chrétiens didactiques et de traits de l'artisanat indigène.

Les marches de la mission Jalpan sont propices au repos.

Les paysages fabuleux défilent le long de routes sinueuses : des terres semi-arides aux escarpements montagneux et aux vallées parsemées de pins.

Première des missions construites dans cette région isolée (1751-1758), la charmante **Misión de Jalpan ❶** (*tél. (422) 296 02 55*) est perchée sur un promontoire à 190 km au nord-est de Querétaro, sur la route 120. Sur sa façade, les statues des Vierges de Guadalupe et de Pilar expriment l'égalité du Mexique et de l'Espagne. Vers le bas de la façade, remarquez le double symbole de l'aigle bicéphale (Habsbourg) dévorant un serpent (aztèque). La coquille Saint-Jacques, que l'on observe dès l'entrée, est le principal motif de l'église dédiée à saint Jacques.

De Jalpan, prenez la 69 au nord-ouest pour Río Verde. 34 km plus loin se trouve la **Misión de Concá ❷**, à l'entrée de la ville. Bien que la ville et la mission soient situées dans la commune d'Arroyo Seco (« rivière sèche »), les sources thermales abondent. L'étonnante façade ocre rouge et orange de cette église, la plus petite de la Sierra Gorda, se distingue par un décor somptueux reproduisant le feuillage luxuriant de la vallée semi-tropicale environnante. La profusion des ornements et la maladresse des sculptures trahissent le travail d'artisans indigènes. Détail rare au Mexique : une Trinité couronne la façade.

Revenez à Jalpan et continuez sur la 120 pendant 20 km jusqu'à la **Misión de Landa de Matamoros ❸** (*tél. (422) 292 52 10*). Sa façade élaborée est occupée par de nombreuses niches abritant des statues de saints. Dernière mission construite, Landa est aussi la mieux préservée, avec son église, son cloître, une chapelle ouverte, un atrium et quatre *posas* ou chapelles d'angle.

Continuez au nord sur 10 km. Tournez à droite et suivez cette route pendant 16 km jusqu'à la **Misión de Tilaco ❹** (*tél. (422) 273 35 64*). Comme à Jalpan, les statues de saints Pierre et Paul flanquent le large portail. Au-dessus, saint Joseph et la Vierge symbolisent la piété familiale. Près du sommet, une multitude d'anges s'envolent vers un jardin fabuleux.

Reprenez la 120 sur 6,5 km jusqu'à la piste (à gauche) de la **Misión de Tancoyol ❺** (*tél. (422) 273 37 18*). Traversez (16 km) la vallée boisée de Tancoyol (« le lieu des coyotes »). La façade de cette mission dédiée à Notre-Dame de la Lumière s'orne de saints et de symboles franciscains et deux des colonnes à l'intérieur sont, elles, couronnées d'un jaguar et d'un personnage aux traits indiens.

De retour sur la 120, rentrez à Querétaro ou, plus proche, à Ciudad Valles, dans la région de San Luis Potosí (par la 85). Ce trajet vous fait passer devant **Xilitla ❻** et son parc de statues surréalistes, œuvre de l'excentrique Écossais Edward James (voir p. 136).

Les missions sont ouvertes tous les jours de 7 heures du matin jusqu'au coucher du soleil ; on trouve des chambres confortables à Jalpan et à Concá. ∎

CIRCUIT DE LAS MISIONES DE LA SIERRA GORDA

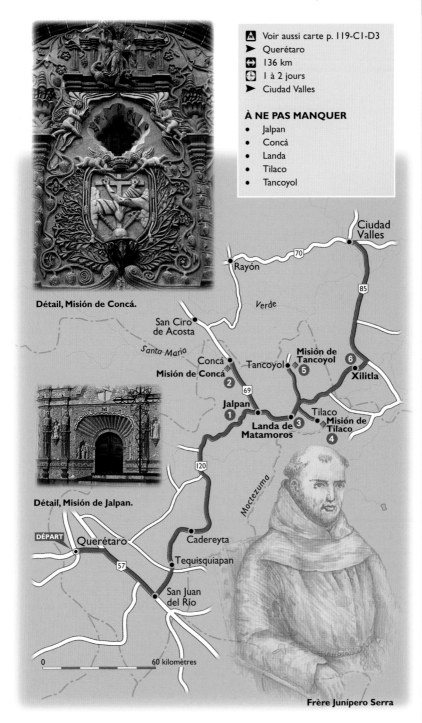

Détail, Misión de Concá.

⬛	Voir aussi carte p. 119-C1-D3
➤	Querétaro
↔	136 km
🕐	1 à 2 jours
➤	Ciudad Valles

À NE PAS MANQUER

- Jalpan
- Concá
- Landa
- Tilaco
- Tancoyol

Détail, Misión de Jalpan.

Frère Junípero Serra

San Luis Potosí

📍 119 C3

Informations

✉ Alvaro Obregón 520, Centro

☎ (444) 812 99 39

San Luis Potosí

AU MILIEU DU XVIᵉ SIÈCLE, LA DÉCOUVERTE DE RICHES FILONS D'ARGENT dans le Zacatecas et le Guanajuato voisins attisa la cupidité des Espagnols. S'ils trouvèrent de l'argent à Cerro de San Pedro, c'est à 5 km de là qu'ils fondèrent la ville de Real San Luis Minas de Potosí (aujourd'hui San Luis Potosí). Les vastes gisements s'épuisèrent assez vite mais, à cette date, San Luis s'était reconvertie dans l'élevage et le commerce.

Le quartier historique, restauré, donne du charme à cette capitale aujourd'hui industrialisée.

Jadis capitale d'une immense région qui comprenait non seulement le Nuevo Léon et le Coahuila actuels, mais aussi le Texas et la Louisiane, San Luis Potosí fut la ville la plus importante du nord du Mexique. Si Monterrey est aujourd'hui le leader industriel du Nord, San Luis reste animée et prospère, forte de centaines d'entreprises.

Grand centre urbain, elle a préservé son sens de la tradition, et compte, dans le centre historique, de nombreuses constructions coloniales et républicaines. Le style néoclassique est très présent, notamment dans les intérieurs rénovés de plusieurs églises baroques. Dans cette capitale animée, de plan orthogonal, chacun des sept quartiers (*barrios*) avait son église et sa place. Aujourd'hui, ils ont fusionné en raison des transformations urbaines qu'engendre toute métropole industrielle.

San Luis, où vivent désormais plus de 600 000 personnes, est une ville agréable au climat doux. Les Potosinos sont fiers de leur gastronomie. Parmi les spécialités, citons les *enchiladas potosinas* (tortillas de maïs avec du chili, garnies de fromage, de viande grillée et d'oignons frais) et les *tacos camila* (tortillas tomatées avec du fromage, des viandes grillées et de la laitue). Les chocolats sont réputés, ainsi que le *queso de tuna*, délice caramélisé au jus de cactus condensé.

Des restaurants proposant de la cuisine locale sont groupés autour de la place principale, la **Plaza de Armas,** ou Jardín Hidalgo (*entre Los Bravos, Zaragoza, Othón et 5 de Mayo*). Cafés et restaurants plus chics bordent V. Carranza, située à l'ouest de la **Plaza de los Fondadores.** Dans cette rue très animée se trouve la **Casa de la Cultura** (*av. V. Carranza 1185, tél. (444) 813 22 47, fermée lun., €*), une élégante demeure des années 1920 de style néoclassique anglais. Centre culturel, elle organise des ateliers littéraires, des concerts et des festivals de cinéma, et abrite un musée d'art religieux mexicain et européen et d'artisanat régional et précolombien.

Au nord de la Plaza de Armas, la calle Hidalgo est interdite à la circulation jusqu'au marché municipal, le **Mercado Hidalgo** ; elle constitue une promenade très plaisante. Au sud de la place, la **Caja de Agua** est un réservoir de style néoclassique construit en 1832. Il fut en activité jusque vers 1900. On tirait l'eau de l'une des huit conduites décorées à la base du réservoir.

Au sud, dans Juárez, le **sanctuaire de Guadalupe** des XVIIIᵉ-XIXᵉ siècles (*calz. de Guadalupe 1005, tél. (444) 815 07 69*), élevé sur un plan en croix latine, mêle baroque tardif et style néoclassique. Un tableau de la Vierge de Guadalupe par Jesús Corral orne le maître-autel.

Au sud-ouest de la ville, le **Parque Tangamanga** (*Diagonal*

Sur et av. Himno Nacional, tél. (444) 825 14 34) comprend des lacs, des piscines, des aires de jeux pour enfants, un planétarium, une bibliothèque, un musée et le théâtre de plein air de la ville, sans oublier le **Museo de las Culturas Populares** (*tél. (444) 817 29 76, mar.-ven. 10 h-14 h et 16 h-18 h, sam.-dim. 10 h-14 h, €*). Installé dans une hacienda du XIXᵉ siècle, ce musée des cultures populaires présente l'art folklorique local, des instruments de musique, des masques de cérémonie et les fameux *rebozos*, ou châles de soie de San Luis Potosí.

Spécialisée dans le tissage de ces merveilleux châles de soie (mais aujourd'hui en synthétique), **Santa María del Río** se trouve à 48 km au sud de la ville. La région est également connue pour ses sources thermales. À **Balneario de Lourdes** – un hôtel et un restaurant –, à 20 km au sud-est de Santa María sur une route de gravier, les eaux alcalines sont très réputées. À 61 km au sud de la capitale, le **Centro Vacacional Gogorrón** dispose de quatre bassins de températures différentes et de « bains romains » – bassins privés pour six personnes au plus. ■

Précision originale : la chapelle de Aranzazú, à l'intérieur du Museo Regional Potosino, est située au premier étage.

Une promenade dans San Luis

Si San Luis Potosí reçut le statut de ville en 1656, nombre d'édifices importants datent des XVIIIe et XIXe siècles. Le centre historique se distingue par la rencontre des architectures baroque, néoclassique et du Porfiriat, c'est-à-dire de l'ère de Porfirio Díaz (1877-1911), à qui l'on doit de nombreux bâtiments de style européen.

Commencez à la **Plaza de los Fondadores**. À l'angle nord-ouest, visitez la **capilla de Loreto ❶** (1700). Remarquez son portail baroque très élaboré qui orne la façade. À l'intérieur se trouve l'un des rares retables jésuites qui aient survécu au Mexique. Continuez à l'est sur Obregón, puis passez devant le rectorat de l'**Université Autónoma**, qui occupe l'ancien monastère jésuite du XVIIIe siècle.

Longez le côté est de la place, tournez à gauche dans la calle V. Carranza. **La Plaza de Armas ❷** (*Jardín Hidalgo*), grande, aérée et réservée aux piétons, est cernée d'immeubles historiques et plantée de poinsettias et de magnolias. Admirez les sobres lignes néoclassiques du **Palacio de Gobierno** (*tél. (444) 812 24 39, ouv. lun.-ven. 9 h-14 h*), qui occupe tout le flanc ouest de la place.

Ce palais accueillit à deux reprises le gouvernement intérimaire de Benito Juárez sous l'occupation française (voir p. 33).

Au nord de la place, se trouve la plus vieille maison de la ville, la **Casa de la Virreina**, construite en 1736 et bien rénovée.

> ➤ Capilla de Loreto
> ⟷ 1,3 km
> ⏱ 4 heures
> ➤ Capilla de Aranzazú

À NE PAS MANQUER
- Templo del Carmen
- Museo Nacional de la Máscara
- Templo de San Francisco
- Capilla de Aranzazú

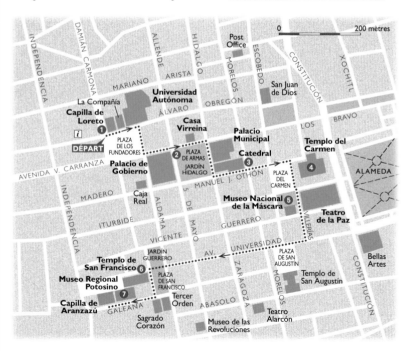

Ici, le grès des édifices se décline en rose, pêche, gris ou jaune clair.

Aujourd'hui convertie en restaurant, elle fut la demeure de l'une des deux vice-reines du Mexique, Francisca de la Gándara. Le **Palacio Municipal** du XIXᵉ siècle (*tél. (444) 814 41 42, lun.-ven. 9 h-14 h*) est situé à l'angle nord-est de la place.

L'imposante **cathédrale** ❸ (*tél. (444) 812 24 39, tlj 8 h-14 h et 16 h-20 h*), l'un des premiers édifices baroques de la ville, domine l'angle sud-est de la place. Attardez-vous sur les statues des apôtres en marbre de Carrare qui ornent la façade. La cathédrale a subi de multiples rénovations ; à l'intérieur, les autels néoclassiques et les décorations byzantines furent rajoutés au XIXᵉ siècle.

Quelques rues plus loin à l'est, dans la calle Manuel J. Othón, s'élève le baroque **Templo del Carmen** ❹ (*tél. (444) 812 28 78, tlj 8 h-14 h et 16 h-20 h*) aux coupoles couvertes d'azulejos multicolores et à la façade churrigueresque presque aussi travaillée que celle de la cathédrale de Zacatecas (voir p. 112). À l'intérieur, les autels latéraux et le maître-autel, dû à l'architecte Francisco Tresguerras (1759-1833), sont impressionnants et la splendide **Camarín de la Virgen**, une chapelle baroque, possède un époustouflant retable doré couronné d'une coquille Saint-Jacques géante.

Le **Teatro de la Paz** (*Villerías 205*), qui date du Porfiriat, donne sur le sud-est de la charmante Plaza del Carmen. Traversez Villerías pour vous rendre au **Museo Nacional de la Máscara** ❺ (*Villerías 2, tél. (444) 812 30 25, mar.-ven. 10 h-14 h et 16 h-18 h, sam.-dim. 10 h-14 h, €*). Sa belle collection de masques cérémoniels est la plus complète du Mexique.

Allez au sud vers l'av. Universidad pour rejoindre la **Plaza de San Francisco,** ou Jardín Guerrero, puis le **Templo de San Francisco** ❻ (*tél. (444) 812 46 46*), en pierre rose, fondé en 1590 et décoré au XVIIIᵉ siècle. La façade baroque comporte les emblèmes et les saints franciscains. Demandez la permission de voir la belle sacristie churrigueresque et ses tableaux de Miguel Cabrera, Antonio de Torres et Francisco Martínez. Sous la coupole principale, le lustre en cristal en forme de vaisseau rappelle les voyages évangéliques du fondateur de l'ordre, saint François d'Assise.

Derrière l'église, le monastère franciscain est devenu le **Museo Regional Potosino** ❼ (*Plaza de Aranzazú, tél. (444) 814 35 72, mar.-sam. 10 h-19 h, dim. 10 h-17 h, €*) : art précolombien, sculpture et mobilier de l'ère coloniale. À l'intérieur, la **capilla de Aranzazú**, du XVIIIᵉ siècle, se distingue par sa situation au premier étage et son atrium couvert. ∎

Real de Catorce

Les mines
d'argent,
à l'origine
de la fortune de
Real de Catorce,
ne se remirent
jamais de
la révolution
de 1910.

QUASI ABANDONNÉE, PERDUE AU MILIEU DES MONTAGNES ARIDES ET DU haut désert de la Sierra Madre orientale, la ville de Real de Catorce n'attire que les plus curieux ou solitaires des voyageurs, mais aussi les pèlerins venus vénérer l'effigie miraculeuse de saint François d'Assise. Les Huicholes, qui s'aventurent très rarement en ville, cherchent dans les collines voisines le peyotl sacré, un cactus hallucinogène utilisé pour des rites mystiques.

Real de Catorce
119 C4
Informations
✉ Calle Lanza et calle
de la Moneda
☎ (488) 882 37 33

À l'âge d'or de l'exploitation minière, entre la fin du XVIIIᵉ et le début du XXᵉ siècle, les 40 000 habitants de Real de Catorce construisirent de somptueuses demeures. Une grande partie d'entre elles sont aujourd'hui en ruine ; certaines ont été converties en restaurants, hôtels ou magasins modestes.

Le circuit touristique est court. La très sobre **Parroquia de la Purísima Concepción** respecte le traditionnel plan en croix latine, avec un clocher unique. L'image de saint François d'Assise, sur un autel latéral, aurait des pouvoirs miraculeux si l'on en croit les centaines d'ex-voto naïfs (petits tableaux d'action de grâces).

Chaque année, des milliers de pèlerins viennent célébrer le 4 octobre, fête du fondateur de l'ordre des Franciscains.

Les autres édifices intéressants sont le *Palenque de gallos*, une arène pour combats de coqs qui sert également d'amphithéâtre, l'arène pour les corridas (toutes deux de la fin du XVIIIᵉ siècle) et la **Casa de la Moneda** – ancien hôtel de la Monnaie –, en fort mauvais état. L'un des attraits de Real de Catorce, ce sont ses belles nuits claires et étoilées, en raison de son altitude, 2 756 m. Si la contemplation des étoiles ne vous paraît pas un exercice assez sportif, louez un cheval dans un hôtel ou un restaurant et partez en excursion. ■

Aguascalientes

CAPITALE DE L'UN DES PLUS PETITS ÉTATS DU MEXIQUE, AGUASCALIENTES fut construite pour défendre la route entre les mines d'argent de la région et Mexico. Les exploitations agricoles sont apparues aux alentours pour approvisionner les villes minières. Au nord, on trouve les sources thermales éponymes et le *viñedo* de San Marcos, qui produit du vin et du cognac.

Aguascalientes

☒ 118 A3

Informations

✉ Palacio de Gobierno, Plaza de la Patria

☎ (449) 915 11 55 ou (449) 915 85 80

www.aguascalientes.gob.mx

La Feria Nacional de San Marcos (de mi-avril à début mai), qui remonte au XVIIIe siècle est une période d'intense effervescence pour Aguascalientes. Des festivités diverses (parades, concerts, feux d'artifice, corridas, etc.) ont lieu le 25 avril, jour de la saint Marc. La fête se déroule sur les champs de foire du **Jardín de San Marcos** et à l'**Expo Plaza**, reliés par La calle Pani, une voie piétonne.

La grande **Plaza de la Patria** est un magnifique vestige du passé colonial de la ville. Sur la place se trouve la plus vieille église d'Aguascalientes (1575), la cathé-drale de **Nuestra Señora de la Asunción** (*tél. (444) 916 52 28*). Elle arbore une façade néoclas-sique de grès rose. Sur un retable baroque, admirez le tableau de Miguel Cabrera (XVIIIe siècle). De l'autre côté de la place, le **Palacio de Gobierno** (*tél. (444) 915 11 55*) est orné de peintures murales de Oswaldo Barra Cunningham, artiste chilien, protégé de Diego Rivera.

À l'est de la place, le **Museo de Aguascalientes** (*Zaragoza 507, tél. (449) 915 90 43, mar.-dim. 10 h-14 h et 17 h-20 h 30, €€*) abrite les collections d'art contemporain Jesús Contreras et les œuvres réa-listes de Saturnino Herrán (1887-1918), natif d'Aguascalientes. De l'autre côté de la rue, vous pouvez admirer les beaux vitraux de la coupole du **Templo de San Antonio** (*Pedro Parga et Zaragoza, tél. (449) 915 28 98*).

L'intéressant **Museo de Arte Contemporáneo** (*P. Verdad et Morelos, tél. (449) 918 69 01, mar.-sam. 10 h-14 h et 17 h-20 h, dim. 11 h-19 h, €*), près de la place cen-trale, présente des expositions de jeunes artistes. Le **Centro El Obraje** (*Juan de Montoro 222, mar.-sam. 10 h-14 h et 17 h-20 h, dim. 11 h-19 h, €*), qui en dépend, expose aussi de l'art moderne.

Le peintre local José Guadalupe Posada (1852-1913) se consacra à la caricature d'hommes poli-tiques. Voyez son travail au **Museo José Guadalupe Posada** (*Díaz de León, Jardín del Encino, tél. (449) 915 45 56, mar.-dim. 11 h-18 h, €*), à 15 minutes à pied au sud de la Plaza de la Patria. ∎

Le palais du gouvernement (Palacio de Gobierno) d'Aguascalientes est typique de l'architecture des bâtiments publics mexicains.

Autres sites à visiter

DOLORES HIDALGO

La guerre d'indépendance commença officiellement dans cette ville, qui s'appelait alors Dolores. À l'aube du 16 septembre 1810, le père Miguel Hidalgo y Costilla déclencha le mouvement qui aboutit, onze ans plus tard, à la fin du joug espagnol (voir p. 32). La **Casa Hidalgo** (*Morelos 1, tél. (418) 182 01 71, mar.-sam. 10 h-18 h, dim. 10 h-17 h, €*), ancienne maison du prêtre, est aujourd'hui un musée qui retrace l'histoire de l'indépendance. Sur la place principale, visitez l'église baroque, **Nuestra Señora de los Dolores**, d'où Hidalgo lança son appel (*grito*). Les azulejos produits ici ornent tout bon hôtel ou restaurant du Mexique ; on peut en acheter ainsi que de la céramique. Ne pas oublier non plus les excellentes crèmes glacées locales.

▲ 119 C2 ✉ 40 km au nord de San Miguel de Allende ; 48 km au nord de Guanajuato

Cours et jardins pleins de charme se cachent derrière les façades de Tamuzunchale.

LA HUASTECA

Située à cheval sur les États de San Luis Potosí, Veracruz, Tamaulipas et Hidalgo, la région de La Huasteca porte le nom des Indiens qui vivaient dans ce territoire de vallées isolées et de montagnes sauvages, de lacs, de forêts et de plaines côtières torrides. **Ciudad Valles**, la deuxième ville du San Luis Potosí, dans le sud-est de l'État, est un bon point de départ pour l'explorer. Peu fréquentée par les touristes, La Huasteca abonde en curiosités naturelles : grottes, parois rocheuses, sites d'observation des oiseaux. La forêt tropicale humide prédomine dans la **Reserva de la Biósfera Abra-Tanchipa** (21 400 hectares), au nord de Ciudad Valles. Les pluies abondantes donnent des forêts luxuriantes et alimentent les cascades telles que **Tamul**, **El Salto** et **Tamasopa**, où les arbres tropicaux, les orchidées sauvages et autres épiphytes entourent des pièces d'eau cristalline. Des villes telles que **Tancahuitz** ou **Tamuzunchale** – aux importantes populations huaxtèques – sont à visiter le dimanche, jour de marché ; on y achètera des gourmandises locales, de l'artisanat, et peut-être écoutera-t-on un *huapango*, musique régionale accompagnée de violons, flûtes, *jarana* (petite guitare), harpe et instruments rythmiques.

Ciudad Valles ▲ 119 D3 **Informations** ✉ Arriega, 36, Col. Obrera, Ciudad Valles ☎ (481) 382 42 52

LAS POZAS

Las Pozas, œuvre du poète surréaliste Edward James (1907-1984), est un fantastique jardin de sculptures, situé près de la frontière du Querétaro et des missions de la Sierra Gorda. Ce riche excentrique quitta l'Angleterre édouardienne pour des projets inspirés par le « peyotl » dans les hauts plateaux mexicains. Avec son ami et mentor Plutarco Gastelum et un groupe d'artisans locaux, cet Écossais passa les vingt dernières années de sa vie à créer un paysage de rêve sur 32 hectares. Trois douzaines de statues surréalistes – certaines atteignent 30 m – se perdent dans la forêt tropicale. Le site comporte une cascade et une série de pièces d'eau claire où se baigner. Dans la ville proche de **Xilitla**, Gastelum construisit également pour James une maison étrange, aujourd'hui une sublime maison avec chambres d'hôtes. Le dimanche, visitez le marché de plein air de Xilitla ou allez à l'église, seul vestige du monastère augustinien du XVIᵉ siècle.

▲ 119 D2 ✉ À 5 km de Xilitla ☎ (489) 365 00 82 € ■

Au centre de la côte Pacifique, les kilomètres de littoral succèdent aux petites villes au charme discret et aux élégantes stations balnéaires; les arts populaires y sont souvent d'une grande qualité.

Le centre de la côte Pacifique

Détail d'une broderie huichole.

Le centre de la côte Pacifique

ENTRE MER ET MONTAGNE, LES ÉTATS DU CENTRE DE LA CÔTE PACIFIQUE PRÉSENTENT DES visages fort différents. La côte préservée du Michoacán a la faveur des surfeurs et des aventuriers : de grands hôtels gardent des baies isolées, de paresseux villages de pêcheurs voisinent avec les lagons bordés de mangroves tandis qu'à Acapulco, on danse toute la nuit dans les clubs de salsa. À l'intérieur, citons Guadalajara la traditionaliste, Colima, la ville des sciences occultes, et Taxco aux faux airs de village méditerranéen.

Contrairement à l'Oaxaca voisin, il reste peu d'Indiens dans les États du centre de la côte Pacifique. Les plus nombreux sont ceux du Guerrero, qui parlent le náhuatl. Dans le Nayarit, les populations huicholes, bien que peu nombreuses, conservent leur identité culturelle et leurs pratiques religieuses : les chamans guérissent les malades et se livrent à des rituels magiques. Des figurines ludiques et naïves, que leurs ancêtres déposèrent dans les exceptionnelles tombes-puits de la région à partir de 250 av. J.-C., renseignent sur la vie quotidienne de ce peuple.

Peu après la chute de Tenochtitlán (voir p. 30), les conquistadores explorèrent le reste du pays. À mesure que leur présence s'étendait, ils propagèrent des épidémies terriblement meurtrières. Les Indiens souffrirent du régime effroyable de Nuño Beltrán de

Guzmán, qui sema la terreur de Sinaloa à Guadalajara : des centaines de villages furent brûlés. Faisant marquer les Indiens au fer, il les vendait ensuite comme esclaves.

Ceux qui survécurent aux maladies et aux exactions se réfugièrent dans les montagnes. Après l'expulsion de Guzmán du Mexique, l'évêque Vasco de Quiroga exhorta les Purépechas à revenir dans leurs villages, dans l'actuel Michoacán. Il fit édifier églises et hôpitaux et enseigna aux artisans indiens toutes sortes de métiers utiles.

Aujourd'hui, le Michoacán est l'un des premiers producteurs d'artisanat au Mexique : ustensiles de cuisine en cuivre, mobilier en bois, céramique et laques. Les Huicholes réalisent de fabuleuses broderies, des masques et des objets en perles à usage rituel ou destinés aux collectionneurs. Dans toute la région, en particulier dans les États de Michoacán et de Guerrero, les indigènes portent des masques rituels et des costumes pour leurs célébrations mêlant rites préhispaniques et catholiques. ■

Vers 1750, don José de la Borda, riche propriétaire minier, finança la construction de Santa Prisca à Taxco.

Tepic et San Blás

Tepic

138 B4

Informations

av. Mexico et calzada del Ejército Nacional

(311) 214 80 71

CAPITALE DU PETIT ÉTAT DE NAYARIT, OÙ SONT PRODUITS UNE BONNE partie des fruits tropicaux et du tabac du pays, Tepic est située sur les contreforts de la Sierra Madre occidentale, à 990 m d'altitude. Cette ville de taille modeste bénéficie d'un climat nettement plus frais que la côte. À environ une heure au nord de Tepic, San Blás ravira les amateurs d'oiseaux et de calme. Cette petite ville de pêcheurs est entourée de forêts tropicales, d'estuaires et de kilomètres de plages sablonneuses.

Les Huicholes, hommes et femmes, continuent de porter le costume traditionnel.

TEPIC

Foyer traditionnel des Indiens Cora qui, avec leurs proches parents, les Huicholes, se réfugièrent dans les montagnes afin d'échapper au cruel Nuño de Guzmán (voir p. 138-139), au XVIe siècle, Tepic est aujourd'hui un carrefour agricole et commercial où les paysans des environs viennent s'approvisionner et vendre leurs légumes. Les Indiens huicholes, en pantalon de coton blanc et en tunique brodée, proposent leur artisanat devant la grande **cathédrale** aux grandes tours néo-gothiques. En face, sur la **Plaza principal** (*av. México Norte et Lerdo Poniente*), entourée de restaurants et de boutiques, se dresse le **Palacio del Municipio**. Tout près, le **Museo de las artes populares** (*Hidalgo 60 Oriente, tél. (311) 212 17 05, lun.-ven. 9 h-14 h et 16 h-19 h, sam. 9 h-14 h*) expose et vend de l'artisanat indien: cuirs, instruments de musique, sculptures sur bois, ainsi que perlages et broderies huicholes. Installé dans une belle demeure du XVIIIe siècle bien restaurée, le **Museo Regional de Antropología** (*av. México 91 Norte et Zapata, tél. (311) 212 19 00, mar.-dim. 10 h-17 h*) présente des tableaux et des collections d'art précolombien et d'art populaire de la région.

Au sud de la place principale sur la deuxième grande place de Tepic, la **Plaza Constituyentes**, se trouve le **Palacio de Gobierno** (*av. México Sur entre Mina et Abasolo*), du XIXe siècle dont l'intérieur de la coupole et des murs est orné de peintures murales à sujet historique. À 1,5 km plus au sud, sur l'avenue México Sur, les Indiens cora et huicholes prient devant la croix de paille plantée dans la cour du **Templo y Ex-Convento de la Cruz de Zacate**, ancienne mission franciscaine. Le monastère adjacent est occupé par l'office du tourisme d'État.

Plusieurs jolis lacs se trouvent à une heure de Tepic. À **Santa María del Oro**, vous pouvez louer guides et chevaux pour des randonnées dans les montagnes voisines. Ce village surplombe les eaux cristallines de la **Laguna Santa María del Oro**, lac de cratère cerné de collines boisées, où l'on peut se baigner. La promenade autour du lac vous fera passer devant une mine d'or abandonnée et une source d'eau douce. Des bungalows confortables sont en cours de construction. En attendant, il vous faudra vous contenter des Bungalows Koala, où l'on peut louer des kayaks. En tournant juste avant Santa María, vous êtes à la **Laguna de Tepeltitic**.

De Tepic, la route 200 conduit à **San Pedro Lagunillas**, autre lac de montagne.

SAN BLÁS

Port important durant l'ère coloniale, San Blás est maintenant un petit port de pêche avec quelques bons restaurants et juste le nécessaire pour distraire les inconditionnels. Les terribles moustiques et les *jejenes* (mouches des sables) sont un fléau, protégez-vous.

La **Playa El Borrego** est la plus proche de San Blás. On peut se promener longtemps sur cette plage très peu fréquentée, qui se termine par un estuaire au bout de 8 km. Les *jejenes* y sévissent.

Las Islitas est une belle plage entrecoupée d'anses rocheuses. Paressez dans un hamac ou jouez aux dominos sous une *palapa* (restaurant de plein air au toit de palme). Au-delà de la baie, du côté du petit village de pêcheurs de Santa Cruz, se trouve la **plage de Los Cocos**, à l'ombre des palmiers.

Pour beaucoup, le point fort du voyage est la remontée en bateau de l'**estuaire de San Cristóbal**, jusqu'à la source d'eau douce de **La Tovara**. Hérons, aigrettes et tortues peuplent le labyrinthe des mangroves. Louez un bateau au pont à l'entrée de San Blás ou à Matachén. Après une heure de trajet, vous disposez d'une heure pour nager dans l'eau de source. Un restaurant agréable domine cet étang de rêve, mais venez tôt pour éviter les groupes qui débarquent en car de Puerto Vallarta. ■

San Blás

138 B4

Informations

Canalizo et Sinaloa, Présidencia Municipal

(323) 285 00 05

Les ruines de la Contaduria (immeuble des comptables) de 1773 dominent San Blás.

Puerto Vallarta

🚌 138 B4

Informations

✉ Juárez et Independencia, Palacio Municipal

☎ (322) 222 02 42

Puerto Vallarta

BAHÍA DE BANDERAS, OÙ EST SITUÉE PUERTO VALLARTA, EST L'UNE DES plus grandes baies du monde. Dénuée de ville jusqu'au milieu du XIXe siècle, la baie servit pendant longtemps d'étape aux pirates, prêtres, soldats et autres navigateurs. Avant qu'une histoire d'amour hollywoodienne n'attire l'attention du monde entier sur Puerto Vallarta, peu de voyageurs connaissaient cet idyllique village de pêcheurs aux plages de sable blanc. Désormais, dans ce lieu si touristique, les complexes hôteliers envahissent peu à peu la côte.

Puerto Vallarta doit sa fulgurante célébrité au tournage de La Nuit de l'iguane (1963).

Puerto Vallarta est devenue célèbre du jour au lendemain en 1963, grâce à l'histoire d'amour très médiatisée d'Elizabeth Taylor et de Richard Burton pendant le tournage de *La Nuit de l'iguane*. Depuis, cet ancien village de pêcheurs, qui occupe aujourd'hui les 25 kilomètres de la baie de Banderas, n'a cessé de se développer et d'attirer les vacanciers.

La ville s'est spécialisée dans les galeries et les boutiques d'art et d'artisanat de grande qualité, notamment la production des Huicholes, peuple des montagnes environnantes. Certaines galeries proposent assurément le meilleur de l'artisanat des États d'Oaxaca, du Chiapas et de Michoacán.

Dans la vieille ville, **Viejo Vallarta**, les maisons, peintes en blanc en vertu d'un décret officiel, sont coiffées de toits de tuiles et drapées de bougainvillées rose indien. Elles s'échelonnent sur les collines, au milieu des palmiers. Le **Río Cuale** divise la ville en secteurs nord et sud. **Isla Río Cuale** est une île où les restaurants, les boutiques et le petit **Museo de Antropología** sont entourés de jardins. Sous les ponts de l'est, un marché d'artisanat tentaculaire vend des produits de tout le Mexique.

Quelques rues au nord de la rivière, la **Plaza Principal** ou Plaza de Armas (*Zaragoza, Morelos, Iturbide et Juárez*) est encadrée par la mairie et l'**amphithéâtre de Los Arcos**, en plein air, où ont souvent lieu des concerts le dimanche. La promenade de bord de mer, ou *malecón*, part du nord de la grande place, bordée de bars et de restaurants. Le *malecón* est un endroit idéal au coucher du soleil, quand la brise se lève et que la lumière étincelle sur la douzaine de statues en bronze qui le jalonnent.

Les tout nouveaux quartiers se situent au nord. Le long d'une belle plage, la **Playa de Oro**, la **Zona Hotelera** est un complexe de tours d'hôtels qui louent presque tous du matériel aquatique. Plus au nord, la **Marina Vallarta** est une enclave d'hôtels et de résidences comprenant une marina de 400 places, un yacht-club et un golf de 18 trous. Le **Maritime Terminal** est le point de départ des bateaux de pêche ou de promenades en mer d'une journée. Ce coin est le préféré des plaisanciers, même si ses plages ne sont pas les plus jolies de Vallarta.

Encore plus au nord, se trouve **Nuevo Vallarta**, à l'embouchure du Río Ameca, en fait situé dans l'État de Nayarit. Malgré le yacht-club, et quelques hôtels « tout compris », il n'y règne pas l'animation du centre-ville. Les plages sont magnifiques et l'environnement plus naturel qu'à Marina Vallarta.

Les noctambules se regroupent au centre-ville. Les plages d'**Olas**

Altas et de **los Muertos**, juste au sud de Viejo Vallarta, sont appréciées des touristes et des habitants. De nombreux marchands y proposent des mangues juteuses, du poisson grillé en brochette et des sarapes au motif en zigzag.

La route côtière continue au sud du centre, le long de plages de sable blanc, d'anses rocheuses et de collines parsemées de maisons luxueuses jusqu'à **Mismaloya**, où John Huston tourna *La Nuit de l'iguane*. Bien qu'un gigantesque hôtel et des résidences aient gâté ce cadre idéal, c'est toujours une jolie plage avec des bateaux de pêche multicolores dans le lagon voisin. À pied ou en voiture, faites quelques kilomètres à l'intérieur des terres, à **El Edén**, qui propose de petits restaurants accueillants perchés au-dessus de la rivière Mismaloya.

À Mismaloya, vous pourrez louer des skiffs pour aller à **Los Arcos**, parc national sous-marin, au large, ou jusqu'aux plages isolées plus loin au sud. La plus proche, **Boca de Tomatlán**, qui longe la jungle, est accessible en voiture.

Après Boca de Tomatlán, un bateau sera nécessaire pour vous rendre aux plages. Celles de **Las Ánimas** et de **Quimixto**, excellentes pour le tuba, offrent de simples restaurants de front de mer. **Yelapa**, où les restaurants couverts de palmes longent le rivage, est le paradis sur terre au Mexique. Tous les jours, des bateaux débarquent leurs touristes sur ces rivages merveilleux. Soyez donc là tôt, ou tard, si vous voulez éviter la foule. ■

Les collines vert émeraude de Puerto Vallarta descendent en pente douce jusqu'à la mer.

www.costalegre.ca

La Costa Alegre

DEPUIS LE DÉBUT DES ANNÉES 1990, ON A SURNOMMÉ LA BANDE DE 450 km de plages de rêve entre Puerto Vallarta et Manzanillo La Costa Alegre. Des stations balnéaires luxueuses sont apparues sur certaines des plages les plus splendides et il est difficile d'imaginer mettre un frein à cette expansion. Mais, pour le moment, la route 200 longe des plages au sable d'or ou blanc, bordées de cocotiers, sur fond de collines vertes et luxuriantes. Les petites routes aboutissent à de simples villages de pêcheurs, à de jolies criques et à de longues baies offrant des logements modestes. Manzanillo, premier port industriel sur le Pacifique, réussit à allier ses activités industrielles et touristiques.

À 145 km au sud de Puerto Vallarta, **Bahía Chamela** dispose de plusieurs plages charmantes, de petits hôtels et d'un discret hôtel de luxe; le camping est autorisé. **Playa Perula**, à la pointe sud de la baie, compte plusieurs restaurants. On peut pêcher dans les rochers, s'asseoir à l'ombre d'une *palapa*, louer un skiff pour faire du tuba au large ou observer les oiseaux sur l'île voisine de **Pajarera**.

Bel-Air Careyes, construite dans les années 1960, avec courts de tennis et terrain de polo, est une des stations les plus huppées de la Costa Alegre. La ville porte le nom de ces tortues de mer qui viennent pondre sur les plages de cette anse magnifique. Plus au sud, la délicieuse **Bahía Tenacatita** est sur la liste des promoteurs, mais, en attendant, c'est une longue bande de sable propre et blanc, bordée de palmiers. Une partie de la baie, couverte de coraux, est idéale pour la plongée et la planche à voile, ou, avec un guide, l'observation des oiseaux dans le lagon voisin.

La splendide **Bahía de Navidad** (la baie de Noël) se trouve juste avant la frontière avec l'État de Colima. Vers son extrémité nord, **San Patricio Melaque** est une petite station balnéaire en pleine croissance, avec une belle plage.

Les cafés et restaurants se sont regroupés à sa pointe ouest – endroit idéal au coucher du soleil. Les familles de Guadalajara aiment y passer leurs week-ends et leurs vacances, sans oublier la fête de saint Patrick, patron de la ville, qui dure toute une semaine.

On peut marcher plusieurs kilomètres sur les plages de sable jusqu'à **Barra de Navidad**, un paisible village de pêcheurs qui s'éveille seulement au tourisme de masse. La plage blanche de Barra se déploie le long d'un banc de sable qui s'avance dans la baie. Les *palapas* servent des crevettes épicée et du poisson. Les nageurs évitent les plages les plus proches, où la brise de l'après-midi attire les véliplanchistes, et les vagues hivernales, les surfeurs. Les amis des oiseaux visiteront les mangroves, bien qu'une grande partie en ait été déplacée pour construire le luxueux Grand Bay Hotel, avec golf et marina, complexe situé de l'autre côté de la baie, sur l'**Isla de Navidad**, ou Colimilla.

Pour une sortie en mer, adressez-vous à un pêcheur ou à la coopérative **Sociedad Cooperativa de Servicios Turísticos** (*Morelos 1*). Chaque année ont lieu de nombreux tournois de pêche: en janvier, fin mai, en septembre et en

Barra de Navidad
⛺ 138 B3
Informations
✉ Jalisco 67
☎ (315) 355 51 00

novembre. La ville fête son patron, saint Antoine de Padoue, pendant la semaine précédant le 13 juin.

Au sud de Barra de Navidad, la route pénètre dans l'État de Colima et passe près de la côte – sans la longer –, jusqu'aux **baies de Manzanillo et Santiago**. La baie est divisée en deux par la péninsule de Santiago, une très courte langue de terre où se trouve **Las Hadas**, station ouverte en 1974. L'endroit continue d'attirer la jet-set, avec ses lumineuses maisons blanches, son confort voluptueux et son isolement.

À la différence d'Ixtapa et de Cancún, **Manzanillo** est une vraie ville et un port actif. On raconte que des navires venus d'Orient y débarquèrent deux cents ans avant l'arrivée des Espagnols au Mexique. Au lieu de se succéder comme à la Zona Dorada de Mazatlán (voir p. 98), restaurants, hôtels et bars se sont éparpillés le long de la baie et dans le centre-ville, situé à la pointe est de la baie. Au **Museo de Arqueología** (*Glorieta San Pedrito, tél. (314) 332 22 56*), juste au nord du centre-ville, découvrez les cultures occidentales du Mexique.

Si les plages de cette ville industrielle de 100 000 habitants ne sont pas toujours idéales pour la baignade et si l'ambiance reste celle d'un port animé, il existe des inconditionnels de Manzanillo. Les Mexicains l'apprécient davantage que les touristes étrangers. Elle ravira les pêcheurs en haute mer qui y viendront pour les gros poissons. ■

La marina de Las Hadas, à Manzanillo, attire les plaisanciers toute l'année.

www.manzanillo.com.mx

Manzanillo
🅰 138 B3
Informations
✉ Bd Costera Miguel de la Madrid 1294
☎ (314) 333 22 77

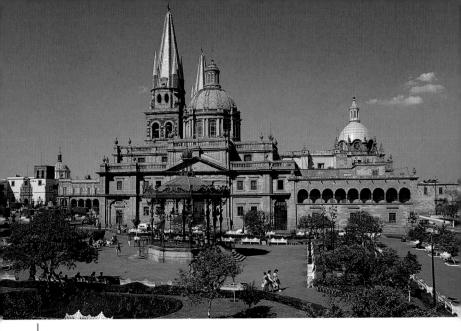

Places et rues piétonnes entourent la cathédrale dans le quartier historique de Guadalajara.

Guadalajara et ses environs

QUINTESSENCE DU MEXIQUE, ARCHÉTYPE D'UNE CULTURE MEXICAINE idéalisée, Guadalajara est la ville où est née la musique des mariachis, ces groupes de musiciens nombreux aux costumes voyants qui interprètent des ballades romantiques à grand renfort de harpes, violons et trompettes inspirées. C'est la ville de la tequila et des plantations d'agaves bleus qui servent à sa fabrication. Le dimanche après-midi, d'élégants cavaliers, les charros, accomplissent des prouesses stylisées qui n'ont rien à voir avec les rodéos ordinaires.

Guadalajara

138 C4

Informations

Morelos 102, Plaza Tapatía

(33) 36 68 16 00

Guadalajara (qui signifie en arabe « oueds pierreux ») fut déplacée plusieurs fois avant d'être fixée à l'ouest de la vallée d'Atemajac, à 1 540 m d'altitude et à 530 km au nord de Mexico. Les agglomérations précédentes furent abandonnées à cause de la sécheresse et des attaques d'Indiens. Une fois établi, le siège du gouvernement colonial occidental devint aussi un centre d'agriculture et d'élevage.

Deuxième ville du Mexique, Guadalajara compte quatre golfs de 18 trous, trois équipes de football, un zoo, un planétarium, un grand palais des congrès et un hippodrome, récemment inau-

guré. Les habitants des haciendas et des villages des alentours viennent y faire leurs achats : des bottes en peau de lézard jusqu'aux charrues. Boutiques et galeries proposent l'artisanat célèbre de la région : vêtements de cuir, verre soufflé à la bouche, *équipal* (meubles) de bois et de cuir, vaisselle faite à la main ou en usine et objets pour la maison en fer-blanc, fer forgé, étain, papier mâché et cuivre.

Une grande partie de cette production artisanale provient des charmants villages voisins de Tlaquepaque et Tonalá (voir p. 150-152), que l'agglomération

de Guadalajara a peu à peu absorbés – mais sans les digérer. À Guadalajara, le centre historique est groupé autour de la cathédrale, où vieilles églises, musées et boutiques bordent les rues piétonnières et les places aux nombreuses fontaines.

CENTRE HISTORIQUE

La majestueuse **cathédrale** (*16 de Septiembre, entre Hidalgo et Morelos, tél. (33) 36 14 55 04*), avec son dôme aux tuiles jaunes et ses flèches jumelles, domine le quartier historique de Guadalajara. Les nombreux remaniements – gothique, mudéjar, baroque et néoclassique – sont dus aux séismes et aux caprices de la mode. Les trois nefs contiennent une douzaine d'autels latéraux ; la sacristie est décorée de tableaux de l'ère coloniale.

À l'ouest de la cathédrale, sur la **Plaza Guadalajara**, le **Palacio Municipal** est le point de départ des visites gratuites de la ville en trois heures, le samedi à 10 heures. Plusieurs soirs par semaine, des concerts sont organisés dans le kiosque Art nouveau de la **Plaza de Armas,** au sud. Sur cette belle place, vous trouverez le **Palacio de Gobierno** (*Moreno et Corona, tél. (33) 36 68 18 02, lun.-ven. 9 h-19 h*), édifice néoclassique aux décors churrigueresques. Les peintures murales de José Clemente Orozco (1883-1949), natif de l'État du Jalisco, embellissent la cage d'escalier et la salle du Congrès à l'étage.

Au nord de la cathédrale, la **Rotunda de los Hombres Ilustres** est un hommage aux hommes célèbres du Jalisco, écrivains et artistes, sur la place ombragée du même nom. Des calèches attendent les passagers devant le **Museo Regional de Guadalajara** (*Liceo 60, tél. (33) 36 14 99 57, mar.-sam. 10 h-19 h, dim. 9 h-17 h, €*). Ce musée occupe l'ancien séminaire baroque de San José. On y trouve des pièces paléontologiques, dont un squelette de mammouth et des collections archéologiques, en particulier des céramiques et des offrandes. À l'étage sont exposés des tableaux coloniaux et des objets des cultures de la côte Ouest.

Le centre-ville de Guadalajara compte plusieurs musées. La **Casa**

Un pont piétonnier relie le Mercado San Juan de Dios à l'église du même nom.

Museo López Portillo (*Liceo 177 et San Felipe, tél. (333) 613 24 11, mar.-sam. 10 h-18 h, dim. 12 h-17 h*) est une demeure du XIXᵉ siècle au mobilier représentatif d'une famille de l'élite (l'un des fils fut président de la République). À l'ouest du *zócalo*, le **Museo Clemente Orozco** (*av. Aurelio Aceves 27, lun.-ven. 10 h-16 h*) présente des objets personnels du muraliste, et une gigantesque peinture murale, *Alegoria del Vino*.

Logé sur le campus universitaire, le **Museo de las Artes** (*López Cotilla 930, tél. (33) 38 26 86 56, mar.-sam. 10 h-18 h, dim. 12 h-18 h, €*) possède des collections permanentes et temporaires d'art contemporain. Juste derrière, le **Templo Expiatorio** (*Enrique Díaz et Ezcorza*), néogothique, se veut

une copie conforme de la cathédrale d'Orvieto, en Italie centrale.

Derrière la cathédrale, la **Plaza de la Liberación** est entourée d'imposants immeubles administratifs et du **Teatro Degollado** (*Belén et Morelos, tél. (33) 36 14 47 73, fermé dim.*), théâtre néoclassique inauguré en 1866 par la soprano Angela Peralta. Visitez cet étonnant théâtre (*10 h à 13 h*) pour voir les fresques de Gerardo Suárez inspirées de *La Divine Comédie* de Dante, ou, mieux encore, assistez au **spectacle folklorique** du dimanche matin (*€€-€€€€*) donné par le Ballet de l'université. Juste à côté, le **Museo de Cera** (*Morelos 217, tél. (33) 36 14 84 87, tlj 10 h-20 h 30, €*) présente près de 120 personnages de cire différents. Comme la Macroplaza de Monterrey (voir

p. 108), la **Plaza Tapatía** fut créée dans les années 1980 pour réunir les églises, bâtiments administratifs, boutiques et jardins existants en un ensemble agréable d'espaces verts, avec statues, fontaines et bancs publics. À l'est de ce parc se trouve l'un des emblèmes de Guadalajara, l'imposant **Instituto Cultural Cabañas** (*Cabañas 8, tél. (33) 36 68 16 40, fermé lun.,* €), ancien orphelinat de style néoclassique bâti au début du XIXᵉ siècle par Manuel Tolsá. Inscrit au Patrimoine mondial, il présente des concerts, des films et des spectacles. Nombre des belles peintures de José Clemente Orozco ornent ses murs et ses plafonds. Il contient des centaines de pièces et 23 patios plantés de pamplemoussiers. Les plus belles fresques couvrent les murs de la chapelle dont la coupole s'orne de *L'Homme de feu*. Des salles sont consacrées à l'œuvre d'Orozco et aux expositions temporaires d'art contemporain.

Après le bronze moderniste l'*Immolation de Quetzalcóatl*, se trouve le **Mercado Libertad**, ou San Juan de Dios (*J. Mina et Independencia*). Un pont piétonnier relie l'énorme marché de la ville à l'église du même nom. Juste derrière l'église, sur la **Plaza de los Mariachis** (*Obregón et J. Mina*), des groupes de mariachis aux costumes brodés d'argent assouvissent la soif de musique des clients attablés dehors. La place est particulièrement fréquentée la nuit.

Le centre-ville se distingue par plusieurs églises de caractère. L'**église de Santa Mónica** (*Santa Mónica 250 et San Felipe, tél. (33) 36 14 66 20*) est considérée comme la plus belle de Guadalajara. Un portique double richement orné de colonnes salomoniques embellit sa façade baroque. À six rues au sud de la Plaza de Armas, le **Templo de**

Zapopan

⬛ 138 C4

Informations

✉ Av. Vallarta 6503

☎ (33) 31 10 07 54

San Francisco (*16 de Septiembre 289 et Prisciliano Sánchez, tél. (33) 36 14 40 83*) et la petite **chapelle de Nuestra Señora de Aranzazú** sont les seuls vestiges d'un monastère franciscain fondé au XVIᵉ siècle mais reconstruit au XVIIᵉ siècle. Remarquez le motif typiquement mexicain de l'aigle perché sur un figuier de Barbarie sur la façade du premier et le retable churrigueresque doré de la seconde.

Toujours au sud de la Plaza de Armas, le **Museo de Arqueología del Occidente de México** (*16 de Septiembre 889 et Campesino, tél. (33) 36 19 01 04, mar.-dim. 10 h-14 h et 17 h-19 h,* €) abrite des objets des cultures de l'Ouest. Le **Parque Agua Azul** (*Independencia, lun.-sam. 10 h-19 h, dim. 11 h-13 h, tél. (33) 36 19 03 28,* €), un parc pour enfants, compte une serre d'orchidées, un pavillon de papillons et une volière. Tout près, au **Lienzo Charro de Jalisco** (*Dr Michel 577,* €), les familles entières aiment venir le dimanche midi assister à la tradition la plus *tapatío* (de Guadalajara) qui soit, la pittoresque *charreada* (ou rodéo, voir p. 154).

ZAPOPAN

Située à 8 km au nord-ouest du centre de Guadalajara, Zapopan est connue dans tout le Mexique pour sa minuscule statue de la Vierge en pâte de maïs, réputée avoir guéri des épidémies et aidé les Espagnols dans leur combat. Chaque année, le 4 octobre, après quatre mois de voyages d'une église à l'autre, la statue est ramenée en grande pompe, au cours de la Romería de la Virgen de Zapopan. Des centaines de milliers de badauds remplissent les rues au moment où le cortège se dirige vers la **Parroquia de Nuestra Señora del Rosario** (*Hidalgo et Zapata*), de style baroque, commencée en 1718. C'est une fête animée qui dure une semaine, avec musique et danses folkloriques, gastronomie, mariachis, cavaliers et enfants costumés.

Tout près de l'église, **Artesanías Huicholes**, une boutique d'État (*9 h 30-13 h 30 et 15 h-18 h, dim. 10 h-14 h*), vend des tableaux de broderie, des masques de perles et autres objets huicholes à des prix raisonnables. L'atrium et la **Plaza de las Américas** voisine, entourée des drapeaux des pays d'Amérique du Nord et latine, sont plus grands que l'église elle-même.

TLAQUEPAQUE

Cette banlieue de Guadalajara de 300 000 habitants, autrefois ville à part entière, conserve son charme en dépit des touristes. Depuis la conquête espagnole, sa spécialité est la poterie ; en dialecte indien, Tlaquepaque signifie « village sur les hautes collines d'argile ». Les céramiques traditionnelles sont des terres cuites fragiles, mais il en existe aujourd'hui d'autres types, dont des grès plus durables.

La verrerie fut introduite au XIXᵉ siècle. Des centaines de boutiques en vendent, ainsi que des miniatures, poteries, textiles, bijoux d'argent, étain, fer forgé, meubles haut de gamme et objets pour la maison. Les magasins sont souvent eux-mêmes des œuvres d'art – somptueuses demeures restaurées entourant des patios verdoyants.

Tlaquepaque a plus à offrir : c'est un endroit fascinant pour se promener, avec ses restaurants, ses joviales *cantinas* et plusieurs églises qui valent le détour.

La calle Independencia, piétonne, conduit à la place principale, le **Jardín Hidalgo**, et au sanctuaire byzantino-néoclassique (XVIIIᵉ siècle) de **Nuestra Señora de la Soledad** (*Prisciliano Sánchez et Morelos*). Juste à côté, les francis-

cains construisirent la **Parroquia de San Pedro** (*Guillermo Prieto et Morelos*) en 1813.

Avant de vous lancer dans l'achat de céramiques, regardez les pièces traditionnelles de la Valle de Atemajac et les œuvres contemporaines récompensées qui sont exposées au **Museo Nacional de la Cerámica** (*Independencia 237 et Alfareros, tél. (333) 635 54 04, fermé lun.*), à l'ouest de la place principale. De l'autre côté de la rue se trouvent une maison ancienne et une verrerie. Après une rude journée de shopping, détendez-vous sur la **Parián** (*entre Independencia, Prieto, Morelos et Madero*), une place où vous attendent cantinas animées et restaurants de plein-air, boutiques et mariachis. Chaque année, pendant la dernière semaine de juin, la ville célèbre la Feria de San Pedro Tlaquepaque.

TONALÁ

À 8 km à l'est de Tlaquepaque, Tonalá est une ancienne capitale régionale précolombienne dont le nom signifie en náhuatl « ville où le soleil se lève » ou « ville du soleil ». Ce fut aussi brièvement la capitale de la Nueva Galicia avant qu'une pénurie d'eau, entre autres, ne force les habitants à quitter les lieux. Tonalá produit une bonne partie des objets en verre et des poteries vendus à Tlaquepaque.

Le jeudi et le dimanche, dans les rues du centre-ville, les marchands improvisent des marchés, les *tianguis*, qui remontent à l'époque précolombienne. Mais toute la semaine, vous trouverez des boutiques de faïence, verre soufflé, étain, objets en papier mâché, fer-blanc, cuivre, bois, vannerie et fer. La **Casa de los Artesanos** (*av. de los Tonaltecas Sur 140, fermé sam.-dim.*) présente la remarquable production de cinquante artisans locaux.

Tlaquepaque
⊠ 138 C4
Informations
✉ Juárez, 238
☎ (33) 36 35 12 20

Tonalá
⊠ 138 C4

Page de droite :
le charme
de Tlaquepaque
est reposant après
Guadalajara,
grande ville
trop peuplée.

Des ouvriers récoltent le cœur de l'agave.

Tequila
138 C4

Les boutiques d'artisanat se suivent le long de los Tonaltecas et sur la **plaza principal** (*Juárez, Pino Suárez, Zapata et Madero*). Sur la place se trouvent le sanctuaire gothique du **Sagrado Corazón** (*Hidalgo et Juárez*) et la **Parroquia de Santiago Apóstol** (*Pino Suárez et Juárez*), sûrement l'une des plus anciennes églises de la vallée d'Atemajac. À cet endroit, qui porte le nom du saint patron de la ville, l'apôtre Jacques, se déroulent les nombreuses festivités précédant le 25 juillet. Les hommes portent à cette occasion des masques et des costumes pour les danses folkloriques.

Le **Museo Nacional de la Cerámica** (*Constitución 104, près d'Hidalgo, tél. (33) 36 83 04 94, mar.-sam. 10h-17h, dim. 10h-13h*) présente des céramiques anciennes et modernes venant de tout le Mexique. Quatre rues plus loin, dans une maison traditionnelle en pisé et aux poutres de bois, le **Museo Tonallán** (*Ramón Corona 73, lun.-ven.10h-15h, €*) expose en alternance des collections d'art et d'artisanat.

TEQUILA

L'agréable ville de Tequila, à environ 56 km au nord-ouest de Guadalajara, est située dans le volcan éponyme. Les champs d'agaves bleus forment un tapis d'azur piquant autour de la ville. Le cœur de l'agave, ou *maguey*, sert à fabriquer la tequila sous ses diverses formes. La véritable tequila, produite uniquement au Mexique et dans la région, ne se fabrique que dans le Jalisco et quatre autres États.

Les grandes distilleries, comme Sauza et José Cuervo, organisent des visites, mais mieux vaut réserver car certaines n'ouvrent leurs portes que le matin, et pas le jour de la paie. Une excursion intéressante part de Guadalajara, à bord du train **Tequila Express,** à 10h30 le samedi. Le voyage dure huit heures avec déjeuner, mariachis, danseurs folkloriques et visite de la distillerie San José. Prenez vos billets à la chambre de commerce de Guadalajara (*av. Vallarta 4095 et Niño Obrero, tél. (33) 31 22 79 20, €€€€*). À 10 km au sud de Tequila, à **Amatitán**, la **Hacienda San José**

del **Refugio**, plantation familiale, cultive 8 millions d'agaves sur 4 000 hectares. La distillerie, modèle d'efficacité, produit la tequila Herradura. Les visites (€€) ont lieu tous les jours, de 9 heures à midi.

LE LAC DE CHAPALA

Plus grande étendue d'eau douce du Mexique, le lac de Chapala, se trouve à 40 km au sud de Guadalajara. Le président Porfirio Díaz, qui en appréciait le climat agréable, les promenades sous les arbres le long du lac et les montagnes environnantes, y avait une résidence secondaire. Plusieurs milliers d'expatriés canadiens et américains ont choisi les trois bourgades riveraines comme lieu de retraite ou de villégiature.

La déforestation et l'érosion qui en découle ont souillé le lac. La prolifération de jacinthes d'eau et la pollution de la rivière Lerma n'ont fait qu'aggraver la situation. Par ailleurs, la forte expansion de Guadalajara et des villes alentour a provoqué une baisse catastrophique du niveau du lac, qui est la source d'eau potable de la région.

À **Chapala**, les familles mexicaines viennent se promener et acheter de l'artisanat le week-end. C'est dans une maison de la calle Zaragoza, au début des années 1920, que l'écrivain D. H. Lawrence (1885-1930) écrivit son premier roman, *Le Serpent à plumes*. Les restaurants qui autrefois bordaient les rives du lac servent des *charales* (poissons grillés) typiques et de la tequila que l'on fait passer avec de la *sangrita* – boisson à base de chili, de jus de tomates et d'oranges, inventée ici.

Ajijic, à 8 km à l'ouest de Chapala, est une ville en pleine expansion, dont les maisons en pisé et les ruelles pavées commencèrent à attirer les artistes et les écrivains vers 1950. Art, artisanat et vêtements de grandes marques sont en vente dans les galeries et boutiques. Le 30 novembre, jour de la saint André, s'achèvent neuf jours de festivités. Les célébrations ont lieu dans l'**église San Andrés**, sur la place. Des petits villages entourent le lac, dont **San Juan Cosalá**, qui propose des thermes, un restaurant et des chambres. ■

Pêcheurs sur lac de Chapala.

www.chapala.com

Chapala
⚐ 138 C4
Informations
✉ av. Madero 407
☎ (376) 765 31 41

Les traditions *tapatías*

Le paradoxe de Guadalajara, c'est que les traditions qui en font une exception sont considérées ailleurs comme essentiellement mexicaines. Dans les comédies musicales des années 1940, Pedro Infante et Jorge Negrete incarnaient le Mexicain typique. En tenue élégante de charro, coiffés de l'élégant chapeau de feutre, ils chantaient les amours sans espoir. La tequila et les *charros*, les mariachis et les longues siestes qui font le charme traditionnel et unique de Guadalajara (et de l'État de Jalisco) sont devenus un mythe national.

Un charro fait une démonstration de sa maîtrise du lasso.

Guadalajara, depuis longtemps la deuxième ville du Mexique, a conservé son ambiance provinciale et ses habitants, les *Tapatíos*, sont souvent traditionalistes. Les artistes tapatíos, tels que le muraliste et peintre José Clemente Orozco et les écrivains Juan Rulfo et Agustín Yáñez, sont tenus en grande estime et leurs œuvres souvent citées.

Par ailleurs, les Tapatíos sont immensément fiers de la boisson nationale, la tequila. L'appellation d'origine octroyée à la tequila stipule que cette boisson, issue de l'agave bleu ou maguey, un cousin du cactus, ne peut être élaborée que dans le Jalisco et les régions bien précises des États de Nayarit, Guanajuato, Tamaulipas et Michoacán.

La première boisson à l'agave était le *pulque*, un breuvage fermenté peu alcoolisé bu dans toute la Mésoamérique précolombienne. Les Espagnols le distillèrent pour produire la tequila. Quand les plantes ont 8 à 12 ans, on en extrait le cœur, qui pèse jusqu'à 55 kg, on le coupe en lamelles et on le cuit de six à huit heures. L'*aguamiel* qui en résulte est mis à fermenter et distillé deux fois. La tequila *blanco* ne vieillit pas, la *reposado* passe au moins deux mois dans des tonneaux en bois et l'*añejo* au moins un an en fûts de chêne.

La *charrería* est le sport national depuis 1933. Les charros accomplissent des prouesses équestres, identiques à celles d'un rodéo, mais avec plus de finesse et dans une tenue plus élégante. Des équipes de six à huit personnes s'affrontent dans le *lienzo charro*, arène circulaire, avec les *suertes* (figures) suivantes: terrassement du bouvillon, capture au lasso et monte de taureau sauvage ou changement de monture au triple galop. La *escaramuza charra* est une manifestation féminine haute en couleur. La charrería, qui exige de belles montures, des tenues onéreuses et des éperons d'argent, est un sport de privilégiés.

L'ambiance à la *charrería*, comme dans les mariages, les fêtes et les cafés, est assurée par les mariachis. Leur nom serait une déformation du français « mariage », puisque ces groupes de cinq musiciens se produisaient lors des mariages de la haute société au XIXe siècle. Se composant à l'origine de deux violons, d'un harpiste et d'un joueur de *jarana* et *vihuela* (sortes de guitares), ils jouaient les ballades romantiques qui avaient la faveur du public après l'indépendance. Les trompettes, dont les mariachis ne sauraient aujourd'hui se passer, furent introduites dans les années 1930.

Le touriste peut profiter de ces traditions lors de l'Encuentro Internacional del Mariachi y la Charrería, qui a lieu chaque année fin août et début septembre, et en octobre, aux Fiestas de Octubre. ■

À droite: musique (en haut) et prouesses équestres (en bas) marquent l'Encuentro Internacional del Mariachi y la Charrería de Guadalajara, qui se tient à la fin de l'été.

Colima et ses environs

POUR LES VOYAGEURS QUI SONT LAS DES SOMPTUEUSES STATIONS BAL-
néaires ou de l'agitation des villes, Colima sera un vrai havre de
paix. Les plantes abondent dans le centre de cette petite capitale
d'État, l'une des villes les plus sûres du Mexique. Les habitants
sont très fiers de la propreté des rues et on goûtera leur courtoisie
envers les visiteurs. La ville possède d'intéressants musées, des
galeries d'art, des festivals originaux et des boutiques d'accessoires pour magiciens. Les villes voisines ont également un mode
de vie qui semble appartenir à une époque révolue.

Fondée par les Espagnols en 1522, Colima a subi de très nombreux séismes qui ont laissé peu d'édifices coloniaux intacts. Les habitants ont su mettre à profit leur infortune en transformant des pâtés de maisons entiers en parcs. Huit élégants espaces verts embellissent ainsi le centre de leurs étendues verdoyantes.

Grâce à son altitude de 500 m, il y fait plus frais et moins humide que sur la côte distante de 45 km. Presque tous les jours, une brise bienvenue souffle des montagnes et, de juillet à octobre, l'après-midi et le soir, des averses de pluie rafraîchissent l'air. Que le temps soit à la pluie ou au soleil, les habitants passent la soirée sur la place centrale du jeudi au dimanche, à écouter toutes sortes de concerts, mariachis, ballades romantiques ou rock moderne.

Le cœur de la ville compte trois places. La **Plaza Principal** (*Reforma, entre Madero et Hidalgo*) est dominée à l'est par la cathédrale **Nuestra Señora de Guadalupe** (*Reforma 21, tél. (312) 312 02 00*), néoclassique, reconstruite après le séisme de 1941, et le **Palacio de Gobierno** adjacent (*tél. (312) 312 04 31*), dont la cour intérieure est ornée d'une fresque de Jorge Chávez Carillo ayant pour sujet les héros de l'indépendance. Juste derrière la cathédrale se trouve le **Jardín Quintero**, avec le **Parque Núñez**, un immense jardin floral, à l'angle du carrefour des avenues Madero et Juárez. Hôtels, restaurants, cafés, commerces, et quelques musées intéressants sont à quelques pas.

Au beau **Museo Universitario de Culturas Populares** (*Barrela et Gallardo Zamora, tél. (312) 312 68 69, mar.-sam. 10 h-14 h et 17 h-20 h, dim. 17 h-20 h, €*), les arts populaires sont à l'honneur: textiles régionaux, masques et objets précolombiens, dont de merveilleuses céramiques de petits chiens courts sur pattes et ventrus, les *tepezcuintle*, appréciés – et mangés – par les habitants à l'époque préhispanique. À la boutique du musée, vous trouverez de magnifiques reproductions de pièces précolombiennes. Des collections similaires se trouvent au **Museo de Historia de Colima** (*Reforma et Portal Morelos 1, tél. (312) 312 92 28, mar.-sam. 10 h-14 h et 16 h-20 h, dim. 17 h-20 h, €*). Juste à côté, la **Sala de Exposiciones de la Universidad de Colima** (*tél. (312) 312 92 28, mêmes horaires*) présente des expositions temporaires d'art moderne. Les plus belles collections d'art sont sans doute celles de la **Pinacoteca Universidad** (*V. Guerrero 35, tél. (312) 312 22 28, mar.-sam. 10 h-14 h et 17 h-20 h, dim. 10 h-13 h*),

Colima
🅰 138 C3
Informations
✉ Ocampo et Hidalgo 96
☎ (312) 312 83 60

qui expose des œuvres de peintres locaux dans trois délicieuses demeures reliées entre elles par des patios décorés de treilles.

À une rue au sud de la grande place principale, le beau **Teatro Hidalgo** (*Hidalgo et Morelos, tél. (312) 313 06 08*) occupe un terrain donné à la ville par Miguel Hidalgo (voir p. 32), héros révolutionnaire qui fut prêtre à Colima. Ce bâtiment néoclassique édifié entre 1871 et 1883, accueille concerts, pièces de théâtre et parfois des opéras.

À 1 km au nord-est du centre, la **Casa de la Cultura** (*Calzada Galván Norte et Ejército Nacional, tél. (312) 313 06 08*) comprend un théâtre, une bibliothèque et une vidéothèque très bien pourvues. Le **Museo de las Culturas del Occidente** (*tél. (312) 312 31 55, mar.-sam. 9 h-17 h*) expose de superbes collections des cultures occidentales du Mexique dont de la céramique précolombienne, notamment de nombreuses statuettes creuses et polies, représentant des hommes, des chiens, des poissons, des reptiles et des oiseaux. Une rue au sud, le **Parque Piedra Lisa** (*Calzada Galván et Aldama*) doit son nom à sa célèbre pierre lisse, une grosse roche volcanique noire dont le sommet sort de terre. Elle est lisse d'un côté et, de l'autre, comporte des marches pour l'escalader. Si vous glissez dessus, vous serez lié pour la vie à Colima et serez forcé d'y revenir mourir.

LES ENVIRONS DE COLIMA

Au nord, plusieurs villes valent le détour. À 10 km, **Comala** est un

Derrière ces vulcanologues se dresse le volcan éteint de Nevado, qui tire son nom de sa cime enneigée.

Les Indiens appréciaient beaucoup les chiens tepezcuintle – ici en argile rouge – qu'ils mangeaient par ailleurs.

pueblo de carte postale, aux maisons blanches coiffées de toits de tuiles rouges. Sa principale attraction est sa place ombragée, avec son kiosque à musique et une jolie église. Le week-end, les habitants se retrouvent sous les colonnades dans les restaurants qui servent des spécialités locales : les *sopes* (rondelles grillées de *masa* mijotées avec du poulet ou du porc épicé et des oignons). Pendant

le très célèbre festival de la Vierge de Guadalupe (du 1er au 12 décembre), on peut acheter du café cultivé et torréfié dans la région et des meubles sculptés.

À cinq minutes de Comala par une superbe route, le Camino a Nogueras, la **hacienda de Nogueras**, une ancienne plantation, héberge un centre d'études anthropologiques et culturelles de l'Occident. Ce complexe comprend l'intéressant **Museo Alejandro Rangel** (*tél. (312) 315 52 80 mar.-sam. 10 h-14 h et 17 h-20 h, dim. 10 h-13 h*), qui expose du mobilier local ainsi que les fameux chiens en céramique de Colima. Le séduisant petit restaurant (qui ouvre à sa guise…) propose des spécialités locales telles que le *pollo pilipan*, poulet à la sauce de graines de potirons et d'arachides.

À 10 km au nord-est de Comala, **Suchitlán** préserve ses traditions indiennes. Cette ville doit sa renommée à ses masques zoomorphes rituels sculptés et portés lors des danses pendant la semaine sainte ; on peut en acheter au marché d'artisanat indien le dimanche. Juste à l'extérieur de la ville, la **zona mágica**, est dite ensorcelée : les voitures à l'arrêt et même l'eau sem-

Festivités

Trois grandes fêtes ont lieu chaque année dans les environs de Colima. Villa de Álvarez, une commune à 5 km au nord du centre, célèbre la Feria de San Felipe de Jesús pendant les deux premières semaines de février, avec défilés équestres et combats de taureaux. Les chauffeurs de taxis, travestis en femmes, se promènent dans toute la ville et jettent leur dévolu sur les hommes qui ne se doutent de rien.

La Feria de Todos Santos (fin octobre à début novembre) est

plus commerciale – et plus sérieuse. Elle a lieu à l'est de Colima et propose de nombreuses attractions, de la nourriture et de l'artisanat régional.

Pendant la Fiesta de la Virgen de Guadalupe qui se déroule du 1er au 12 décembre, le centre de Colima est garni de stands de spécialités gastronomiques. On donne des concerts chaque nuit. Les femmes, les enfants et les bébés, en costume régional, se rendent solennellement à la cathédrale pour rendre hommage à la Vierge. ■

blent défier la gravité et remonter la pente sur laquelle elles se trouvent. Le phénomène n'est toujours pas expliqué.

À 22 km au nord de Colima, la **Laguna la María**, un paisible lac turquoise, est entourée de plantations de caféiers. L'hôtel et les restaurants sont rustiques. Les citadins font souvent étape au **Jacal de San Antonio**, un restaurant perché sur une falaise seulement ouvert le week-end et pour le déjeuner.

À juste 8 km derrière le lac, les volcans jumeaux du **Parque Nacional Volcán de Colima**, distants de quelques kilomètres l'un de l'autre, en sont l'attraction principale. Le **Volcán de Colima** qui culmine à 3 960 m a repris son activité en janvier 1999 et projeté étincelles et torrents de lave. Ces spectacles pyrotechniques sont bien visibles de Colima. Il est donc impossible de le visiter, de même que son voisin éteint, le **Volcán de Nevado** (« volcan enneigé »), culminant à 4 335 m. Si l'activité volcanique devait prendre fin, adressez-vous à l'office du tourisme pour les cartes et les visites. ■

Magie ou réalité ?

Colima porte un grand intérêt aux sciences occultes. De nombreux magasins vendent des potions et des poudres pour la magie blanche ou noire. Cet intérêt pour le monde des esprits reflète une croyance locale. Près de Colima, un portail, qui resterait grand ouvert grâce à l'activité des sorciers de Suchitlán (à 5 km au nord-est), conduirait à une autre dimension. Ceux-ci se transformeraient en animaux sur une grande pierre gravée autrefois d'organes génitaux féminins.

Certains bâtiments, anciens ou modernes, sont hantés, dont un hôtel, un hôpital et un café. On prend au sérieux les apparitions des fantômes ; certaines victimes se plaignent d'attouchements ou de viols. Si dans tout le Mexique on croit aux sorcières, partager les expériences paranormales est le passe-temps favori des habitants de Colima. ■

Les habitants de Colima apprécient les restaurants discrets de la toute proche Comala.

Morelia possède de nombreux édifices religieux, dont l'église de Guadalupe.

Morelia

AUTREFOIS APPELÉE VALLADOLID, EN HOMMAGE À SON HOMOLOGUE espagnole, Morelia est la capitale de l'État de Michoacán, dont les limites correspondent plus ou moins à celles de l'ancien royaume des Purépechas (Tarasques). Les Purépechas, artisans et guerriers, ne se laissèrent jamais conquérir par les Aztèques, ni par les Chichimèques du Nord, tout aussi belliqueux. Fondée par Antonio de Mendoza en 1541, la ville s'est développée lentement aux XVIᵉ et XVIIᵉ siècles. Les monuments, dans une belle pierre volcanique rose, sont de style plateresque et baroque. Ses larges avenues et ses vastes places confèrent une allure pleine de dignité à la ville.

Morelia

▲ 138 D3

Informations

✉ Nigromante 79, Palacio Clavijero

☎ (443) 317 23 71
ou
(443) 312 04 15

La superbe **cathédrale** (*Madero et Juárez*) à trois nefs (1660-1744) mêle des éléments néoclassiques à une façade baroque dont les colonnes et les panneaux sculptés produisent un effet de clair-obscur. Chaque année en mai, le Festival Internacional del Órgano célèbre le magnifique orgue allemand de 4 600 tuyaux. Typique de l'art purépecha précolombien, le Christ (XVIᵉ siècle) de l'une des sept chapelles latérales est fait d'une pâte d'épis et de poudre d'orchidées (*pasta de caña*) appliquée sur une armature de roseau.

Le beau **Palacio de Gobierno** (*Madero 63, tél. (443) 313 07 07*) était à l'origine un séminaire où étudièrent les révolutionnaires José María Morelos (1765-1815) et Melchor Ocampo (1814-1861), tous deux acteurs du mouvement de l'indépendance (voir p. 32). Dans les années 1970, Alfredo Zalce, artiste du Michoacán, a couvert la grande cage d'escalier et le deuxième étage de peintures murales sur l'histoire de la région.

À l'est du centre-ville, le **Museo de Arte Contemporáneo** (*Acueducto 18, tél. (443) 312 54 04,* *mar.-dim. 10 h-14 h et 16 h-20 h)* présente les œuvres de Zalce et d'autres artistes contemporains. L'édifice, datant du Porfiriat, se trouve à la lisière d'un parc, le **Bosque Cuauhtémoc**. Pour vous y rendre, vous passez devant l'**aqueduc** aux 250 arches, qui fournissait en eau potable toutes les fontaines de la ville.

En suivant la Calzada Fray Antonio de San Miguel, une rue piétonnière, vous arrivez au **Santuario de Nuestra Señora de Guadalupe**. L'intérieur de l'église a été somptueusement refait au début du XXᵉ siècle, avec des stucs alliant Art nouveau et baroque.

À Morelia, les édifices religieux sont très nombreux. Ancien collège jésuite, le beau **Palacio Clavijero** (*Nigromante 79, tél. (443) 317 23 71*) abrite l'office du tourisme, quelques administrations et des salles de spectacles. L'ancienne église est devenue une superbe bibliothèque publique. Le **Conservatorio de las Rosas** (*Santiago Tapia 334, tél. (443) 312 14 69, lun.-sam. 10 h-18 h*), ancien monastère dominicain du XVIIIᵉ siècle, vibre au chant de **Los Niños Cantatores de Morelia**, un chœur de notoriété internationale. Autrefois couvent de carmélites, l'immense **Casa de la Cultura** (*Morelos Norte 485, tél. (443) 313 12 15, tlj 10 h-14 h et 16 h-20 h*) accueille des événements culturels, ainsi que le superbe **Museo de las Máscaras**, riche de plus de cent masques traditionnels en bois sculpté.

D'une modestie bien franciscaine, le **Templo y Ex-Convento Franciscano** (*Fray Juan de San Miguel 129 et Humboldt, tél. (443) 312 24 86*) est doté d'une simple façade platteresque. Il abrite la **Casa de las Artesianas** *(tlj 9 h-14 h et 18 h-20 h)*, musée d'État et boutique d'art populaire.

José María Morelos y Pavón, qui est né à Morelia (alors Valladolid), fut un héros de l'Indépendance (voir p. 32). Plusieurs musées lui font honneur, dont la **Casa Museo de Morelos** (*av. Morelos Sur 323, tél. (443) 313 26 51, tlj 9 h-19 h, €*), une maison du XVIIIᵉ siècle. Quelques rues plus loin, une flamme perpétuelle brûle dans le jardin de sa maison natale, le **Museo Casa Natal de Morelos** (*Corregidora 113, tél. (443) 312 27 93, lun.-ven. 9 h-20 h, sam.-dim. 9 h-19 h*) qui abrite une bibliothèque historique et plusieurs des peintures murales d'Alfredo Zalce.

Le **Mercado de Dulces**, un marché de gâteaux situé derrière le Palacio Clavijero, vaut le détour. Découvrez-y l'*ate* (sorte d'aspic de fruit, que l'on mange avec du fromage blanc) ou les délicieux *buñuelos* frits, saupoudrés de sucre et de cannelle. Le **Museo Regional Michoacano** (*Allende 305, tél. (443) 312 04 07, mar.-sam. 9 h-19 h, dim. 9 h-16 h, €€*), est un palais du XVIIIᵉ siècle qui appartenait au beau-père de l'empereur Agustín de Iturbide. ■

Reproduction moderne d'un masque précolombien.

Pátzcuaro et ses environs

ASSOUPIE SOUS LE SOLEIL MONTAGNARD À 2 170 m D'ALTITUDE, Pátzcuaro est depuis longtemps un centre de culture indigène et d'artisanat. Après la mort de l'évêque Vasco de Quiroga (voir p. 139), au milieu du XVIe siècle, la capitale de la région s'installa à Morelia. Sans doute l'exode de l'autorité et du pouvoir européens favorisa-t-il l'épanouissement des traditions et de l'artisanat indigènes. Que ce soit pour l'art local, l'air des cimes ou l'absence presque totale de constructions modernes, cette ville au bord d'un lac est peut-être celle qui reçoit le plus de visiteurs de tout l'État de Michoacán.

Pátzcuaro, qui fut la première capitale du royaume tarasque de la fin de la période postclassique (1200-1521), occupait le centre vallonné de l'actuel Michoacán. Sur la rive sud du **Lago de Pátzcuaro**, les habitants pêchaient, chassaient et pratiquaient la cueillette et, à la différence de presque tous les Mésoaméricains, travaillaient les métaux. Ils produisaient de magnifiques outils de cuivre, des objets ornés de plumes et des *maqueados*, calebasses décorées dans lesquelles les nobles aztèques buvaient leur chocolat amer. Excellents guerriers, ils résistèrent à l'absorption par l'Empire aztèque expansionniste.

Les Tarasques furent stupéfaits par l'anéantissement de leur ennemi par les Espagnols. Le roi Tzimtzincha-Tangaxuan II accepta volontiers les offres de paix du conquistador Hernán Cortés, jura fidélité à la Couronne espagnole et accepta d'être baptisé.

Cependant, sa soumission fit peu d'impression sur le brutal Nuño de Guzmán, qui, représentant le pouvoir colonial à travers la *real audiencia*, s'empressa de le faire torturer et pendre. Guzmán persécuta les Indiens, les réduisit en esclavage et les tortura avec une telle cruauté qu'il fut expulsé du Mexique par le vice-roi Mendoza et emprisonné en Espagne.

Une deuxième Audience, plus clémente, ayant été instaurée, la difficile tâche de retrouver la confiance des Indiens fut confiée à don Vasco de Quiroga. En 1536, ce juge espagnol fut ordonné prêtre et nommé évêque le même jour. Quand il mourut, trente ans plus tard, « Tata Vasco » (le grand-père Vasco) avait fait construire autant d'hôpitaux et d'écoles que d'églises et fait développer à de nombreuses villes un artisanat ou un savoir-faire utile.

Cette tradition d'un artisanat de qualité s'est maintenue et les objets décoratifs et utilitaires du Michoacán comptent parmi les plus beaux du Mexique. La décoration traditionnelle de calebasses à la laque fait appel à des techniques originaires d'Asie. Le tissage, la broderie, le travail des métaux et la céramique sont aussi remarquables.

Vous pouvez acheter des objets et regarder les artisans au travail à la **Casa de los Once Patios** (*Madrigal de las Altas Torres, près de Lerín*), un ancien couvent de dominicains, ou au **Museo de Artes Populares** (*Enseñanza et Alcantarilla, tél. (434) 342 10 29, mar.-sam. 9 h-19 h, dim. 9 h-15 h, €*), une très agréable construction coloniale qui abritait autrefois le Colegio de San Nicolás. On peut voir à l'arrière une habitation purépecha typique en bois (*troje*).

Pátzcuaro
⚐ 138 D3
Informations
✉ Buenavista 7
☎ (434) 342 12 14

La très grande **Plaza Vasco de Quiroga** (*Portales, Hidalgo, Morelos, Matamoros et Guerrero*) porte le nom du bienfaiteur espagnol. Elle se distingue des places habituelles par l'absence d'édifices administratifs et d'églises, ici remplacés par d'anciens palais convertis en hôtels, restaurants et magasins. Une rue plus loin se trouve la Plaza Gertrudis Bocanegra, plus intime (*Mendoza, Libertad, Iturbide et La Paz*), d'après le nom de l'héroïne de la guerre de l'indépendance. Sur le côté nord, la **Biblioteca Gertrudis Bocanegra** (*lun.-sam. 9 h-17 h*), bibliothèque sans prétention, possède une peinture murale fabuleuse et complexe sur le Michoacán, due à l'architecte, peintre et muraliste Juan O'Gorman (1905-1982).

Le charme de Pátzcuaro tient à sa culture populaire. La **basilique de Nuestra Señora de la Salud** (*Árciga et Cerrato*), dévastée par plusieurs incendies et reconstruite au petit bonheur, abrite néanmoins une Vierge de la Santé en *pasta de caña* qui compte de nombreux fidèles.

Le Día de los Muertos (jour des Morts) est très abondamment célébré dans toute la région. Le festival de la ville voisine de Janitzio attirant une foule de visiteurs venus du monde entier (voir « La région des lacs », p. 164-165), la délégation au tourisme de Pátzcuaro a mis au point un programme d'événements culturels qui ont lieu quelques jours avant et après la célébration, du 31 octobre au 2 novembre.

Pêche traditionnelle des Purépechas sur le lac de Pátzcuaro.

Une fois par an, le jour des Morts, on nettoie les tombes familiales et on les décore de bougies et de fleurs.

LA RÉGION DES LACS

Les visiteurs aiment se promener dans Pátzcuaro et faire le pèlerinage obligé jusqu'à Janitzio, une île ravissante mais touristique. Néanmoins, les plus curieux devraient pousser la balade dans les environs vallonnés, où nombre de villages et de petites villes sont connus pour leur artisanat.

La religion purépecha se fondait sur une famille de dieux dirigés par Kurikaweri, seigneur du feu et de la guerre, et sa réplique féminine, Kwerawáperi, divinité terrestre, patronne des parturientes. Pour les convertir, les prêtres catholiques eurent l'idée de créer des pièces édifiantes, comme la *pastorela*, une nativité et adoration de la Vierge. Aujourd'hui, la région des lacs est connue pour ses nombreuses fêtes religieuses hautes en couleur, avec danseurs masqués et déguisés, instruments fabriqués sur place et chants traditionnels. Zirahuén en particulier célèbre les fêtes des saints et les jours fériés par des musiques et des danses traditionnelles.

Janitzio, la plus grande mais aussi l'une des plus connues et visitées des îles du lac de Pátzcuaro, organise des célébrations du jour des Morts très médiatisées qui attirent des foules de visiteurs. Au sommet de l'île conique se dresse une statue colossale de José María Morelos (voir p. 161), dont l'ascension par l'escalier aménagé à l'intérieur permet de bénéficier d'une belle vue (€). Les marches qui partent du quai sont bordées de magasins de souvenirs et de petits restaurants. Des cinq îles du lac, seule la petite et moins touristique **Yunuén** propose des chambres. Pátzcuaro est reliée à toutes les îles par bateau (*quai à 10 min. au nord du centre, tél. 01 44 33 78 33 58, €€ l'aller-retour*).

La route longue de 88 km qui contourne le lac ne s'en écarte qu'entre Ihuatzio et Tzintzuntzan, deux villes purépechas qui partagèrent le pouvoir avec Pátzcuaro avant la conquête. « Tzintzuntzan » signifie « lieu des colibris » en langue purépecha.

Les deux villes sont situées au nord de Pátzcuaro et sur la rive est du lac. La minuscule Ihuatzio reçoit peu de visiteurs, sauf pour ses ruines purépechas en partie mises au jour. À **Tzintzuntzan**, ne manquez pas le marché de l'artisanat où l'on vend des objets en paille tissée, des poteries simples et des bois sculptés. Le monastère franciscain, derrière ce marché, et le **site cérémoniel précolombien** (*carr. 15 à l'entrée de Tzintzuntzan, 9 h-18 h, €*) sont des ruines à demi restaurées. Le site se compose d'une grande plate-forme rectangulaire soutenant cinq *yácatas*, des pyramides à gradins reliées à des constructions circulaires revêtues à l'origine de plaques de roche volcanique. Les bâtiments mis au jour ont révélé des tombes inviolées, sans doute de rois tarasques.

Tzintzuntzan s'anime pour la semaine sainte, le jour des Morts et les *pastorelas* de Noël à partir du 16 décembre.

Quiroga, du nom de l'évêque qui consacra sa vie aux Indiens, était un important carrefour avant l'arrivée de Cortés. Aujourd'hui, on y travaille le cuir et le bois laqué. Le premier dimanche de juillet, une procession aux flambeaux marque la Fiesta de la Preciosa Sangre de Cristo (fête du Précieux Sang du Christ).

À 1,5 km après Quiroga, **Santa Fe de la Laguna** vit d'agriculture, de pêche et de céramique, notamment des pièces funéraires: candélabres, urnes et vases. La croix plantée dans l'atrium du **temple de San Nicolás** est typique de l'État de Michoacán. La ville célèbre sa fête, le 14 septembre, par des feux d'artifice et des danses régionales.

À l'ouest du lac, **Erongarícuaro** est entourée de belles forêts mixtes. Une jolie boutique tenue par des Américains fabrique des meubles en bois peint originaux mais assez chers. À 16 km au sud de Pátzcuaro, à **Villa Escalante** (ou Santa Clara del Cobre), les artisans produisent de la vaisselle en cuivre martelé et autres objets décoratifs et utilitaires. Visitez les boutiques et fabriques familiales disséminées un peu partout en ville ou le **Museo Nacional del Cobre** (*Morelos 263 et Pino Suárez, tél. (434) 343 02 54, mar.-sam. 9 h-17 h, €*).

Zirahuén, au sud-ouest de Pátzcuaro par la route 120, est une modeste agglomération sur un beau lac bleu. Plus petit et profond que celui de Pátzcuaro, le Lago Zirahuén est entouré de forêts mixtes. La ville, réputée pour sa musique et ses danses, célèbre plus particulièrement la semaine de Pâques et la sainte Croix (3 mai). ■

La danse
du Petit Vieillard.

Danses et masques régionaux

Au Mexique, les cultures indigènes, en particulier celles des Tlaxcala, Guerrero et Michoacán, marquent les fêtes par des danses. Les habitants, qui portent des masques et parfois des costumes élaborés, font revivre les mythes qui ont survécu à la conquête. Les thèmes universels sont la victoire du bien sur le mal et sur les envahisseurs. Les masques de bois représentant les Espagnols sont peints en blanc, en rose vif ou dans des tons de chair plus réalistes; ils sont parfois à double visage. À Tlaxcala, on en fabrique avec des yeux de verre qui s'ouvrent et se ferment avec une ficelle. Les masques animaliers comportent parfois, pour accentuer leur réalisme, des cornes, des moustaches, des dents, des griffes et de la fourrure. Les plus impressionnants du Mexique se trouvent au village de Tocuaro, à 10 km à l'ouest de Pátzcuaro. ■

Uruapan et ses environs

CONSIDÉRÉE PARFOIS COMME LA SŒUR DÉFAVORISÉE DE PÁTZCUARO, Uruapan est en fait une cité coloniale digne d'intérêt. Grâce à son altitude inférieure de 525 m à celle de Pátzcuaro, elle jouit d'un climat subtropical et donc d'une végétation luxuriante et de fleurs toute l'année. En langue purépecha, Uruapan, qui signifie « où les fleurs fleurissent », est dotée d'un parc national enchanteur, d'une des plus grandes foires d'artisanat du pays et, toute proche, d'une ville fantôme ensevelie sous la lave… autant de raisons de s'y rendre.

Les Purépechas étaient installés dans la région des siècles avant que le père Juan de San Miguel n'arrive d'Espagne et fonde la ville en 1532. S'il édifia une chapelle, un marché, un hôpital et une école, il instaura un système féodal qui réduisait au servage les Indiens. Sous le système espagnol de l'*encomienda*, Uruapan devint un centre agricole important et prospère. Aujourd'hui, c'est la capitale mondiale de l'avocat. On peut en déguster au début de novembre, pendant la Feria del Aguacate (fête de l'avocat).

C'est une ville de plan orthogonal, dont la **place principale** occupe le centre. Au nord, se tient La **Huatápera** (*Jardín Morelos*), l'hôpital élevé par le père Juan au XVIe siècle. C'est aujourd'hui le **Museo Popular** (*tél. (452) 524 34 34, mar.-sam. 9 h-19 h, dim. 9 h-15 h, €*) qui possède des collections d'artisanat de tout l'État du Michoacán, dont de magnifiques laques de cèdre (*maque*) qui ont fait la réputation d'Uruapan.

Derrière La Huatápera, le **marché** de la ville s'étend le long de la calle Constitución, où les habitants vendent des légumes, du fromage ou des objets artisanaux – plateaux, calebasses, boîtes de laque et meubles en bois. Pendant la semaine sainte, la place principale se mue en un immense mar-

ché d'artisanat. On peut y acheter pour pas cher des guitares et des violons magnifiquement sculptés de la ville voisine de Paracho.

De chaque côté de la place, les extérieurs de l'église de la **Inmaculada** et de **San Francisco** sont de magnifiques exemples d'architecture platéresque en pierre de taille locale (*cantera*). Juste au nord de San Francisco, découvrez tout ce qui se passe en ville à la **Casa de la Cultura** (*García Ortiz, tél. (452) 524 76 13*).

Le beau **Parque Nacional Eduardo Ruíz** (*Calzada Fray Juan de San Miguel, 8 h-18 h, tél. (452) 524 01 97, €*) se trouve à une quinzaine de minutes à pied de la grande place. Modèle d'architecture paysagiste, ce parc fabuleux commence à la source du río Cupatitzio et le suit sur un kilomètre. On y trouve des chemins ombragés, des bancs, des ponts, des cascades et une explosion de fleurs. Il paraît qu'un arc-en-ciel se forme dans les gouttelettes d'eau de la rivière tous les jours.

Les amateurs de l'alcool local (*charanda*) pourront visiter la **Destiladora el Tarasco** (*Carretera a Tarétan 26, fermée dim.*). On peut suivre le traitement du jus de canne à sucre, qui est fermenté, distillé puis mis en bouteille. La visite en espagnol s'achève par une dégustation gratuite de cette puissante eau de feu.

Plus dramatique est la visite du village enseveli de **San Juan Parangaricutiro**. Là, en 1943, le **volcan Paricutín** surgit brusquement au beau milieu d'un champ. Au cours de sa vie relativement brève de huit ans, il força plus de 4 000 personnes à partir au fur et à mesure qu'il recouvrait leurs maisons de lave. On n'aperçoit plus que le sommet de l'église du village. Pour y aller, prenez un car jusqu'à **Angahuán** (au nord-ouest d'Uruapan), où vous pouvez louer un cheval pour San Juan Parangaricutiro (**€€**) ou le volcan de Paricutín (**€€€€**). À Angahuán, vous trouverez un restaurant et des chambres rustiques si vous vous attardez trop longtemps à San Juan Parangaricutiro, et un circuit de 10 km. Un conseil : prenez des chaussures de marche. ■

Parangaricutiro : Du village englouti par la lave en 1943, seul subsiste le haut de l'église.

www.guerrero.gob.mx

Ixtapa et Zihuatanejo

On cite toujours ces deux villes par ordre alphabétique, mais si Zihuatanejo fut une communauté précolombienne et un port important dans les premiers temps de la colonisation espagnole, Ixtapa se résumait à une plantation de cocotiers il y a seulement trente ans. Elle fait partie de ces stations balnéaires que l'État mexicain développa au début des années 1970. Aujourd'hui, les deux villes sont indissociables tout comme leurs 24 kilomètres de plages, qui sont parmi les plus spectaculaires de la côte Pacifique.

Un décret de 1561 ayant fait d'Acapulco l'unique port officiel de la Nouvelle-Espagne sur la côte Pacifique, la ville de **Zihuatanejo** (autrefois Zihautlán, « lieu des femmes noires ») perdit de son importance. Après des siècles d'isolement, le village fut de nouveau relié au monde par la route 200, dans les années 1960, et les visiteurs commencèrent à arriver.

Aujourd'hui, les routes de terre sont asphaltées et ombragées, mais la chaleur est toujours aussi terrible. Zihuatanejo reste un port de pêche, malgré les nombreux et élégants hôtels qui se dressent sur la plage. D'autres hôtels se cachent dans les collines, derrière les plages ou dans le sympathique centre-ville. Une promenade piétonnière relie le centre, qui donne sur la **Playa Principal**, à **Playa La Madera**, une jolie plage facile d'accès et haut lieu des pique-niques en famille.

Les taxis sont le mode d'accès le plus simple pour **Playa La Ropa** (plage des vêtements). Ce nom original lui vient d'une cargaison de soies et vêtements exotiques qui s'y échoua à la suite du naufrage d'un galion espagnol.

Du quai principal du port, les bateaux-taxis conduisent à la **Playa Las Gatas**, protégée des hautes vagues de l'océan par la pointe d'El Faro. Las Gatas, baptisée d'après une variété de requins-nourrices qui y proliférait autre-fois, est une jolie plage parfaite pour plonger ou se baigner. Les cafés servent boissons non alcoolisées et *ceviche*, bière et sandwiches, et les magasins de sport louent, entre autres, planches à voile et scooters des mers.

Situées sur une baie dégagée et peu profonde, mais sans la flottille des bateaux de pêche, les plages d'**Ixtapa** sont encore plus propres que celles de Zihuatanejo, mais peu protégées des grosses vagues. Sur plusieurs kilomètres, les hôtels longent la **Playa del Palmar** et offrent commerces, restaurants, bars, boutiques et locations pour sports aquatiques. Les taxis bon marché relient les deux villes en 10 minutes seulement.

On trouve des plages plus isolées à la pointe ouest d'Ixtapa, au-delà du rendez-vous des surfeurs d'**Escolleras** et de la Marina Ixtapa. Ici s'est implanté le **Club de Golf Marina Ixtapa** (*tél. (755) 553 14 10*). Plusieurs jolies plages s'étendent à l'ouest de la marina. Au-delà de la pointe d'Ixtapa, un hôtel du Club Med donne sur une plage tranquille. On peut louer un cheval (*€€€€*) pour une balade tôt le matin ou tard le soir sur la **Playa Linda** (Belle Plage).

Du quai de Playa Quieta, les bateaux-taxis (*€ l'aller-retour*) desservent **Isla Ixtapa**, où l'on peut plonger ou nager, paresser sur la plage ou profiter des restaurants. De l'autre côté de la petite île, la

Ixtapa

⛰ 138 D2

Informations

✉ Centre commercial de La Puerta, en face de l'hôtel Presidente

☎ (755) 553 19 67

Playa Carey, dénuée d'infrastructures, offre plus de solitude.

Si lézarder à la plage vous ennuie, les coopératives de pêche près du quai, à Zihuatanejo, proposent des expéditions en haute mer avec dorades, marlins, thons albacores, barbiers rouges et maquereaux à la clé. Les tournois annuels de mai et juin sont de plus en plus appréciés.

Plusieurs agences, dont le **Zihuatanejo Scuba Center** (*Hotel Paraíso Real, tél. (755) 554 21 47*), organisent des plongées avec ou sans bouteilles. En plus du Club de Golf Marina Ixtapa (voir p. 168), les golfeurs peuvent jouer au **Club de Golf Ixtapa** (18 trous) (*bd Ixtapa, tél. (755) 553 10 62*). L'histoire et l'anthropologie de la région sont retracées au **Museo Arqueológico de la Costa Grande** (*Plaza Olaf Palme, tél. (755) 554 75 52, fermé lun., €*).

Barra de Potosí, plage encadrée de montagnes désolées, se trouve à 22,5 km au sud de Zihuatanejo. Les *palapas* louent des hamacs pour la journée. À la saison sèche, on explorera le lagon voisin en bateau pour observer les oiseaux aquatiques. Les voyagistes d'Ixtapa et Zihuatanejo organisent des excursions pour la demi-journée (*€€€€*). Sinon, prenez un taxi ou un bus. Le paysage le long de la route est luxuriant et magnifique.

Troncones se trouve à peu près à la même distance au nord de Zihuatanejo. Elle possède de belles plages où se multiplient les hôtels et les villas à louer. ■

À Isla Ixtapa, les vacanciers se prélassent sous un parasol individuel.

Zihuatanejo
🗺 138 D2
Informations
✉ Palacio Municipal
☎ (755) 554 75 23

Acapulco

🗺 139 E1

Informations

✉ av. Costera Miguel Alemán 4455 (au Palais des congrès)

☎ (744) 481 23 52

Acapulco

TOUJOURS SATISFAITE D'ELLE-MÊME, LA CÉLÉBRISSIME VILLE PORTUAIRE d'Acapulco reste l'une des destinations favorites des jeunes mariés américains et des Mexicains en vacances. Les restaurants chics servent de la grande cuisine mexicaine et internationale, tandis que les sympathiques bistrots sur le rivage proposent des crevettes et du *ceviche* à la mode d'Acapulco. C'est toujours l'un des lieux les plus branchés du Mexique, et, dans les nombreuses discothèques, orchestres et DJs se relaient jusqu'à l'aube.

Ici, l'air doux oscille entre chaud et très chaud. Les pluies estivales (de juin à octobre) tendent à exacerber la chaleur au lieu de l'atténuer. Dès que l'humidité augmente, les prix des hôtels baissent, mais c'est une faible contrepartie. Toute l'année, des myriades d'arbres à fleurs arborent des feuillages éclatants. Le jeudi, la tradition exige un déjeuner tardif et prolongé de *pozole*, une soupe de grains de maïs huilés et séchés, servie avec des oignons crus, de l'avocat et de l'origan.

Acapulco s'imposa comme « la » station balnéaire de la jet-set dans les années 1960. Les stars d'Hollywood se pressaient dans les villas et les restaurants de luxe avant que la « scène » ne se déplace à l'est. Aujourd'hui, les Acapulqueños nostalgiques vont prendre un cocktail à l'**Hotel Flamingos**, qui eut son heure de gloire et d'où ils contemplent

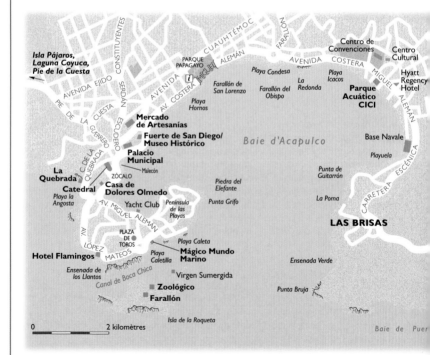

**Vue fabuleuse
sur la baie
d'Acapulco,
depuis l'un des
quartiers chics
sur les collines.**

200

*Revolcadero,
Laguna Tres Palos,
Barra Vieja*

*lingue Playa
Puerto
Marqués*

**Puerto
Marqués**

rqués

les flots à **Playitas** (et les fameux couchers de soleil).

Les hôtels encombrant l'avenue Costera proposent scooters des mers, ski nautique ou plongée en apnée, mais c'est la partie la plus polluée de la baie longue de 7 km. Les plages situées près des pointes, comme celles de **Caleta** et **Puerto Marqués**, sont les plus propres. Si les bains en eau trouble ne vous disent rien, vous pouvez toujours survoler la superbe baie en parachute ascensionnel, pêcher l'espadon ou la dorade, vous essayer au tennis ou au golf dans l'un des six terrains de la ville.

La route côtière tortille en traversant des quartiers de maisons anciennes, boutiques et restaurants jusqu'à **La Quebrada**, où les plongeurs se jettent d'une hauteur de quinze étages dans la crique en contrebas. Les plongeons (**€**) ont lieu tous les jours à 13 h, 19 h 30, 20 h 30, 21 h 30 et 22 h 30.

La route se poursuit jusqu'aux plages jumelles de sable grossier **Caleta** et **Caletilla**, bordées de restaurants décontractés et de magasins de location de matériel aquatique. Les deux plages sont séparées par le **Mágico Mundo Marino** (*tél. (744) 483 93 44*, **€€**), un parc à thème avec spectacles d'otaries, musée, piscines, toboggans, kayaks et restaurant. De Playa Caletilla, un bateau vous emmène en 10 minutes (*tous les jours*, **€€**) jusqu'à l'**Isla de la Roqueta**, île vallonnée où des bateaux à fond de verre proposent une croisière de 45 minutes et où des animaux s'ennuient dans un petit **zoo**. Profitez des heures les plus fraîches pour escalader la colline jusqu'au **phare** et profiter de la vue.

La très grande avenue Costera Miguel Alemán (ou tout simplement « la Costera ») part de Playa Caleta, passe devant le yacht-club et aboutit au **centre-ville**. Ancien rendez-vous des touristes, c'est aujourd'hui celui des habitants, qui apprécient le *zócalo*. La grande cathédrale **Nuestra Señora de la Soledad**, qui date des années 1930, allie sans grand bonheur éléments Art déco et mauresques. Du centre, un bref trajet en taxi vous emmènera à la **Casa de Dolores Olmedo** (*Cerro de la Pinzona*), où vécut la mécène de Diego Rivera. Recouverte par l'artiste de mosaïques de carreaux, de coquillages et de pierres, elle sera sûrement bientôt ouverte au public ; en attendant, on peut admirer les merveilleuses peintures murales extérieures.

Sur le **maërl,** ou promenade de bord de mer, les navires de croisière débarquent leurs passagers qui vont envahir les 350 stands du **Mercado de Artesanías** (*Velásquez de Léon, près de 5 de Mayo*), un marché aux puces qui étale T-shirts, bijoux en argent, sandales et masques en noix de coco. De nombreuses agences proposent des croisières avec repas, spectacle et détente mais si vous préférez le calme, louez une barque à un pêcheur.

Le **Fuerte de San Diego**, construit au XVIIe pour protéger les galions de Manille contre les pirates, fut détruit par un séisme en 1776. Le fort fut reconstruit en pierre avec des douves. Le **Museo Histórico** (*Hornitos et Morelas, tél. (744) 482 38 28, mar.-dim. 9 h 30-18 h 30*), récemment rénové, présente l'histoire du port, et une collection d'objets façonnés qui ont été commercés avec l'Asie. Sa collection de plus de 400 masques Mezcala et ses statues de bois sont fameuses.

À la **Playa de Hornos**, habitants et touristes remplissent les *palapas* ou pique-niquent sur le rivage. De l'autre côté de la rue, le **Parque Papagayo** – vaste mais négligé –, accueille des manèges, des gargotes et des terrains de foot

poussiéreux. En face, les spectacles d'animaux, les piscines à vagues avec toboggans et la nage avec des dauphins attirent les visiteurs au **Parque Acuático CICI** (*Costera Miguel Alemán et Critóbal Colón, tél. (744) 484 19 70, €€€*).

Entre la placide **Playa Icacos** et l'hôtel Hyatt Regency (qui marque la fin de l'av. Costera), c'est une prolifération peu esthétique d'hôtels, restaurants, magasins de souvenirs, discothèques et agences de location de voitures. Scooters des mers, banana-boats et concessions de parachute ascensionnel s'étirent le long de la plage.

Le nom de la route devient la **Carretera Escénica** en tournant à l'est vers les nouveaux quartiers d'Acapulco. Haut perchés au-dessus de l'océan, les somptueux palais privés et hôtels de **Las Brisas** s'alignent de part et d'autre de la route. D'ici, on a une vue splendide sur la baie qui, la nuit, étincelle de tous ses feux. Des ascenseurs ou de raides escaliers descendent vers les plages semi-privées.

À l'est, les tours de quelques hôtels dominent la tranquille **Bahía Puerto Marqués**. On peut louer du matériel aquatique ou des chevaux sur la **Playa Revolcadero**, battue par les grosses vagues. Près de l'aéroport, vous pouvez faire un tour en bateau dans les lagons voisins de la **Laguna Tres Palos**, un petit village de pêcheurs.

À 35 km au nord-ouest, les mangroves veillent sur la **Laguna Coyuca** et son eau douce. Mangez dans l'une des paillotes installées sur la plage, visitez les lagons et l'**Isla Pájaros** ou faites du ski nautique. La longue plage de **Pie de la Cuesta**, tout à côté, a la faveur des cavaliers et des amateurs de hamac. Laguna Coyuca comme Pie de la Cuesta sont des sites merveilleux pour admirer le soleil couchant. ■

Ci-contre : depuis des décennies, ces téméraires plongeurs impressionnent les spectateurs – et les accidents sont fort rares.

L'église Santa Prisca domine le centre de Taxco.

Taxco

TAXCO EST UNE VILLE CHARMANTE, ÉCLABOUSSÉE DE SOLEIL, AUX RUES pavées, étroites et sinueuses. William Spratling, un Américain qui relança l'orfèvrerie dans les années 1930, l'appelait la « Florence du Mexique », mais elle ressemble davantage à un village méditerranéen. Un arrêté municipal précise que les façades blanches, couronnées de toits de tuiles rouges, ne doivent pas excéder trois étages.

Taxco
139 E2
Informations
Avenida
de los Plateros 1
(762) 622 22 74

La plupart des sites de Taxco se trouvent sur la **Plaza Borda** ou à proximité. Les rues se déploient en éventail, bordées de belles maisons de deux à trois étages. Sur la place se tiennent le **Museo de la Platería** (*Plaza Borda 16, tél. (762) 622 05 68, 9 h-17 h, €*), petit musée privé de l'argent, et le **Centro Cultural** (*Borda 1, tél. (762) 622 66 17, mar.-dim. 10 h-19 h, €*), avec événements culturels et expositions.

À l'époque préhispanique, les habitants, les Tlalhuicas, payaient un tribut d'or et d'argent aux Aztèques. Après la Conquête, les Espagnols creusèrent des mines à l'emplacement de la ville actuelle (El Nuevo Taxco) et firent venir les travailleurs et les ingénieurs de la vieille ville, aujourd'hui « Taxco el Viejo ». Les mines d'argent furent productives pendant des siècles et les artisans d'Iguala, ville voisine, étaient des orfèvres réputés, mais c'est William Spratling (1900-1967) qui fonda le premier atelier d'orfèvrerie, Las Delicias, en 1931. Aujourd'hui, près de 80 % de la population travaillent dans ce secteur. On dénombre un millier d'ateliers d'orfèvres et autant de vendeurs au **marché du samedi** (*av. de los Plateros, près du terminus des bus de Flecha Roja*).

La grande attraction de cette ville argentifère reste néanmoins **Santa Prisca** (*Plaza Borda 1, tél. (762) 622 01 83, tlj 8 h-14 h et 16 h-20 h*), qui croule sous l'or. Cette église en pierre rose est

dédiée à sainte Prisca, qui fut décapitée au IIIe siècle, les lions ayant refusé de la dévorer. Don José de la Borda, propriétaire de mines qui avait amassé une fortune – pour la dépenser –, est l'unique donateur de ce splendide édifice érigé de 1748 à 1758.

Elle contiendrait 23 tonnes de feuilles d'or, hormis l'éclairage, presque tout est d'origine. L'orgue de 256 tuyaux – il fut transporté pièce par pièce à dos de mule, il fallut six mois pour le faire venir de Veracruz – sert encore pour les grandes occasions. Les douze beaux retables churrigueresques de l'étroite église donnent au visiteur un sentiment de vertige. Le grand retable principal, dédié à l'Immaculée Conception, est entouré d'un foisonnement de saints, d'apôtres et d'anges, sculptés en haut relief. La chapelle latérale de gauche fut édifiée pour les Indiens de la ville. Remarquez le crucifix : les bras du Christ sont au-dessus de la tête, les clous dans les poignets au lieu des mains, et les pieds, sont cloués séparément sur la Croix. Le peintre Miguel Cabrera (1695-1768), surnommé le « Michel-Ange du Mexique », réalisa la plupart des tableaux.

Quand vous êtes face à Santa Prisca, le merveilleux marché se trouve à une rue à droite. Le jeudi, on vend ici, comme dans toute la ville, du *pozole*, de la soupe de maïs servie avec une assiette de condiments. Parmi les autres plats régionaux, citons la *cecina taxqueña* (émincé de bœuf mariné) et la chèvre grillée au barbecue. L'écrivain John Dos Passos et William Spratling prétendaient avoir inventé une boisson à base de citron vert et de tequila, la Berta, au bar *Berta*.

Le **Museo Spratling** (*Porfirio Delgado 1, tél. (762) 622 16 60, mar.-dim. 10 h-17 h, €*) conserve une partie des belles collections d'art précolombien de Spratling (cultures de l'Ouest et de l'Oaxaca). Son voisin, le **Museo de Arte Virreinal** (*Juan Ruíz de Alarcón 12, tél. (762) 622 55 01, mar.-sam. 10 h-17 h, dim. 9 h-15 h, €*), dédié à l'art religieux et aux objets liturgiques, est plus intéressant. L'une des pièces les plus précieuses, le *túmulo funerario*, est un autel, sorte de coffret, peint de scènes importantes de la vie du défunt. Cet édifice mudejar du XVIIIe siècle, magnifiquement restauré, appartenait à la famille Villanueva. Elle hébergea, pendant une nuit en avril 1803 le baron von Humboldt, grand explorateur du Nouveau Monde. Pour jouir d'un panorama encore plus beau, escaladez le raidillon à la sortie de la ville, qui mène à l'**église de Guadalupe**, ou prenez le funiculaire à Los Arcos, jusqu'au **Club de Campo Monte Taxco**. Là, vous pouvez profiter des courts de tennis, du golf de neuf trous ou de la piscine (payants). Sinon, sirotez un verre au bar en contemplant la vue – par temps clair, on aperçoit le Popocatépetl et l'Iztaccíhuatl. ∎

Autres sites à visiter

LAGOS DE MORENO

Ancienne halte sur la route coloniale de l'argent, Lagos de Moreno est peu visitée par les touristes. D'imposantes églises de grès rose et quelques demeures de l'ère coloniale ornent ses places. Située à 82 km au sud-est d'Aguascalientes, cette petite ville du centre des hauts plateaux de Jaslisco semble appartenir à une époque révolue. Visitez la **Parroquia de la Asunción**, l'église paroissiale baroque (*Hidalgo, sur la place principale*), et la **Rinconada de las Capuchinas** (*Miguel Leandro Guerra et Mariano Azuela*), un ancien couvent avec musée et centre culturel.

🄼 138 D4 **Informations** ✉ Juárez 426 et Francisco González León ☎ (474) 742 24 66

LOS AZUFRES

À environ une heure et demie de Morelia, à 24 km de Ciudad Hidalgo en quittant la route 15, vous arrivez dans une zone de sources thermales appelée Los Azufres. Les services varient selon les établissements, mais la plupart ont des restaurants, des vestiaires et au moins un bassin, voire des campings. Vous pouvez vous faire masser. **La Poza de los Azufres** offre une retraite plus naturelle, mais moins de services. Située dans un cratère volcanique, cette source aux eaux sulfureuses (40 °C) est conseillée pour les problèmes d'articulations.

PARQUE NACIONAL GRUTAS DE CACAHUAMILPA

Le plus grand ensemble de grottes souterraines du Mexique se trouve à 30 km au nord-est de Taxco. Les visites guidées de deux heures (*10 h-17 h, tél. (762) 622 22 74*) commencent en début d'heure. Une voie éclairée de 2 km longe de surprenantes stalactites et stalagmites. L'ensemble comprend 16 km de souterrains et 20 grottes. Des minicars partent du dépôt de bus de Taxco ; si vous êtes en voiture, suivez le panneau indicateur sur la route 55.

🄼 139 E2

SANTIAGO IXCUINTLA ET MEXCALTITÁN

Les amateurs de culture huichole apprécieront Santiago Ixcuintla, environnée de terres d'élevage, à une demi-heure en voiture de San Blás (voir p. 141). Le **Centro Cultural Huichol** (*20 de Noviembre 452, tél. (323) 235 11 71*) est une galerie mais aussi une clinique, une bibliothèque, un restaurant et un atelier pour les Huicholes du Nayarit. Masques, calebasses décorées d'icônes, et « peintures » brodées sont en vente. Ixcuintla est aussi le point de départ pour Mexcaltitán, paisible village de pêcheurs sur une île d'un lagon d'eau salée. Ce lieu serait le foyer originel des Aztèques, qui partirent d'une île nommée Aztlán (la Blanche) pour fonder Tenochtitlán. Au **Museo Aztlán del Origen** (*mar.-dim. 9 h-13 h et 15 h-18 h*), découvrez les documents sur la migration aztèque et les arts indigènes, des cartes, des costumes et des enregistrements musicaux. Processions et régates marquent les fêtes des patrons de la ville, saints Pierre et Paul, les 28 et 29 juin.

🄼 138 B5

SANTUARIO DE LA MARIPOSA MONARCA EL ROSARIO

L'un des insectes les plus endurants au monde, le monarque, passe l'hiver dans la chaîne volcanique de l'est du Michoacán. Chaque année en septembre, ce frêle papillon orange et noir part du Canada et de la région des Grands Lacs, et franchit 5 000 km pour se reproduire dans les mêmes forêts que ses parents. Il s'accouple après s'être reposé tout l'hiver. Les mâles meurent et les femelles se préparent au long voyage de retour, début avril ou mi-mai.

Le **Santuario de la Mariposa El Rosario** est le meilleur des deux sites d'hivernage ouverts au public. Les bonnes années, les *oyamel* (sortes d'épicéas) sont enveloppés dans un brouillard orange de plusieurs millions de monarques. Allez-y entre la fin novembre et mars ; par temps ensoleillé, ils sont plus actifs et donc plus faciles à voir. L'entrée n'est pas très chère (*tlj de fin oct. au 15 avril*), mais l'excursion est plus intéressante avec un guide bien renseigné. Nous conseillons les guides de MMG (*tél. (443) 320 11 57, Morelia*), qui dirigent des excursions d'une journée au départ de la capitale.

🄼 139 E3 ∎

Peu épargnée par les vicissitudes qui affectent toute mégapole, la capitale mexicaine séduit par sa richesse culturelle et son caractère cosmopolite. Et son histoire est l'une des plus fascinantes d'Amérique latine.

Mexico

L'architecture de Mexico, reflet d'hier et d'aujourd'hui.

Mexico

MEXICO NE CONNAÎT PAS VRAIMENT DE JUSTE MILIEU : ELLE OFFRE LE MEILLEUR COMME LE pire. Pour le pire : la pollution et l'insécurité. Pour le meilleur, sa vie culturelle très riche : les théâtres sont nombreux, des ballets et concerts – de la marimba à Mozart – se donnent un peu partout en ville, y compris dans les trois excellentes salles du campus de l'Université nationale autonome (UNAM). Sur l'historique Plaza de Garibaldi, les mariachis, dans leurs beaux uniformes argentés, jouent des airs romantiques. Boutiques de luxe, galeries branchées et terrasses de café longent les rues de Polanco, Zona Rosa, La Condesa, Roma et de quelques autres quartiers.

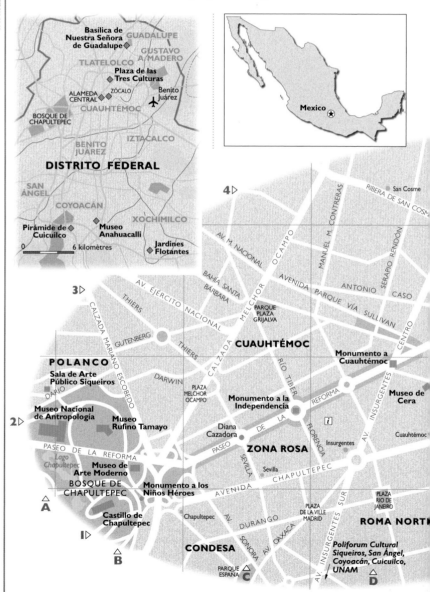

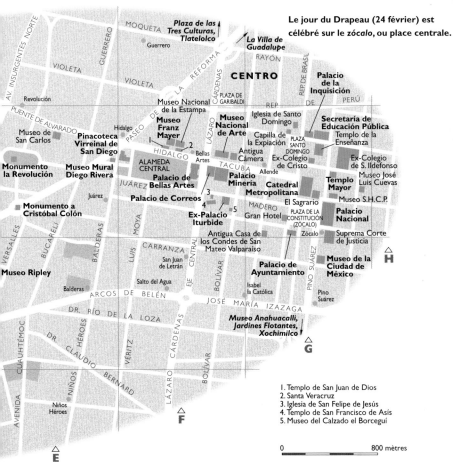

Le jour du Drapeau (24 février) est célébré sur le *zócalo*, ou place centrale.

CENTRO

Plaza de las
Tres Culturas,
Tlatelolco

La Villa de
Guadalupe

MOQUETA

Guerrero

RAYÓN

Palacio
de la
Inquisición

AV. INSURGENTES NORTE

GUERRERO

VIOLETA

VIOLETA

Revolución

PUENTE DE ALVARADO

LA REFORMA

PASEO DE

CÁRDENAS

PLAZA DE
GARIBALDI

REP.

REP. DE BRASIL

DE

PERÚ

Museo Nacional
de la Estampa

Museo
Franz
Mayer

Museo
Nacional
de Arte

Iglesia de Santo
Domingo

Secretaría de
Educación Pública

Templo de la
Enseñanza

Hidalgo

Museo de
San Carlos

Pinacoteca
Virreinal de
San Diego

1

HIDALGO

2

Bellas
Artes

LÁZARO

TACUBA

Capilla de
la Expiación

Antigua
Cámara

Ex-Colegio
de Cristo

PLAZA
SANTO
DOMINGO

Ex-Colegio
de S. Ildefonso

Museo José
Luis Cuevas

Monument
la Revolución

Museo Mural
Diego Rivera

ALAMEDA
CENTRAL

Allende

Palacio
Minería

Templo
Mayor

Juárez

JUÁREZ

Palacio de
Bellas Artes

3

Catedral
Metropolitana

Museo S.H.C.P.

Monumento a
Cristóbal Colón

Palacio de Correos

4

5

MADERO

El Sagrario

PLAZA DE LA
CONSTITUCIÓN
(ZÓCALO)

Palacio
Nacional

VERSALLES

BUCARELI

BALDERAS

LUIS MOYA

EJE CENTRAL

Ex-Palacio
Iturbide

Gran Hotel

Zócalo

PINO SUÁREZ

Suprema Corte
de Justicia

H

Museo Ripley

CARRANZA

San Juan
de Letrán

BOLÍVAR

Antigua Casa de
los Condes de San
Mateo Valparaíso

Palacio de
Ayuntamiento

Museo de la
Ciudad de
México

Baldoras

ARCOS DE BELÉN

Salto del Agua

Isabel
la Católica

JOSÉ MARÍA IZAGAZA

Pino
Suárez

DR. RÍO DE LA LOZA

LÁZARO CÁRDENAS

Museo Anahuacalli,
Jardines Flotantes,
Xochimilco

G

CUAUHTÉMOC

DR. CLAUDIO BERNARD

HÉROES

VERITZ

BOLÍVAR

NIÑOS

AVENIDA

Niños
Héroes

F

E

1. Templo de San Juan de Dios
2. Santa Veracruz
3. Iglesia de San Felipe de Jesús
4. Templo de San Francisco de Asís
5. Museo del Calzado el Borceguí

0   800 mètres

La maison d'enfance de l'artiste Frida Kahlo est désormais l'un des 85 musées de la capitale.

Les cinq millions de voitures qui se pressent sur une superficie de 1 475 km² dégagent des tonnes de polluants dans l'air chaque année. Cette mégapole de vingt millions d'habitants, située à 2 250 m d'altitude, est encerclée de montagnes volcaniques qui bloquent le nuage de pollution. Attention aux pickpockets, et, si vous prenez un taxi dans la rue, assurez-vous que la pièce d'identité avec photo du conducteur est bien affichée.

En dépit de ces dangers bien réels et de ces désagréments, « el D. F. » (Distrito Federal, district fédéral) se révèle un mélange fascinant de mode et d'histoire. Les restaurants chics de La Condesa servent carpaccio et expressos décaféinés tandis qu'un peu plus loin, un étal familial vend tamales et tacos. Mexico représente la quintessence du *mestizaje*, ou fusion des cultures indiennes et européennes.

Quand les Mexicas (prononcez mé-chika), partis du Nord, s'aventurèrent dans la vallée en cuvette de l'Anáhuac (vallée de Mexico), ils rencontrèrent des peuples cultivés, descendants des Toltèques, qui possédaient un calendrier précis et des rites religieux élaborés (voir p. 184). Les Mexicas, ou Aztèques, fondèrent Tenochtitlán sur le lac de Texcoco, et, après deux siècles de contact avec leurs voisins civilisés, époustouflèrent les Espagnols par leur ingénieuse cité lacustre aux palais et aux temples peints de couleurs vives. Après la Conquête, les Espagnols édifièrent leur propre capitale, Mexico, sur les ruines de Tenochtitlán et comblèrent peu à peu le lac. Le fond instable du lac s'est révélé une piètre fondation et, aujourd'hui, il faut restaurer de nombreux édifices des XVIIIe et XIXe siècles.

Au sud et au sud-ouest du centre historique, Coyoacán et San Ángel – qui datent d'avant la conquête espagnole, et même Tenochtitlán – ont conservé leur identité au fil des siècles. Ces deux anciens villages comptent une douzaine de places entourées d'églises baroques, de rues pavées et de maisons aux couleurs vives et aux patios fleuris. Le week-end, artistes et antiquaires vendent leur marchandise à des prix raisonnables et, tous les jours, les magasins proposent un choix excellent d'artisanat mexicain.

Xochimilco, l'un des villages les plus au sud de l'ancien lac de Texcoco, produit une bonne partie des plantes et des fleurs de la région depuis l'ère précolombienne. Le dimanche, familles et amis montent dans les *trajineras* – des barques à fond plat ornées de fleurs en plastique – pour de tranquilles croisières le long des derniers canaux et *chinampas*, ou jardins flottants, de Mexico. ∎

Le centre historique

Mexico fête la « Vierge noire » devant l'ancienne basilique de la Guadalupe.

www.mexicocity.com.mx/centro

AU CŒUR DE LA NOUVELLE VILLE, LES BUREAUX DE L'ADMINISTRATION, les belles résidences, les cathédrales et les chapelles ont remplacé les palais et les temples des Aztèques dépossédés. Ayant survécu aux siècles et aux séismes réguliers dans cette région, nombre de ces édifices remplissent toujours leur fonction d'origine, les autres sont convertis en librairies, musées ou restaurants. Cosmopolite et chaotique mais désireux de plaire, le centre du D.F. se veut une synthèse de la culture mexicaine antique et moderne – et il compte plus d'églises qu'on n'en pourrait visiter en un mois !

Le *zócalo*, place centrale immense construite sur les décombres de Tenochtitlán, est un très bon point de départ pour une visite du centre. Officiellement nommée Plaza de la Constitución, c'est la deuxième place du monde par sa taille. Au nord, la **cathédrale Metropolitana** *(ouv. tlj 7 h-20 h, tél. (55) 55 10 04 40)*, première de Nouvelle-Espagne, fut construite sous les ordres de Hernán Cortés, puis rasée et remplacée par l'actuel édifice, achevé en 1813. Deux clochers du XVIIIᵉ siècle dominent la façade baroque.

À l'intérieur, les fidèles prient toujours devant les cinq maîtres-autels et dans les quatorze chapelles, malgré les nombreux échafaudages qui soutiennent les murs. Une lumière ténébreuse, filtrée par les petits vitraux, illumine le fabuleux **Altar de los Reyes** (autel des Rois), un retable de bois doré churrigueresque, dont la réalisation demanda quasiment vingt ans. L'église voisine, **El Sagrario** (du milieu du XVIIIᵉ siècle), recouverte d'une armée de saints, possède une façade élaborée, également de style churrigueresque. La **Piedra del Sol**, « calendrier » de pierre des Aztèques, aujourd'hui conservée au Museo Nacional de

Centre historique
🅜 179 G3
Informations
✉ Amberes 54, Zona Rosa
☎ (55) 55 25 93 80
🅜 Insurgentes

Antropología (voir p. 198-201), fut mise au jour dans la cour d'El Sagrario. L'église, abîmée par un séisme, est fermée.

Le **Palacio Nacional** *(ouv. tlj 9 h-17 h, tél. (55) 55 22 49 79)*, qui remplace le somptueux palais de l'empereur aztèque Moctezuma, occupe tout le côté est du zócalo. À l'origine résidence des vice-rois, il accueillit plus tard les bureaux présidentiels ; toutefois, Benito Juárez fut le seul président à y habiter. Aujourd'hui, il abrite plusieurs ministères mais surtout les peintures murales de Diego Rivera qui illustrent l'histoire et la culture mexicaines. Pour vraiment les apprécier, faites appel à un guide bilingue au pied de la cage d'escalier. Ils demandent en général 50 pesos. Dans la galerie du premier étage, plusieurs tableaux illustrent les civilisations aztèque, tarasque, zapotèque, totonaque et huaxtèque. Entre ces scènes, des panneaux plus petits rendent hommage aux arbres à caoutchouc, au maïs, au cacao et à l'agave. La dernière scène dépeint la rencontre de Cortés avec les émissaires de Moctezuma à Veracruz en 1519. Derrière Cortés, hideux et syphilitique, sa maîtresse indienne, La Malinche (voir encadré p. 207), tient un bébé métis aux yeux verts.

Une rue plus au sud, en haut du principal escalier intérieur de la **Suprema Corte de Justicia** *(Pino Suárez 2, lun.-ven. 9 h-17 h 30, tél. (55) 51 30 10 00)*, on peut voir *La Justicia*, peinture murale de José Clemente Orozco. Sur le côté sud de la place, l'extérieur orné de carrelages du **Palacio del Ayuntamiento** (Palais municipal) arbore les armes de Mexico, de Coyoacán, de Christophe Colomb et d'Hernán Cortés.

Ne ratez pas la belle entrée du **Gran Hotel** à l'architecture fin de siècle *(calle 16 de Septiembre 82, tél.*

(55) 55 10 40 42), centre d'affaires datant du Porfiriat. Des colonnes vertes en faux marbre cachent les fondations, c'est-à-dire des pieux d'acier qui traversent tout l'édifice pour en supporter le poids. Les ascenseurs en fonte de part et d'autre de l'entrée ainsi que la splendide verrière sont de style Art nouveau.

Une bonne part des plus beaux édifices de Mexico sont religieux. Ancien séminaire de jésuites (1588), l'**Ex-Colegio de San Ildefonso** *(Justo Sierra 16, tél. (55) 57 89 68 45, mar.-dim. 10 h-17 h 30, €€)* fut rénové au début du XVIIIe siècle mais conserve sa façade d'origine, baroque et néoclassique. À l'intérieur, les murs et les portiques de pierre orange foncé entourent un vaste patio central à l'ombre de magnolias géants. Propriété de l'Université nationale, ce musée et centre culturel organise des manifestations culturelles et des expositions d'arts plastiques. Dans la salle El Generalito, les 80 stalles du chœur en cèdre sculpté sont rescapées de l'incendie du monastère de Saint-Augustin. Chaque siège décrit merveilleusement une scène différente de la Bible. Les peintures murales sont un autre aspect des collections permanentes du musée. Celles de José Clemente Orozco, sur trois étages à l'extrémité nord du bâtiment, exaltent la révolution mexicaine, la race indienne, l'éducation et la force ouvrière. La *Creación* (1922) stylisée de Diego Rivera décore l'Anfiteatro Bolívar, sur le côté ouest.

À côté, l'étonnant et baroque intérieur de l'étroit **Templo de la Enseñanza** *(Donceles 102, tél. (55) 57 02 18 43, tlj 7 h-14 h et 16 h-20 h)* montre un époustouflant étalage de richesse coloniale. Évacuée par les lois sur la réforme, cette église conventuelle de la fin

La nuit, le centre historique dominé par la cathédrale Metropolitana retrouve sa splendeur.

du XVIIIᵉ siècle fut déclarée monument national en 1931 et est de nouveau un lieu de culte.

Une rue plus au nord, vous pouvez vous rendre à la **Secretaría de Educación Pública** (*av. República de Argentina 28, lun.-ven. 9 h-18 h, tél. (55) 55 12 17 07*), le ministère de l'Éducation, pour admirer les patios couverts d'œuvres de l'École murale mexicaine. Diego Rivera en réalisa 245 entre 1923 et 1928, notamment *La Maîtresse de campagne* et *La Libération du paysan*. *Patriotes et parricides*, composition singulière de Siqueiros, décore la cage d'escalier près de l'entrée sur República de Brasil.

Sur l'une des plus anciennes places de Mexico, la **Plaza Santo Domingo** (*República de Venezuela et Brasil*), une colonnade, ou **Portal de Los Evangelistas,** abrite les écrivains publics, ou *evangelistas*, qui rédigent le courrier des illettrés sur d'antiques machines à écrire. Sur le côté nord de la place, le *tezontle* rouge (roche volcanique) de la région contraste avec les belles colonnes corinthiennes de pierre blanche de la façade de l'église baroque de **Santo Domingo** (*tél. (55) 55 29 39 06, tlj 7 h-14 h et 16 h-20 h*). Elle date du début du XVIIIᵉ siècle, des inondations et des séismes ayant dévasté le premier monastère dominicain de Nouvelle-Espagne qui remontait à 1539. À l'intérieur, remarquez le maître-autel néoclassique de Manuel de Tolsá. Seule subsiste du premier édifice la petite **chapelle Señor de la Expiación**, au fabuleux retable rococo.

Les moines dominicains, pendant l'Inquisition, visaient autant à se débarrasser de leurs rivaux politiques dans la colonie qu'à poursuivre les hérétiques. En 1521, ils louèrent des bâtiments sur la Plaza Santo Domingo pour y établir leur tribunal. Ce n'est que deux cents ans plus tard qu'ils édifièrent le **Palacio de la Inquisición** (*República de Brasil 33*), de l'autre côté de la rue. L'Université nationale l'acheta en 1854 et y installa le **Museo de la Medicina** (*tél. (55) 55 29 75 42, mar.-dim. 9 h-17 h, fermé pendant les vacances universitaires, €*), musée de l'histoire de la médecine mexicaine. ■

Brève histoire des Mexicas

Les Mexicas, ou Aztèques, arrivèrent dans la vallée de Mexico à la fin du XIIIᵉ siècle. Ce peuple pauvre et barbare – sans véritable religion, calendrier ou écriture – quitta l'île d'Aztlán, au nord-ouest du Mexique, pour entamer une longue pérégrination. Méprisés et réduits en esclavage par les cités-États plus puissantes de la vallée, les Mexicas se réfugièrent en 1325 dans des marais inhabités, sur les rives du lac de Texcoco. Là, ils fondèrent la ville de Tenochtitlán sur une île. Cinquante ans plus tard, ils entamaient leur rapide ascension grâce à un mariage stratégique dans la famille royale de Culhuacán, leurs anciens maîtres.

Dès l'ascension sur le trône d'Itzcóatl en 1428, ils conquirent et absorbèrent systématiquement les villes riveraines du lac, notamment Coyoacán, Xochimilco et Atzcapotzalco. Cette dernière donnait accès à d'importantes sources d'eau douce à Chapultepec. Par la guerre et les alliances stratégiques, les Mexicas étendirent leur domination à toute la Mésoamérique. En 1430, le roi Itzcóatl fit brûler tous les livres existants pour réécrire leur histoire et leur généalogie, prétendant même descendre du dieu-roi Quetzalcóatl.

Tenochtitlán, gouvernée à ses débuts par un conseil d'anciens et de représentants, ne tarda pas à passer sous la férule d'une oligarchie, les *pilli* (nobles). Le peuple vivait dans la servitude et subissait des lois tatillonnes qui visaient à réglementer jusqu'à l'usage des boissons alcoolisées et le port de vêtements, symbole de classe sociale. Pendant ce temps, le luxe extravagant des *pilli* les incitait à repousser sans cesse les frontières de l'empire pour l'enrichir par le pillage, l'asservissement et l'imposition des États assujettis. Ces inégalités se retrouvent dans les croyances populaires de l'époque: après leur mort, les nobles devenaient des pierres précieuses, de beaux oiseaux ou des nuages floconneux, et le peuple, des fouines, des scarabées coprophages et des mouffettes.

Seuls les Purépechas du Michoacán et les terrifiantes tribus chichimèques du Nord réussirent à repousser la machine de guerre des Mexicas. Les vaincus étaient utilisés pour les sacrifices humains. La puissance du grand dieu des Mexicas, Huitzilopochtli («Colibri du Sud», dieu de la guerre), s'accrut avec celle de l'empire. Divinité preque insignifiante à l'origine, Huitzilopochtli se mit à exiger des sacrifices humains sans fin.

Quand l'expédition espagnole dirigée par Cortés arriva sur la côte est du Mexique en 1519, Tenochtitlán était crainte, respectée et haïe. Cette hostilité générale est l'unique raison de la réussite de l'une des conquêtes les plus fulgurantes de l'histoire (p. 29). La date fut un autre facteur déterminant. Selon la légende, Quetzalcóatl avait embarqué vers l'Orient cinq cents ans auparavant et promis de revenir l'année appelée «un-roseau» selon le calendrier aztèque. Cortés étant justement arrivé cette année-là, l'empereur aztèque, Moctezuma, reconnut en lui le dieu. Prêtre, poète et philosophe, Moctezuma avait été élu en 1502 pour son courage et son intelligence. Par une ironie du sort, ce fut son indécision et son hésitation à reconnaître et à combattre l'ennemi qui provoqua la chute de l'Empire aztèque, puis la conquête de la Mésoamérique. ∎

Ci-dessus: sacrifice humain.
Ci-contre en haut: première rencontre historique de Moctezuma avec Cortés.
Ci-contre en bas: guerriers espagnols et aztèques; scène du codex Duran.

http://azteca.conaculta.gob.mx/templomayor/

Tzompantli **(râtelier de crânes), autel destiné à exposer les têtes des victimes sacrificielles. Dans le musée du site, vous en trouverez une reconstitution.**

Le Templo Mayor

JUSQU'À LA CONQUÊTE ESPAGNOLE, LE TEMPLO MAYOR, LA GRANDE pyramide de Tenochtitlán, fut le cadre d'événements majeurs, profanes et religieux : couronnements, consécrations, sacrifices humains. Les fouilles conduites de 1978 à 1982 ont permis de mettre au jour l'immense sanctuaire décrit par les conquistadores, que l'on croyait entièrement détruit, et apporta quantité d'éclaircissements sur la culture et l'histoire des Mexicas. Si les ruines elles-mêmes sont intéressantes, c'est dans le musée élevé sur le site que vous vous ferez une idée de la vie à Tenochtitlán. Les 7 000 objets découverts comptent des statues monumentales en pierre et en céramique, des bijoux précieux, des masques en jade, des coquillages pour les offrandes et des couteaux sacrificiels.

Templo Mayor
- 🅰 179 G3
- ✉ Calle Seminario 8, angle nord-est du zócalo
- ☎ (55) 55 42 49 43
- 🕐 Mar.-dim. 9 h-18 h
- 💶 €€
- Ⓜ Zócalo

Les temples jumeaux couronnant la pyramide du Templo Mayor étaient dédiés aux deux divinités principales. Celui du sud, peint en rouge, était celui du dieu de la guerre et du soleil, Huitzilopochtli, et celui du nord, de couleur bleue, au dieu de la pluie et de la fécondité Tláloc. Sur les piliers peints de ce dernier, des bandes verticales blanches et noires et des cercles représentent la pluie, des yeux et le ciel. Une statue polychrome de Chac-mool, messager des dieux,

placée devant le temple, recevait les cœurs des victimes sacrifiées.

À l'intérieur vivaient des milliers de prêtres. Ils se rendaient dans leurs appartements et aux sanctuaires en suivant un labyrinthe de couloirs aux pierres polies. Chaque souverain modifiait ou agrandissait les édifices existants. Les archéologues ont compté au moins sept étapes de construction dont la plus ancienne remonte au tout début du XIVe siècle. À l'extrême nord, remarquez les bas-reliefs des chevaliers-aigles dans le **Temple des Aigles**, enclave luxueuse de cet ordre militaire très respecté.

Les quatre premières salles, consacrées à Huitzilopochtli, ont pour thème la guerre, la mort rituelle et le tribut. La **première salle** contient une maquette du Templo Mayor. Dans la **salle deux** figurent des offrandes et les objets servant aux sacrifices et autosacrifices : les couteaux en silex pour ouvrir la poitrine des victimes et les aiguilles en os d'aigle qui servaient, pour les nobles à l'autosacrifice rituel (perçage des lobes des oreilles, des organes génitaux et de la langue). Dans la **salle trois** sont exposés des objets échangés ou arrachés aux villes soumises – bijoux en filigrane d'or ou en turquoise de l'Oaxaca et coquillages sculptés des côtes de la mer des Antilles et du Pacifique.

Les grandes statues et stèles, ainsi que les porte-bannières et guerriers-aigles grandeur nature en céramique qui gardaient le temple de Huitzilopochtli constituent le centre d'intérêt de la **salle quatre**. La plus impressionnante est sans doute l'énorme pierre en forme de roue sur laquelle est gravée en relief la déesse de la lune, Coyolxauhqui. C'est sa découverte en 1978 qui déclencha les fouilles du temple. Selon la légende, Huitzilopochtli sortit tout armé du ventre de Coatlicue, déesse de la terre, afin de la protéger de ses 400 frères et sœurs, dont Coyolxauhqui. (Coatlicue avait été fécondée par une plume en balayant le temple et ses enfants étaient furieux de sa grossesse mystérieuse.) Huitzilopochtli décapita sa sœur déesse de la lune et les autres s'enfuirent vers le ciel, où ils devinrent des étoiles. Cette légende expliquait la disparition de la lune chaque mois et aida à établir

Huitzilopochtli, dieu novice, en l'associant à Coatlicue, vénérée depuis longtemps.

Les **salles cinq** à **huit** sont consacrées à Tláloc. La première contient une reproduction de la décoration murale du temple de ce dieu de la pluie. Sont également exposées des figures et des images associées à Tláloc, telle la grenouille, déposée en offrande pour conjurer la sécheresse. La **salle six** présente la flore et la faune de la région, la **sept**, son agriculture. La dernière grande galerie décrit la fin de l'ère aztèque et les débuts du régime espagnol. Ne manquez pas les deux dernières salles, consacrées au culte de la mort. ∎

VISITER LE MUSÉE
Étiquettes en espagnol. Audioguides en anglais (€€). Visites gratuites en espagnol du mardi au samedi. Pour une visite en anglais : (55) 55 42 49 43

Les statues grandeur nature de guerriers-aigles gardaient le temple de Huitzilopochtli.

Une promenade dans le parc historique de l'Alameda et ses alentours

Créé à l'origine pour le plaisir de tous, le parc de l'Alameda et ses pelouses ponctuées de nombreux arbres et fontaines fut cerné de grilles et réservé à l'élite sous le long règne de Porfirio Díaz. Aujourd'hui, il a retrouvé sa première vocation.
Il est entouré d'églises anciennes, de musées et du très beau palais des beaux-arts. À l'est, Madero, quartier qui porte le nom du héros de la révolution Francisco I. Madero (voir p. 34), a récemment bénéficié de subventions d'État destinées à une rénovation d'envergure.

Commencez la promenade à la **Casa de los Azulejos** ❶ (*Madero 4 et La Condesa, tél. (55) 55 21 60 58*), dont le restaurant est l'un des rares, excepté ceux des hôtels, à ouvrir dès 7 h du matin. Très à la mode pendant la Révolution, il accueillit Pancho Villa, Emiliano Zapata et leurs troupes. L'extérieur est entièrement couvert de carreaux de faïence de style Puebla ; une fresque de José Clemente Orozco, *Omnisciencia* (1925) embellit la cage d'escalier.

De l'autre côté de la calle Madero, le **Templo de San Francisco de Asís** (*Madero 7, tlj 7 h-14 h et 16 h-19 h, tél. (55) 55 18 46 90*), ancien monastère franciscain, fut fondé en 1524 sous le patronage de Cortés. Remaniée à plusieurs reprises, l'église actuelle constitue aujourd'hui un excellent exemple de décor churrigueresque, en particulier la façade et le maître-autel – qui fut détruit au XIXe siècle mais entièrement reconstruit dans les années 1940. Sa voisine, la charmante **église de San Felipe de Jesús** ❷ du XVIIIe siècle, est dédiée à Felipe de las Casas Martínez (1572-1597),

le premier saint mexicain. L'intérieur est tapissé de grands tableaux de saints, d'une beauté extraordinaire. Le plafond élevé donne une impression d'espace dans cette petite église néogothique.

Une rue à l'est (vers le *zócalo*), sur le même trottoir, se dresse l'**Ex-Palacio de Iturbide** (*Madero 17, tél. (55) 52 25 02 47, lun.-ven. 9 h-17 h*), édifice baroque du

> 🅜 Voir aussi carte p. 179 F3
> ▶ Casa de los Azulejos (restaurant Sanborns)
> ↔ 2,2 km
> 🕐 6 heures
> ▶ Plaza de la Santa Veracruz
>
> **À NE PAS MANQUER**
> • Palacio de Bellas Artes
> • Central Alameda
> • Museo Mural Diego Rivera
> • Museo Franz Mayer

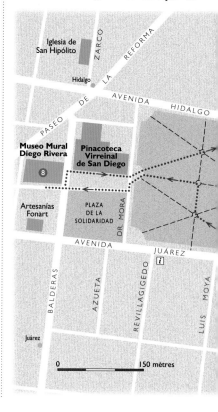

Le fameux restaurant Sanborns occupe la Casa de los Azulejos.

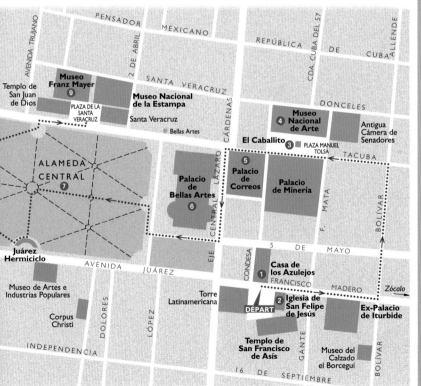

XVIIIᵉ siècle en pierre volcanique. Siège d'une agence de la banque Banamex, il ouvre au public lors d'expositions temporaires de ses collections d'art. L'empereur Agustín de Iturbide occupa quelques brèves années ce luxueux palais, avant son exil en 1823.

Tournez à gauche au carrefour suivant (Bolívar) et marchez jusqu'à la calle Tacuba, où beaux plusieurs édifices coloniaux, dont la Bibilioteca del Congreso de la Unión (*Tacuba 27*), sont en cours de restauration. Prenez Tacuba sur la gauche jusqu'à la **Plaza Manuel Tolsá** ❸, du nom de l'architecte et sculpteur espagnol (1757-1816) qui réalisa la **statue équestre de Charles IV d'Espagne** en 1803. L'œuvre, surnommée **El Caballito** (« le Petit Cheval », en référence à la monture) se dressait sur le zócalo jusqu'à l'Indépendance. Dominant la grande place,

**Le Parque l'Alameda, « la Peupleraie »,
compte de nombreux frênes et conifères.**

le **Museo Nacional de Arte** ❹ (*Tacuba 8, tél. (55) 51 30 34 00, mar.-dim. 10 h 30-17 h 30, €€*) abrite une collection permanente d'art mexicain, spécialisée dans la peinture du XIXᵉ siècle. L'escalier de fer forgé et de laiton, les lampes baroques et les plafonds peints sont d'inspiration Art nouveau.

De l'autre côté de la rue, le **Palacio de Minería** (*Tacuba 5, tél. (55) 55 21 40 20, lun.-ven. 9 h-17 h, fermé pendant les vacances universitaires*), autre œuvre de Tolsá et l'un des meilleurs exemples d'architecture néoclassique de la capitale, accueille aujourd'hui l'École d'ingénieurs de l'Université nationale (UNAM). À côté, le **Palacio de Correos** ❺ (*Tacuba 1 et Eje Central, tél. (55) 55 10 29 99, lun.-sam. 9 h-18 h*), de style Renaissance, à la façade de pierre rose-jaune, fut élevé par l'architecte italien Adamo Boari au début du XXᵉ siècle. Les philatélistes et amateurs de livres anciens monteront l'escalier jusqu'à la bibliothèque de la poste, au troisième étage. D'importants travaux de restauration ont rafraîchi les décors intérieurs mauresques, gothiques, vénitiens et Renaissance.

Traversez Eje Central pour découvrir une autre réalisation de Boari, le merveilleux **Palacio de Bellas Artes** ❻ (*av. Juárez et Eje Central, tél. (55) 55 12 36 33 ext 152, mar.-dim. 10 h-18 h, €€*) sur le côté est du Parque la Alameda. Le président Porfirio Díaz commanda ce palais Art nouveau en marbre de Carrare en 1904, mais la révolution interrompit sa construction. L'architecte mexicain Federico Mariscal acheva l'intérieur Art déco en 1934. Au deuxième étage, on remarque *Le Mexique aujourd'hui* (1952) et *Naissance de notre identité* (1953), peintures murales de Rufino Tamayo. Le troisième est orné de *La Catharsis* (1935) de José Orozco, de *Nouvelle Démocratie* (1945) de David Siqueiros et de *L'Homme, contrôleur de l'Univers* (1934), reproduction de l'œuvre de Diego Rivera commandée par le Rockefeller Center, puis détruite l'année suivante à cause de son contenu socialiste. Il n'y a pas de droit d'entrée pour regarder les œuvres au premier étage ou pour visiter la librairie, la boutique et le restaurant.

Du palais des beaux-arts, allez au **Parque la Alameda** ❼, créé au début du XVIIᵉ siècle. Il fut agrandi vers 1900 pour englober

Les faïences talaveras décorent la coupole du monastère San Francisco de Asís.

l'ancienne Plaza de Quemadero où la Sainte Inquisition avait dressé son bûcher. Ses nombreux monuments et fontaines contribuent à l'identité du parc. À peu près au milieu de l'av. Juárez, l'**Hemiciclo Juárez**, monument en marbre de Carrare orné de colonnes doriques et de lions rugissants, fut élevé en l'honneur de Benito Juárez, président mexicain d'origine zapotèque. De l'autre côté de l'av. Juárez et un peu à l'ouest du monument se trouve un bureau d'informations touristiques (*Monte de Piedad, tél. (55) 55 18 10 03*) ; un hôtel de 400 chambres dans lequel se trouve un palais des congrès.

Traversez la calle Dr Mora à l'extrémité ouest du Parque la Alameda. Derrière la Plaza de la Solidaridad, le **Museo Mural Diego Rivera** ❽ (*Plaza Solidaridad et Colón 7, tél. (55) 55 10 23 29, mar.-dim. 10h-18h, €*) abrite une peinture murale, *Songe d'un dimanche après-midi à l'Alameda*. L'œuvre fut placée ici après la destruction de l'Hotel del Prado par le séisme de 1985. Un schéma permet de reconnaître les personnages allégoriques de la peinture ; ce sont, entre autres, les portraits de Rivera, Frida Kahlo, Sor Juana de la Cruz, des empereurs Habsbourg, Díaz, Cortés. Juste au nord du musée, à la **Pinacoteca Virreinal de San Diego** (*Dr Mora 7, tél. (55) 55 10 27 93, mar.-dim. 9h-17h, sam. 10h-14h, €*), les tableaux de l'ère coloniale sont du plus grand intérêt pour les amateurs de grandes et sombres compositions religieuses maniéristes et baroques, aux cadres dorés et exubérants.

Revenez dans le Parque la Alameda, vers l'est. Au kiosque à musique, traversez l'av. Hidalgo (au niveau de l'av. Trujano) et continuez vers l'est jusqu'à la **Plaza de la Santa Veracruz**, nommée d'après l'église de la Vraie-Sainte-Croix, à l'est de la place. Le **Museo Nacional de la Estampa** (*Hidalgo 39, tél. (55) 55 21 22 44, mar.-dim. 10h-18h, €*), qui occupe l'ancien hôpital adjacent, présente ses collections de lithographies anciennes et de linogravures, ainsi que des expositions d'estampes.

Le Templo San Juan de Dios est situé sur le côté ouest de la place. Juste à côté, occupant l'ancien hôpital San Juan, le **Museo Franz Mayer** ❾ (*av. Hidalgo 45, tél. (55) 55 18 22 66, mar.-dim. 10 h-17 h, mer. 10 h-19 h*) abrite la fabuleuse collection d'arts appliqués de Franz Mayer (1882-1975), un financier d'origine allemande. Les galeries entourant un patio central présentent des objets d'art mexicains des XVIᵉ et XIXᵉ siècles. Dans une galerie séparée sont exposées des peintures de la Renaissance européenne. ■

La nouvelle basilique est l'une des nombreuses églises érigées en l'honneur de la Vierge à La Villa de Guadalupe.

Le nord du centre historique

AU NORD DU CENTRE HISTORIQUE, LE VISITEUR DÉCOUVRE DEUX SITES de ruines pré-colombiennes, des églises coloniales et une cathédrale du XXe siècle. Tlatelolco était contemporaine de Tenochtitlán. Dans les temples jumeaux de sa pyramide principale étaient honorés les dieux Tláloc et Huitzilopochtli. Les Espagnols les démantelèrent pour élever une église à l'apôtre saint Jacques. Plus au nord, la Villa de Guadalupe rend hommage à la Vierge, dont l'apparition miraculeuse sur le mont Tepeyac incita des milliers d'Indiens à se convertir et donna naissance à un culte passionné. En général, on les visite en même temps que Teotihuacán, un important site archéologique à une heure au nord (voir p. 228-229).

Tlatelolco
🅼 179 F4
Informations
✉ av. Lázaro Cárdenas et Flores Magón
Ⓜ Tlatelolco

TLATELOLCO

En 1337, un groupe mexica dissident quitta Tenochtitlán pour fonder Tlatelolco sur un îlot voisin, au nord du lac de Texcoco. Alliée des rois de Tenochtitlán pour des raisons de sécurité mutuelle, Tlatelolco refusa leur souveraineté, mais fut soumise par Axayácatl en 1473. Important centre de commerce et de négoce, cette cité fut le plus important marché des Aztèques et impressionna les troupes de Cortés par la variété des marchandises proposées.

Les visiteurs peuvent aujourd'hui contempler les ruines de l'ancien centre cérémoniel de Tlatelolco, dernière poche de résistance lors du siège qui mit fin à l'Empire aztèque. D'après la légende, l'**église de Santiago Tlatelolco**, achevée en 1609, fut élevée dès 1535 avec les pierres des pyramides détruites. Juan Diego, le paysan indien à qui apparut la Vierge de Guadalupe en 1531 (voir p. 193), fut baptisé ici sur les fonts baptismaux baroques, ornés de la coquille symbole de saint

Jacques. À droite de l'église, l'ancien monastère franciscain fut le premier collège pour jeunes nobles indiens, où ils apprenaient l'histoire, la philosophie et le latin.

Pour les habitants de Mexico, Tlatelolco évoque aussi le massacre par l'armée d'étudiants en train de manifester, juste avant les jeux Olympiques de 1968. Le nombre des victimes (non officiel) s'élèverait à plusieurs centaines. Un monument simple, sur le côté nord du temple, rappelle la tragédie.

Ne manquez pas *Cuauhtémoc contre le mythe*, œuvre murale de David Alfaro Siqueiros qui associe sculpture et fresque dans l'immeuble de Tecpan, situé derrière l'église, à l'emplacement de l'ancien palais de Cuauhtémoc.

LA VILLA DE GUADALUPE

Chaque Mexicain connaît l'histoire de Juan Diego, jeune berger chichimèque, à qui la Vierge de Guadalupe apparut à trois occasions sur le mont Tepeyac. L'évêque de Zumárraga lui ayant demandé de prouver le miracle, la Vierge le couvrit de roses. Retournant voir l'évêque avec son précieux chargement enveloppé dans sa cape, Diego découvrit que les roses avaient disparu mais à la place se trouvait une image de la Vierge.

On estime que 15 millions de pèlerins se rendent à Tepeyac chaque année, dont une grande partie le 12 décembre, fête de la Vierge. La basilique circulaire **Nuestra Señora de Guadalupe** (*tél. (55) 55 77 60 22, tlj 7 h-19 h*) fut construite de 1974 à 1976 pour accueillir les 15 000 fidèles. L'extérieur est quelconque mais l'immense intérieur est impressionnant, avec son plafond ondulant de lattes de bois, ses vitraux modernes, le sol d'onyx mexicain poli et le maître-autel en marbre de Carrare. L'image miraculeuse

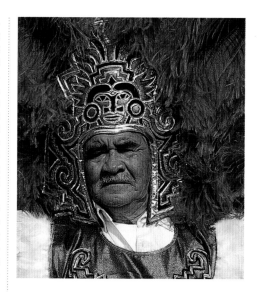

de la Vierge imprimée sur la cape de Juan Diego – en réalité une toile peinte par un artiste indigène au XVIᵉ siècle – est exposée en hauteur, derrière le maître-autel. Un tapis roulant permet de s'en approcher.

Dans une annexe de l'ancienne basilique se tient le **Museo de la Basilica de Guadalupe** (*tél. (55) 57 81 68 10*), où l'on peut voir des tableaux religieux, mais aussi les offrandes et les ex-voto laissés par les fidèles au fil des siècles.

Derrière les marchands de T-shirts et les poneys peints pour les besoins des photos, on découvre la **chapelle baroque del Pocito** (*tél. (55) 55 77 38 44*), construite à l'endroit où apparut une source miraculeuse. De plan circulaire, elle est coiffée d'une coupole couverte d'azulejos bleu et blanc. Les murs sont en pierres de taille, roches volcaniques et carreaux. L'intérieur est couvert de petites scènes d'anges dans des tons pastel. La source à laquelle la minuscule chapelle doit nom s'est tarie. Au sommet du mont Tepeyac, la chapelle de las Rosas marque l'endroit de la première apparition de la Vierge. ■

L'iconographie précolombienne caractérise ce costume porté pour célébrer la fête de la Vierge.

La Villa de Guadalupe

🅰 179 G4

✉ Plaza de las Américas 1

Ⓜ La Villa

Bosque de Chapultepec, Paseo de la Reforma et les environs

BOSQUE DE CHAPULTEPEC, AUTREFOIS RÉSERVE D'EAU POTABLE DE LA nation aztèque, fut également une chasse royale agrémentée de résidences d'été et de jardins. Bulle d'oxygène indispensable, ce parc de 400 hectares compte un zoo et un château, un élégant restaurant donnant sur un lac peuplé de cygnes et près d'une douzaine de musées. L'élégant Paseo de la Reforma, l'un des rares legs du malheureux empereur Maximilien (voir p. 33), traverse le parc et le relie au centre historique.

Bosque de Chapultepec

🅰 178 B2

Ⓜ Chapultepec, Auditorio, Constituyentes

Le grand **Monumento a los Niños Héroes** marque l'entrée est du parc (*métro: Chapultepec*). Là, pendant la guerre contre les États-Unis, six cadets se jetèrent dans le vide plutôt que de se rendre. Des allées

pour le vélo et la course à pied, bordées de conifères, contournent les monuments, les fontaines et la plupart des musées du parc. Les amoureux s'embrassent sous les arbres ou bavardent sur les bancs

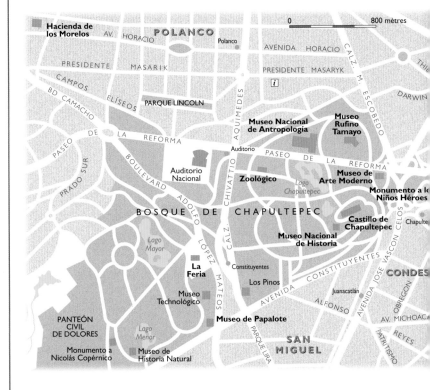

de bois. Offrant de nombreuses distractions d'un coût modique, le parc se remplit le week-end, surtout le dimanche, le jour traditionnel des sorties en famille.

Le **Museo de Arte Moderno** (*Paseo de la Reforma et Gandhi, tél. (55) 55 53 62 33, mar.-dim. 10 h-18 h, €*) présente sur deux étages les artistes majeurs du XXᵉ siècle, mexicains et étrangers, des expositions temporaires et, dans un vaste jardin, des sculptures et installations contemporaines. La boutique est petite mais excellente et la librairie bien approvisionnée.

De l'autre côté de la rue, le **Museo Rufino Tamayo** (*Paseo de la Reforma et Gandhi, tél. (55) 52 86 65 19, ouv. mar.-dim. 10 h-18 h, € ; métro : Chapultepec*) accueille la collection internationale d'art contemporain de Rufino Tamayo (1899-1991), peintre et sculpteur de l'Oaxaca, notamment des œuvres de Picasso, Miró, Botero, Bacon. À l'ouest se dresse le fabuleux **Museo Nacional de Antropología** (voir p. 198-201).

Juste derrière le musée d'art moderne se trouve le **Castillo de Chapultepec**, qui devait servir de résidence d'été aux vice-rois espagnols. La construction commença en 1785, mais fut interrompue par la guerre d'indépendance. Cet édifice perché sur une petite colline devint une école militaire avant d'être remanié à grands frais par l'empereur Maximilien qui y vécut avec son épouse Charlotte, puis de nouveau rénové par le président Porfirio Díaz. Depuis 1939, il abrite le **Museo Nacional de Historia** (*tél. (55) 55 63 63 96, mar.-dim. 9 h-17 h, €€*), dont les souvenirs historiques et le mobilier ancien sont mis en valeur par les peintures murales de Juan O'Gorman, José Clemente Orozco et David Alfaro Siqueiros. Du château, marchez ou prenez le petit train (**€**) jusqu'au zoo gratuit, le **Zoológico de Chapultepec** (*tél. (55) 55 53 62 63, ouv. mar.-dim. 9 h-17 h ; métro : Auditorio*), où l'on peut caresser certains animaux et monter de jolis poneys. Environ 300 espèces résident dans des enclos assez vastes et en plein air. Certaines sont endémiques, tels le loup gris mexicain et le lynx, toutes deux menacées, mais il y a aussi des girafes, des lions, des rhinocéros blancs et des bisons.

Plusieurs distractions attendent les enfants au milieu du parc, à l'ouest du bd López Mateos. La **Feria de Chapultepec** (*tél. (55) 53 20 21 36, fermé ven., €€€ ; métro : Constituyentes*) propose ses montagnes russes, un lac pour

À droite :
une sculpture
moderne,
« Cabeza de
caballo », et une
tour dominent
l'extrémité est
du Paseo
de la Reforma.

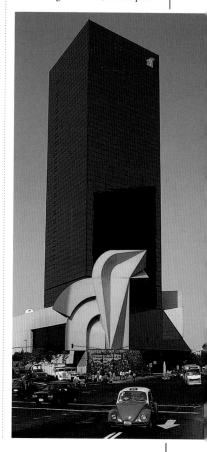

Les affaires se concluent devant un café.

canoter, un restaurant et un café qui plaît aux petits comme aux grands. Musée interactif, le **Museo del Papalote** (*av. Constituyentes 268 et Periférico, tél. (55) 52 37 17 96, €€ ; métro : Constituyentes*) permet aux enfants de « toucher » certaines attractions – escalier musical, labyrinthe de cinq étages ou course d'obstacles en fauteuil roulant. Il faut acheter un billet à part pour assister à une séance du cinéma IMAX. En février et en mars, on donne *Le Lac des cygnes* sur une île du **Lago Menor** ; le reste de l'année, sur le **Lago Mayor** voisin, les cygnes mènent une existence moins théâtrale, seulement perturbée par les canots.

Le **Paseo de la Reforma**, qui relie le parc à l'av. Juárez, était autrefois bordé de belles demeures et d'arbres à fleurs. Aujourd'hui, des statues monumentales décorent les principaux carrefours et des bustes des héros du Mexique s'alignent de part et d'autre de l'avenue. Tout près du Parque Chapultepec, un élan de pudeur

municipale voila pendant vingt-cinq ans – à partir de 1942 – la nudité de la **Diana Cazadora** (*à l'angle de Río Misisipi*), un bronze. La déesse romaine de la chasse apparaît de nouveau telle que l'avait conçue le sculpteur Juan Fernando Olaguíbel (1896-1971). El Ángel (l'Ange), gracieuse figure ailée en bronze, brille en haut de la colonne corinthienne (36,5 m) du **Monumento a la Independencia**. Il fut élevé en 1910 pour commémorer les héros de la guerre d'indépendance, figurés en marbre italien près du socle.

Un bronze classique sur un piédestal en pierre rend hommage au dernier empereur aztèque, **Cuauhtémoc** (*au niveau de l'av. Insurgentes*). Le socle est orné de bas-reliefs relatant sa capture et sa torture par les conquistadores. Au **Monumento a Cristóbal Colón** (*au niveau de l'av. Morelos*), haut symbole de l'évangélisation des Amériques, quatre moines entourent Christophe Colomb. Quelques rues au sud-ouest du Parque la

Alameda, sur l'av. Juárez, se dresse la *Cabeza de Caballo*, statue moderniste de métal peint en jaune. Sebastián (né en 1908), sculpteur de Chihuahua et qui étudia à l'Académie San-Carlos, en est l'auteur.

LES QUARTIERS

Au nord de Chapultepec, **Polanco** offre un mélange de résidences luxueuses derrière les murs élevés de leurs parcs, de tours ou de petits immeubles de bureaux, d'hôtels, d'ambassades et de restaurants. Il fut loti dans les années 1940, quand les vastes terrains de la **Hacienda de los Morales** (voir Restaurants, p. 369) furent divisés et vendus. Cafés et restaurants chics sont très fréquentés, surtout sur l'artère principale, Presidente Mazarik, et dans les rues voisines.

Grande favorite des dîners élégants et de la vie nocturne, la **Zona Rosa**, entre l'av. Insurgentes, Paseo de la Reforma et le parc de Chapultepec, a la forme d'un triangle. Ce quartier dense comprend des grands magasins, des cybercafés, des boutiques et des tours. Il est propice aux promenades, surtout dans les quelques rues piétonnières. Le **Museo de lo increible Ripley** (*Londres 4, tél. (55) 55 66 15 76, tlj 11 h-19 h, €€€*) ou son voisin, le petit **Museo de Cera** (*tél. (55) 55 46 76 70, tlj 11 h-19 h, €€€*), abritent révolutionnaires et stars du rock en cire et grandeur nature.

Au sud de la Zona Rosa, deux quartiers rivalisent d'animation : **La Condesa** et **Colonia Roma**. Le premier est particulièrement connu pour ses restaurants, cafés et clubs branchés, souvent abrités dans des bâtiments Art déco restaurés qui leur confèrent leur touche chic. À l'est de l'av. Insurgentes, les classes aisées édifièrent de belles demeures à Colonia Roma pendant la première moitié du XXe siècle. L'endroit déclina quand elles partirent vivre dans des quartiers plus élégants, comme Lomas de Chapultepec, mais il est actuellement revalorisé. ■

Architectures coloniale et moderne font bon ménage sur le Paseo de la Reforma.

www.mna.inah.gob.mx

**Museo Nacional
de Antropología**

⬛ 178 B2

✉ Paseo
de la Reforma
et Gandhi, Bosque
de Chapultepec

☎ (55) 55 53 63 86

🕐 Mar.-dim. 9 h-19 h

€ €€

Ⓜ Auditorio

Museo Nacional
de Antropología

LE SPACIEUX MUSÉE NATIONAL D'ANTHROPOLOGIE VIENT DE SUBIR UNE rénovation qui a coûté 13 millions d'euros, la première depuis sa construction en 1964. L'éclairage a été amélioré, quelques indications sont rédigées en anglais et 2 000 pièces supplémentaires ont trouvé place. Dans la plupart des galeries, des écrans tactiles fournissent une foule d'informations, mais seulement en espagnol.

**Représentation
en or du dieu
mixtèque
du soleil.**

**Statue
de Chihuateotl,
la déesse qui
escortait le soleil
de midi au soir.
Page de droite :
La Pierre du
soleil, l'un des
trésors de la salle
des Mexicas.**

La rénovation a respecté la structure de base de ce complexe conçu et réalisé par l'architecte Pedro Ramírez Vázquez à la demande du président López Mateos. À la manière d'une construction mixtèque, quatre grands bâtiments entourent une cour centrale que recouvre à moitié un énorme dais d'aluminium soutenu par une unique colonne recouverte de pierre taillée. Du sommet du support, élément structurel étonnant, l'eau jaillit et retombe en pluie sur le sol, alliant de façon rafraîchissante art, architecture et pluie.

Les douze immenses salles d'exposition entourent la cour au rez-de-chaussée renferment la plus remarquable collection d'archéologie du Mexique, et sont consacrées uniquement aux civilisations précolombiennes. Après être passé en coup de vent dans les trois premières salles, en une sorte de cours accéléré d'anthropologie, visitez les suivantes dans n'importe quel ordre puisqu'elles sont organisées par région. La collection étant immense, concentrez-vous sur les cultures qui vous intéressent le plus : préclassique (vallée de Mexico), Teotihuacán, toltèque, mexica (aztèque), Oaxaca, côte du Golfe, maya, nord et ouest du Mexique. Les trésors archéologiques spectaculaires et variés ainsi que les photos, tableaux, dioramas et reproductions de peintures

murales et de temples esquissent un portrait très complet des civilisations d'avant la conquête espagnole. L'absence d'informations en français constitue un inconvénient que vous pouvez pallier avec un audioguide ou en faisant appel à un guide parlant français. Les présentations vidéo alternent en général l'anglais et l'espagnol. Si vous vous intéressez aux cultures précolombiennes, une journée ne suffira peut-être pas pour tout étudier. Consacrez plusieurs matinées ou après-midi au musée et visitez d'autres sites intéressants du Parque Chapultepec ou promenez-vous dans les environs si vous vous sentez écrasé par la richesse et la splendeur des collections.

Derrière nombre de galeries, vous trouverez des patios extérieurs et des jardins abritant des statues et des stèles en pierre, des reconstitutions de maisons ou de peintures murales. Dans la salle maya, ne manquez pas la reproduction à l'échelle de la tombe royale du temple des Inscriptions de Palenque, au Chiapas, ni, dans le jardin, celles des peintures murales de Bonampak ou du temple de style dit *chenes* de Hochob, dans le Campeche.

Le musée contient trop de pièces fabuleuses pour les citer toutes ; toutefois, essayez de voir les suivantes : dans la salle de Teotihuacán, la reproduction de

peintures murales du barrio Tepantlitla ; la salle Toltèque, où sont exposés les atlantes et des statues de guerriers incrustées de nacre (de Tula) ; la salle des Mexicas avec la « pierre du Soleil » pesant 24 tonnes, la statue de la déesse de la terre Coatlicue et un vase en obsidienne polie représentant une guenon enceinte ; la salle de l'Oaxaca : avec le masque du dieu chauvesouris, les bijoux mixtèques et la reproduction de la tombe 104 de Monte Albán ; la salle de la côte du Golfe avec la tête de pierre colossale (olmèque), la statue huaxtèque de l'« adolescent de Tamuín », associée au dieu Quetzalcóatl ; la salle maya et ses linteaux sculptés et stèles de Yaxchilán, ses figurines en argile de Jaina et le fameux Chac-mool de Chichén Itzá.

Les expositions d'ethnologie, au premier étage, sont aussi présentées par région et par culture. Les dioramas et les vitrines exposent des vêtements de cérémonie et de tous les jours, ainsi que des masques, poteries, paniers, instruments de musique, jouets et autres objets usuels illustrant le quotidien des différentes ethnies qui peuplent le Mexique. ■

Macuilxochitl, dieu aztèque de la musique et de la danse, figuré ici dans une carapace de tortue.

Ci-dessus : la déesse aztèque de la terre, Coatlicue.
À gauche : céramique maya montrant un homme émergeant d'une fleur (Isla Jaina, Campeche).
À droite : déesse zapotèque « 13 serpents ».

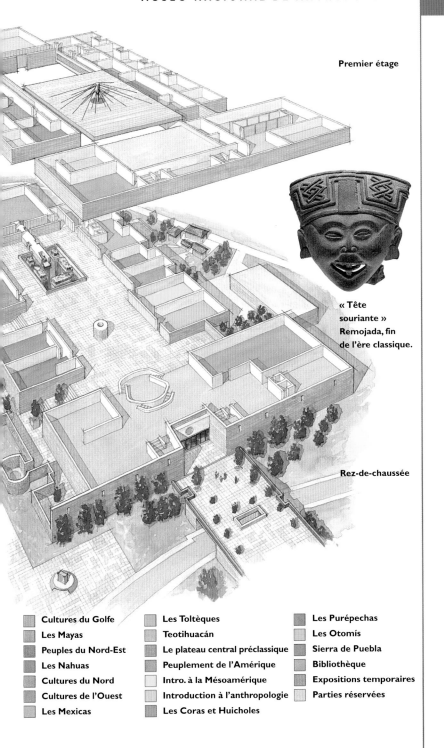

Premier étage

« Tête souriante » Remojada, fin de l'ère classique.

Rez-de-chaussée

Cultures du Golfe

Les Mayas

Peuples du Nord-Est

Les Nahuas

Cultures du Nord

Cultures de l'Ouest

Les Mexicas

Les Toltèques

Teotihuacán

Le plateau central préclassique

Peuplement de l'Amérique

Intro. à la Mésoamérique

Introduction à l'anthropologie

Les Coras et Huicholes

Les Purépechas

Les Otomís

Sierra de Puebla

Bibliothèque

Expositions temporaires

Parties réservées

Le mouvement muraliste

Après la conquête espagnole et la colonisation, le Mexique adopta les valeurs et les styles européens. Cet intérêt pour l'esthétique de l'Ancien Monde redoubla pendant les trente-quatre années de présidence de Porfirio Díaz, dictateur francophile. La chaotique révolution ayant attiré l'attention sur la répartition des terres et les thèmes populistes, les Mexicains vivant à l'étranger, sous l'effet de la nostalgie, déclenchèrent un mouvement politique qui revalorisait les Indiens et le prolétariat. Ils allièrent les idées du marxisme au romantisme de la guerre civile d'Espagne et à une passion désespérée pour leur Mexique natal. Nombre d'artistes y participèrent, mais les « Trois Grands » s'appelaient Diego Rivera, David Alfaro Siqueiros et José Clemente Orozco.

Le muralisme fleurit entre 1920 et 1970, et fut, à ses débuts, sous l'égide de José Vasconcelos, éminent philosophe et ministre de l'Éducation. Malgré les idées communistes des muralistes, qui s'opposaient à celles des dirigeants politiques de l'époque, plutôt conservateurs et favorables aux milieux d'affaires, l'État mexicain se fit leur commanditaire et leur confia d'immenses surfaces des bâtiments publics. L'esprit nationaliste et socialiste des peintures murales, dans une certaine mesure, se substitua à de véritables actions révolutionnaires et constitua une sorte de placebo politique et artistique pour les masses. Travaillant avec le système, les peintres s'exprimaient et accomplissaient leur tâche, tandis que l'État semblait soutenir à la fois les arts et les idées de gauche.

L'œuvre allégorique de Diego Rivera (1886-1957) est la plus connue à l'étranger. Talent précoce, il entra à l'âge de 10 ans à la prestigieuse Académie de San Carlos, à Mexico. Après des années d'expérimentations et de voyages en Europe du Nord, à Paris et en URSS, Rivera trouva son style. Dans une palette de tons vifs, il peignit des personnages arrondis, presque sans cou, à la peau brune et aux pantalons sans couture. Ses sujets simples et attachants étaient censés inspirer et éduquer les gens du peuple, qu'il représentait presque avec dévotion. Rivera et David Alfaro Siqueiros (1896-1974) furent membres du Parti communiste mexicain. L'œuvre peint de Siqueiros, connu pour son goût de l'expérimentation et de l'innovation technique, est insaisissable, souvent violente et chaotique, dans des coloris soutenus et hardis.

Les peintures murales de José Clemente Orozco (1883-1949) furent influencées par ses débuts de caricaturiste, puis son style simple et émouvant vira à l'expressionnisme. Le travail des trois peintres avait pour thème le malaise social et la souffrance humaine – en particulier celle de leurs compatriotes.

Moins connu que les Trois Grands, Juan O'Gorman (1905-1982), architecte et peintre originaire de Coyoacán, réalisa des peintures murales et des tableaux aux couleurs et aux détails subtils. L'œuvre de Rufino Tamayo (1899-1991), peintre, sculpteur et muraliste impressionniste fut prise moins au sérieux à l'époque, en raison de son absence d'engagement social. Parmi les autres artistes qui ornèrent les murs de Mexico, citons Fermín Revueltas, Alva de la Canal, Fernando Leal et Miguel Covarrubias. ∎

Où voir les peintures murales

Voici quelques endroits à Mexico où vous pouvez contempler ces chefs-d'œuvre.

Sur ou près du zócalo : Ex-Colegio de San Ildefonso (voir p. 182), Palacio Nacional (voir p. 182), Secretaria de Educación Pública (voir p. 183), Suprema Corte de Justicia (voir p. 182).

La Alameda : Museo Mural Diego Rivera (voir p. 191), Palacio de Bellas Artes (voir p. 190).

Bosque de Chapultepec : Museo Nacional de Historia (voir p. 195).

Université nationale autonome (UNAM) : Biblioteca Central, Estadio Olímpico et Rectoría (voir p. 207). ∎

Le père Hidalgo, peinture d'Orozco sur l'oppression (Pal. de Gobierno, Guadalajara).

Le sud du centre historique

San Ángel
 178 D1
Informations
 av. Revolución
et Madero
(Casa de la Cultura)
☎ (55) 56 16 20 97
🚇 « San Ángel »,
à Insurgentes,
au niveau de Paseo
de la Reforma

L'AXE NORD-SUD LE PLUS IMPORTANT DE MEXICO, L'AVENUE Insurgentes (29 km), longe la limite est de la Zona Rosa. Elle poursuit vers le sud en passant devant les 50 étages du World Trade Center (ancien Hotel de México), la Plaza México (la plus grande arène pour combats de taureaux au monde) et une étonnante peinture murale de Diego Rivera qui orne la façade incurvée du Teatro de los Insurgentes. Quelques kilomètres plus loin, elle rejoint San Ángel et Coyoacán, deux charmantes villes que l'expansion insatiable de Mexico a englouties.

SAN ÁNGEL

Appelée Tenanitla avant l'arrivée des Espagnols, cette paisible ville aux rues pavées et aux maisons coloniales ou républicaines est organisée autour de deux places agréables, **Plaza de San Jacinto** et, une rue plus loin, **Plaza del Convento.** Clients et marchands emplissent la première le samedi, quand le marché hebdomadaire d'artisanat, le **Bazar del Sábado** (*Plaza de San Jacinto 44, tél. (55) 56 16 00 82, 10 h-20 h*) déborde et s'installe à l'ombre des pins, des cèdres et des yuccas. Toujours sur

cette place se dressent l'église du même nom, édifice simple du XVIIᵉ siècle, et la **Casa del Risco** (*Plaza de San Jacinto 15, tél. (55) 56 16 27 11, mar.-dim. 10 h-17 h*), très belle demeure du XVIIIᵉ siècle convertie en musée d'art et centre culturel. Dans la cour principale, ne manquez pas la fontaine originale, incrustée de miroirs et de coquillages, ainsi que de *talaveras*, assiettes, plats et bols en céramique européenne et porcelaine chinoise. Au deuxième étage, on découvre des collections de tableaux du XVᵉ au XIXᵉ siècle. La librairie adjacente (*fermée dim.*) possède 31 000 volumes de droit international, d'histoire mexicaine et de criminologie.

De l'autre côté de l'av. Revolución, quel plaisir de déambuler dans le cloître et les chapelles du **Museo del Carmen** (*av. Revolución 4, tél. (55) 55 50 48 96, mar.-dim. 10 h-17 h, €€; métro: Quevedo*), où sont conservés des tableaux et objets religieux. Cet ancien carmel, aux somptueuses coupoles ornées de faïences de Talavera et aux splendides retables dorés (dans la chapelle du premier étage), est tout aussi intéressant que les collections qu'il présente.

Le petit **Museo Carrillo Gil** (*av. Revolución 1608 et av. Altavista, tél. (55) 55 50 62 84, mar.-dim. 10 h-18 h, €*), édifice de verre et d'aluminium, aux plafonds bas, présente en alternance ses collections d'art contemporain. On y verra des tableaux des Trois Grands de l'école mexicaine de peinture murale (voir p. 202), ainsi que des huiles, des dessins à la plume et des gouaches d'artistes moins connus.

Gravissez l'avenue Altavista pour découvrir le **Museo Casa Estudio Diego Rivera y Frida Kahlo** (*Diego Rivera 2 et Altavista, tél. (55) 55 50 11 89, lun.-ven. 10 h-18 h, €; métro: Quevedo*),

maison moderne cubique, posée sur des pilotis d'acier, que conçut et construisit Juan O'Gorman, peintre et architecte. Frida Kahlo et son mari, Diego Rivera, vécurent dans cette double structure que

relie une passerelle. La première maison de deux étages abritait la galerie de Rivera et, au-dessus, son atelier. Kahlo vivait et peignait dans la maison située à l'arrière. Le musée possède une collection de leurs photos, lettres, documents et affaires personnelles, ainsi que des esquisses et des tableaux de leurs contemporains.

COYOACÁN
À 3 km de San Ángel et tout aussi charmante, Coyoacán doit son ambiance bohème et intello aux artistes et journalistes de Mexico qui y vivent. Si vous êtes à pied, faites une pause au **Parque de la Bombilla** (*av. Insurgentes Sur et La Paz*), où les coureurs s'engagent au hasard des allées sinueuses à l'ombre des saules, pins, frênes et

Ci-dessus: les chalands explorent l'un des innombrables marchés quotidiens de Mexico. **Ci-dessus à droite:** Frida Kahlo peignit des dizaines d'autoportraits.

Coyoacán
🗺 178 D1
Informations
✉ Jardin Hidalgo 1
☎ (55) 54 84 45 00, ext. 1605

www.mexicocity.com.mx/coyoac.html

avocatiers. Tous les week-ends, les enfants jouent au ballon et les marchands de cacahuètes et de barbe à papa apparaissent. C'est moins animé en semaine mais on ne vous dérangera pas dans votre contemplation du **Monumento al General Alvaro Obregón**, dédié au président de l'ère postrévolutionnaire assassiné en 1928 lors de la révolte des Cristeros (voir p. 35). À l'est du parc se trouve le **Museo Nacional de la Acuarela** (*Salvador Novo 88, tél. (55) 55 54 18 01, mar.-dim. 10 h-18 h; métro: Quevedo*), où sont exposées des gouaches et aquarelles de styles variés. La collection est un don de l'aquarelliste Alfredo Guati Rojo, dont les œuvres figurent également.

La calle La Paz coupe l'avenue Francisco Sosa, bordée de maisons soignées, souvent des demeures coloniales restaurées, et de boutiques, glaciers, restaurants et bars. C'est la principale artère de Coyoacán, une cité prospère à l'arrivée des Mexicas dans la vallée de Mexico. Ceux-ci ne tardèrent pas à l'absorber. C'est là que Cortés installa son quartier général après la conquête. Le **Palacio de Cortés** (*Jardín Hidalgo 1*) en brique rouge, où en fait il n'habita pas, accueille des bureaux de l'administration et un centre d'information touristique. L'église **San Juan Bautista** (*Jardín Hidalgo 8*) domine le côté opposé de la place. Elle date du XVIe siècle, mais il ne reste pas grand-chose de la construction d'origine, si ce n'est la façade et l'arcade des pèlerins. À l'intérieur, les vitraux représentant des saints franciscains illuminent le sanctuaire à nef unique et le maître-autel raffiné.

Cafés, restaurants, boutiques et librairies entourent le **Jardín del Centenario** (*Carrillo Puerto et Centenario*), tout proche, qui, le week-end, fourmille de petits marchands, d'habitants et de touristes. Comme à San Ángel, les peintres vendent des huiles, des acryliques ou des gravures encadrées à des prix raisonnables.

Le joli **Museo Frida Kahlo** (*Londres 247, tél. (55) 55 54 59 99, mar.-dim. 10 h-17 h 45, €€; métro: Coyoacán*) est situé à environ cinq rues au nord de la place. Frida Kahlo (1907-1954), artiste autodidacte, est née et morte dans cette maison couleur de bleuet et décorée d'objets de la culture mexicaine populaire qu'elle aimait. Elle se mit à peindre dès l'adolescence, pendant sa convalescence à la suite d'un terrible accident de bus. Elle adopta d'emblée un style naïf et une iconographie mexicaine. Ses toiles intensément personnelles, en général des huiles de petit format, reflètent sa souffrance physique permanente et l'angoisse morale causée par sa stérilité et l'infidélité de son mari volage, Diego Rivera. Artiste sous-estimée de son vivant, cette femme indépendante est devenue une sorte d'héroïne féministe populaire. Le musée expose son journal intime illustré, ses lettres d'amour et son corset peint à la main, mais aussi une douzaine de ses œuvres; le mobilier et la décoration constituent une fabuleuse collection d'artisanat.

Cinq rues au nord et à l'est se trouve le **Museo León Trotski** (*Río Churubusco 410, tél. (55) 55 54 06 87, mar.-dim. 10 h-17 h, €; métro: Coyoacán*). La maison où vécut en exil le révolutionnaire russe contient ses documents et effets personnels. Ami des peintres Kahlo et Rivera, il fut assassiné (d'un coup de pic à glace dans le crâne) par l'Espagnol Ramón Mercader en mai 1940. L'ancien dirigeant communiste avait déjà survécu à au moins un attentat – à la mitraillette – dans lequel le peintre muraliste David Siqueiros,

Un conteur attire le public à Coyoacán.

très ardent stalinien, était apparemment impliqué.

La plus grande et la plus ancienne des universités de toute l'Amérique latine, l'**Universidad Nacional Autónoma de México ou UNAM** (*av. Insurgentes Sur; métro: Copilco ou Universidad*), fut fondée en 1553. Elle se répartissait à l'origine sur plusieurs bâtiments disséminés en ville. Dans les années 1950, le campus de 320 hectares fut installé sur le champ de laves d'El Pedregal, au sud de San Ángel. Si vous le visitez, ne manquez pas les étonnantes mosaïques de pierres naturelles de Juan O'Gorman, qui couvrent quatre côtés de la Biblioteca Central. La mosaïque de verre de Siqueiros, *Le Peuple à l'Université, l'Université pour le Peuple*, décore le mur nord de la Rectoría (rectorat), le mur sud et la tour étant aussi ornés de peintures spectaculaires. De l'autre côté de Insurgentes Sur, la mosaïque de pierre que peignit Diego Rivera sur l'extérieur de l'**Estadio Olímpico** (stade olympique) décrit les sports anciens et modernes. ■

La Malinche

On raconte que Hernán Cortés aurait installé La Malinche, son interprète, sa maîtresse et la mère de son fils Martín, dans une maison rouge à deux étages sur le côté sud-est de la Plaza de la Conchita, à Coyoacán. La jeune femme, appelée Malintzin en náhuatl et doña Marina par les Espagnols, avait apparemment été vendue comme esclave à des nobles, qui l'offrirent à Cortés, avec quelques autres.

Pour les Espagnols, La Malinche se révéla une interprète, conseillère et même stratège militaire inestimable, qui comprenait bien l'ennemi. Si l'on connaît mal ses motifs et ses actes, cette figure historique controversée et importante passe pour avoir trahi son peuple. En mexicain moderne, un malinchista est une personne d'une loyauté et d'un patriotisme plus que douteux. ■

Les barges
décorées glissent
sur les canaux,
souvent suivies
par des cuisines
ambulantes
et des musiciens.

Xochimilco

CÉLÈBRE DEPUIS L'ÈRE PRÉCOLOMBIENNE POUR SES FLEURS, XOCHIMILCO (en náhuatl « lieu des fleurs ») est le dernier endroit où l'on peut contempler les vestiges des canaux et des jardins flottants qui formaient autrefois le tissu du lac de Texcoco. Cette ville décontractée possède par ailleurs une charmante vieille cathédrale et l'un des meilleurs musées du pays.

Xochimilco

🅰 179 G2

Informations

✉ Calle del Pino 36,
Barrio San Juan

☎ (55) 56 76 08 10

Située à 24 km au sud-est du centre de Mexico, Xochimilco est surtout connue pour ses *trajineras* (barges) qui sillonnent les canaux, aujourd'hui ornées de fleurs artificielles. C'est une scène de fête le week-end, quand les familles pique-niquent dans les jardins. La partie principale de la ville compte plusieurs quais; partant de l'**Embarcadero Celada**, à l'ouest, les bateaux vont visiter le **Parque Natural Xochimilco « Cuemanco »**, réserve écologique créée en 1993. On peut aussi se rendre à pied dans les jardins botaniques de la réserve.

Le monastère fortifié de **San Bernardino de Siena**, à l'ombre des arbres, fut bâti par les franciscains à la fin du XVIᵉ siècle. Il se distingue par une belle façade simple et rose, de style classique, et, à l'intérieur, par un retable spectaculaire. Traversez la rue jusqu'au **Mercado**, idéal pour faire des photos ou simplement admirer légumes et bouquets.

Le voyage ne serait pas complet sans une visite au **Museo Dolores Olmedo Patiño** (*av. México 5843, tél. (55) 55 55 12 21, mar.-dim. 10 h-18 h, €; tren ligero (tramway): station La Noria*). Dolores Olmedo avait réuni dans cette magnifique hacienda de nombreux dessins et peintures, notamment de son ami et protégé Diego Rivera, de Frida Kahlo et de l'artiste russe Angelina Beloff. Par ailleurs, le musée compte plus de 600 objets précolombiens et une très belle collection d'arts populaires mexicains. ■

Autres sites à visiter

ANTIGUA CASA DE LOS CONDES DE SAN MATEO VALPARAÍSO

Aujourd'hui occupé par les bureaux de la Banamex, cet édifice est l'un des meilleurs exemples d'architecture civile du XVIIIᵉ siècle de la ville. Remarquez la tour d'angle avec l'image de la Vierge de Guadalupe et le blason familial sur la façade. À l'intérieur, le double escalier en spirale évitait aux maîtres et aux domestiques de se croiser.

M 179 G3 ✉ Isabel la Católica 44 et Carranza ☎ (55) 52 25 60 88 🕐 lun.-ven. 9 h-17 h M Isabel la Católica

CUICUILCO

Du site archéologique de Cuicuilco, considéré comme le plus ancien de la vallée de Mexico (ère préclassique), on voit le volcan Xitle qui détruisit la ville au cours du Iᵉʳ siècle ap. J.-C. La structure la plus importante est une rare pyramide circulaire à quatre étages d'un diamètre de 140 m, revêtue d'un parement en pierre. Le musée présente des stèles et la statue de Huehueteotl-Xiuhtecuhtli, dieu du feu représenté sous les traits d'un vieil homme.

M 178 D1 ✉ av. Insurgentes Sur et Periférico, Col. Ysidro Favela ☎ (55) 56 06 97 58 ⊜ € 🕐 9 h-17 h M Universidad

MUSEO DE LA CARICATURA

Cette résidence du XVIIIᵉ siècle possède une intéressante collection de caricatures et de vieilles gravures représentant aussi bien Fidel Castro que Bill Clinton ou Jean-Paul II.

M 179 G3 ✉ Donceles 99 ☎ (55) 57 04 04 59 ⊜ € 🕐 lun.-ven. 10 h-18 h, sam.-dim. 10 h-17 h M Zócalo

MONUMENTO A LA REVOLUCIÓN

Commencé sous l'égide du président Porfirio Díaz pour accueillir des bureaux parlementaires, cet immense immeuble Art déco fut dédié aux héros tombés pendant la révolution, laquelle avait interrompu les travaux. À l'intérieur, le **Museo Nacional de la Revolución** présente des documents, photos et souvenirs de cette période.

M 179 E3 ✉ Plaza de la República, Col. Tabacalera Tepetlapa ☎ (55) 55 66 19 02 🕐 mar.-ven. 9 h-17 h ⊜ € M Revolución

Figurine en papier mâché de la collection d'arts populaires du musée d'Anahuacalli.

MUSEO ANAHUACALLI DIEGO RIVERA

Cet étrange musée n'a la place d'exposer que 2 000 des 55 000 pièces de sa collection d'art précolombien, don de Diego Rivera. Y figurent les cultures du Guanajuato (région natale de Rivera), de la vallée de Mexico et Teotihuacán, mais surtout des États du Pacifique : Colima, Nayarit et Jalisco. Rivera dessina ce bâtiment de roche volcanique noire et d'onyx, très inspiré de l'architecture précolombienne.

M 179 G2 ✉ Calle del Museo 150, Col. San Pablo Tepetlapa ☎ (55) 56 17 43 10 🕐 mar.-dim. 10 h-18 h ⊜ €€ M Métro tasqueña puis tren ligero (tramway) : station Xotepingo

MUSEO DE LA CIUDAD DE MÉXICO

Édifié en belle roche volcanique rouge au XVIᵉ siècle, cet élégant palais des Comtes de Santiago de Calimaya fut reconstruit en style baroque au XVIIIᵉ siècle. C'est maintenant un musée d'histoire et des cultures, qui présente avant tout des pièces précolombiennes, du mobilier ancien et des expositions d'art temporaires intéressantes. Remarquez les très belles portes en bois sculpté, importées des Philippines, et, sur la fontaine de la cour, une étonnante *nereda*, sirène à trois queues.

On y donne très régulièrement des concerts et des dîners-spectacles.

🅼 179 G2 ✉ Pino Suárez 30 ☎ (55) 55 22 99 36 🕓 mar.-dim. 10 h-18 h Ⓜ Zócalo

MUSEO DE SAN CARLOS

Cette jolie mais austère maison néoclassique se tient à quelques rues à peine du Monumento a la Revolución (voir p. 209). Diego Rivera et d'autres grands peintres étudièrent dans cette ancienne académie. Aujourd'hui, la collection de peintures du XVe à la fin du XIXe siècle comprend des tableaux du gothique espagnol ainsi que des œuvres renaissance, maniéristes, baroques, néoclassiques, romantiques et symbolistes.

🅼 179 E3 ✉ Puente de Alvarado 50, Col. Tabacalera ☎ (55) 55 66 83 42 🕓 mer.-lun. 10 h-18 h € Ⓜ Revolución

MUSEO DEL CALZADO EL BORCEGUÍ

L'unique musée d'Amérique latine à être entièrement consacré à la chaussure en possède quelque 15 000 exemplaires. Il s'agit de sujets historiques (Louis XV, pantoufles chinoises, bottes lunaires de la NASA), d'art populaire représentant des chaussures et de 175 paires ayant appartenu à des célébrités. Ce musée fascinant est relié au magasin voisin, fondé en 1895 et spécialisé dans les chaussures confortables et orthopédiques.

🅼 179 F3 ✉ Bolívar 27, 2e étage ☎ (55) 55 12 13 11 🕓 lun.-ven. 10 h-14 h et 15 h 30-18 h, sam. 10 h-14 h Ⓜ Bellas Artes

MUSEO JOSÉ LUIS CUEVAS

Les gravures érotiques du peintre et sculpteur José Luis Cuevas ont paradoxalement trouvé place dans le cloître de l'ancien couvent du XVIe siècle, déclaré monument national en 1932. Dans la cour, *La Giganta*, bronze de 8 m, est une œuvre de Cuevas. Le musée expose également sa collection personnelle de peintures contemporaines. Le dimanche, il accueille pièces de théâtre, danses et musique.

🅼 179 G3 ✉ Calle Academia 13 ☎ (55) 55 22 01 56 🕓 mar.-dim. 10 h-18 h € Ⓜ Zócalo

MUSEO S.H.C.P.

Les galeries du premier étage de cet ancien archevêché du XVIe siècle sont un peu vides et décevantes, mais celles du second présentent plus d'intérêt. Elles comprennent les dations, système permettant aux artistes mexicains de s'acquitter de leurs impôts en œuvres ou à leurs héritiers de payer les droits de succession. Bonnes expositions temporaires.

🅼 179 G3 ✉ Antiguo Palacio del Arzobispado, Moneda 4 ☎ (55) 55 21 46 75 mar.-dim. 10 h-17 h 30 € Ⓜ Zócalo

PLAZA DE GARIBALDI

Sur cette célèbre place située cinq rues au nord du Palacio de Bellas Artes, chaque soir, des mariachis viennent donner la sérénade aux amateurs. C'est très couleur locale, et vendeurs de tacos et pickpockets sont aussi au rendez-vous. Les bars et petits restaurants sur la place vont de la cantina où les hommes bercent mélancoliquement leur bouteille de tequila aux boîtes de nuit avec orchestre. Le 22 novembre, fête de sainte Cécile, patronne des musiciens, la place est encore plus animée avec feux d'artifice, danses folkloriques, nourriture, artisanat et, bien sûr, mariachis.

🅼 179 F4 ✉ av. Lazaro Cardenas et Honduras Ⓜ Garibaldi

POLIFORUM CULTURAL SIQUEIROS

La Marche de l'humanité de David Alfaro Siqueiros couvre les douze côtés, à l'extérieur comme à l'intérieur, de ce bâtiment construit pour ce projet. Le samedi et le dimanche après-midi, un son et lumière en espagnol souligne le relief et les éléments sculpturaux de cet inhabituel décor mural. Des événements culturels sont aussi organisés dans cet espace.

🅼 178 D1 ✉ Insurgentes Sur 701 et Filadelfia ☎ (55) 55 36 45 20 € Ⓜ Chilpancingo

SALA DE ARTE PÚBLICO SIQUEIROS

Juste avant sa mort, Siqueiros fit don à l'État de sa maison et de son contenu. Le musée présente ses œuvres, dessins, tableaux, esquisses et une peinture murale, *Maternité*. La galerie du deuxième étage présente en alternance ses collections d'art contemporain.

🅼 178 A2 ✉ Tres Picos 29 Col. Polanco ☎ (55) 52 03 58 88 🕓 mar.-dim. 10 h-18 h € Ⓜ Auditorio ■

vec ses missions,
ses cathédrales,
ses haciendas, ses ruines
archéologiques et ses marchés
où l'on continue de parler
l'otomi et le náhuatl, la petite
région centrale incarne
le Mexique précolombien,
colonial et indépendant.

Les environs de Mexico

**Intérieur baroque
exubérant.**

Les environs de Mexico

À QUELQUES EXCEPTIONS PRÈS, LES GRANDES CITÉS DU PLATEAU CENTRAL, AUTOUR DE LA VALLE de Anáhuac (vallée de Mexico), sont des centres préaztèques. À l'époque de la conquête espagnole, les cités étaient dominées par Tenochtitlán, Texcoco et Tlacopan. Cuernavaca, autrefois station thermale de luxe pour la noblesse aztèque, attire toujours des personnalités, qui y possèdent souvent une résidence secondaire. Prêtres et nobles se rendaient en pèlerinage à Teotihuacán, comme nous le faisons aujourd'hui, pour admirer les réalisations d'une civilisation classique aux origines encore mystérieuses.

La civilisation florissait dans les vallées, les plaines et les basses terres entourant la vallée de Mexico. Très proche de l'ancienne capitale détruite, Tenochtitlán, et de la nouvelle capitale, Mexico, le plateau central fut rapidement colonisé par la Couronne espagnole. Parmi les villes qu'Hernan Cortés reçut de Charles Quint figurent Toluca et Cuernavaca, capitales respectives des États actuels de México et Morelos. En récompense de sa participation active à la destruction de l'Empire aztèque, Tlaxcala a bénéficié par la suite de privilèges rares pour un peuple conquis.

Contrairement au peuple maya, dont la culture déclinait depuis près de cinq cents ans à l'arrivée des Espagnols, et aux tribus nomades du Nord, la civilisation du plateau central était véritablement à son apogée au XVIe siècle. Ensemble, artisans indigènes et européens produisirent parmi les pièces architecturales les plus étonnantes du Mexique. Désireux de convertir les indigènes et de glorifier Dieu, les Espagnols bâtirent de somptueuses cathédrales et d'immenses églises : les artisans indiens adoptèrent le style baroque avec enthousiasme. À Puebla, stuc doré, poly-

Tepoztlán était un lieu de villégiature très prisé dans les années 1960 et 1970.

chromie et céramiques vernissées *talaveras* ornent des myriades d'églises et de palais. Il en résulte une architecture exubérante, absente dans le reste du pays. Les fresques murales du monastère d'Ixmiquilpan, dans l'État d'Hidalgo, présentent une imagerie indigène insolite : jaguars, aigles tenant des serpents dans leurs serres et violentes scènes de combat entre guerriers indiens.

Formant un cercle autour de Mexico, les États d'Hidalgo, Tlaxcala, Puebla, Morelos et México sont aujourd'hui influencés par la proximité de la capitale. Fortement industrialisé, l'État de México entoure le district fédéral sur trois côtés et a su tirer parti du secteur bancaire, des transports et de la présence des administrations. La plupart des capitales a cependant su préserver de remarquables églises et des bâtiments coloniaux séculaires. ■

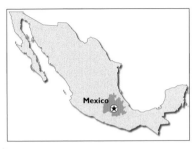

0   100 kilomètres

Cuernavaca
🅜 p. 213 B2
Informations
✉ av. Morelos Sur
187, Colonia Las
Palmas
☎ (777) 314 38 72

Cuernavaca

DEPUIS LES TEMPS PRÉHISPANIQUES, CUERNAVACA (DU NÁHUATL Cuauhnáhuac, « à l'orée de la forêt ») est une ville très visitée. Son climat tempéré et sa pluviosité sont parfaits pour l'agriculture et les plantes ornementales. La noblesse mexicaine en avait fait un lieu de villégiature et Hernán Cortés s'y fit bâtir un palais. Pendant des siècles, Cuernavaca a fourni des résidences secondaires à des diplomates, hommes politiques, musiciens, mexicains et étrangers. Début avril, la fête de la Fleur séduit par sa musique et ses expositions florales. Près de la ville, des rivières et plus de quarante thermes et parcs aquatiques attirent les amateurs de nature.

Ancien palais de Hernán Cortés.

Au printemps, Cuernavaca fleurit, bien que les arbres *guayaba* qui ont donné aux habitants leur surnom de *guayabos* se fassent rares. À l'est de la grande place, les belles fresques intérieures du **Palacio de Cortés** (*av. Leyva 100, mar.-dim. 10 h-17 h, €€*) sont l'œuvre de Diego Rivera. Le palais abrite le **Museo Cuauhnáhuac** (*tél. (777) 312 81 71, €*), où sont présentées l'histoire de cette région depuis l'époque préhispanique jusqu'à la révolution et des pièces archéologiques découvertes dans les fondations du palais.

La **Catedral de la Asunción** (*av. Morelos et Hidalgo tlj 8 h-14 h et 16 h-22 h*) dispose d'un immense atrium conçu pour recevoir le plus grand nombre possible d'Indiens convertis. Ses retables ouvragés ont

été supprimés en 1959 par le prêtre réformiste Sergio Méndez Arce, révélant ainsi des fresques murales du martyre de missionnaires franciscains envoyés au Japon, parmi lesquels San Felipe de Jesús, premier saint mexicain. On trouve d'autres témoignages du « nouveau catholicisme » dans les vitraux modernes qui représentent un Christ ressuscité et lors de la fameuse **messe mariachi**, le dimanche à 11 h. Du haut du clocher, la vue sur la ville est superbe.

Ne manquez pas le beau **Museo Robert Brady** (*Nezahualcóyotl 4, tél. (777) 318 85 54, mar.-dim. 10 h-18 h, €*), ancienne maison d'un riche collectionneur américain. On y trouve un millier d'objets d'art du Mexique et du monde entier.

Promenez-vous dans le **Jardín Borda** (*av. Morelos et Hidalgo, tél. (777) 318 10 38, fermé le lun.*), créé au XVIIIᵉ siècle par José de la Borda, le géant minier de Taxco, dont la demeure devint plus tard la résidence d'été de l'empereur Maximilien. Visitez l'intéressant musée (*mar.-dim. 10 h-17 h 30, €*), où sont exposés des objets ayant appartenu à l'empereur, ou écoutez de la musique le soir dans le café du jardin. Pour vous distraire, les cafés à la mode et les cantinas sont situés autour de la **Plazuela del Zacate** (*Galeana et Hidalgo*). ■

Xochicalco

www.geocities.com/atlantis01mx/morelos/xochicalco.htm

Xochicalco

- p. 213 B2
- 45 km au sud-ouest de Cuernavaca par la route 95
- (777) 329 44 15
- Ouv. tlj 10 h-17 h
- €€

PERCHÉ SUR UNE SÉRIE DE COLLINES BASSES AMÉNAGÉES EN TERRASSES, le site du « lieu de la maison des fleurs » couvre 25 hectares dont une bonne partie n'a pas encore été fouillée. Florissante entre 700 et 900, cette ville fortifiée est considérée comme le lien entre la civilisation toltèque établie à Tula au Xᵉ siècle et la civilisation de Teotihuacán, qui disparut subitement vers 650. Les ruines furent découvertes à la révolution mexicaine lorsque, selon la légende, Zapata se rendit compte que les balles ricochaient sur la colline herbeuse qu'il défendait avec ses hommes : la « colline » était une pyramide enterrée.

Le site est situé à flanc d'un contrefort du volcan Ajusto. Au sommet se trouve la **Plaza Ceremonial** sur laquelle s'élève la principale structure, la **Pirámide de las Serpientes Emplumadas.** La paroi construite en *talud-tablero* est ornée d'une frise sculptée dont le motif principal, un serpent à plumes répété huit fois, pourrait être en relation avec Quetzalcóatl. Dans les méandres de la frise figurent quelques personnages de type maya assis en tailleur, accompagnés de glyphes. À gauche de l'escalier, le glyphe « 9-œil de reptile » correspondant à la date 743, année de l'éclipse solaire, indique que l'édifice aurait été construit pour commémorer cet événement astral, à l'occasion d'une réunion d'astronomes venus de villes alliées pour synchroniser leurs calendriers.

En descendant, vous traverserez la **Plaza de la Estela de Dos Glifos** (Place de la stèle des deux glyphes), ainsi nommée d'après une stèle qui s'y trouve, sculptée des glyphes calendaires représentant les dates « 10-roseau » et « 9-œil de reptile ».

Plus bas, on traverse le **jeu de balle** pour accéder à un ensemble de galeries souterraines qui abritent l'**Observatorio** *(vis. de 11 h à 16 h).* Par un long tunnel, on accède à une vaste salle où, deux fois par an (du 14 au 15 mai et du 28 au 29 juillet), lorsque le soleil est à son zénith, un rayon lumineux apparaît sur le sol, entrant par un trou de 8 mètres de long percé dans la roche. ∎

Des reliefs du Serpent à plumes couvrent le temple principal de Xochicalco.

Circuit de Los Conventos del Volcán

Franciscains, dominicains et augustins se sont partagé la zone qui forme l'actuel minuscule État de Morelos. Au nord-est de Cuernavaca s'étire une succession de monastères dominicains et augustins bâtis peu après la conquête espagnole. Cet itinéraire à travers les vallées est particulièrement spectaculaire l'hiver, lorsque le Popocatépetl et l'Iztaccíhuatl sont enneigés, d'où son nom : « les monastères du volcan ».

Des fresques murales illuminent les façades de nombreux bâtiments mexicains.

De Cuernavaca, prenez la route 95D vers l'est sur environ 26 km, puis la 115D en direction de Cuautla. À **Tepoztlán** ❶, vous pouvez acheter du papier *amate* (écorce battue) au marché du dimanche. En 1560, des frères dominicains chassèrent de son temple Tepoztécatl, dieu du *pulque,* et récupérèrent les pierres pour construire le **Convento de Nuestra Señora de la Natividad** (musée) ❷, sur la place principale. Les frères ne vinrent pas à bout de leur mission puisque la ville est connue pour son mélange de rites chrétiens et préhispaniques, à mardi gras et le 7 septembre, fête de Notre-Dame de la Nativité.

L'église et l'ancien monastère aux allures de forteresse sont de style Renaissance. Sur la façade platéresque de l'église figurent des symboles de la Vierge : soleil, lune et étoiles à huit branches. Les symboles dominicains sont la croix foliée, la fleur de lis et des chiens porteurs de torche. Du cloître, on aperçoit les collines de la Sierra Tepozteca où, en une heure de marche, on peut atteindre les vestiges d'une pyramide aztèque, **Tepozteco** *(tlj 10 h-17 h, €).*

Reprenez la route de Cuautla jusqu'à **Oaxtepec** ❸ (32 km), ancienne villégiature des seigneurs de Xochimilco et de l'empereur Moctezuma, qui abrite un vaste jardin flottant. Certains historiens l'appellent le « grenier de Tenochtitlán », car ses vergers et ses champs alimentaient la capitale aztèque. L'ancien **Convento de Santo Domingo,** du XVIe siècle, entouré de vieux arbres et de ficus (pour l'*amate*), est le mieux conservé du Morelos. Son cloître est orné de nombreuses peintures monochromes de saints *(mar.-ven. 10 h-14 h et 16 h-18 h, sam.-dim. 10 h-18 h).*

Dirigez-vous vers le nord par la route 142, sur 10 km, jusqu'à **Tlayacapan** ❹ (€€) et le **Convento de San Juan Bautista** du XVIe siècle, d'une grande simplicité architecturale *(tlj 9 h-17 h, €).* La façade de stuc est couronnée d'une *espadaña,* rangée de petites cloches logées dans des niches individuelles. Le musée installé dans le réfectoire expose quelques statues polychromes en bois et la chapelle privée abrite des peintures de saints augustins, de moines et des quatre évangélistes.

Prenez la route 2 vers l'est, sur 10 km. Vous passez devant des falaises de basalte avant d'arriver au **Convento de Totolapan,** à l'abandon. Ce monastère augustin, autrefois littéralement recouvert de peintures, est aujourd'hui en mauvais état. Continuez sur la même route qui, descendant vers le sud, mène au **Convento de Atlatlahuacan,** à 15 km. Cet ancien monastère augustin,

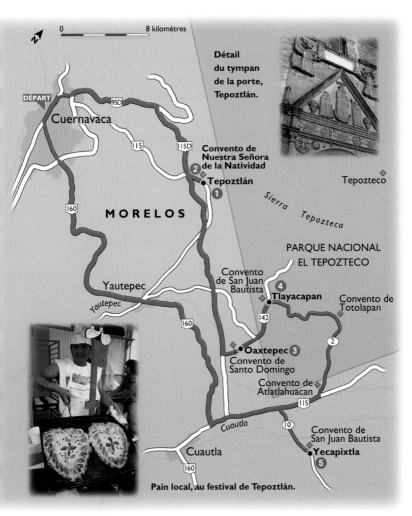

Détail
du tympan
de la porte,
Tepoztlán.

Convento de
Nuestra Señora
de la Natividad
2
Tepoztlán
1

Tepozteco ◆

Sierra Tepozteca

MORELOS

PARQUE NACIONAL
EL TEPOZTECO

Yautepec

Convento
de San Juan
Bautista **4**
◆**Tlayacapan**

Convento de
Totolapan ◆

Yautepec

142

◆**Oaxtepec 3**
Convento de
Santo Domingo

Convento de
Atlatlahuacan ◆

2

115

Cuautla

10

Convento de
San Juan Bautista
◆**Yecapixtla**
5

Cuautla

160

0   8 kilomètres

DÉPART

Cuernavaca

95D

115   115D

160

Pain local, au festival de Tepoztlán.

entouré d'un très vaste atrium crénelé, a un cloître décoré de nombreux saints monochromes. Dédiée à saint Matthieu, l'église regorge de saints et d'autels populaires logés dans des niches *(mar.-ven. 10 h-14 h et 16 h-18 h, sam.-dim. 10 h-18 h).*

Reprenez la route 2 vers le sud, puis empruntez la 115 à droite vers Cuautla ; quittez-la après environ 6 km pour la 10, jusqu'à **Yecapixtla 5**. La ville fut un marché aux esclaves à l'époque préhispanique puis un prieuré augustin. Derrière le **Convento de San Juan Bautista**, doté de puissantes murailles, se trouve le palais de Cortés, où il venait parfois séjourner. La façade Renaissance de l'église possède une rosace gothique et un portail de style plateresque. À l'intérieur, remarquez les

◪ Voir aussi p. 213 B2
➤ Cuernavaca
⬌ 128 km
⊕ 1 journée
➤ Cuernavaca

À NE PAS MANQUER
• Tepoztlán
• Tlayacapan
• Yecapixtla

symboles augustins (un cœur transpercé de flèches) de la chaire. Reprenez la 115 vers le sud, puis tournez à l'ouest sur la 160 pour revenir à Cuernavaca (62 km). ∎

Cholula

 213 C2

Informations

✉ Calle 4 Poniente 103

☎ (222) 247 31 16

Cholula et ses environs

CHOLULA – « LIEU DE LA FUITE » – AURAIT ÉTÉ FONDÉ PAR DES ADORA-teurs de Quetzalcóatl fuyant les persécutions religieuses de Tula. Le roi-dieu Quetzalcóatl s'y serait arrêté et aurait établi un culte à son nom avant, selon la légende, de s'immoler par le feu sur les rives du golfe du Mexique. Son cœur monta au ciel et devint l'étoile de Vénus. Abritant depuis soixante ans l'Universidad de las Américas, Cholula, comme ses environs, possède parmi les plus ravissantes églises du pays. Contraints de renoncer au culte de Quetzalcóatl par les Espagnols, les artisans indigènes bâtirent d'admirables églises. Alliant motifs et techniques préhispaniques et européens, ils créèrent un baroque inimitable.

Des céramiques de style talavera recouvrent la façade de l'église d'Acatepec.

À l'aube du XVIᵉ siècle, Cholula était une ville très puissante sous le contrôle des Aztèques. Cortés y séjourna dix jours lors de sa marche vers Tenochtitlán. Ayant été averti d'un complot contre ses troupes, il fit massacrer tous les nobles et près de 6 000 habitants après avoir pro-noncé un discours contre l'idolâtrie et les sacrifices humains. La défaite cuisante qu'il imposa à la ville ren-força son image d'être supérieur au don de double vue.

Après la conquête de la capitale aztèque, les Espagnols reconstrui-sirent Cholula et remplacèrent les temples de Quetzalcóatl par des églises chrétiennes. Abandonnée depuis la fin de la période post-classique, la **Gran Pirámide de Tepanapa** (*av. Morelos et calle 6 Norte, tlj 10h-17h, €*), la plus grande pyramide de Mésoamérique, était trop gigantesque pour être déman-telée. L'immense structure en adobe fut construite en plusieurs étapes sur une période de 900 ans (de 200 av. J.-C. à 700 ap. J.-C.).

Contrairement à d'autres sites archéologiques, Tepanapa n'est accessible que par des tunnels en nid d'abeille longs de 8 km. Vous pouvez y entrer seul ou louer les services d'un guide (*€€-€€€*) à l'entrée. Un petit musée expose des poteries mixteca-puebla et un

plan en coupe des différents niveaux de la pyramide. Juchée au sommet de cette structure de 65 mètres de hauteur, l'**Iglesia de Nuestra Señora de los Remedios,** bâtie à la fin du XVIᵉ siècle, offre une vue superbe sur la ville et, par temps clair, sur les volcans Popocatépetl et Iztaccíhuatl.

Des restaurants et des boutiques entourent le **zócalo** de Cholula (*Bd Miguel Alemán et Morelos*), dont la partie ouest est bordée d'arcades. Côté est se trouve le **Convento San Gabriel** (*calle 2 Norte*), construit par les francis-cains à l'emplacement d'un temple préhispanique. À gauche de l'église, la jolie **Capilla Real** – inspirée de la grande mosquée de Cordoue, en Espagne – possède un écheveau de colonnes surmonté de 49 dômes. Endommagée par un séisme, elle est actuellement fermée.

À quelques kilomètres au sud de Cholula se dressent deux jolies églises de style « baroque indien », uniques en raison de l'association d'éléments indigènes et euro-péens. Conçue et exécutée, dit-on, par les indigènes au XVIIIᵉ siècle, **Santa María Tonantzintla** est l'une des réalisations artistiques les plus surprenantes du Mexique (*lun.-ven. 7h-14h et 16h-20h, sam.-dim. 7h-20h*). L'intérieur

est recouvert de stucs polychromes, dorés et sculptés : chérubins (dont certains aux traits indiens), fleurs, fruits, vigne, saints, rosettes et volutes. Sur les colonnes flanquant l'autel, des miroirs représentent respectivement la sagesse, la moralité, la vérité et l'humanité.

À moins de 1,5 km au sud s'élève l'étonnante église de **San Francisco Acatepec** (*lun.-ven. 7 h-14 h et 16 h-20 h, sam.-dim. 7 h-20 h*) dont la façade de céramique est une explosion de jaune vif, de vert, de fleurs bleues et blanches et de brique rouge non vernissée.

La ville de **Chipilo**, à quelques kilomètres au-delà d'Acatepec, est un autre mariage heureux entre les cultures de l'Ancien et du Nouveau Monde. Nombre de ses habitants, dont les ancêtres émigrèrent de Venise, ont conservé des recettes et des traditions italiennes, dont les saucisses maison et les produits laitiers. Aujourd'hui, la ville est réputée pour ses meubles rustiques faits à la main.

À moins de 16 km au nord-ouest de Cholula, **Huejotzingo** héberge un ancien **Convento Franciscano** (*mar.-dim. 10h-17 h,* €) construit entre 1529 et 1570. Visitez le cloître, la cuisine et la charmante chapelle et, dans l'église attenante, admirez le magnifique autel de style plateresque. Huejotzingo est renommé pour ses *sarapes* (couvertures) en laine vendus au marché de plein air du samedi et pour son carnaval. ■

L'église Nuestra Señora de los Remedios est perchée au sommet de la Gran Pirámide de Tepanapa, à Cholula. On aperçoit en arrière-plan le volcan Popocatépetl.

Popocatépetl et Iztaccíhuatl

À moins de 80 km au sud-est de Mexico se dressent le volcan actif Popocatépetl et son voisin éteint l'Iztaccíhuatl. Culminant respectivement à 5 452 m et 5 286 m, ces géants géologiques sont le second et troisième plus hauts sommets du pays, le premier étant le Pico de Orizaba, à Veracruz (voir p. 244). Le Popocatépetl a déjà connu au moins 36 éruptions, la dernière qui ait été importante datant de 820. S'il fut l'objet de légendes et d'adoration depuis le règne de Quetzalcóatl, son activité récente inquiète toutefois géologues et villageois des environs.

Bien que Popo et Izta (leurs surnoms) soient tous deux classés comme strato-volcans, le second est éteint depuis longtemps et ne possède pas de cratère. Popo, lui, s'est réveillé en 1993 en crachant des gaz, des cendres et des roches. L'année suivante, plus de 25 000 personnes durent être évacuées de villages menacés.

Selon la légende, Popoca était un jeune homme pauvre mais vaillant, épris de Mixtli, la jolie fille de l'empereur Tizoc. Popoca partit à la guerre dans l'espoir d'être promu chevalier-aigle, et d'obtenir la main de la princesse. Persuadée que son bien-aimé allait mourir et qu'elle devrait se marier avec le plus ambitieux et le plus cruel de ses prétendants, Mixtli se donna la mort. Rentrant triomphant du combat et trouvant Mixtli morte, Popoca déposa son corps au sommet d'une haute montagne dans l'espoir que la neige la ranimerait. Une torche allumée dans la main, il resta auprès d'elle et le couple se transforma en Popocatépetl (montagne qui fume) et Iztaccíhuatl (femme endormie).

Le Popocatépetl et l'Iztaccíhuatl sont présents dans le rituel religieux moderne. Nombre de villageois les considèrent comme des êtres vivants, à la fois montagnes, hommes et dieux. Ils les appellent don Gregorio et doña Rosita, et les vénèrent pour la pluie et la fertilité qu'ils apportent à leurs terres. À la saison de plantation du maïs, les faiseurs de pluie locaux procèdent à des rites sur des sites sacrés situés sur les deux volcans, dont un à 1,6 km du cratère du Popo.

Popo est aujourd'hui fermé aux alpinistes, alors qu'Izta reste accessible. Les sentiers de randonnée vers les deux volcans partent de Paso de Cortés, à 17 km de la route 115. Ce col porte le nom du conquistador espagnol qui, arrivant de Veracruz, aurait aperçu pour la première fois la ville de Tenochtitlán depuis ce point de vue. ■

Ci-dessus : Le Popocatépetl (à gauche) et l'Iztaccíhuatl.
Page de droite : 20 millions de personnes vivent à moins de 80 km de Popo.

Lors de la parade annuelle du Cinco de Mayo, les Poblanos expriment leur fierté à la fois dans la ville de Puebla et dans tout le pays.

Puebla
🅜 213 C2
Informations
✉ 5ta calle Oriente 3
☎ (222) 246 20 44

Puebla

LA VILLE DE PUEBLA FUT FONDÉE EN 1531 DANS UNE VALLÉE VERTE encadrée par trois des plus hauts volcans du Mexique : Pico de Orizaba, Popocatépetl et Iztaccíhuatl. Située dans la zone active du « cercle de feu », la région est régulièrement victime de séismes. Ses précieux bâtiments historiques et ses magnifiques églises endommagés par celui de 1999 sont en cours de restauration.

Puebla s'orienta rapidement vers le textile, le verre et la céramique aux motifs bleus et blancs de style mauresque importés de Talavera, en Espagne. Les artisans indigènes et *mestizos* (métis) ajoutèrent des rouges terre, des oranges et des verts, créant ainsi une tradition unique. Les carreaux, associés au stuc sculpté (souvent peint et doré) et à d'autres ornements baroques, forment un style architectural très particulier que l'on retrouve dans la capitale et les villes voisines.

Mais Puebla possède d'autres attraits que son architecture. Les cuisiniers poblanos emploient les nombreuses variétés de piment de la région pour élaborer des recettes élaborées. Plat traditionnel de la fête de l'Indépendance, les *chiles en nogada* sont des piments forts farcis d'un mélange doux à la viande, cuits dans une sauce à la noix et garnis de graines de grenade. À base de chocolat amer, d'arachides, de graines de sésame et de piment, le *mole poblano* est une sauce complexe qui accompagne la dinde, le poulet ou le porc.

La cuisine jaune et ensoleillée dans laquelle aurait été concocté le premier *mole* se trouve dans le **Convento de Santa Rosa**, un couvent confisqué durant la Réforme et qui abrite aujourd'hui le beau **Museo de Arte Popular Poblano** (*calle 14 Poniente 305 et 3 Norte, tél. (222) 232 92 40, mar.-dim. 10 h-16 h 30, €*). Le musée expose l'artisanat de l'ensemble de l'État, dont des masques et des meubles de marqueterie. Le **Museo de Arte Religioso** (*18 Poniente 103, tél. (222) 232 01 78, ouv. mar.-dim. 9h-18 h, €€*) est l'ancien couvent Santa Mónica. Outre ses peintures et expositions plus traditionnelles, il abrite une curiosité : le cœur du fondateur du couvent.

Tout autour du grand **Zócalo** (*A. Camacho, entre 2 Sur et 16 de Septiembre*) se dressent d'imposants bâtiments, dont le **Palacio Municipal** (*Portal Hidalgo 14, tél. (222) 246 18 99*) de style néoclassique français. À l'angle nordest de la place, la façade de brique rouge, rehaussée de stucs et de *tavaleras* de la **Casa de los Muñecos** (maison des poupées) est superbe, tout comme les peintures d'époque coloniale du **Museo Universitario** (*2 Norte 2, tél. (222) 229 55 00, mar.-dim.10 h-17 h, €*) logé dans cette belle maison.

En face s'élève la **Catedral de la Inmaculada Concepcíon** (*16 de Septiembre et 3 Oriente*) datant des XVIᵉ-XVIIᵉ siècles. Elle présente des tours jumelles austères et un intérieur massif comprenant 5 nefs et 14 chapelles latérales. Le maître-autel néoclassique, œuvre de Manuel Tolsá, est en or, marbre et onyx.

Derrière la cathédrale, la **Casa de la Cultura** (*Oriente 5, tél. (222) 246 31 86*) possède d'intéressantes galeries d'art, un théâtre, et une salle de concerts. À l'intérieur, la **Biblioteca Palafoxiana** (*mar.-dim. 10 h-17 h, €*), du nom de l'évêque Juan de Palafox qui fit don de sa bibliothèque personnelle, compte 50 000 ouvrages. Un autre philanthrope local fit don au **Museo Amparo** (*calle 2 Sur 708 et av. 9 Oriente, tlj 9 h-19 h, tél. (222) 246 46 46, €€*) d'objets précolombiens, d'œuvres d'art colonial d'Europe et de Nouvelle-Espagne, et d'objets d'art mexicains du XXᵉ siècle.

Au nord de la cathédrale, la belle **Iglesia de Santo Domingo**

(*5 de Mayo et 4 Poniente*) abrite la chapelle la plus ouvragée de la ville. Dédiée à Notre-Dame du Rosaire, la **Capilla del Rosario** déploie une exubérance baroque toute de stuc doré et décoré. Quelques portes plus bas, le **Museo Bello y Zetina** (*5 de Mayo 409 et 6 Oriente, tél. (222) 232 47 20, fermé lun.*), est une ancienne demeure somptueusement décorée de l'une des familles aisées de Puebla.

La belle **Casa del Alfeñique** (*4 Oriente 416 et 6 Norte, tél. (222) 241 42 96, mar.-dim. 9h30-17 h, €*), du XVIIIᵉ siècle, est ainsi nommée en raison de la similarité entre sa façade de stuc sculpté et une friandise du même nom. Elle abrite le musée historique de Puebla. Dans le même quartier, au marché d'**El Parián** (*2 Oriente et 6 Norte*), sur la **Plaza San Roque**, on peut acheter des *alfeñiques* et autres sucreries, mais également des céramiques talaveras fabriquées en usine. Les ateliers du **Barrio del Artista** (*6 Oriente et 6 Norte*) et du **Callejón de los Sapos** (*calle 4 Sur, près av. 7 Oriente*) vendent de l'artisanat local. ■

Briquetage et céramique décorative ornent les façades de Puebla.

Tlaxcala

⚠ 213 C2

Informations

✉ Angle av. Juárez 18
et Lardizábal

☎ (246) 465 09 00

Tlaxcala et Cacaxtla

LA PLUPART DES GENS VISITENT TLAXCALA PARCE QU'IL SE TROUVE SUR
la route de Cacaxtla dont ils veulent voir les fresques murales. Or
Tlaxcala est une ville historique animée. Ceinturant la plaza et sa
fontaine, des restaurants nichés sous des arcades servent des spécialités régionales. Dans les boutiques, on trouve des objets d'art
populaire, dont des cannes en bois sculpté, des sarapes rayés et des
masques de carnaval colorés. Fière de ses origines espagnoles et
indigènes, la ville a pour devise « l'héritage de deux cultures ».

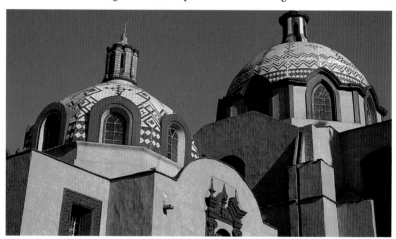

**La paroisse
de San José,
à Tlaxcala.**

Tlaxcala tient son nom des indiens
Tlaxcaltèques, les alliés d'Hernán
Cortés contre les Aztèques. Bien
traités en raison de leur loyauté, les
Tlaxcaltèques émigrèrent de leur
plein gré vers des lieux lointains
comme Santa Fe, au Nouveau-
Mexique, et San Cristóbal de las
Casas, au Chiapas, pour convertir
les Indiens réticents.

Tlaxcala possède la première
église permanente de Nouvelle-
Espagne. Le monastère franciscain
Ex-Convento de la Asunción, sur
la Plaza Xicoténcatl, fut édifié à
partir des pierres d'une pyramide
dédiée à Tláloc, dieu de la pluie. La
sacristie contient les fonts baptismaux où furent baptisés les quatre
seigneurs de Tlaxcala avant que
Cortés ne marche sur Tenochtitlán.
Le cloître abrite le **Museo Regional**

de Tlaxcala (*tél. (246) 462 02 62,
mar.-dim. 10 h-17 h, €€*) et ses objets
et peintures d'époque préhispanique, coloniale et porfirienne.

Nombre des grands bâtiments
du XVIᵉ siècle bordant la **Plaza de la
Constitución** ont conservé la partie basse de leur façade d'origine, ce
qui confère à la place une uniformité historique. À l'angle nord-
ouest, plusieurs fois modifiée, la
Parroquia de San José (*tél. (246)
462 11 06*) est décorée de brique et
de céramique talavera. Le **Palacio
de Gobierno** (*tél. (246) 465 09 00*),
qui marie la brique rouge et le stuc,
occupe le nord de la place. À l'intérieur, des fresques illustrent les
racines indigènes et les événements
historiques de la ville. Le **Museo
de Artes y Tradiciones Populares**
(*Emilio Sánchez Piedras 1, tél.*

(246) 462 23 37, fermé lun., €) apporte des informations intéressantes sur la fabrication du *pulque* (suc de maguey fermenté) et sur les textiles et les masques régionaux.

À 1 km au nord de la ville, la **Basílica de Nuestra Señora de Ocotlán** (*Pocito de Aqua Santa, Carr. a Santa Ana Chiautempan*) fut bâtie au XVIIIᵉ siècle sur le lieu de plusieurs apparitions miraculeuses de la Vierge Marie, dans une pinède (*ocotlán*). Le portail richement orné et les clochers jumeaux de ce sanctuaire churrigueresque sont en stuc blanc sculpté. L'intérieur est étonnant : Francisco Tlayotehuanitzin mit plus de vingt ans à l'achever. La chapelle octogonale **Camarín de la Virgen** (vestiaire de la Vierge) est littéralement envahie d'anges, de saints, de fleurs et de guirlandes dorés et polychromes. Dans la **Capilla del Pocito de Agua Santa** (chapelle de la source d'eau sainte), toute proche, les pèlerins peuvent acheter des récipients d'argile rouge pour emporter un peu d'eau sacrée.

Cacaxtla, à 20 km au sud-ouest de Tlaxcala (*tél. (246) 416 0000, vis. 9 h-17 h ; musée fermé lun., €€*) doit sa renommée à ses exceptionnelles fresques préhispaniques. Découvertes en 1975 dans un complexe palatial, elles allient la technique et le style pictural des Mayas au registre décoratif de Teotihuacán. L'interprétation des glyphes qui les accompagnent a permis d'identifier les bâtisseurs de Cacaxtla. Il s'agirait donc des Olmecas-Xicalancas, peuple issu des Olmèques de la côte du Golfe. Durant le classique récent (650-850), ils édifièrent nombre d'édifices dans leur capitale défendue par un profond fossé. Couronnant une colline, le **Gran Basamento**, vaste plate-forme de 200 m sur 100 m, compte sept étapes de construction. Couloirs et patios recouverts de stuc donnent accès à

des structures à portiques dont certaines ont conservé quelques fresques. La plus grande d'entre elles, la **fresque de la Bataille**, met en scène des guerriers olmecas-xicalancas, très agressifs, en train de combattre des personnages de type maya, vêtus de capes de plumes. Dans l'**Edificio A**, un homme-jaguar et un homme-oiseau effectuent des rites de fécondité et de sacrifice.

Xochitécatl, à 1,6 km au nord (*entrée gratuite avec le billet de Cacaxtla*), est dédié aux divinités de la fertilité. Depuis la Piramide de las Flores, on peut voir, le 29 septembre, le soleil qui semble émerger du cratère du volcan de La Malinche. En contrebas, l'Edificio de la Espiral, de base circulaire, était dédié au dieu du vent Ehécatl. ∎

Cacaxtla possède les fresques parmi les mieux préservées du Mexique. Ce détail montre un « homme-oiseau » presque grandeur nature.

www.pachuca.com

Pachuca et ses environs

LES MINES D'OR ET D'ARGENT DE PACHUCA ET DES COLLINES ENVIRON-
nantes étaient déjà exploitées avant la conquête espagnole et
furent fermées puis rouvertes plusieurs fois. Aujourd'hui, outre le
textile et le ciment, l'exploitation minière est vitale pour l'économie régionale. La ville est sillonnée de rues et d'allées pentues qui
se rejoignent sur de petites places aux bâtiments contemporains
et néoclassiques. Tel un microcosme au cœur du Mexique, le
minuscule État d'Hidalgo est une mosaïque de magnifiques
haciendas, de plaines arides, de mines exploitées ou abandonnées
et de monastères du XVIe siècle.

La vieille ville de Pachuca rayonne à partir de l'austère **Plaza de la Independencia** (*Matamoros et Allende*), dominée par le **Reloj Monumental**, imposante tour de l'horloge néoclassique dotée d'un carillon à huit cloches. Bâtie juste avant la révolution, elle possède des statues de marbre illustrant la Liberté, la Constitution, la Réforme et l'Indépendance.

Au sud-est de la place, le **Templo y Ex-Convento de San Francisco** (*Arista et Casasola, tél. (771) 715 29 65*), aux allures de forteresse, était à l'origine une église et un monastère francis-cains mais il fut souvent recon-verti au cours de ses quatre cents ans d'histoire, y compris en écuries et en prison. Il héberge aujourd'hui le **Centro Cultural de Hidalgo** et son verger a été trans-formé en jardin ravissant.

Dans l'ancien monastère se trouve le **Teatro de la Ciudad**, construit par l'inventeur espagnol du « procédé du patio », méthode qui permet d'amalgamer de l'ar-gent à l'aide de mercure. Le centre compte quelques musées gratuits, comme le petit **Museo Regional de Hidalgo** (*tél. (771) 714 39 89, mar.-dim. 9 h-18 h*) et, à l'étage supé-rieur, le **Museo de la Fotografía** (*tél. (771) 714 36 53, mar.-dim. 9 h-18 h*), qui abrite des expositions temporaires de photos historiques provenant de la **Fototeca Nacional** attenante. Celle-ci propose un ser-vice de reproduction de ses 900 000 photos, dont beaucoup ont trait à la révolution mexicaine.

Pachuca est située à 90 km au nord-est de Mexico. Au-delà se dresse la Sierra Madre Oriental et, entre les deux, se trouve **Mineral Real del Monte**, à 11 km au nord-est, sur la 105. Cette vieille ville minière a connu des hauts et des bas au fil des siècles. Après une violente grève des mineurs, la mine d'argent fut vendue à un consortium anglais qui fit faillite vingt-cinq ans plus tard. Pendant cette courte période, le consor-tium employa des mineurs de Cornouailles, qui apportèrent leur tourte à la viande traditionnelle, les *pasties* (appelées *pastes* à Mexico) et le football, et bâtirent des cottages de style anglais. Les pierres tombales des Anglais enter-rés dans le cimetière de la ville sont orientées vers l'Angleterre.

Quelques kilomètres un peu plus loin, à l'écart de la 105, se trouve **Huasca**, une jolie ville aux rues pavées et aux bâtiments d'un blanc éclatant, renommée pour ses poteries. Une petite route conduit de Mineral Real del Monte à la ville minière de **Real del Choco** et au **Parque Nacional El Chico**

Pachuca
🅰 213 B3
Informations
✉ av. Revolución 1300, Col. Periodistas
☎ (771) 718 44 89 ou (771) 718 43 90

(*tél.* *(771) 715 09 94*) limitrophe, aux sentiers de randonnée et de VTT bien balisés à travers les forêts de pins, de chênes et de genévriers. Le week-end, les citadins se réfugient dans ce parc de 2 700 hectares pour pêcher, faire de l'escalade ou profiter du bon air de la montagne. Le site possède des restaurants, un hôtel de luxe et le camping est autorisé.

À 37 km au nord de Pachuca, sur la 85, **Actopan** organise un marché tous les jeudis. Au centre-ville, le **Templo y Convento San Nicolás Tolentino** (*vis. mar.-dim. 10 h-17 h, €*), fondé par les augustins en 1548, est l'un des monuments les plus visités du Mexique. Admirez les belles proportions de la façade plateresque et la voûte en berceau au-dessus de la **capilla** **abierta** (chapelle ouverte), avec son plafond à caissons en trompe l'œil. Remarquez dans la chapelle les peintures illustrant des scènes de l'Apocalypse, récemment restaurées. Elles avaient été chaulées après le concile de Trente au XVIe siècle, lequel condamnait la nudité dans l'art sacré. Dans le monastère, la salle *De profundis* et les cellules sont décorées de fresques de couleur vive inspirées des livres médiévaux, représentant des saints et des frises d'animaux héraldiques.

L'Hidalgo compte de nombreux anciens monastères bâtis dans les années 1600 près des grands centres de Náhua et Otomí. Les franciscains construisirent des lieux de culte plus modestes à l'ouest et les augustins des édifices plus luxueux à l'est. (Voir pp. 216-217.) ■

Le soleil réchauffe les cimes du parc national El Chico.

Teotihuacán

🏛 213 B3

✉ 48 km au n.-e.
de Mexico

☎ (594) 956 00 52

🕐 8 h-17 h
fermé le lundi

Teotihuacán

AU NORD-EST DE MEXICO SE DRESSENT DANS UNE PLAINE HERBEUSE LES ruines de la première véritable métropole de cette partie du monde. Elle fut la plus grande cité des Amériques jusqu'à la fondation de Tenochtitlán par les Mexicas (Aztèques), près de sept cents ans plus tard. Lieu de pèlerinage pour l'élite aztèque, Teotihuacán lui doit son nom náhuatl, qui signifie « là où les hommes deviennent des dieux ».

Une archéologue restaure une fresque dans un appartement du barrio de La Ventilla, à Teotihuacán.

Les archéologues en savent peu sur le peuple qui construisit cette ville magnifique et sur la raison pour laquelle il l'abandonna un siècle et demi après son âge d'or, de 200 à 500 après J.-C. Sont évoqués la surpopulation, les épidémies, les luttes de pouvoir et un soulèvement populaire. L'incendie systématique des édifices cérémoniels laisse supposer une destruction volontaire de la ville.

À son apogée, des palais et des temples superbes ornés de bas-reliefs et de remarquables peintures murales bordaient l'**Avenida de los Muertos** (avenue des Morts), une large avenue rectiligne pavée de pierre volcanique incrustée de mica et alignée à la fois sur les étoiles et des repères terrestres. Les chefs avaient une grande maîtrise de l'architecture et de l'astronomie, et le système religieux était bien développé. Le vaste réseau commercial qui s'étendait jusqu'à la région de Petén, au Guatemala, fut probablement mis en place vers le Ier siècle.

Aujourd'hui, nombre des édifices cérémoniels bordant l'avenue des Morts ont été en partie reconstruits, hormis leurs façades de stuc colorées. À l'extrémité sud se dresse **La Ciudadela**, ensemble de places et de temples qui formait le centre administratif et cérémoniel de la ville. La Ciudadela est dominée par le **Templo de Quetzalcóatl**, dédié au Serpent à plumes, dieu de la guerre, de l'eau, de l'aube et de l'agriculture. Les sculptures de ser-

pents aux crochets acérés qui, à l'origine, recouvraient entièrement sa partie inférieure furent détruites sur trois côtés peu après l'inauguration du bâtiment. Le mur ouest, intact, est très impressionnant avec ses rangées de têtes de serpent de pierre alternant avec les représentations de Tláloc, dieu de la pluie, des coquillages et des escargots.

À l'extrémité nord de l'avenue longue de 4 km s'élève la **Pirámide de la Luna** (Pyramide de la Lune), à quatre étages superposés, culminant à 46 m. Dans sa structure a été mise au jour une tombe avec un squelette humain accompagné de figurines en jade. Une centaine de hautes marches étroites conduisent au sommet, d'où la vue est imprenable sur l'avenue des Morts, le **Cerro Gordo** (Grosse Colline), au nord, et les plaines désertes plantées de cactus et de poivriers. La pyramide fut construite en six étapes durant les cent cinquante premières années de notre ère.

Des structures plus petites sont disposées de façon symétrique sur les deux côtés de l'avenue des Morts, dont la plus imposante est le **Palacio de Quetzalpapálotl**. Les pièces, les patios ouverts et les antichambres du bâtiment sont ornés de quelques peintures murales bien conservées. Les piliers de pierre carrés du patio intérieur sont décorés de bas-reliefs de Quetzalpapálotl, le Papillon à plumes, tandis que le temple des Escargots à plumes,

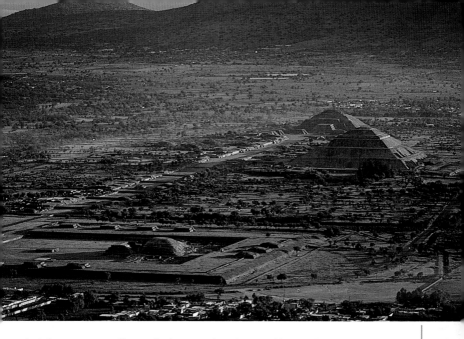

situé dessous, est orné d'une série fascinante de quetzals (oiseaux verts), de coquillages et de fleurs. À l'ouest, le Palacio de los Jaguares est décoré d'une belle fresque de jaguars emplumés jouant avec des conques marines.

De l'autre côté de l'avenue, la **Pirámide del Sol** (pyramide du Soleil) est la troisième plus grande pyramide du monde. Sa base est presque aussi grande que celle de Khéops, en Égypte, mais elle ne mesure que 65 m de hauteur, soit moins de la moitié. Sous la structure se déroule un dédale de tunnels et de grottes que les Aztèques considéraient comme l'origine du monde. Ce monument à cinq degrés a été construit en talud-tablero. Il est orienté à 17° par rapport au nord astronomique pour que le soleil passe exactement à la verticale de la pyramide lorsqu'il est à son zénith. Le site attire des milliers de visiteurs à chaque solstice.

Teotihuacán comptait à son apogée environ 200 000 habitants sur ses 20 km². Les habitations ne comportaient qu'un étage et on se partageait patios et cuisines, mais chaque famille avait ses appartements privés. À l'est de la pyramide du Soleil, on peut visiter plusieurs complexes résidentiels restaurés, aux fresques murales très colorées mais abîmées. Les plus impressionnants sont ceux de **Tepantitla**, dont une copie de la fresque représentant le dieu de la pluie Tláloc dans son paradis est exposée au pretigieux Museo Nacional de Antropología, à Mexico (voir pp. 198-201).

Pour profiter au mieux de votre visite, vous pouvez passer la nuit précédente au bel hôtel du Club Med Villas Arqueológicas Teotihuacán (réservation obligatoire : voir p. 371), situé dans la zone archéologique elle-même, de façon à pouvoir visiter le site dès son ouverture, à 8 h. Sinon, passez-y la journée en venant de Mexico en voiture, en bus ou en taxi. Près de l'entrée de la Ciudadela se trouvent un restaurant, un bar et une multitude de boutiques de souvenirs. Le musée et les jardins botaniques sont situés tout près de la pyramide du Soleil. ■

Tandis que l'Europe sombrait dans l'âge des ténèbres, la culture de Teotihuacán rayonnait sur la Mésoamérique.

Tepotzotlán

L'ÉGLISE ET L'ANCIEN SÉMINAIRE DE TEPOTZOTLÁN, DEUX CHEFS-d'œuvre de l'exubérance baroque churrigueresque, valent à eux seuls la visite de la ville. Mais ce somptueux complexe héberge également l'un des plus beaux musées d'art colonial du pays. La ville, de taille moyenne et à moins d'une heure de route au nord de Mexico, paraît un havre de paix comparée à la capitale.

Tepotzotlán

🅼 213 B3

Informations

✉ Plaza Hidalgo 99

☎ (55) 876 27 71

Premiers missionnaires, les franciscains furent remplacés par les jésuites à la fin du XVIᵉ siècle. Grâce à un don généreux, l'ordre put bâtir le **Seminario de San Martín**, un collège pour jeunes nobles indiens, le noviciat **San Francisco Javier** et une école de langues où les prêtres pouvaient apprendre le náhuatl, l'otomí et le mazahua.

La façade de grès de San Francisco Javier est couverte de sculptures de saints, d'anges, de motifs floraux et de coquillages.

L'**Iglesia de San Francisco Javier** actuelle est le résultat d'un vaste (et onéreux) remaniement de la façade, du clocher et des retables presque aussitôt après l'achèvement de l'église. Imaginez le désarroi du prêtre et des générations d'artisans indigènes qui avaient bâti ce magnifique édifice lorsque les jésuites furent soudain expulsés de Nouvelle-Espagne, en 1767, à peine l'église achevée.

Malgré sa complexité, sa façade churrigueresque ne prépare en rien à son intérieur exubérant et impressionnant, où se succèdent des retables dorés aux délicates sculptures. Le grand maître-autel dédié à saint François-Xavier est flanqué de part et d'autre de cinq de ces retables.

À la droite de la nef s'ouvrent trois pièces fascinantes. La **Casa de Loreto** est une réplique de la maison de la Vierge Marie, qui aurait été miraculeusement transportée à Loreto, en Italie, après l'invasion de la Terre sainte par les musulmans. Le **Relicario de San José**, richement décoré de peintures et d'or, abrite des reliques jésuites. La chapelle octogonale **Camarín de la Virgen** en stuc sculpté, est réservée à la statue de Notre-Dame de Loreto.

Dans le bâtiment attenant, le **Museo Nacional del Virreinato** (*tél. (55) 876 03 32, mar.-dim. 9 h-18 h, €€*) expose sur deux étages une fantastique collection de trois siècles d'art colonial et populaire : peintures, bijoux, vêtements ecclésiastiques, porcelaines, statuettes d'ivoire et autres trésors. Ne manquez pas la **Capilla Doméstica**, une chapelle recouverte de feuille d'or et de stuc polychrome sculpté du sol au plafond. Au rez-de-chaussée se trouvent la cuisine, le garde-manger, la chambre froide, des expositions temporaires et une boutique de cadeaux. ∎

Le centre cérémoniel de Malinalco est taillé dans la roche.

Autres sites à visiter

MONASTÈRES AUGUSTINS

On trouve deux groupes de monastères augustins dans l'est de l'Hidalgo : l'un au nord, dans la rude Sierra Alta, l'autre dans les plaines sèches appelées El Mesquital. Partis convertir les Otomís de la Sierra en 1537, les missionnaires fondèrent **Atotonilco el Grande** (mal conservé) et **Molango**, une mission rustique offrant une vue imprenable sur la vallée. Le plus admirable du groupe est **Metztitlán**, l'un des plus beaux monastères-forteresses du pays, qui possède le seul grand retable d'origine de la région (XVIIe siècle). De son atrium en terrasses, qui aurait été construit sur un ancien temple de la Lune, la vue est merveilleuse sur la vallée subtropicale. Le nom de la ville signifie « pays de la Lune ».

Le groupe des plaines compte les monastères d'**Actopan** (voir p. 227), d'**Epazoyucan** et d'**Ixmiquilpan**. Érigé sur une colline associée au dieu de la pluie, Tláloc, Epazoyucan est surtout réputé pour ses magnifiques peintures en grisaille du XVIe siècle. Celles d'Ixmiquilpan sont uniques pour leurs scènes de bataille aux couleurs vives, ainsi que pour l'imagerie et l'iconographie indigènes sans retenue.

À 10 km au sud de Teotihuacán se trouve le monastère d'**Acolman** (*tél. (55) 54 57 16 34, mar.-dim. 9 h-17 h, €*), bâti avec les pierres d'un temple de Quetzalcóatl et remarquable pour sa façade platéresque et son cloître Renaissance.

MALINALCO

Conquis par les Aztèques quarante-cinq ans seulement avant la conquête espagnole, Malinalco (*mar.-dim. 9 h-17 h, €€*) est un centre cérémoniel taillé dans la roche. On pénètre dans son **temple principal** par la « gueule » d'un énorme serpent à crochets. À l'intérieur, la chambre ronde sculptée d'aigles et de jaguars servait à l'initiation des chevaliers-aigles et des chevaliers-jaguars. L'ascension des 400 marches conduisant aux quelques édifices restaurés vaut l'effort tant le sommet offre une vue imprenable sur la vallée. Le site est situé à 1,5 km de Malinalco, dont le nom signifie « lieu des fleurs de prairie ». Ce joli village est un lieu prisé des habitants de Mexico le week-end. Le cloître de son monastère augustin (*mar.-dim. 9 h-17 h, €*) a conservé de nombreuses fresques.

213 B2

TOLUCA

Située à 2 680 m d'altitude, la ville de Toluca fut conquise par les Aztèques en 1472, puis offerte à Hernán Cortés par le roi Charles Quint. C'est aujourd'hui un centre industriel tentaculaire. Son célèbre **marché du vendredi** (qui a lieu tous les jours) a été transféré près de la gare routière ; le centre-ville regorge de musées et de curiosités. Autour de la place principale se dressent des bâtiments en pierre volcanique, dont les arcades abritent boutiques et restaurants, et le **Cosmo Vitral Jardín Botánico** (*Lerdo de Tejada, Degollado et Ignacio Rayón, fermé lun.*, €), un jardin botanique décoré d'un gigantesque vitrail de 3 200 m². Le **Museo José María Velasco** (*av. Lerdo de Tejada 400, tél. (722) 213 28 14, mar.-dim. 10 h-18 h, €*) et le **Museo Felipe Gutiérrez** (*Bravo Norte 303 (722) 213 26 47, mar.-dim. 10 h-18 h*) exposent des œuvres de ces peintres du XIXᵉ siècle. A 8 km du centre, le **Centro Cultural Mexiquense** possède une

Étal de friandises au marché de Toluca.

bibliothèque, une librairie et des musées d'anthropologie, d'art moderne et d'art populaire de l'État de Mexico (*mar.-dim. 10 h-18 h*, €€).

Metepec, dans la banlieue de Toluca, est réputé pour ses poteries, en particulier les « arbres de vie » représentant Adam et Ève, des anges, des démons et des saints.

🅰 213 A2 **Informations** ✉ Urawa 100, angle de Paseo Tollocan ☎ (722) 219 51 90

TULA

Fondée par les Espagnols au début du XVIᵉ siècle autour d'un monastère franciscain, Tula fut d'abord la capitale préhispanique de la culture toltèque sous le nom de Tollan, centre d'une importante alliance de cités-États créé par les descendants des « barbares » chichimèques venus du Nord. Le roi Ce-Acatl Topiltzin (« Notre seigneur un-roseau »), associé plus tard au dieu Quetzalcóatl fut contraint de s'enfuir vers 987 par des ennemis adorant le cruel dieu Tezcatlipoca, ou « Miroir fumant ». Sous la férule des Toltèques, Tollan devint une cité puissante. On a supposé, à une époque, qu'elle aurait influencé ou envahi Chichén Itzá, à cause de la similitude entre les styles architecturaux et les objets de ces sites (voir pp. 338-341). Quoi qu'il en soit, Tollan fut une étape importante sur la route commerciale des Itzás menant jusqu'à Paquimé, dans le Nord. En 1150, un demi-siècle après son apogée (900-1100), elle fut détruite par de nouveaux envahisseurs du Nord – probablement les tribus chichimèques.

Le site (*tlj 9 h 30-17 h, €€*) est juché sur un promontoire situé à 1,5 km de Tula. La partie de la ville mise au jour – qui fut l'une des plus grandes cités de la Mésoamérique post-classique ancienne – se compose de plusieurs jeux de balle, pyramides et temples. Le principal édifice est la **Pirámide B ou Templo de Tlahuizcalpantecuhtli**. Le toit du temple était soutenu par quatre hauts piliers figurant des guerriers toltèques, les atlantes. (L'un des quatre est une réplique ; l'original se trouve au Museo Nacional de Antropología de Mexico, voir pp. 198-201.) Sur les murs extérieurs, un bas-relief représente des coyotes, des jaguars, des aigles dévorant des cœurs et des créatures composites qui figureraient Quetzalcóatl. Dans le musée, admirez la statue de Chacmool, placée généralement à l'entrée d'un temple, liée aux sacrifices sanglants.

🅰 213 B3 ☎ (773) 732 07 05

VALLE DE BRAVO

À 145 km à l'ouest de Mexico, Valle de Bravo est une ville aux murs chaulés et aux toits rouges. Dominant la **Laguna Avandaro**, un lac artificiel, la ville est prisée des riches habitants de Mexico pour le week-end et les vacances.

🅰 213 A2 ■

Les ancêtres des habitants de la côte centrale du golfe du Mexique ont créé la première civilisation de Mésoamérique, qui a parsemé la jungle de centaines de sites archéologiques.

La côte centrale du Golfe

Figurines de jade du site olmèque de La Venta.

La côte centrale du Golfe

Forêts pluviales, rivières et ruines attirent le voyageur aventureux vers les États de Tabasco et de Veracruz, qui forment une langue de terre longeant le golfe du Mexique. Impressionnante d'un point de vue géographique, la côte centrale du Golfe est constituée de vastes plaines que jouxte le volcan le plus élevé du pays : le Pico de Orizaba, couronné de neige. Sa population, aussi exubérante que son paysage, est réputée pour sa cuisine épicée, ses danses vives et ses chansons romantiques.

Plus de quarante rivières sillonnent le Veracruz, donnant ainsi naissance à ces immenses marécages qui rebutèrent les conquérants espagnols au XVIᵉ siècle. Les plaines côtières s'étirent sur 684 km de long jusqu'à la baie pétrolifère de Campeche. Des cascades émaillent les monts Tuxtla au nord, où confluent les rivières Tempoal, Tamesí et Pánuco, tandis que la Tonalá crée une frontière naturelle entre le Veracruz et le Tabasco, au sud. Dans les deux États, les plantations de maïs, de cacao, de tabac et de café confèrent aux vallées et plateaux l'allure d'un damier vert et luxuriant, avec çà et là les vestiges de civilisations anciennes.

Cette région extrêmement chaude, humide et souvent envahie d'insectes est loin d'être hospitalière, mais elle possède une riche histoire préhispanique. La première civilisation connue

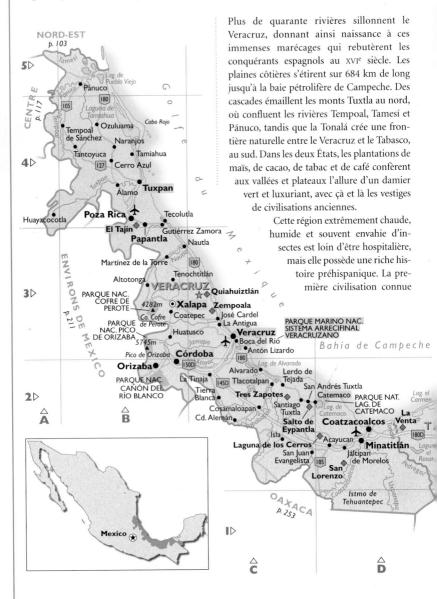

Le port de Veracruz est un port de commerce et de plaisance florissant.

de Mésoamérique, les Olmèques, y fut florissante entre 1200 et 400 av. J.-C. De nombreux sites olmèques furent découverts dans le Tabasco et le Veracruz, mais il n'est pas besoin d'affronter les contrées sauvages pour découvrir les cultures anciennes. Villahermosa, dans le Tabasco, possède deux beaux musées abritant des stèles, des autels et des sculptures de la culture mère (*cultura madre*) de la Mésoamérique, dont de colossales têtes de basalte, des masques cérémoniels, et des jades finement gravés.

À Xalapa, le second musée archéologique du pays par son importance renferme des objets des civilisations olmèque, huastèque et totonaque, groupes ethniques dont les descendants vivent toujours dans l'État. El Tajín est l'un des sites archéologiques les plus fascinants du Mexique; son style d'art et d'architecture a été baptisé « Veracruz classique » par les spécialistes.

Les passionnés d'histoire pourront suivre la *Ruta de Cortés*, qui retrace l'arrivée des Espagnols sur la côte du Golfe en 1519. La conquête s'acheva deux ans plus tard par la chute de Tenochtitlán. Les aventuriers pourront escalader les chemins étroits menant au sommet du Pico de Orizaba, faire du rafting sur l'Antigua et le Filobobos et explorer les jungles entourant le lac Catemaco. Les passionnés de culture, eux, iront flâner sur le port de Veracruz, hanter les donjons de San Juan de Ulúa, danser sur la Plaza de Armas ou déguster des fruits de mer épicés. ■

www.arts-history.mx/tajin/home.html

El Tajín

El Tajín

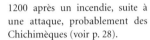

▲ p. 234 B4

✉ 16 km au s.-o.
de Papantla

☎ (746) 841 85 00

€ €€

🕐 Vis. tlj de 9 h à
18 h ; musée fermé
le lundi

CEINTURÉ DE COLLINES VERT ÉMERAUDE, EL TAJÍN DEVAIT ÊTRE MAGNIfique à son apogée, lorsque des pyramides stuquées peintes en bleu vif et rouge entouraient les grandes places de la ville. Bien qu'abandonné depuis environ huit siècles, l'uniformité et la densité de ses constructions, ses superbes bas-reliefs et son décor tropical en font un site hors du commun, une découverte majeure, inscrite au patrimoine mondial de l'humanité par l'Unesco en 1992.

Les archéologues ne peuvent identifier avec certitude les constructeurs de cette cité cérémonielle et résidentielle qui, fondée au début du classique ancien, n'atteignit son apogée qu'à la fin du classique récent (entre 600 et 900). L'uniformité de la conception et la

À l'origine, des petites figurines de plâtre devaient occuper les 365 niches de la pyramide la plus remarquable d'El Tajín.

répétition du motif de la grecque (ornements à lignes droites) caractérisent son architecture. Les pyramides furent bâties dans le même style *talud y tablero* que Teotihuacán (voir pp. 228-229), l'influence réciproque qu'exercèrent ces deux villes contemporaines étant manifeste. Ce style consiste en des murs inclinés (*taludes*) surmontés de panneaux verticaux (*tableros*). Le site fut complètement abandonné vers

1200 après un incendie, suite à une attaque, probablement des Chichimèques (voir p. 28).

Le nom du site vient des Indiens Totonaques du nord de l'État de Veracruz, qui croyaient que les douze divinités, ou *tajín*, responsables des phénomènes naturels tels que la pluie, vivaient là. La cité, tapie au fond de la jungle, ne fut découverte qu'à la fin du XVIIIᵉ siècle. Un grand programme de restauration fut lancé en 1992 : à ce jour, un tiers des édifices ont été restaurés.

Le jeu de balle, combat cosmique figurant les mouvements du soleil et des planètes, en particulier de l'astre vénusien, servait à assurer la stabilité de l'univers. L'abondance des terrains de jeux de balle – 17 sur le site – témoigne de l'importance des sacrifices et des autosacrifices (dont les saignées) dans la société d'El Tajín.

Près de l'entrée, le **Grupo Plaza del Arroyo** compte quatre pyramides étagées encadrant une vaste place. Au-delà se trouvent quatre jeux de balle. Les bas-reliefs les plus complexes et les mieux conservés sont ceux du **Juego de Pelota Sur** (jeu de balle sud). Sur une scène, le dieu de la mort, avatar de l'astre vénusien, observe les hommes se préparant à la guerre (jeu de balle) et sur une autre est figurée l'immolation rituelle du perdant. Du côté est et ouest, les panneaux centraux montrent le dieu de la pluie se perçant le pénis

dans une scène d'autosacrifice pour produire du sang transformé en alcool rituel, le *pulque*.

Au nord, un grand nombre d'édifices sont regroupés autour de la **Pirámide de los Nichos**, ainsi nommée en raison de ses 365 profondes niches, une pour chaque jour du calendrier solaire. Ce bâtiment relativement trapu présente, côté est, un unique escalier escarpé sous lequel se trouve une double structure dépourvue de niches. Les grecques (motifs géométriques) décorant son sommet sont reprises sur nombre d'autres structures, dont les **Edificios 5 et 12**, à droite et à gauche respectivement.

Plus au nord, les bâtiments du groupe **El Tajín Chico** étaient probablement le lieu de résidence de l'élite. Notez l'arcade maya de la face sud de l'**Edificio A** et les vestiges de fresques sur l'**Edificio C**, recouvert d'un toit de palme. L'**Edificio de las Columnas** possède des colonnes sculptées célébrant les exploits guerriers des classes dirigeantes. Trois d'entre elles sont exposées au musée du site. Parmi les objets typiques de

la civilisation Veracruz classique – qui dominait la plaine côtière du Golfe – on trouve des accessoires rituels utilisés dans le jeu de pelote : des jougs (pierres en « U », sans doute des répliques de ceinture de joueur), des palmes (objets suspendus à la ceinture) et des haches, qui servaient peut-être à diriger la balle.

À côté du musée, les **Voladores de Papantla** exécutent un rituel ancien. Vêtus de costumes richement ornés et portant une coiffe, cinq Totonaques grimpent au sommet d'un mât de 30 m de hauteur. Tandis que leur chef joue de la flûte ou du tambour, les quatre autres se jettent en arrière dans le vide, les chevilles liées par une corde attachée au sommet du mât. Bras écartés, chaque voltigeur décrit 13 révolutions autour du mât avant de se retrouver au sol. Le nombre total de cercles multiplié par 4 s'élève donc à 52, soit le nombre d'années d'un cycle religieux. Le groupe se produit à la demande d'un guide ou lorsque le nombre de spectateurs est suffisant. Une contribution financière est vivement souhaitée. ■

Voladores totonaques exécutant leur « danse volante » près de la cathédrale de Papantla.

Xalapa

 p. 234 B3

Informations

 Enrique 14 (Palacio Municipal), côté nord du Parque Juárez

 (228) 812 85 00, poste 133

Xalapa et ses environs

XALAPA (OU JALAPA) MÉRITE SON SURNOM D'« ATHÈNES DU VERACRUZ », non pour son climat mais pour sa culture. Située à une altitude de 1 427 mètres, la capitale de l'État de Veracruz connaît un climat étrange : à la fois pluvieux, ensoleillé et brumeux. Ancienne étape entre la ville de Mexico et le port de Veracruz, cette ville universitaire possède de nombreux cafés, un théâtre, des troupes de danse, un orchestre symphonique et un musée d'anthropologie d'envergure internationale. Établie sur une succession de terrasses verdoyantes, elle regorge de parcs et de lacs et la campagne environnante est réputée pour ses caféières et ses fleurs exotiques.

Le cœur de Xalapa est le **Parque Juárez** (*calle Enríquez, entre Revolución et Clavijero*), un jardin en terrasses dominant la ville et la campagne. Par temps clair, la vue est magnifique sur le volcan éteint Pico de Orizaba, le plus haut sommet du Mexique avec ses 5 747 mètres (voir p. 244). À l'intérieur du parc, **El Agora** abrite une galerie d'art, un théâtre et un cinéma. C'est là que l'on trouve le programme des multiples activités culturelles de la ville, dont les concerts de l'orchestre d'État et les représentations des troupes de ballet folklorique. De l'autre côté de la calle Revolución se dresse la **catedral** du XVIIIe siècle, à la remarquable nef dont le sol est incliné.

Le temps fort du séjour est la visite du **Museo de Antropología** (*av. Xalapa et 1 de Mayo, tél. (228) 815 09 20, ouv. mar.-sam., 9 h-17 h, €€*). Ce chef-d'œuvre moderne reprenant la configuration en terrasses de la ville compte neuf plates-formes étagées et encadrées de jardins. Sa collection est consacrée aux trois principales cultures indigènes de l'État: les Huastèques, les Totonaques et les Olmèques, cette dernière culture étant considérée comme la mère de la culture mésoaméricaine.

Parmi les milliers d'objets exposés, on trouve des têtes en pierre monumentales sculptées par les Olmèques. Un cimetière contenant des ossements, des jaguars sculptés, des hommes-jaguars, des fresques, des masques de jade et des crânes aux déformations rituelles a été reconstitué. Aussi, une gigantesque maquette reproduit les ruines d'El Tajín (voir pp. 236-237).

À cinq pâtés de maisons au sud-est du Parque Juárez, le vaste et circulaire **Parque los Berros** est le lieu de rassemblement et de détente favori des Xalapeños (habitants de Xalapa) depuis près de deux siècles. À deux pâtés de maisons vers le sud, **La Zona de los Lagos** est la sortie préférée du week-end. Des allées longent une série de lacs au fond d'un canyon boisé. Dominant le lac, à l'entrée ouest du parc, s'élève le ravissant **Centro Cultural de los Lagos** (*Paseo de los Lagos, tél. (228) 812 12 99*), bâti au XIXe siècle, où se tiennent des expositions d'art et d'artisanat temporaires.

Aventurez-vous hors de la ville pour admirer la campagne environnante. Entre novembre et mars, n'oubliez pas de vous couvrir : la pluie, légère mais continuelle, appelée *chipi-chipi*, peut être véritablement glacée. Le **Jardín Botánico Francisco Javier Clavijero** (*Antigua Carretera a Coatepec, km 2,5, tél. (228) 842 18 27, ouv. tlj 9 h-17 h*) abrite plus de 1 500 espèces de fleurs du Veracruz, un petit arboretum, un vaste étang riche en plantes aquatiques. Un sentier serpente à travers la végétation de ce jardin.

À environ 8 km vers le sud se trouve la petite cité rurale de **Coatepec**, réputée pour ses orchidées et son café. Visitez le **Museo Invernadero María Cristina** (*Miguel Rebolledo 4, tél. (228) 816 03 79*), une serre d'orchidées. Non loin du centre-ville, parcourez l'**Agualegre** (*Río La Marina*) à pied ou à cheval (13 hectares), un parc doté de multiples piscines et d'un toboggan aquatique.

À 17 km au sud-ouest de Xalapa se trouve la **Cascada de Texolo**, une chute d'eau de 40 mètres de haut qui servit de décor à une scène du film *À la poursuite du diamant vert* (1984). Pour y parvenir, prenez un taxi jusqu'à Xico, puis marchez environ 2 kilomètres. Vous pourrez déjeuner au restaurant du site, qui domine l'impressionnante gorge.

À 10 km à l'est de Xalapa, l'**Hacienda Lencero** (*Carretera a Veracruz, km 10, tél. (228) 812 85 00, 10 h-17 h, fermé lun., €€*) est une habitation du XVIe siècle transformée en auberge. Elle fut d'abord la propriété d'un conquistador espagnol du nom de Lencero. Depuis, elle a appartenu, entre autres, au président Antonio López de Santa Anna (voir p. 32). À présent musée de meubles du XIXe siècle, elle possède une jolie chapelle, de vastes jardins bordés de chênes ainsi qu'un petit lac. ■

La plus vieille cité de l'État de Veracruz, Xalapa, mêle édifices coloniaux et bâtiments modernes.

Veracruz

VILLE ANIMÉE, VERACRUZ EST UN PORT ACTIF ET IMPORTANT. LES VISIteurs sont soit charmés, soit rebutés par ses extrêmes : un climat chaud et lourd, des plages dénuées d'attrait et un centre-ville aux allures de jungle urbaine cacophonique. Mais lorsque l'on aime Veracruz, c'est passionnément, comme les Jarochos, ses romantiques habitants. On cède alors sans retenue au rythme endiablé des marimbas, à l'odeur salée de l'air et l'on se jette dans le tourbillon des danseurs de fandango sur la place principale.

Veracruz
p. 234 C3
Informations
✉ Zaragoza et Independencia, Palacio Municipal
☎ (229) 941 85 00, poste 4110

Les prisonniers du sinistre **Fuerte de San Juan de Ulúa** (*av. San Juan de Ulúa, 9 h-17 h, fermé lun.,* €€) n'avaient pas une vue agréable sur la ville. Bâtie entre 1535 et 1692, cette forteresse de pierre grise servait à défendre le port contre les pirates et les invasions navales des Français et des Américains. Mais le fort est surtout connu pour son cachot, auquel menait le redouté *Puente de los Suspiros* (pont des soupirs), et où la maladie, la famine et la mort par noyade attendaient les malheureux prisonniers. Pendant plus de trois siècles, des prisonniers religieux et politiques y furent détenus et torturés. En 1915, Venustiano Carranza choisit Ulúa comme résidence présidentielle, peut-être pour dissuader ceux qui auraient voulu prendre sa place. Le complexe est aujourd'hui un musée qui mérite d'être visité avec un guide.

Chantiers navals et docks bordent le front de mer de l'est d'Ulúa jusqu'à l'agréable **Paseo del Malecón**, une promenade qui rappelle le *malecón* de La Havane. Les visiteurs cubains se sentent chez eux à Veracruz, où le *danzón*, une danse très rythmée originaire de Cuba, est pratiqué par tous, tandis que le *jarocho fandango* enchante les touristes. Le soir, professionnels et amateurs se retrouvent pour danser sur la place principale, le *zócalo*, également appelée **Plaza de Armas** (*avs. Independencia, Zamora, Lerdo et Zaragoza*). La place ombragée de lauriers est un lieu de rencontre très prisé de la population. On y trouve le **Palacio Municipal**, du XVIIᵉ siècle, et la **Catedral de Nuestra Señora de la Asunción**, coiffée d'un dôme recouvert de céramiques. Si l'on ne redoute pas trop le bruit incessant de la rue, on peut descendre dans l'un des hôtels de style colonial de la place.

Vêtus de chemises blanches à plis, les joueurs de marimba se produisent à **Los Portales**, côté sud de la place, un bâtiment colonial tout en longueur surmontant des arcades. Dans les cafés qu'il abrite, des hommes âgés sirotent un *lechero*, un café au lait mousseux. Au populaire **Café del Portal** (*av. Independencia et Zamora, tél. (229) 931 27 59*), les clients font tinter leurs verres avec leur cuillère pour appeler les garçons portant cafetière et pot de lait brûlants. À cet endroit se trouvait autrefois le **Gran Café de la Parroquia,** fondé en 1808. À la suite de querelles familiales (typiquement jarochas, donc féroces), la Parroquia fut transférée près du *malecón* (*G. Farias, 34 (229) 931 22 27*). Visitez ces deux hauts lieux de la ville et faites tinter votre cuillère pour commander un *lechero* et des *bambas* (petits pains sucrés locaux).

Plusieurs musées retracent l'histoire particulièrement tumultueuse de la ville. Le **Museo de la Ciudad** (*Zaragoza 397 et Esteban Morales, tél. (229) 931 84 10, ouv. mar.-dim.10 h-16 h,* €) consacre un vaste espace au carnaval, fêté sans retenue depuis le milieu du XIXᵉ siècle. La **Baluarte de Santiago** (*Francisco de Canal et Farías, tél. (229) 931 10 59, mar.-dim. 10 h-*

16 h 30, €) est tout ce qu'il reste d'une succession de murs de pierre et de forts qui encerclaient autrefois la ville. La **Casita Blanca Museo de Agustín Lara** (*bd Ruíz Cortines, Boca del Río, fermé lun.,* €) rend hommage à l'un des plus célèbres musiciens du pays, compositeur de *boleros* sensuels, dont *María Bonita* et *Veracruz*, diffusés dans le musée.

Les plages de la ville sont plutôt lugubres avec leur sable brun et leurs eaux sales. Les meilleures se trouvent au sud de la ville à **Playa Mocambo** et **Boca del Río**. Les amoureux du milieu marin préféreront sûrement se rendre à l'**Acuario de Veracruz** (*bd Manuel Ávila Camacho et av. Xicoténcatl, ouv. tlj 10 h-19 h, tél. (229) 932 79 84,* €€), qui abrite la reconstitution d'une forêt tropicale. Une succession de galeries est consacrée à des milieux aquatiques différents : d'eau douce comme d'eau de mer (espèces de la côte du Golfe). Dans l'exposition « Récif », hippocampes, étoiles de mer, anguilles et pieuvres nagent parmi des coraux à croissance lente. ∎

Jeunes et vieux participent au carnaval de Veracruz, le plus important et le plus beau du Mexique.

Circuit : l'arrivée des conquérants

Cherchant une route vers l'Orient au début du XVIᵉ siècle, les flottes espagnoles découvrirent une terre fascinante. L'or offert en signe d'amitié par les Indiens suffit à mettre en route de nouvelles expéditions, et, en 1519, Hernán Cortés entama un troisième voyage historique. Désormais méfiants, les Indiens tentèrent de lutter, mais les Espagnols eurent le dessus grâce à leurs armes plus puissantes. Bientôt, un naufragé espagnol, Jerónimo de Aguilar, et une Indienne noble vendue comme esclave par sa mère, Doña Marina, la Malinche, rejoignirent les rangs de Cortés. Parlant espagnol, maya et náhuatl, les deux interprètes jouèrent un rôle de premier plan dans la victoire des Espagnols.

Commencez le circuit à **Quiahuiztlán** ❶, à 70 km au nord de Veracruz. Malgré sa position stratégique au sommet du Cerro de Bernal et ses terrasses défensives, la ville fut envahie par les Toltèques, puis par les Aztèques, et son roi totonaque fut le premier à s'allier avec Cortés. La majeure partie de ses ruines n'a pas encore été mise au jour. Nombre de tombes imitent, en miniature, les temples aztèques et renferment des récipients en céramique aux motifs géométriques et animaliers. Par temps clair, on aperçoit la crique où les navires espagnols accostèrent. Ayant débarqué sur la plage un vendredi saint, Cortés baptisa l'endroit La Villa Rica de la Vera Cruz (riche ville de la vraie croix) en l'honneur de la fête catholique. Il y laissa un contingent de soldats tandis qu'il avançait à l'intérieur des terres vers Tenochtitlán.

En empruntant la route 180 vers le sud, sur 27 km, on parvient aux ruines de **Zempoala** (*visite tlj 9 h-18 h €€*) ❷, une cité prospère dont les palais, couverts de stuc coloré, entourés de jardins et de vergers, firent forte impression sur les Espagnols. Désireux de se débarrasser du joug aztèque, ce royaume totonaque s'allia à son tour aux Espagnols et leur fournit porteurs et soldats. Le concours que lui apportèrent Quiahuiztlán, Zempoala et la vingtaine de « tribus des collines » fut crucial pour la victoire de Cortés. Les principaux édifices mis au jour sont le **Templo Mayor**, pyramide bâtie avec des galets de rivière, et le **Templo de las Chimeneas**.

Reprenez la 180 vers le sud jusqu'à **La Antigua** ❸. Le site abrita la deuxième colonie établie par Cortés après l'abandon de Villa Rica, située à 69 km au nord. Durant les premières années de la conquête, ce village joua un rôle vital dans l'expédition et la réception de vivres et de butin entre l'Espagne et les Caraïbes.

Lorsque Veracruz fut transférée à son emplacement actuel, vers 1600, il prit le nom de « *la antigua Veracruz* » (l'ancienne Veracruz), puis, tout simplement, La Antigua. Visitez **La Ermita del Rosario** (*av. Independencia*), la première chapelle catholique du pays, et la **Casa de Cortés**, quartier général en ruine de la compagnie espagnole, envahi par la vigne et les figuiers.

Reprenez la route côtière vers le sud jusqu'à **Veracruz** (voir pp. 240-241). Après avoir visité la ville, poursuivez jusqu'à **Boca del Río** ❹. Simple village de pêcheurs à l'embouchure de la Jamapa il y a trente ans, c'est aujourd'hui une station balnéaire courue. Le week-end, les familles s'attardent dans les restaurants au bord de la rivière. En juin, pendant la foire aux bestiaux régionale, Boca del Río organise des combats de coqs et des courses de chevaux.

À 66 km au sud se trouve **Alvarado** ❺. Située sur une immense lagune, cette petite ville de pêcheurs fait face à la mer. Elle est réputée pour son fandango et ses festivités dominicales du mois de mai, à l'occasion de la Fiesta de la Cruz de Mayo. ∎

🅰 Voir aussi p. 234 C3-C2
▶ Quiahuiztlán
🔄 120 km
🕐 1 journée (hors Veracruz)
▶ Alvarado

À NE PAS MANQUER
- La Antigua
- Veracruz, Boca del Río
- Alvarado

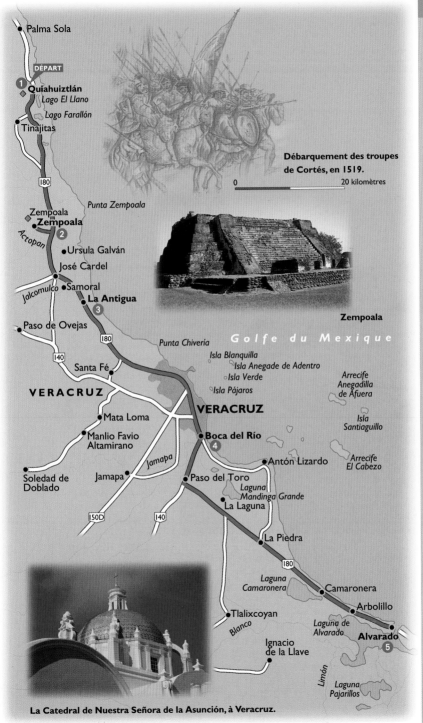

Palma Sola

DÉPART

1 **Quiahuiztlán**
Lago El Llano
Lago Farallón
Tinajitas

180

Punta Zempoala

Zempoala
Zempoala
2
Actopan

Ursula Galván

José Cardel

Jalcomulco Samoral
La Antigua
3

Paso de Ovejas

180

Punta Chivería

Santa Fé

140

VERACRUZ

Mata Loma

Manlio Favio
Altamirano

Soledad de   Jamapa
Doblado

150D   140

Jamapa

**Débarquement des troupes
de Cortés, en 1519.**

0   20 kilomètres

Zempoala

G o l f e   d u   M e x i q u e

Isla Blanquilla
Isla Anegade de Adentro
Isla Verde
Isla Pájaros

Arrecife
Anegadilla
de Afuera

Isla
Santiaguillo

VERACRUZ

Boca del Río
4

Antón Lizardo

Arrecife
El Cabezo

Paso del Toro
Laguna
Mandinga Grande
La Laguna

La Piedra

180

Laguna
Camaronera   Camaronera

Arbolillo

Tlalixcoyan
Blanco

Laguna de
Alvarado   **Alvarado**
5

Ignacio
de la Llave

Limón

Laguna
Pajarillos

La Catedral de Nuestra Señora de la Asunción, à Veracruz.

Córdoba

M p. 234 B2

Informations

✉ Palacio Municipal

☎ (271) 712 19 88

Orizaba

M p. 234 B2

Informations

✉ Av. Colón Poniente
230 (Palacio
Municipal)

☎ (272) 726 22 22

Córdoba et ses environs

CÓRDOBA ET ORIZABA FURENT FONDÉES POUR PROTÉGER LES CARA-
vanes marchandes coloniales sur la route Mexico-Puebla-
Veracruz. Situées au pied de la Sierra Madre orientale, bénéficiant
d'un climat frais, ces cités industrielles, commerçantes et prospères sont séparées par la spectaculaire gorge du fleuve Metlac et
ses kilomètres de sentiers de randonnée. De là, les grimpeurs
intrépides (et expérimentés) peuvent partir à l'assaut du plus haut
sommet du Mexique, le Pico de Orizaba, qui domine un paysage
exubérant, au nord-ouest.

Longtemps, Córdoba dut sa prospérité à ses vastes plantations de
canne à sucre cultivées par des
esclaves noirs. Des bâtisses historiques encadrent le charmant
Parque 21 de Mayo, où l'**Iglesia**

premier produit d'exportation,
mais la méthode de préparation
des grains (fermentation et non
torréfaction) entraîne hélas une
sérieuse pollution des rivières.

Malgré ses activités industrielles, **Orizaba** a su conserver le
charme de son architecture coloniale et néoclassique. Sur la place
principale se dresse l'ancien hôtel
de ville, un bâtiment d'acier de
style Art nouveau acheté à la
Belgique et remonté à cet endroit
en 1894. Le « nouveau » **Palacio
Municipal** (*av. Colón Poniente
230*), un édifice néo-gothique,
abrite une grande fresque de José
Clemente Orozco.

Hébergé dans un oratoire
baroque du XIXᵉ siècle, le **Museo de
Arte del Estado** (*av. Oriente 4,
entre calle Sur 23 et calle Sur 25, tél.
(272) 724 32 00, ouv. mar.-dim.
9 h-17 h, €*) présente essentiellement des peintures à l'huile du
XVIIIᵉ siècle. Le nouveau **Museo de
Arqueología** (*calle Sur 9 et calle
Oriente 4, tél. (272) 725 46 22, ouv.
9 h-14 h et 16 h-20 h ; fermé dim. ;
gratuit*) abrite 400 objets préhispaniques et des archives historiques.

Culminant à 5 745 mètres, le
volcan éteint **Pico de Orizaba** est le
plus haut sommet du Mexique.
Son nom náhuatl, Citlaltépetl,
signifie « mont étoile ». L'ascension
jusqu'au sommet est réservée aux
grimpeurs chevronnés mais on
peut se promener aux alentours. ■

Couronné
de neige,
le Citlaltépetl, ou
Pico de Orizaba
(5 745 m), est le
troisième plus
haut sommet
d'Amérique
du Nord.

de la Inmaculada Concepción
abrite un précieux retable en or.

Attraction la plus populaire de
la ville, le **Portal de Zevallos** est
une ravissante galerie où l'on se
retrouve pour prendre un verre ou
un café. À quelques kilomètres à
l'ouest, **Fortín de las Flores** est
réputé pour ses serres et ses jardins
privés, à visiter pendant les Fiestas
de Mayo, car on peut alors accéder
à la pépinière. Au XXᵉ siècle, le café
remplaça la canne à sucre comme

Tlacotalpan

Les colonnades de Tlacotalpan apportent une ombre bienvenue dans ce climat tropical.

SITUÉ SUR LES RIVES DU LARGE RÍO PAPALOAPÁN, DANS UN CADRE magnifique, Tlacotalpan appartient au Patrimoine mondial. Ses bâtiments exceptionnels illustrent la fusion des traditions espagnole et caraïbe. À l'époque coloniale, ce port accueillait des goélettes et des bateaux à roue important des denrées européennes et exportant tabac, bois exotique, coton et canne à sucre.

L'avènement du chemin de fer et la révolution de 1910 firent perdre à la ville de son importance. Or, contrairement à de nombreuses cités modernes, elle n'en a pas pour autant perdu de son charme. Ses rues sont bordées d'imposantes demeures couvertes de tuiles romaines, aux portails de style mauresque peints de couleurs vives : vert, bleu cobalt, corail et jaune. Par les portes ouvertes, on aperçoit des patios et des pièces ornementées, tandis que les belles colonnades dispensent une ombre bienfaisante.

Visitez la **Plaza Principal**, son kiosque à musique de style mudéjar et l'église paroissiale, la **Parroquia de San Cristóbal**, aux superbes retables de bois sculpté.

Le **Museo Jarocho Salvador Ferrando** (*Manuel M. Alegre 6, mar.-dim. 9 h-17 h, €*) présente des tableaux d'artistes locaux qui illustrent la culture jarocha, ainsi que des meubles et objets du XIXᵉ siècle.

Du 31 janvier au 9 février, Tlacotalpan célèbre avec ferveur sa sainte patronne, la Virgen de la Candelaria. On y organise des parades équestres avec orchestres et El Encuentro de Jaraneros (rencontre des chahuteurs), où jeunes et vieux exécutent la *jaraude*, une danse régionale très physique, accompagnée à la harpe et à la guitare. Le 1ᵉʳ février est le jour de la course de taureaux et le 2 février, on fête la Vierge lors d'une procession sur la rivière. ∎

Tlacotalpan
🅰 p. 234 C2
Informations
✉ Palacio Municipal, Plaza Zaragoza
☎ (288) 884 20 50

Los Tuxtlas et Catemaco

LE MASSIF DE LOS TUXTLAS CULMINE À 1 500 MÈTRES D'ALTITUDE. Les paysages de la région sont d'une grande beauté et la forêt pluviale tropicale est encore présente bien que cette zone soit relativement septentrionale. Toutefois, l'extension de l'élevage et de l'agriculture l'a fait reculer. Les plantations de tabac sont légion et San Andrés Tuxtla est à la fois un centre de manufacture de cigares et le siège du gouvernement régional. Les Olmèques tiraient des carrières de basalte de Los Tuxtlas les pierres dans lesquelles ils sculptaient leurs fameuses têtes colossales. Nichée dans un cadre lacustre et boisé, la ville la plus touristique de la région est Catemaco, la ville des sorciers.

Catemaco

🗺 p. 234 D2

Informations

✉ Palacio Municipal, av. Carranza

☎ (294) 943 00 16

Ci-dessous : Aujourd'hui enfoui dans la végétation, le site olmèque de la Laguna de los Cerros, sur la frange est du massif des Tuxtlas, était proche des carrières de basalte.

Santiago Tuxtla, à 225 km au sud de Veracruz, est la ville commerçante de la région. Elle est agréable et possède quelques vieilles demeures imposantes et dignes d'être photographiées. La place principale, le **Parque Juárez**, est ornée de la plus grosse tête olmèque découverte à ce jour, et la seule ayant les yeux fermés. Le **Museo Regional Tuxteco** (*Parque Juárez, tél. (294) 947 01 96, lun.-sam. 9 h-18 h, dim. 9 h-15 h, €*) présente d'autres objets olmèques, dont certains proviennent de **Tres Zapotes**, à 13 km. C'est dans cette ancienne cité de Mésoamérique que fut exhumée en 1860 la première tête olmèque, dans le champ d'un fermier. Autre intérêt de la ville, les festivités de juillet en l'honneur de son saint patron, l'apôtre Jacques, donnent lieu à des manifestations équestres, dont certaines remontent à l'Espagne médiévale.

San Andrés Tuxtla, à 16 km en direction de l'est, remplaça Santiago comme capitale régionale au XIXe siècle. C'est aujourd'hui essentiellement un centre de fabrication de cigares où l'on célèbre au printemps la Feria de la Primavera. À 12 km de la ville se trouve le **Salto de Eyipantla**, une superbe cascade rugissante. Sur le parking, des enfants proposent de garder votre voiture pendant que leurs aînés vous guident sur la pente parfois glissante qui mène à un beau point de vue et à une kyrielle de *comedores* en plein air. Plus loin, peu facile à trouver, découvrez la **Poza de la Reina**, une piscine naturelle paradisiaque, et la **Cola del Caballo**, une cascade semblable à une queue de cheval. Toutes deux se situent dans les collines surplombant la rive nord-est de la **Laguna de Catemaco**.

À 12 km à l'est de San Andrés, **Catemaco** est nichée sur la rive ouest du troisième plus grand lac naturel du pays. Cette ville indolente a bâti sa réputation, auprès des Mexicains comme des étrangers, sur le grand nombre de *brujos* (sorciers) et de *curanderos* (guérisseurs) qui y exercent leur art. À l'entrée de la ville, des rabatteurs attirent les automobilistes en sifflant. Dans tout le Mexique, y compris parmi la bourgeoisie, il n'est pas rare de consulter un sorcier pour guérir toutes sortes de maladies allant du lumbago au cœur brisé, en passant par le *mal de ojo*, le mauvais œil. Catemaco accueille un rassemblement annuel de sorciers, interdit au public.

Quelques scènes d'un film parlant des chamans (*Medicine Man,*

avec Sean Connery), furent filmées au **Proyecto Ecológico Nanciyaga** (*www.nanciyaga.com, tél. (294) 943 01 99*), une réserve naturelle privée de 40 hectares située sur la rive nord. On peut la visiter en bateau en une journée depuis Catemaco mais il est plus agréable de passer la nuit dans l'une des cabanes de bois en location. On peut également y prendre un bain de vapeur (*temazcal*), un bain de boue ou, après un bain de soleil, plonger avec délice dans une source cristalline. Le complexe loue aussi des kayaks ou des barques pour faire un tour sur le lac. Jouxtant Nanciyaga, le camping **La Jungla**, comme son nom

l'indique, se trouve en pleine jungle tropicale. Dans les zones naturelles qui bordent les rives du lac vivent un très grand nombre d'espèces d'oiseaux. ■

Ci-dessus : Coucher de soleil sur le lac de Catemaco.

Villahermosa

ÉCRASÉE PAR LA CHALEUR TROPICALE, VILLAHERMOSA, CAPITALE DU Tabasco, n'est pas des plus agréables. Ses constructions modernes de béton et de verre n'attirent guère les visiteurs. Toutefois, après un jour ou deux, on se prend d'affection pour cette ville d'affaires dont l'économie repose sur le pétrole et le commerce. On y trouve de bons restaurants de fruits de mer, d'excellents musées d'anthropologie et une zone piétonnière aux hôtels, cafés et petits musées variés. Et, comme leurs voisins les Jarochos, les habitants du Tabasco sont enjoués, charmeurs et amicaux.

Fondée par Cortés lors de son expédition de 1519, la capitale régionale fut d'abord sise à Santa María de la Victoria. Située sur le Grijalva, large fleuve navigable, la cité devint un centre de distribution de caoutchouc, de cacao, de bois tinctorial, de café et de bananes. Transférée plus tard à son emplacement actuel, plus facile à défendre, elle reçut le nom de Villahermosa.

La ville s'étire sur les rives du fleuve et, à l'inverse de ses consœurs mexicaines, ses sites les plus fréquentés ne sont pas regroupés autour de la place principale. Le taxi est donc le moyen de transport le plus simple pour la visiter.

À quelques mètres du fleuve, le **Parque Benito Juárez** (*entre les calles Guerrero, Independencia et Martínez Escobar*), place principale agréable mais sans vie, est bordé par le **Palacio de Gobierno**, de style néoclassique, et l'étrange **Templo de la Concepción**, une église du milieu du XXe siècle avec des ornements gothiques.

Derrière le bâtiment gouvernemental, au nord de la place principale, s'ouvre une zone piétonnière sympathique appelée **Zona Luz**, ou La Zona Remodelada. Près de huit pâtés de maisons modernes furent rasés dans les années 1970 pour créer cette zone pavée de briques hébergeant galeries d'art,

boutiques, cafés et échoppes de crèmes glacées. Plusieurs musées gratuits méritent une visite, dont la **Casa Museo Carlos Pellicer** (*Saenz 203, tél. (993) 312 01 57, ouv. mar.-dim. 9 h-17 h.*), qui expose des effets personnels du défunt poète et militant culturel du Tabasco, et le **Museo de Cultura Popular** (*Zaragoza 810, tél. (993) 312 11 17, ouv. mar.-dim. 9 h-16 h*). Plus intéressant, le **Museo de Historia de Tabasco** (*Juárez et 27 de Febrero, ouv. dim.-ven. 10 h-16 h, sam. 9 h-20 h, €*) retrace l'histoire de l'État à l'intérieur de la **Casa de Azulejos**, un édifice du début du XXe siècle à la façade en céramique et aux éléments architecturaux éclectiques.

Au sud-ouest du centre historique, le **CICOM** est un vaste complexe abritant un restaurant, un musée, une bibliothèque publique et un important théâtre, le **Teatro Esperanza Iris**. De style moderne, ce dernier fut inauguré en 1981 et doit son nom à une très célèbre chanteuse et actrice de la ville. Le théâtre est le siège du Ballet national et organise concerts, spectacles folkloriques et autres représentations.

L'important **Museo Regional de Antropología Carlos Pellicer Cámara** (*Carlos Pellicer 511, tél. (993) 312 63 44, fermé lun., €€*) se trouve dans le même complexe. Il

Villahermosa
p. 235 E2
Informations
Paseo Tabasco 1504
« Tabasco 2000 »
(993) 316 36 33

est en grande partie dédié à la civilisation olmèque, florissante pendant le préclassique moyen (de 1200 à 400 av. J.-C.). Les galeries du rez-de-chaussée accueillent des expositions temporaires, une salle abritant des pièces monumentales d'origine maya et olmèque. Le premier étage est réservé aux Olmèques et aux Mayas, qui avaient une frontière commune dans les basses terres du Tabasco. Parmi les antiquités olmèques, on compte des pièces en céramique et en pierre sculptée, telles ces petites figurines de jade représentant des bébés mythiques, mi-humains, mi-jaguars, à la tête fendue.

Commencez la visite par le deuxième étage, où sont figurées sur des cartes la répartition et l'évolution de la civilisation en Mésoamérique. Les pièces du préclassique ancien proviennent du plateau central (Tlatilco), tandis que les masques funéraires, les bijoux et les céramiques de Teotihuacán appartiennent à la période classique. Les cultures totonaque et huastèque sont représentées par des figurines anthropomorphiques et zoomorphiques, des « visages souriants » et des jouets à roues. Les objets les plus typiques de la civilisation Veracruz classique sont les *hachas* (haches), les *yugos* (jougs) et les *palmas* (palmes), accessoires du jeu de balle.

Du côté ouest de la ville, le complexe **Tabasco 2000** possède un centre culturel, une grande galerie marchande, un palais des congrès et un planétarium. On y

Les têtes de basalte comme celle-ci sont considérées comme de monumentales sculptures-portraits de chefs olmèques.

Cette mosaïque insolite de blocs de serpentine et d'argile colorée forme un masque de jaguar. Elle est aujourd'hui exposée au musée de La Venta.

trouve encore le Palacio Municipal et l'hôtel de luxe Camino Real. Le centre d'information touristique est situé juste à côté.

Sur la rive ouest de la **Laguna de las Ilusiones** s'étend le **Parque Museo La Venta** (*paseo Ruíz Cortines et Laguna de las Ilusiones, tél. (993) 314 16 52, ouv. tlj 8 h-17 h ; zoo fermé lun.*, €€), doté d'une trentaine de statues et monuments olmèques au milieu d'une végétation luxuriante. Située sur une petite île dans le marais côtier proche du río Tonalá, **La Venta**, à 70 km vers l'ouest, a crû en importance à mesure que déclinait San Lorenzo, où fut découvert le plus grand nombre de têtes colossales. San Lorenzo détruit, vers 900 av. J.-C., et ses monuments mutilés rituellement, La Venta devint le centre de la puissance olmèque. Cette cité résidentielle et cérémonielle possède une pyramide d'argile colorée conique haute de 32 mètres, la plus grande de cette période au Mexique. Son musée abrite une offrande de seize figurines de jade et une mosaïque géométrique faite de blocs de serpen-

tine et d'argile pilée et colorée, représentant un masque de jaguar. Lorsque l'exploitation pétrolière débuta à La Venta, nombre de pièces particulièrement précieuses furent transférées dans le musée de Villahermosa, fondé pour l'occasion. (D'autres objets sont exposés dans les musées d'Anthropologie de Xalapa et de Mexico.)

Le parc propose des circuits gratuits en espagnol, mais on peut le visiter seul (signalisation en anglais et en espagnol). On y trouve également un petit zoo peuplé de singes-araignées, de reptiles et de grands mammifères de la région. Un sentier continue de serpenter au-delà des autels olmèques – les bas-reliefs représentent des prêtres portant un enfant inanimé – et des stèles sculptées. Les énormes têtes de basalte aux lèvres charnues et au nez épaté, coiffées d'une sorte de casque, seraient des portraits de chefs olmèques ou de guerriers.

À Dos Montes, à 16 km à l'est de Villahermosa se trouve un parc de 100 hectares, **Yumká** (*tél. (993) 356 01 07, ouv. tlj 9 h-17 h*, €€). Un circuit guidé de deux heures couvre les trois écosystèmes primaires de l'État : savane, forêt tropicale et lagons. Le visiteur peut parcourir à pied une partie de la forêt pluviale, traverser un pont suspendu et faire un court trajet en tramway à travers la savane. Comptez un petit supplément (€) pour une excursion en bateau sur le lagon. ∎

Tourisme d'aventure

Ceux qui préfèrent les vacances sportives ne seront pas déçus par le Mexique. Le pays propose une foule d'activités sortant des sentiers battus.

Les alpinistes ont à leur disposition la ceinture volcanique du « Cercle de feu », qui offre certains des plus imposants sommets de l'hémisphère, dont le Pico de Orizaba, le plus élevé du pays (5 745 m). L'ascension de l'Iztaccíhuatl, rude mais peu technique, s'effectue par différentes voies et celle de La Malinche (4 461 m), d'une journée, est accessible aux débutants. À Querétaro, les amateurs d'escalade trouveront l'un des plus gros monolithes d'Amérique, le Peñón de Bernal. Culminant à 2 525 mètres, ce sommet est perché sur une arête de 48 mètres de hauteur. Les canyons calcaires du Cañón de la Huasteca, entre Monterrey et Saltillo, dans le Parc national Cumbres de Monterrey, sont plus accessibles. Ce terrain aride et accidenté présente des falaises abruptes comme le Torre Diablos (300 m) et le Pico de Independencia (500 m).

Aventurismo Guías Profesionales *(bd Antonio Cárdenas 2431-2, Fracc. Miravalle, Saltillo, Coah., tél. (844) 417 24 69)* organise des randonnées de trois jours dans la région. Le canyoning dans les rivières Matacanes et Hidrofóbia est possible ainsi que l'exploration de grottes et de rivières souterraines (bonne condition physique nécessaire).

Si vous appréciez l'exubérance de la végétation subtropicale, visitez la région de La Huasteca, à cheval sur les États de San Luis Potosí, d'Hidalgo, de Tamaulipas et de Veracruz. Cette aire est émaillée de cascades formant des grottes et des piscines naturelles turquoise. Des organismes spécialisés comme **Eccosports** *(Cerrada de Félix Cuevas 224-B Col. Del Valle, 03100 Mexico D. F. : (55) 55 15 94 52, Xalapa : (228) 812 39 54 ; e-mail : info@eccosports.com.mx)* proposent escalade, canyoning, spéléologie et rafting.

Avec ses pluies abondantes, sa végétation luxuriante et plus de quarante rivières, le Veracruz est la première destination du Mexique pour les adeptes du rafting. Une des excursions les plus excitantes est la descente en kayak ou en raft du río Pescados, entre Xalapa et Veracruz. Serpentant à travers de profonds canyons habillés de végétation semi-tropicale, la rivière compte 35 rapides de catégorie III et IV et se descend en trois heures. La rivière Antigua ne comporte des rapides de catégorie III et IV qu'à la saison des pluies, c'est-à-dire de juillet à novembre. À quelques heures au nord de Xalapa, le Río Filobobos (catégorie II et III) permet d'accéder aux ruines d'El Cuajilote et de Vega de la Pena (de 200 à 900 av. J.-C.), récemment découvertes dans la forêt tropicale. **Veraventuras** *(Santos Degollado 81, Int. 8, 91000 Xalapa, Veracruz, tél. (228) 818 95 79, www.dpc.com.mx/veraventuras)* organise des randonnées intéressantes dans tout l'État. ∎

Autres sites à visiter

COMALCALCO

La cité en ruine de Comalcalco (*ouv. tlj 8 h-17 h*, €€) – «lieu d'argile cuite» – se trouve à 60 km au nord-ouest de Villahermosa. Manquant de pierres dans la région, les bâtisseurs construisirent temples et pyramides avec des briques de sable cuites au four, des coquillages pilés et de l'argile. Occupée depuis 200 av. J.-C., cette cité maya chontale (le plus occidental de tous les sites mayas répertoriés) connut son apogée à la fin de la période classique récente. Une vingtaine seulement de ses quelque 300 structures a été restaurée, dont un jeu de balle, des palais et des temples.

▲ p. 235 E2 🌐 €

COSTA ESMERALDA

Cette bande côtière longue de 21 km entre **Nautla** et **Tecolutla** se compose de plages de sable, souvent désertes, baignées par les eaux boueuses du Golfe, bordées de palmiers et ponctuées d'estuaires. Tecolutla est plus touristique avec ses hôtels à prix modéré et ses restaurants proposant du bar, des huîtres et de l'*huachinango* (dorade rose).

▲ p. 234 B3

MUSÉES *IN SITU*

Si les musées de Villahermosa et de Xalapa abritent les merveilles olmèques, plusieurs musées *in situ* permettent de voir les lieux où furent trouvées certaines de ces magnifiques pièces. Dix des têtes colossales furent découvertes à **San Lorenzo**, une cité florissante de 1200 à 900 av. J.-C. Le site en lui-même ne présente pas un grand intérêt, mais les huttes au toit de palme que l'on rencontre, parmi les pâturages et les champs de canne à sucre, sont pratiquement identiques à celles que construisaient les Olmèques. La route accidentée ne s'emprunte qu'en véhicule à châssis surélevé. Près de là, on peut visiter les musées d'**El Azuzal**, où sont exposées trois fabuleuses figures mises au jour en 1987 et visibles dans une simple hutte. Deux effigies humaines portant des ornements de poitrine et d'étranges coiffes flottantes sont assises en tailleur l'une derrière l'autre devant une statue de jaguar.

PARQUE MARINO NACIONAL SISTEMA ARRECIFINAL VERACRUZANO

Ce parc marin national couvre près de 52 600 hectares de récifs. Face au port de Veracruz et autour de l'Isla Verde et de l'Isla de Sacrificios se succèdent des récifs où de nombreuses épaves de bateaux offrent des plongées intéressantes à 36 mètres de profondeur. Le parc s'étend vers le sud jusqu'à Punta Antón Lizardo, où l'on peut explorer des récifs un peu plus profonds. Plusieurs agences de Veracruz organisent des plongées.

▲ p. 234 C3 **Dorado Divers** ✉ Bd Avila Camacho 865, Veracruz ☎ (229) 931 43 05 **Tridente** ✉ Bd Avila Camacho 165, Veracruz ☎ (229) 931 79 24

TEAPA

Entouré d'une végétation tropicale et adossé à des montagnes bleues, Teapa est le siège municipal du comté du même nom, à environ 52 km de Villahermosa, dans le Tabasco. La ville possède une place pittoresque et plusieurs églises jésuites et franciscaines du XVIIIe siècle. De là, vous pouvez vous rendre au sulfureux **El Azufre Spa** (avec restaurant et logements simples) ou marcher sur environ 1,5 km jusqu'aux **Grutas de Coconá**. Ces grottes de calcaire souterraines présentent des formations rocheuses intéressantes (apportez une lampe de poche).

▲ p. 235 E2

TUXPAN

Cité portuaire à 11 km de la mer, sur la rivière du même nom, Tuxpan offre un paysage riche. Selon les archéologues, ce site aurait été occupé sans interruption entre les périodes préclassique et postclassique (voir pp. 25-28). Parmi les objets conservés au **Museo de Arqueología** (*ouv. mar.-sam. 9h-19h; gratuit*), on compte des pièces provenant de l'ancienne cité huaxtèque de Tabuco, sur l'autre bord de la rivière. Les habitants célèbrent le carnaval de printemps en mai et les festivités en l'honneur de leur sainte patronne, la Vierge de l'Assomption (15 août), se déroulent pendant une semaine.

▲ p. 234 B4 **Informations** ✉ Av. Juárez 20 ☎ (783) 834 01 77 ∎

De Tehuantepec à Tuxtepec, les groupes ethniques de l'Oaxaca confèrent à la région un caractère très particulier. Nombre d'entre eux croient au pouvoir des *curanderos* (guérisseurs) et des saints pour guérir le corps et l'âme.

L'Oaxaca

Diables en bois.

L'Oaxaca

L'Oaxaca fait partie du cœur indien du Mexique. Cette région montagneuse est enserrée par la Sierra Madre orientale et la Sierra Madre occidentale. Des dizaines de chaînes sont entrecoupées de hautes vallées embrumées où l'on ne peut accéder aux minuscules hameaux qu'à pied ou à dos d'âne. Les agriculteurs labourent sur des pentes vertigineuses et s'en remettent aux orages d'été pour arroser des cultures qu'ils récoltent une ou deux fois par an. Pour qu'il pleuve, ils prient aussi bien les dieux anciens que les saints catholiques. Et, malgré une profonde dévotion à la Vierge, bien des Oaxaqueños observent des rites préchrétiens et croient aux *nahuales*, des magiciens capables de prendre différentes formes.

L'Oaxaca compte 570 communes, soit bien plus que tout autre État mexicain. Du fait de l'isolement, chaque village a ses spécificités. Les femmes triques de la zone montagneuse tissent des tuniques couleur cerise descendant jusqu'au mollet, barrées de rayures de couleur. Près de la frontière du Guerrero, les femmes amuzgos brodent des motifs sur leurs *huipiles* de coton (tuniques blanches). Pendant *las velas*, fêtes de voisinage traditionnelles dans l'isthme de Tehuantepec, les femmes zapotèques arborent fièrement leurs

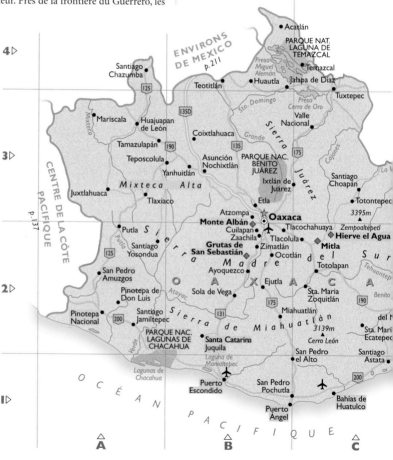

coiffes et leurs jupons de dentelle, leurs jupes virevoltantes et leurs huipiles aux broderies bigarrées.

Des quinze grandes ethnies que compte l'État, les principales sont les Zapotèques et les Mixtèques, qui occupent aussi bien les régions côtières que montagneuses. Ce sont leurs ancêtres qui ont bâti les centres cérémoniels dont les ruines parsèment les vallées centrales. Le plus grand, Monte Albán, était contemporain de Teotihuacán, dans le centre du pays, et atteignit son apogée durant la période classique. Le site impressionnant, situé sur un promontoire, domine Oaxaca, la capitale de l'État, située dans la vallée en contrebas.

Dans la ville d'Oaxaca, les gens flânent sur le *zócalo* (place principale) ou boivent un café dans les bars en plein air qui entourent le kiosque à musique, où jouent des orchestres de marimbas. Le centre historique compte des trésors architecturaux bien conservés, dont la somptueuse église Santo Domingo et son ancien monastère, aujourd'hui musée régional. Une visite des églises et des monastères des environs vous permettra de découvrir l'extraordinaire richesse et le sens esthétique des dominicains des XVIe et XVIIe siècles.

La côte Pacifique, à 515 km d'Oaxaca, est une autre destination touristique obligée. Des hôtels jalonnent les neuf ravissantes baies de Bahías de Huatulco, une station balnéaire à taille humaine. Puerto Escondido est un spot de surf mondialement réputé et offre des restaurants et des hôtels à prix abordables dans un cadre magnifique. Les villages de pêcheurs et les villes de l'arrière-pays sauront retenir le voyageur aventureux par leurs festivals religieux et leur artisanat étonnant : masques, poteries et textiles. ∎

Le piment fait partie de l'alimentation de base au Mexique.

Le *zócalo* d'Oaxaca est animé jour et nuit. Le soir, on peut y danser et écouter de la musique gratuitement.

Oaxaca

UN DICTON PRÉTEND QUE SI L'ON GOÛTE AUX CHAPULINES, LES fameuses sauterelles grillées, on est certain de revenir un jour à Oaxaca. Mais c'est l'architecture coloniale et l'âme multiethnique de cette ville qui en font un joyau incontournable. Situé à une altitude de 1 550 mètres, Oaxaca connaît un climat chaud la majeure partie de l'année, et ignore plutôt les extrêmes. Sur les bancs de fer forgé de la place principale et de l'Alameda voisine, les gens bavardent, lisent le journal et profitent du soleil filtrant à travers le feuillage. Le dimanche après-midi, les habitants assistent aux concerts donnés devant la cathédrale du XVIe siècle.

Oaxaca
🔺 p. 254 B3
Informations
✉ Independencia 607 et García Vigil
☎ (951) 516 48 28

Seul l'État du Michoacán rivalise avec l'Oaxaca en matière d'artisanat. Les villes zapotèques de Teotitlán del Valle et de Santa Ana del Valle fabriquent depuis des siècles des *tapetes* (tapis) de laine tissés à la main. Les autres produits artisanaux, dont la poterie noire de San Bartolo Coyotepec et les figures de bois sculpté d'Arrazola, sont des créations plus récentes. Tous ces objets sont vendus dans les élégantes boutiques situées dans la calle Alcalá, une rue piétonnière au nord du *zócalo*, et ses environs. Si vous aimez marchan-

der, jetez un œil aux prix dans les boutiques, puis allez aux **marchés Abastos** ou **Benito Juárez** où ces objets en côtoient d'autres : de la pince-étau aux philtres d'amour qui font aussi office de cirage pour le parquet. Mais si vous voulez faire des affaires et avoir un aperçu de la vie rurale, il est préférable d'acheter sur le lieu de production, dans la campagne environnante.

Oaxaca est aussi une ville d'art et de culture. Les artistes locaux reprennent les thèmes traditionnels et l'imagerie régionale dans des compositions contemporaines.

Et les maisons en pierre volcanique, dorée ou rose abritent d'excellentes galeries. La cité accueille chaque année un festival international de cinéma, et des films d'art gratuits sont projetés les soirs de week-end au **Cinema El Pochote** (*av. García Vigil 817, tél. (951) 514 11 94*).

D'excellents musées complètent l'offre culturelle de la ville. Le beau **Museo de Arte Prehispánico Rufino Tamayo** (*av. Morelos 503, tél. (951) 516 47 50, ouv. mar.-sam. 10h-18h, dim. 10h-17h; €€*), demeure coloniale restaurée, abrite environ 2 000 pièces représentatives du Mexique précolombien et expose la collection privée du peintre abstrait, muraliste et sculpteur natif d'Oaxaca, Rufino Tamayo (1899-1991), une donation qu'il fit à l'État en 1975. Le **Museo de Arte Contemporáneo de Oaxaca**, ou **MACO** (*Macedonio, Alcalá 202, tél. (951) 514 28 18, ouv. mer.-lun. 10h30-20 heures, €*), occupe une maison coloniale, ancienne résidence de Cortés. La collection permanente comprend l'œuvre d'artistes d'Oaxaca, parmi lesquels le peintre naïf Rodolfo Morales et le dessinateur et coloriste Francisco Toledo. À ne pas manquer : les expositions temporaires d'arts plastique, graphique et photographique, souvent très intéressantes.

La ville compte vingt-sept églises mais l'une des plus prisées est la **Basílica de Nuestra Señora de La Soledad** (*av. Independencia 107 et Galeana*), bâtie à la fin du XVIIe siècle en l'honneur de la sainte patronne de la ville, Notre-Dame de la Solitude. Les habitants y adressent des demandes de grâce à la Vierge et organisent des processions notamment le 18 décembre, jour de la sainte. Visitez son musée (*ouv. 9h-14h*) pour admirer les offrandes laissées par les fidèles : fleurs en plastique,

tresses de cheveux, ex-voto naïfs peints sur du bois ou du fer-blanc. La basilique a été construite sur le site d'une garnison d'Aztèques, lesquels contrôlaient la région au XVe siècle.

Durant cette période de domination aztèque, des artisans de Tenochtitlán vinrent s'installer dans plusieurs quartiers, ou *barrios*, chacun étant dédié à un type d'artisanat. Juste au nord du centre-ville, à Xochimilco, on pratique encore le tissage traditionnel. Guidez-vous au son des énormes métiers à tisser dans la calle Boloños Cacho, à l'est de la jolie église paroissiale, pour trouver les ateliers de tissage où vous pourrez faire confectionner des vêtements sur mesure. À l'est du **Parque El Llano** (dont le nom officiel est Parque Juárez), le barrio de Jalatlaco fut jadis une ville où l'on travaillait le cuir. Cet artisanat n'est presque plus pratiqué de nos jours, mais les rues tranquilles pavées de galets, les maisons aux couleurs vives et les restaurants du quartier sont une lucarne sur le passé d'Oaxaca. ∎

Ville paisible dont le climat est doux toute l'année, Oaxaca est agréable à visiter.

Promenade dans le centre historique d'Oaxaca

Une multitude de bâtiments historiques se trouve autour de la place principale. La calle Alcalá est bordée de boutiques et de restaurants logés dans des bâtiments couleur pastel, bâtis par les Espagnols après la fondation de la ville au XVIe siècle.

Ombragé et réservé aux piétons, le zócalo est le lieu idéal pour se reposer.

La promenade commence au nord de la ville, aux **Arcos de Xochimilco** ❶, au sud de Calzada Héroes de Chapultepec, sur García Vigil. Les arcades de cet aqueduc du XVIIIe siècle vont en diminuant à mesure que cette structure longue de 300 m s'étire vers le centre-ville. Certaines arcades forment aujourd'hui l'entrée de logements modestes. Longez García Vigil vers le sud jusqu'à l'**Iglesia del Carmen Alto** ❷, où l'on stockait à l'origine les eaux de l'aqueduc. Le 16 juillet, fête de la Vierge du Carmen, l'église est le centre d'une foire animée. Cette fête est suivie de la Guelaguetza, un festival annuel de danse et de musique issu de la tradition préhispanique. En face se dresse le **Museo Casa de Benito Juárez** ❸ (*García Vigil 609, tél. (951) 516 18 60, ouv. mar.-sam. 10 h-18 h, dim. 10 h-17 h, €*) où le futur président mexicain fut employé durant sa jeunesse, au début du XIXe siècle.

Tournez à gauche et traversez la Plazuela del Carmen jusqu'à la rue piétonne calle Alcalá et le **Templo y Ex-Convento de Santo Domingo** ❹, qui héberge le **Museo Regional de Oaxaca** (*Alcalá et Constitución, tél. (951) 516 29 91, ouv. mar.-dim. 10 h-20 h., €€*). Poursuivez vers l'est le long de la Plazuela A.

Gurrión et de calle Constitución jusqu'à la calle Reforma. Juste au nord, sur Reforma, arrêtez-vous au **Museo de Filatelia de Oaxaca** (*Reforma 505, tél. (951) 514 23 66, ouv. mar.-dim. 10 h-19 h, gratuit*), un bâtiment du XVIIIe siècle. Goûtez à la cuisine locale dans le café du patio de ce musée.

Reprenez la calle Reforma en direction du sud jusqu'à **l'ancien couvent de Santa Catalina**, du XVe siècle (aujourd'hui Hôtel Camino Real), où vivaient les religieuses de l'Immaculée-Conception jusqu'en 1859. Continuez sur Reforma, puis tournez à droite dans Morelos et à gauche sur 5 de Mayo. Au sud, le **Teatro Macedonio Alcalá** accueille les spectacles de théâtre et de danse de la ville.

Poursuivez vers le sud sur 5 de Mayo et prenez à droite dans Colón. Deux rues vers l'ouest (Colón devient Las Casas), entrez dans le **Mercado Benito Juárez** ❺, datant de 1892. Vous y trouverez des barres de chocolat, du fromage (*queso oaxaqueños*), des légumes frais et des fruits exotiques, ainsi que des vêtements et des souvenirs. Poursuivez jusqu'à l'**Iglesia San Juan de Díos** ❻ (*Aldama* et *20 de Noviembre*). L'ancien temple en adobe et toit de chaume fut converti en église en 1526, puis remplacé par l'édifice actuel au milieu du XVIIe siècle.

À quelques pas vers l'est, le **Mercado 20 de Noviembre** servait à l'origine d'hôpital pour le couvent attenant. C'est aujourd'hui un restaurant populaire. Devant le marché, des femmes vendent des pains sucrés ou salés entreposés dans des coffres ou de grands paniers d'osier.

Sortez du marché et prenez Miguel Cabrera vers le nord jusqu'à la place principale, le *zócalo* (nommé officiellement plaza de la Independencia). Derrière le **Palacio de Gobierno** ❼, néoclassique, sur le côté sud de la place, une fresque murale colorée résume sur deux étages l'histoire d'Oaxaca

Les rues d'Oaxaca sont bordées de maisons colorées ou de bâtiments en restauration.

et de Benito Juárez. Traversez la place jusqu'à la **Catedral** ❽ du XVIᵉ siècle, sur la place voisine, La Alameda. Dédiée à l'Assomption de la Vierge Marie, la cathédrale fut endommagée à trois reprises par des séismes, dont le plus important date de 1714. Son orgue du XVIIᵉ siècle est complètement restauré.

Le **zócal**, votre point d'arrivée, est la plus belle place de la ville et il fait bon s'y reposer et s'y rafraîchir sur un banc sous les lauriers indiens ou dans l'un des nombreux cafés qu'abritent les arcades. ■

▶ Arcos de Xochimilco
↔ 2,5 km
🕐 4 à 5 heures
▶ *Zócalo*

À NE PAS MANQUER

- Templo y Ex-Convento de Santo Domingo
- Museo Regional de Oaxaca
- Mercado Benito Juárez
- Catedral
- *Zócalo*

Les monastères dominicains de l'Oaxaca

LA CONQUÊTE SPIRITUELLE DE LA NOUVELLE-ESPAGNE DÉBUTA APRÈS que l'armée espagnole, menée par Hernán Cortés, eut littéralement rasé Tenochtitlán (aujourd'hui Mexico). Les frères franciscains, les premiers moines à être arrivés sur les lieux, s'établirent dans le centre du Mexique. Quelques années plus tard, les dominicains vinrent s'installer au sud de Mexico.

Oaxaca
🅰 p. 254 B3
Informations
✉ Independencia 607 et García Vigil
☎ (951) 516 48 28

Souvent critiqués pour les sommes exorbitantes qu'ils consacrèrent à leurs édifices, les dominicains firent venir d'Europe des artistes talentueux. Travaillant aussi avec des artisans locaux, les prêtres-architectes mêlèrent des motifs Renaissance, gothiques et mudéjars de l'école platéresque espagnole. Même les épais murs renforcés et les tours massives – destinés à résister aux séismes – ne détournent pas l'attention de la pierre taillée richement ornée. L'architecture unique, le travail des retables et les magnifiques peintures des monastères sont remarquables. Après les lois de la réforme de 1859 et l'expulsion des

ordres religieux, les églises furent saccagées. L'**Iglesia y Ex-Convento de Santo Domingo** (*ouv. 9h30-13h et 16h30-19h*), l'un des tout premiers et plus impressionnants monastères-églises d'Oaxaca, subit des dégâts considérables pendant la période où elle servit de caserne militaire. Son étroite façade, sculptée comme un retable sur quatre registres et flanquée de deux clochers majestueux, est de style Renaissance, avec des réminiscences baroques. À l'intérieur, le stuc blanc étincelant souligné de reliefs dorés et polychromes s'étend aux voûtes, dômes et niches. En fait, le moindre centimètre carré de cet intérieur étonnant est décoré

dans le style de Puebla. Le plafond qui précède l'entrée est orné d'un arbre généalogique plutôt naïf du fondateur de l'ordre, Santo Domingo de Guzmán (vers. 1170-1221), selon un motif de treille. Sur le côté droit de la nef, les saints et les apôtres décorant la **Capilla del Rosario** (chapelle du Rosaire) sont littéralement noyés au milieu des volutes, des anges et des arabesques.

Le cloître de calcaire blanc, à deux niveaux, du monastère attenant abrite le **Museo Regional de Oaxaca** (*Alcalá* et *Constitución*, tél. (951) 516 29 91, ouv. mar.-dim. 10 h-20 h.,€€). Le premier étage accueille des expositions temporaires, une excellente boutique de cadeaux et la **Biblioteca Francisco de Burgos**, riche de plus de 20 000 ouvrages historiques. Montez au second étage par le double escalier

Dans l'église Santo Domingo, à Oaxaca, les reliefs de stuc recouverts d'or et colorés décore tout l'intérieur.

Artistes du XXᵉ siècle et *el tequio*

Terme zapotèque signifiant « la charge », *el tequio* est l'obligation qu'a une personne d'apporter sa contribution à sa communauté, coutume ayant cours depuis l'époque de Monte Albán. Francisco Toledo, peintre natif de Juchitán, dans l'isthme de Tehuantepec, prit cette obligation très au sérieux. Il a financé à Oaxaca de nombreux projets culturels ou leur a donné une partie de son temps. On lui doit la création de l'Instituto de Artes Gráficos, une bibliothèque d'art graphique et un musée merveilleux, une bibliothèque d'ouvrages en braille, le premier musée de philatélie du pays et un atelier de fabrication de papier dans le quartier Vistahermosa à Etla. Avec Rudolfo Morales, artiste décédé en 2001, ils ont créé « Los Amigos de Monte Albán », une association à but non lucratif destinée à la protection de Monte Albán, et consacré beaucoup de temps et d'argent à la restauration des monastères dominicains de l'Oaxaca. ■

baroque: l'embrasure des portes et le plafond richement ornés sont du plus pur style de Puebla. Dans dix anciennes cellules monastiques sont exposés des objets représentatifs de la culture régionale, de la préhistoire à l'époque postrévolutionnaire. Quatorze autres salles organisées par thème évoquent la céramique, la musique et la médecine. La salle 3 abrite les trésors inesti-

Le cloître de l'Ex-Convento de Santo Domingo héberge aujourd'hui le Museo Regional de Oaxaca.

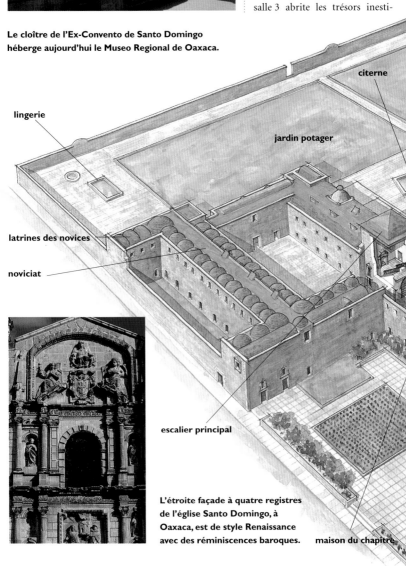

citerne

lingerie

jardin potager

latrines des novices

noviciat

escalier principal

L'étroite façade à quatre registres de l'église Santo Domingo, à Oaxaca, est de style Renaissance avec des réminiscences baroques.

maison du chapitre

mables découverts dans les tombes du site zapotèque de Monte Albán (voir pp. 264-265), dont des bijoux en or, en argent, en coquillage et en jade. En début d'après-midi, on peut visiter gratuitement le **jardin botanique**, où l'on découvrira la biodiversité de la région.

La vallée d'Oaxaca compte bien d'autres monastères importants, dont **Cuilapan**, situé sur la route de **Zaachila** (voir p. 271), **Tlacochahuaya** et son orgue à 1 620 tuyaux (voir p. 266) et l'Iglesia del Santo Cristo à **Tlacolula de Matamoros** (voir p. 268). Dans la région de Mixteca Alta, au nord d'Oaxaca, **Yanhuitlán** a été récemment restauré grâce à des techniques de construction originales. Remarquez l'élégante « porte dans la porte » platéresque de son entrée nord et son étonnant retable principal aux remarquables peintures du XVIe siècle. Plus loin se trouvent **Teposcolula**, dont la chapelle ouverte à trois baies serait la plus jolie de tout l'Oaxaca, et **Coixtlahuaca**, dont l'église fut construite sur un temple dédié au dieu Quetzalcóatl, le serpent à plumes. ■

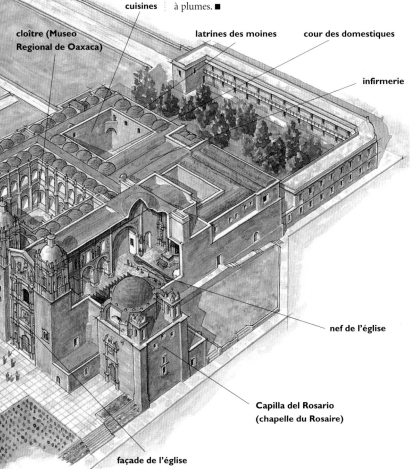

cuisines

cloître (Museo Regional de Oaxaca)

latrines des moines

cour des domestiques

infirmerie

nef de l'église

Capilla del Rosario (chapelle du Rosaire)

façade de l'église

Monte Albán

UN MILLÉNAIRE AVANT L'ARRIVÉE DES ESPAGNOLS, EN 1521, LA CITÉ zapotèque aujourd'hui nommée Monte Albán était l'une des grandes capitales mésoaméricaines. Le parfum de l'encens de copal flottait dans les temples au tracé élégant et aux lignes architecturales austères. Les architectes avaient bâti des citernes pour recueillir l'eau de pluie et conçu un système d'irrigation. Le commerce était florissant. On importait perles de jade, outils en pierre, métal, minerais et pigments. Les routes commerciales s'étendaient jusqu'à Teotihuacán, au nord de l'actuelle ville de Mexico.

Les animaux étaient domestiqués, on chassait dans les vallées, et les collines, aménagées en terrasses, étaient plantées de céréales et d'arbres fruitiers. La société était très hiérarchisée : seigneurs, guerriers, prêtres et fonctionnaires appartenaient à la classe supérieure. Les artisans vivaient et travaillaient dans des quartiers distincts selon leur activité. Il n'y avait pas de chef : le pouvoir était certainement partagé entre les familles qui avaient un ancêtre commun. Comme dans l'Oaxaca colonial, des siècles plus tard, les familles les plus riches et les plus puissantes vivaient près des places centrales.

Si les Zapotèques furent les principaux architectes de cette grande cité, les habitants d'origine auraient été des Mixe-Zoques de l'isthme ou apparentés aux Olmèques de Veracruz. Les Zapotèques (ou leurs prédécesseurs) s'établirent sur le site vers 200 av. J.-C. et, pour une raison inconnue, l'abandonnèrent après douze siècles d'occupation.

Trois siècles plus tard, les Mixtèques prirent possession du site pour y inhumer leurs chefs. Les morts étaient enterrés dans des tombes rectangulaires ou en forme de croix, décorées de glyphes, de peintures ou de sculptures, et étaient accompagnés d'offrandes. Plus de 220 sites funéraires ont été

explorés. Le plus fabuleux, la **Tumba 7**, contenait plus de 500 bijoux en or, en perles, en ambre et en turquoise, ainsi que de ravissants objets en jade, argent, cristal et os finement sculptés. La plupart de ces pièces inestimables sont exposées au Museo Regional de Oaxaca (voir p. 258).

Plusieurs de ces tombes sont ouvertes au public, dont la **Tumba 104**. Une urne représentant le dieu du maïs, Pitao Cozobi, surmonte l'entrée. À l'intérieur, des peintures murales colorées montrent des prêtres en tenue de cérémonie. À l'origine, la stèle sculptée de l'antichambre fermait la tombe.

Outre les tombes de l'extrémité nord de la plate-forme, il faut visiter la **Gran Plaza**, cœur de la cité. Elle présente à ses extrémités les **Plataformas Norte** et **Sur**, chacune étant dotée d'un escalier flanqué de larges rampes. Les bâtiments étaient généralement construits en pierres aux contours irréguliers cimentées avec de la boue, puis recouvertes de pierres de parement et de couches de stuc. Les édifices les plus récents sont superposés aux plus anciens. L'**Edificio**, au centre de la grande place, est typiquement zapotèque. Les panneaux simples ou doubles (**Edificio H**) surmontant les bâtiments symbolisent le ciel ou la mâchoire du jaguar.

Monte Albán

▲ p. 254 B2

✉ 10 km au s.-o. d'Oaxaca

☎ (951) 516 12 15

☎ ouv. tlj de 8 h à 17 h

€ €€

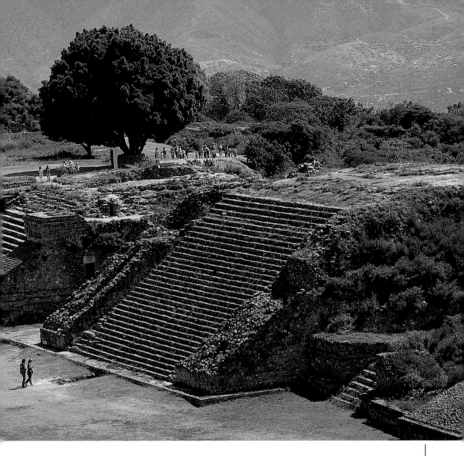

Certains édifices sont ornés de bas-reliefs élaborés. En témoigne la **Galería de los Danzantes**, sous l'**Edificio L**, côté ouest de la place, où sont gravés des personnages nus représentant des ennemis sacrifiés et les chefs des villes vaincues. Leurs noms et ceux de leurs villes sont inscrits en glyphes zapotèques sur ou le long de leurs corps mutilés.

Les **Edificios K, L** et **IV Sur** sont les plus anciens. Creusée dans le sol de la Gran Plaza, la tombe de cinq jeunes gens contenait l'une des plus belles œuvres d'art zapotèque : un masque de jade du dieu chauve-souris utilisé comme pectoral. Les squelettes étaient décorés, de colliers, de pectoraux de boucles d'oreilles, de perles et de coquillages, aujourd'hui exposés au Museo Nacional de Antropología (voir pp. 198-201).

À l'angle nord-est de la place, le *juego de pelota* en forme de « H » est flanqué de part et d'autre de murs en pente aménagés en gradins et, contrairement aux jeux de balle du centre du Mexique et du Yucatán, il est dépourvu d'anneau.

La boutique et la librairie sont bien fournies et le restaurant offre un excellent panorama sur la vallée. Les bus pour Monte Albán partent toutes les demi-heures de 8 h à 15 h 30 de l'**Hotel Ribera del Angel** (*calle Mina 518, à quatre rues au s.-o. du zócalo, tél. (951) 516 66 66*, €€). Un supplément sera exigé si l'on reste plus de trois heures, mais cela en vaut la peine si l'on souhaite visiter entièrement le site et le musée. ■

Juché sur une colline surplombant trois vallées, Monte Albán faisait partie des cités les plus avancées de son époque.

Le circuit de Mitla

À l'est d'Oaxaca, le long de la route 190, se trouvent quatre sites archéologiques, plusieurs monastères dominicains du XVIIe siècle et des cités zapotèques et mixtèques adossées aux collines ensoleillées de l'Oaxaca. En toile de fond, les montagnes bleutées semblent émerger des champs de maïs qui bordent l'autoroute.

À 13 km au sud-est d'Oaxaca, la grande fierté du minuscule **Santa María el Tule** ❶ est son *ahuehuete* de deux mille ans, un cyprès de Montezuma. Plus large que haut, cet arbre noueux de 42 mètres de circonférence se dresse devant une église du XVIIe siècle. Derrière l'église, des cuisines de plein air servent des spécialités locales.

Sur la route, 6,5 km plus loin, tournez à droite vers **Tlacochahuaya** ❷, un petit village zapotèque avec une place pittoresque et des maisons d'adobe entourées de collines rocheuses et de champs de maïs. Construits au XVIe siècle, l'église et le monastère dominicains sont juchés sur le soubassement d'un temple préhispanique qui a fourni les matériaux de construction. Les murs intérieurs et la voûte sont ornés de vignettes stylisées de chérubins et de fleurs colorées en rouge, or, bleu et vert, œuvres d'artistes indiens. Ne manquez pas l'orgue construit en 1620 qui occupe la tribune.

Reprenez la route et, après 1,5 km, empruntez à droite la piste menant à **Dainzú** (*ouv. tlj de 8 h à 17 h, €*). Cette cité zapotèque aménagée en terrasses, contemporaine de Monte Albán, fut habitée après 300 av. J.-C. Remarquez les bas-reliefs figurant des joueurs de balle au visage de jaguar sur la partie basse de l'**Edificio A**, vestige d'une plate-forme étagée.

À 1,5 km de là, vous trouverez à votre gauche **Teotitlán del Valle** ❸, réputé pour ses tapis zapotèques tissés main. Les puristes préfèrent la laine non teinte ou les teintures naturelles comme la poudre de cochenille, un parasite du cactus nopal, de plus en plus rare. Mais, de nos jours, la plupart des tapis sont en laine ou en fibre synthétique colorées avec des teintures commerciales. À Teotitlán vous pourrez déjeuner à **Tlamanalli** (*av. Juárez 39, tél. (951) 524 40 06, fermé sam.-dim. et le soir, €€€*), un restaurant zapotèque de bonne réputation.

Reprenez la 190 sur environ 8 km jusqu'aux ruines de **Lambityeco** (*ouv. tlj de 8 h*

DÉPART

Oaxaca

Monte
Albán

Cuilapan
de Guerrero

San Agustín
de la Juntas

San Barto
Coyotep

Atoyac

131

175

Détail d'une peinture murale de l'église de Tlacochahuaya.

Voir aussi p. 254
B3-C2
► Oaxaca
↔ 56 km
⏱ 1 journée
► Mitla

À NE PAS MANQUER
- Santa María el Tule
- Tlacochahuaya
- Tlacolula
- Mitla

Ci-dessus : À Santa María el Tule, l'*ahuehuete* âgé de deux mille ans.

Motif géométrique à Mitla.

Vue sur Yagul.

à 17 h, €) un important centre d'exploitation minière abandonné vers 950 av. J.-C. au profit de Yagul, au sud-est. Dans la pyramide principale, ou **Casa del Coqui (Estructura 195)**, les panneaux de l'autel sont ornés d'effigies et de symboles des seigneurs de la ville, coquis zapotèques, et de leurs épouses. Dans le patio de l'**Estructura 190**, remarquez les deux figures masquées identiques de Cocijo, dieu de la pluie, du tonnerre et de l'éclair : chacune tient un récipient d'eau dans la main droite et un éclair dans la gauche, attributs de la divinité.

De retour sur la route, parcourez 1,5 km jusqu'à **Tlacolula de Matamoros** ❹, où se tient un marché typique le dimanche (plus restreint en semaine). Dans l'**Iglesia del Santo Cristo**, église dominicaine du XVIᵉ siècle, se trouve la **Capilla del Rosario** ❺, ou chapelle

Jeune vendeuse de tapis.

du Rosaire, aux stucs dorés et reliefs polychromes étonnants. Le travail du fer forgé de la grille du chœur et de la chaire est remarquable jusque dans ses moindres détails.

Reprenez la route sur quelques kilomètres vers le sud-est, jusqu'à **Yagul** (*ouv. tlj 8 h-17 h, €*), une cité zapotèque fortifiée érigée pour sa défense sur le sommet d'une colline. La découverte d'une trentaine de tombes confirme qu'il s'agissait d'un lieu résidentiel : les habitants étaient enterrés sous le pas de leur porte. Le **Palacio de los Seis Patios** était probablement la résidence des seigneurs zapotèques.

Environ 5 km plus loin, quittez la route en direction des impressionnantes ruines de **Mitla** ❻ (*ouv. tlj 8 h-17 h, €*), dont le nom vient du náhuatl *mictlán* et signifie « lieu des morts ». Après le déclin de Monte Albán, les Zapotèques transférèrent leur base d'opérations dans cette cité cérémonielle. Ils la nommèrent Liobaa, « lieu de repos » ou « lieu d'enterrement », et y aménagèrent de nombreuses sépultures. Comme Monte Albán, Mitla fut occupé par les Mixtèques vers le XIIIᵉ siècle après son abandon par les Zapotèques. Il était toujours habité à l'arrivée des Espagnols.

Le site est constitué de cinq groupes de bâtiments. Sur les deux groupes mis au jour, le plus exceptionnel est le **Grupo de las Columnas**, où de grandes salles maçonnées entourent une place centrale (patio). Dans le premier complexe, le **Templo de las Columnas** tire son nom des six énormes piliers qui, à l'origine, soutenaient des poutres et un large toit plat. Un couloir étroit conduit au **Patio de las Grecas** ❼, aux murs ornés d'une mosaïque aux motifs de la grecque. Les ornements presque tous géométriques de Mitla reflètent l'influence mixtèque. Comme dans la région de Puuc, au Yucatán, la belle pierre calcaire locale a permis une telle réalisation artistique. Contrairement à ceux découverts dans toute la Mésoamérique, les motifs mixtèques ne présentent ni animaux, ni dieux, ni figures humaines. Dans la seconde cour, deux tombes creusées sous les chambres du palais ont probablement accueilli les restes des seigneurs zapotèques et mixtèques. Le palais était habité par le grand prêtre de la nation zapotèque et sa suite, des visiteurs royaux et des soldats.

Le **Grupo de la Iglesia** est un vestige d'une structure similaire démontée pour édifier au XVIᵉ siècle l'**Iglesia de San Pablo**, saint Paul étant le patron de la ville. Ce double héritage se lit sur les pierres formant les murs extérieurs de l'église. Derrière l'église, plusieurs petites structures dotées de linteaux décorés et de patios sont les seuls vestiges du bâtiment d'origine. Au **Museo de Mitla de Arte Zapoteca** (*av. Juárez 2, ouv. tlj sauf merc. 10 h-17 h, €*), des panneaux fournissent des explications sur les objets zapotèques et mixtèques trouvés sur le site. ∎

Hierve el Agua

www.cnca.gob.mx/cnca/inah/zonarq/hrvagua.html

BIEN QUE HIERVE EL AGUA SIGNIFIE « EAU BOUILLANTE », L'EAU VERT JADE des deux bassins du site et de la source qui les alimente est tiède. Le nom désigne les bulles que forme l'eau effervescente au sortir de la roche. Autrefois détournée par les Indiens pour irriguer leurs terres, la source fut, il y a peu, canalisée pour créer deux piscines. En débordant et en s'écoulant sur les falaises adjacentes, cette eau fortement minéralisée a généré une succession de cascades pétrifiées.

Par temps chaud, les sources rafraîchissantes de Hierve el Agua sont très fréquentées le week-end.

Le week-end, les Mexicains aiment venir en famille profiter du site et pique-niquer sous les arbres. Mais la semaine, notamment pendant les mois frais, on se retrouve parfois seul dans le paysage sec et broussailleux. Une piste sinueuse mène au canyon, d'où on a une vue unique sur les formations minérales. Dans les fermes avoisinantes, des bœufs blanc crème labourent les champs de maïs entourés d'agaves dont on fait le mezcal.

Le site est pourvu d'une aire de stationnement, de toilettes, de vestiaires et de tables de pique-nique abritées sous un toit de palme. À mi-chemin entre le parking et les piscines, des femmes vendent des *tlayudas* (grandes tortillas à la viande ou aux haricots) et autres petits encas.

Passer la nuit sur place une fois que les visiteurs sont repartis est une expérience merveilleuse. Une demi-douzaine de cabanes propres, dont certaines sont équipées d'une cuisine ou d'une salle de bains sont proposées aux visiteurs (réservez à l'avance à l'office du tourisme d'Oaxaca). Il n'y a pas de boutiques et il faut donc apporter ses provisions pour dîner sous les étoiles. Le matin, vous disposerez des piscines pour vous seul avant l'arrivée des premiers bus vers 10 heures et demie. ∎

Hierve el Agua
🔺 p. 254 C2
Informations
✉ 80 km d'Oaxaca par la route 190, puis 5 km après San Lorenzo Albarradas
☎ (951) 562 09 22 (tél. mobile)

Vendeuse de pain
dans les rues
d'Ocotlán.

Villes des environs d'Oaxaca

AUTOUR DE LA CAPITALE, PETITES ET GRANDES VILLES ALIMENTENT EN objets d'artisanat les boutiques d'Oaxaca. Certaines sont prospères, telle Teotitlán del Valle (voir p. 266), dont les tisserands à la renommée internationale habitent d'imposantes maisons. D'autres, parmi les champs de maïs et de colza entourés de collines couleur fauve, végètent dans leurs rues poussiéreuses. De nombreux foyers, où l'on pratique encore les arts traditionnels comme le tissage, la poterie et la sculpture, continuent de parler le zapotèque.

Oaxaca
🗺 p. 254 B3
Informations
✉ Independencia 607
et García Vigil
☎ (951) 516 48 28

Si les conquérants ont introduit de nouvelles méthodes de production, la population a conservé de nombreuses techniques ancestrales. Les Espagnols avaient interdit aux ferronniers l'emploi de métaux précieux et les artisans d'aujourd'hui fabriquent de magnifiques objets en fer-blanc embouti et moulé. Les artisans utilisent des métiers à tisser primitifs pour fabriquer des motifs représentant des croix et des saints côtoyant scorpions, oiseaux, grenouilles et autres images traditionnelles.

À l'ouest d'Oaxaca, **Atzompa** sommeille à l'ombre de Monte Albán. Ce village est renommé pour ses poteries vernissées vertes et ses *muñecas bordadas* (poupées brodées), des personnages féminins hauts de 0,75 à 1 m et ornés de têtes d'éléphant, de lézards et autres figures zoomorphiques. Le long des rues de la ville, les artisans s'empressent de vous montrer leurs marchandises, même si leurs plus belles pièces se vendent au beau marché Abastos d'Oaxaca ou au magasin FONART (voir Shopping, p. 384). La scène est relativement différente à **Arrazola**, où les ateliers familiaux se doublent de salles d'exposition d'*alebrijes* colorés, des créatures en bois sculpté et peint qui peuvent être minuscules ou très grandes (plus de 1 m).

San Martín Tilcajete produit aussi de fantastiques figures de bois peint. Certains artisans sont spécialisés dans les diables, mais la majeure partie fabrique des animaux imaginaires. **La Unión Tejalapan** produit de charmantes statuettes de bois naïves, dont de jolies crèches et des animaux de ferme. Délaissée par les touristes, la ville s'étire au long d'une succession de collines sèches et la plupart des artisans vendent leur production aux boutiques d'Oaxaca.

Au sud d'Oaxaca, le long de la route 175, se trouvent plusieurs villes historiques, dont **San Bartolo Coyotepec** (12 km d'Oaxaca), à la poterie noire réputée. Les pièces non vernies cuisent toute une nuit dans un foyer fermé et prennent une patine lustrée allant du vert-de-gris au noir de suie. Faites vos achats à la coopérative en face de l'église paroissiale ou cherchez les ateliers en ville. À 12 km au sud, vous parvenez à **Santo Tomás Jalietza**, dont la coopérative vend, sur le marché, ceintures, chemins de table et autres textiles tissés sur des métiers traditionnels. Encore 12 km vers le sud et vous voici à **Ocotlán**, connu pour ses machettes et ses couteaux, ces derniers étant parfois gravés de dictons picaresques. Sur la place, le monastère et l'église dominicains restaurés méritent un détour.

Des carrioles tirées par des bœufs ou des chevaux circulent sur la route conduisant à **Zaachila**, dans la vallée de Zimatlán. Le jeudi matin, la population afflue des faubourgs vers le **marché aux bestiaux**. Dans le centre-ville, le marché traditionnel bat son plein jusqu'au milieu de l'après-midi. Visitez l'une des deux tombes zapotèques décorées de figures modelées en stuc et la charmante église du XVIIIe siècle dédiée à la Vierge de Juquila. ■

Chargement d'herbes sèches dans les champs d'Asunción, près d'Ocotlán.

Les marchés

Les marchés des villes suivantes sont destinés aux habitants, non aux touristes, mais elles permettent de visiter l'Oaxaca rural et d'acheter des produits locaux.

Lundi Miahuatlán, à 100 km au sud d'Oaxaca sur la route 175.

Mardi Santa María, à 53 km au sud-ouest d'Oaxaca sur la route 131 ; Zimatlán, à 28 km au sud-ouest d'Oaxaca à l'écart de la route 131.

Mercredi San Pedro y San Pablo Etla, à 19 km au nord-ouest d'Oaxaca par la route 190 en direction de Puebla.

Jeudi Zaachila, à 17 km au sud-ouest d'Oaxaca sur la route 131.

Vendredi Ocotlán, à 33 km au sud d'Oaxaca sur la route 175 Est.

Samedi Mercado de Abastos, Oaxaca (voir p. 256).

Dimanche Tlacolula (voir p. 268), à l'est d'Oaxaca sur la route 190. ■

Les festivals spectaculaires de l'Oaxaca

Les villages les plus modestes fêtent leur saint patron, les réjouissances engloutissant parfois la plus grande partie de leur budget annuel. Les hommes dirigent les défilés au son des trompettes, des tubas et des tambours. De jeunes reines de beauté paradent sur des chars allégoriques. Poussant des cris de joie, la foule s'éparpille devant des tours de roseau mues par des jeunes gens zélés et crachant de dangereux pétards. Vieillards et jeunes enfants mis à part, tout le monde participe à la fête jusqu'à ce que l'air glacé ne décide les familles à rentrer à la maison.

Sculptures en radis pour la Noche de los Rábanos (23 décembre).

Dans tout l'État, des croyances précolombiennes se superposent au christianisme. Lors du Paso y Credo, une procession religieuse solennelle, les hommes de Pinotepa de Don Luis (voir p. 274) défilent dans la ville du crépuscule à l'aube en avalant une gorgée de liqueur tous les trois pas. La semaine de Pâques, les hommes et les garçons, le corps peint d'icônes et de slogans violets, simulent une bataille évoquant le combat de leurs ancêtres contre l'envahisseur espagnol.

D'autres traditions, dont le Día de los Muertos (jour des Morts), sont un amalgame des rites du Nouveau et de l'Ancien Monde. Vers la fin octobre, les villageois et les citadins de toute la région se mettent à rajeunir les tombes familiales : désherbage, nettoyage des pierres tombales, peinture des croix et des cryptes. La veille du 1er novembre, les familles viennent déposer des bougies et des mets choisis sur la tombe des enfants décédés – los angelitos, ou petits anges – et (dans le plus pur style mexicain) lancent des fusées. Comme dans tout le Mexique, les Oaxaqueños soulagent leur peine en faisant la fête et font preuve

d'une piété tempérée de picardía, une irrévérence espiègle. Des autels – modestes ou luxueux – sont dressés et ornés de traditionnels crânes en sucre aux couleurs fluorescentes, de cempasúchil (soucis) jaunes ou orange, de cacahuètes et de pan de muerto (pain sucré décoré de crânes). Ces rites se poursuivent toute la journée du 2 novembre en l'honneur des morts adultes de la famille.

Même les fêtes purement chrétiennes ont un parfum que l'on ne trouve nulle part ailleurs au Mexique. Le Viernes Santo (Vendredi saint), des pénitents en robe violette et long bonnet pointu marchent en procession solennelle dans la ville : El Desfile del Silencio, le défilé du silence. Le 31 août, jour de la Bénédiction des Animaux, des chiens portant des lunettes, des chats vêtus d'une cape brillante et des tortues-boîtes sont amenés par leurs jeunes propriétaires dans la cour de l'église de La Merced.

La période de Noël est l'occasion de festivités ininterrompues, dont las calendas, lors de laquelle les célébrants dansent d'église en église en portant des paniers d'offrandes sur leur tête. L'une des traditions les plus insolites d'Oaxaca est La Noche de los Rábanos (nuit des Radis), le 23 décembre. Selon cette tradition séculaire, les cultivateurs confectionnent des tableaux à partir de radis sculptés, de piques à cocktail et de mousse.

Pour les nombreuses autres festivités de l'Oaxaca, voir « Sortir », p. 389. ■

Ci-contre, en haut : Fêtards masqués au carnaval de Tlaxiaco.
Ci-contre, en bas : Dans l'isthme de Tehuantepec, femmes zapotèques profitant de la fête.

Côte de l'Oaxaca

LA CÔTE DE L'OAXACA FORME UN ARC, DE LA FRONTIÈRE DU GUERRERO à celle du Chiapas. Tout au long du littoral sont établis des Zapotèques et des Mixtèques. Les Zoques et les Mixes se sont installés autour de l'isthme. Après le départ des Mixtèques, à l'arrivée des Espagnols, les Chatinos vinrent habiter autour de la Laguna de Chacahua et, lorsque les Mixtèques renversèrent Zaachila au XIVe siècle, les seigneurs de ce dernier royaume zapotèque s'enfuirent vers l'isthme de Tehuantepec. Si les cultures se mêlent, les populations indigènes gardent souvent leur langue propre et continuent de perpétuer nombre de traditions ancestrales.

Pinotepa Nacional
p. 254 A2

Parque Nacional Lagunas de Chacahua
p. 254 AI

Page ci-contre : Une des nombreuses belles plages de l'État, près de Puerto Ángel.

PINOTEPA NACIONAL

La plupart des habitants de la ville de Pinotepa Nacional sont des descendants d'indiens Chatinos, Mixtèques et d'esclaves noirs naufragés ou évadés au début de la période coloniale. Située à environ une heure de la côte, Pinotepa Nacional n'est pas un pôle touristique mais une importante ville commerçante. Jusqu'à la fin du XXe siècle, les femmes mixtèques ne portaient au-dessus de la taille qu'un châle de coton blanc. Aujourd'hui, nombre d'entre elles portent encore des jupes droites rayées de rouge, de violet et de lilas, dont les motifs varient d'un village à l'autre.

Les hommes, essentiellement des Mixtèques, exécutent des danses complexes pendant le carnaval, à Pâques et lors des fêtes. Masqués, ils interprètent des scènes ancestrales et offrent des masques de lapin, de chien et d'Espagnol à deux visages. **Pinotepa de Don Luis**, à 24 km au nord-est de Pinotepa Nacional, célèbre avec entrain le carnaval et la Semana Santa (Semaine sainte), le premier atteignant son apogée le dimanche précédant le mercredi des Cendres. Aucun logement n'existe pour les touristes à l'extérieur de Pinotepa Nacional. Les visiteurs sont parfois mis à contribution pour désaltérer les musiciens. Soyez respectueux et demandez l'autorisation avant de prendre des photos. Pinotepa Nacional organise d'importantes festivités à Pâques, surtout le Vendredi saint et le dimanche de Pâques, dans une débauche de feux d'artifice, de danses et de processions.

PARQUE NACIONAL LAGUNAS DE CHACAHUA

Les amateurs d'oiseaux apprécieront ces lagons et marécages, qui couvrent 14 187 hectares le long de la côte, dans le Parque Nacional Lagunas de Chacahua, à mi-chemin entre Pinotepa Nacional et Puerto Escondido. L'hiver, au retour des oiseaux migrateurs, un tour en bateau s'impose. L'entrée du parc se situe à environ 27 km, sur une route de terre relativement bonne qui part de la route 200 à hauteur de Río Grande (60 km à l'ouest de Puerto Escondido). L'idéal est de réserver son excursion à Puerto Escondido. **Turismo Rodimar** (*av. Pérez Gasga 905, tél. (954) 582 07 37,* €€€€) propose des excursions à la journée, qui incluent un déjeuner simple sur la plage Cerro Hermoso. Cette agence organise aussi des sorties dans la Laguna de Manialtepec, un lagon long de 16 km, bordé d'une

La propriétaire
de ce restaurant
de Chacahua
plaisante avec
ses clients.

mangrove et situé à moins de 16 km de Puerto Escondido. À la saison des pluies, l'été, la rivière Manialtepec forme un estuaire très prisé des oiseaux : anhingas, perroquets, jacanas et hérons, entre autres. L'hiver, on peut y observer des espèces migratrices.

PUERTO ESCONDIDO

Le tourisme côtier n'est possible qu'à partir de Puerto Escondido, relié à Oaxaca par la route 131 et à San Pedro Pochutla par la 200. Les surfeurs furent les premiers à découvrir cette petite ville, dont le nom signifie « port caché ». Avant que la route ne soit goudronnée, dans les années 1970, ils devaient avaler des kilomètres de piste cahoteuse pour atteindre certaines des plus belles vagues du monde. Aujourd'hui, c'est en avion qu'ils se rendent aux compétitions de surf qui se tiennent deux fois l'an, en août et à la mi-novembre. La seconde coïncide avec la *fiesta* de la ville : une semaine de manifestations culturelles, un championnat de pêche sportive, qui culmine avec un superbe spectacle historique. Le festival de la Virgen de la Soledad culmine le 18 décembre quand les pêcheurs promènent la statue de la Vierge sur l'océan.

Puerto Escondido a su conserver son identité tout en réservant un bon accueil aux étrangers. Sa principale attraction est une longue promenade surnommée **el adoquinado** (la route pavée) qui n'est déserte qu'aux heures les plus chaudes, à midi, ou à l'occasion d'averses diluviennes. Les rapports entre étrangers et Mexicains sont particulièrement détendus, les prix raisonnables, et les restaurants installés à même le sable servent des fruits de mer. Vers midi, les pêcheurs déchargent leur prise du jour sur la **Playa Marinero**. Des bateaux emmènent les amateurs de soleil à **Puerto Angelito** et **Playa Carrizalillo**, deux criques retirées (accessibles aussi à pied ou en taxi) où l'on sert poisson grillé, *ceviche*, bière et rafraîchissements dans des cabanes. À l'extrémité ouest de la ville, quelques immeubles d'habitation et des hôtels trois et quatre étoiles sont perchés sur les belles falaises cou-

Puerto Escondido

⊠ p. 254 B1

Informations

✉ Bd Benito Juárez et Fracc. Bacocho

☎ (954) 582 01 75

leur fauve surplombant la **Playa Bacocho**, où un fort ressac décourage les baigneurs.

À l'est de la plage principale, les surfeurs scrutent les vagues de la **Playa Zicatela** depuis les restaurants à terrasse surélevée et toit de palme. Vous pourrez y prendre un verre ainsi que sur la vaste pelouse de l'hôtel Posada Real, situé sur la Playa Bacocho.

Offrez-vous une séance de *temazcal* dans l'un des deux *temazcalli*, de petites cabines de sudation construites sur la roche. L'eau aromatisée jetée sur les charbons ardents, réapprovisionnés de l'extérieur par une trappe, dégage une vapeur purifiante. **Villas Temazcalli** (*av. Infranganti 28 et calle Temazcalli, tél. (954) 582 10 23*, €€€) propose massages et bains de vapeur, individuels ou collectifs, sur une falaise dominant la plage de Zicatela. L'**Hotel Aldea del Bazar** (*av. Benito Juárez 7, Playa Bacocho, tél. (954) 582 05 08*) possède également un temazcalli.

PUERTO ÁNGEL

Ancien port principal de l'État, Puerto Ángel, à 83 km au sud-est de Puerto Escondido, est un village assoupi doté d'un petit port. Deux grands promontoires rocheux flanquent sa baie retirée et des hôtels, restaurants et habitations simples s'étagent sur ses collines et dans ses canyons.

En 1997, le cyclone Pauline a touché cette petite communauté et d'autres bourgades de l'Oaxaca et du Guerrero. Les toits de palme furent arrachés, les maisons inondées et les biens des habitants emportés par des torrents de boue. La ville s'en remit tant bien que mal, tout fut nettoyé, on remplaça les toits (certains habitants ont préféré des toits de tôle, plus solides mais moins esthétiques),

et Puerto Ángel retrouva heureusement son vrai visage.

Au calme, vous pourrez passer le temps en regardant les pêcheurs décharger le poisson et explorer les plages. La plage la plus propre est **Playa Panteón**, à l'ouest de la baie. Sinon, louez les services d'un pêcheur pour qu'il vous emmène à la **Playa la Boquilla**, une plage tranquille dans une jolie crique à quelques minutes de là. La plage la plus réputée est la **Playa Zipolite**, à environ 6 km, où l'on peut bronzer seins nus. Là, ainsi qu'au **San Agustanillo**, des habitants ont ouvert des restaurants informels aux toits de chaume et des bungalows le long des plages sableuses ombragées de palmiers. Des enfants vendent des *pescadillas* (poisson grillé enveloppé dans une tortilla), ainsi que des sodas et des bières. Si San Agustanillo jouit d'une certaine popularité auprès des surfeurs, le fort ressac rend la baignade dangereuse.

El Centro Mexicano de la Tortuga (*ouv. mar.-sam. 10h-16h30 et dim. 10h-14h30*, €€€) à Mazunte (5 km à l'ouest de Puerto Angel), vous permet observer les tortues dans de grands aquariums et de vous instruire sur la protection des sept espèces de tortues marines et de plusieurs espèces qui vivent dans les eaux douces du Mexique. Ce projet vise à offrir une alternative économique au braconnage de ces espèces menacées, très répandu au Mexique. Jusque récemment, la vente de viande, d'huile et d'œufs de tortue était une activité lucrative pour les locaux.

BAHÍAS DE HUATULCO

La beauté et le charme de Huatulco, à 50 km au nord-est de Puerto Ángel, sont réputés. Neuf admirables baies et des dizaines de lagons occupent ses 35 kilomètres de côtes. Ses eaux limpides et ses

Puerto ángel
p. 254 B1

nombreuses criques rocheuses sont idéales pour la plongée avec tuba, et la baignade est agréable toute l'année. Soleil et palmiers ne manquent pas et les montagnes découpées de la Sierra de Miahuatlán, juste au-dessus de la plage, rendent le paysage encore plus intime.

Le beau littoral de Huatulco attira l'attention du FONATUR, le conseil du développement touristique mexicain, dans les années 1960. Les constructions débutèrent dans les années 1980 et, depuis, ce village de pêcheurs mixtèques a pris un tout autre visage. La hauteur des immeubles est limitée à six étages, soixante-dix pour cent des terres ont été transformées en réserve écologique et des hôtels de moyenne gamme, économiques ou cinq étoiles doivent encore être bâtis. L'objectif est d'attirer 2 millions de visiteurs (qui génèreront un quart des recettes de l'État) d'ici à 2010. Si vous aimez le soleil et la solitude, il est encore temps mais dépêchez-vous.

Bahía Tangolunda est la première baie à avoir été développée. Très pittoresque, elle a atteint sa densité maximale de six complexes hôteliers. On y trouve les hôtels Sheraton et Maeva, le seul golf à 18 trous de la région (*tél. (958) 581 00 59*) et le plus grand Club Med du Mexique. On peut y louer planches à voile, catamarans et autres engins aquatiques, y passer son brevet de plongée PADI, louer son équipement de plongée ou faire une excursion avec masque et tuba en s'adressant à **Action Sports Marina** (*tél. (958) 581 00 55*). Les **Playa Consuelo** et **Playa el Arrocito** sont des petites plages accessibles par bateau seulement.

Bahía Santa Cruz possède également ses hôtels, ses boutiques et plusieurs places bordées de cafés. À l'extrémité sud de la baie, la

Bahías de Huatulco
🅽 p. 254 CI
Informations
✉ Plaza San Miguel, Bd Santa Cruz et calle Monte Albán, Bahía Tangolunda
☎ (958) 587 15 41

réserve sous-marine de la **Playa La Entrega** attire les plongeurs. Au nord, la minuscule **Playa Yerbabuena**, accessible uniquement par bateau, est idéale pour s'isoler. À la **Marina Santa Cruz**, on peut organiser une sortie de pêche sportive ou une promenade en bateau en s'adressant à **La Sociedad Cooperativa Tangolunda** (*tél. (958) 587 00 81*) ou, dans la baie de Tangolunda, à **Cantera Tours**, à l'hôtel Sheraton (*tél. (958) 581 00 30*). La marina de **Bahía Chahué**, la plus grande des baies, peut accueillir 160 yachts privés et possède plusieurs hôtels et boutiques récents, ainsi qu'un club de plage.

À 1,5 km à l'intérieur des terres, **Crucecita** est une ville agréable avec des restaurants, une

vie nocturne animée et des hôtels moyens ou bon marché non loin de la place principale. S'il est plus facile d'y accéder (ou d'aller d'une baie à l'autre) en taxi, les bus de la ville sont peu chers et font le circuit en 15 minutes.

Pour profiter des luxuriantes montagnes côtières, faites une excursion dans l'une des **plantations de café** établies par des immigrants européens au XIXe siècle. Des agences organisent par ailleurs des excursions à la journée au Centro Mexicano de la Tortuga à Mazunte, à Bahía Manialtepec et aux Lagunas de Chacahua.

ISTHME DE TEHUANTEPEC

Des trois principales villes de l'isthme de Tehuantepec, seule l'industrielle **Salina Cruz** est en bordure de l'océan et les équipements touristiques de la région sont rustiques. Ni **Juchitán** ni **Tehuantepec** ne sont véritablement touristiques, du fait de la chaleur et de la poussière qui y règnent. Les visiteurs sont toutefois vite séduits par la culture locale et la gentillesse des habitants. La Fiesta de las Velas est l'occasion de fêtes hautes en couleur célébrées dans toute la région d'avril à septembre, et surtout en mai. La vie s'organise autour de la place principale et du marché, où règnent les femmes en *huipiles*. À Juchitán, visitez **La Casa de la Cultura** (*Jose F. Gómez, à une rue de la plaza*), qui expose des artistes mexicains du XXe siècle et des pièces archéologiques. ∎

À Puerto Escondido, chacun trouvera plage à son goût.

Isthme de Tehuantepec
p. 255 D2

Autres sites à visiter

GRUTAS DE SAN SEBASTIÁN

Au sud d'Oaxaca, visitez les grottes souterraines féeriques, non éclairées, de San Sebastián. Des jeunes vous guideront à travers ces grottes de 400 m de longueur dont les cinq salles ont entre 20 et 70 m de hauteur. Pour explorer cet ensemble de grottes et les douces collines avoisinantes, munissez-vous d'une torche puissante et de bonnes chaussures de marche. C'est une destination Tourist Yú'ù (voir ci-dessous).

🅜 p. 254 B2 **Informations** Voir Oaxaca, p. 256

DE SAN PEDRO AMUZGOS À LA MIXTECA ALTA

Les boutiques de *huipiles* (blouses) finement brodés qui font la réputation des femmes amuzgos s'alignent le long de la route 125, au niveau de **San Pedro Amuzgos**, à 51 km au nord de Pinotepa Nacional (voir p. 274).

Les cabanes Tourist Yu'u sont proposées à Hierve El Aqua.

La ville fête son patron, saint Pierre, le 29 juin, à grand renfort de processions colorées. La Fiesta de la Virgen del Rosario se déroule le premier dimanche d'octobre.

La route à deux voies sinue à travers la région de La Mixteca Alta, en direction de sa capitale, et passe devant **Tlaxiaco**, ville assoupie mais charmante, autrefois garnison aztèque et site d'un des premiers monastères dominicains de l'Oaxaca.

🅜 p. 254 A2-A3 **Informations** Voir Oaxaca, p. 256.

LIEU SAINT DE LA VIERGE DE JUQUILA

Chaque année, des centaines de milliers de personnes viennent prier la Virgen Morena de Juquila (Vierge à la peau sombre de Juquila), parfois à pied, en signe de dévotion. L'objet de leur adoration est une statue miniature à laquelle on prête de grands miracles. Selon la légende, alors qu'un incendie ravageait le village, la statuette de la Vierge demeura intacte, mais la couleur de sa peau s'était assombrie. Santa Catarina Juquila, à 1 460 m d'altitude à 250 km au sud d'Oaxaca, jouit d'un climat frais et offre aux pèlerins de nombreux hôtels sans prétention. Les jours précédant la fête, le 8 décembre, sont organisées des festivités religieuses et culturelles, dont un rosaire à l'aube, des processions et, plus tard, des agapes, de la musique, des danses et, bien entendu, des feux d'artifice.

🅜 p. 254 B2 **Informations** Voir Oaxaca, p. 256.

DESTINATIONS TOURIST YU'U

Les cabanes Tourist Yu'u sont une façon des plus agréables de passer la nuit dans les campagnes de l'Oaxaca. L'État a financé la construction de cabanes dans des régions de grande beauté ou présentant un intérêt culturel. Simples, propres et confortables, elles peuvent accueillir jusqu'à 8 personnes et disposent de lits superposés, de tables, de chaises, de toilettes et de douches. Certaines bénéficient de cuisines avec gazinière, réfrigérateur et quelques ustensiles. Ce bel exemple d'écotourisme permet de passer la nuit dans des lieux à la beauté intacte comme Hierve el Agua (voir p. 269) et San Lorenzo. Les cabanes sont presque toujours situées aux abords des villes ou en pleine campagne. Comme il n'y a ni hôteliers professionnels ni restaurants, ayez plutôt l'esprit d'aventure et n'oubliez pas d'emporter des provisions. Les réservations se font auprès de l'office du tourisme de l'État, à Oaxaca.

Informations Voir Oaxaca, p. 256. ■

solé, d'une grande richesse culturelle, le Chiapas offre au visiteur ses pyramides drapées de végétation et des panoramas à la beauté inégalée. Les ethnies mayas qui le peuplent y pratiquent un catholicisme mêlé de rites ancestraux des plus originaux.

Le Chiapas

Motifs floraux sur l'église de San Juan Chamula.

Le Chiapas

PARLER DU CHIAPAS, C'EST PARLER DES MAYAS, LE PLUS GRAND GROUPE INDIGÈNE d'Amérique centrale. Près d'un quart des habitants de l'État parle une langue autochtone et les Mayas des hautes terres en parlent quatre différentes. Négligées pendant des siècles par le gouvernement, les communautés indiennes ont conservé un mode de vie traditionnel. Celles des hautes terres sont administrées par des conseils d'anciens et les tisseurs utilisent des motifs millénaires dans leurs *huipiles*. Le maïs est l'aliment vital, au propre comme au figuré : la plantation et la récolte du grain et la cuisson des tortillas quotidiennes sont des activités rituelles.

La conquête du Chiapas par les Espagnols au XVIe siècle fut particulièrement rapide et brutale. Déçus par l'absence d'or et autres richesses, les conquérants fondèrent San Juan Chamula pour en faire un marché aux esclaves. Éloignés de Mexico et des *audiencias* (voir p. 31) judiciaires, ils agissaient comme bon leur semblait. Même au regard des critères de l'époque, les Indiens étaient maltraités et l'évêque Bartolomé de las Casas réussit à persuader la Couronne espagnole d'annuler nombre de titres de propriété détenus par des colons espagnols.

Contrairement aux Aztèques, les Mayas du Chiapas ne formaient plus un État centralisé à l'époque de la *conquista*. Les grandes cités-États de Palenque et Yaxchilán connurent leur apogée à l'époque classique (200-900), au moment où la civilisation maya était l'une des plus avancées au monde. Elle excellait alors dans les mathématiques, l'astronomie, l'architecture et les arts.

Le Chiapas est aujourd'hui l'un des États les plus ruraux du Mexique : son économie repose sur la pêche, l'exploitation forestière et l'agriculture : café, coton, bananes, cacao

Tzotziles de San Juan Chamula : la plupart s'habillent encore en costume traditionnel.

et agriculture de subsistance dominent. Essentiellement montagneux, le Chiapas partage une frange de basses terres tropicales avec ses voisins le Tabasco, le Campeche et le Guatemala. Tuxtla Gutiérrez, capitale de l'État et nœud de communications, est situé sur une plaine centrale entourée de plateaux. Délaissée par les touristes étrangers, la côte Pacifique est une succession d'estuaires et de villages de pêcheurs accessibles uniquement par des routes rurales.

La forte pluviosité alimente des cascades, des lacs et entretient la *selva lacandona*, l'une des dernières forêts pluviales d'Amérique du Nord. Cette terre menacée est occupée par la petite tribu des Lacandóns, qui a fui sa région d'origine, le Yucatán, à l'arrivée des Espagnols au XVIIe siècle. Il y a quelques générations encore, ce peuple des forêts pratiquait

son culte dans les ruines de Bonampak et de Yaxchilán. Aujourd'hui, ces sites ont été en partie arrachés à la jungle et figurent parmi les curiosités touristiques majeures du pays. Quant à San Cristóbal de las Casas, cité coloniale à la riche culture traditionnelle et à un fort artisanat indigène, elle attire une foule de visiteurs. ■

Tuxtla Gutiérrez
🅰 p. 283 B3
Informations
✉ Bd Belisario
Domínguez 950,
Edificio Plaza de
las Instituciones
☎ (961) 612 45 35

Tuxtla Gutiérrez et ses environs

CETTE MÉTROPOLE REMPLAÇA SAN CRISTÓBAL DE LAS CASAS COMME capitale de l'État en 1892, quand cette dernière choisit de rejoindre le camp royaliste pendant la guerre d'indépendance. Tuxtla est un centre de commerce et de distribution du café, du tabac, de la canne à sucre et autres produits locaux.

L'artère principale de Tuxtla est l'Avenida Central, qui traverse la grand-place, **Plaza Cívica**. Autour de cette place centrale se trouvent la poste, la moderne **Catedral San Marcos** et plusieurs bâtiments

Ces femmes de Chiapa de Corzo utilisent une technique de laquage complexe.

gouvernementaux. Plus attrayant, le **Parque de la Marimba** (*av. Central et calle 8 Poniente*) est une place ombragée où l'on danse tous les soirs sur la musique marimba.

Au nord-est du centre-ville, au complexe de **Parque Madero**, vous pourrez découvrir l'archéologie de la région et son histoire coloniale au **Museo Regional de Chiapas** (*calzada de los Hombres Ilustres, tél. (961) 613 45 01, ouv. mar.-dim. 9 h-16 h, €€*), à condition de connaître l'espagnol. Dans le même parc, les plantes tropicales du **jardín botánico** sont étiquetées, tandis que le **Centro de Convivencia Infantil** propose un minigolf et autres divertissements pour les enfants.

Boutique d'art populaire gérée par le gouvernement, la **Casa de** las Artesanías (*bd. Belisario Domínguez 2035, fermé dim. après-midi*), au nord-est du *zócalo*, ressemble davantage à un musée d'artisanat. Derrière se trouve un musée ethnographique.

La principale attraction de la ville est le paisible **Zoológico Miguel Alvàrez del Toro** (*calzada Cerro Hueco, ouv. mar.-dim. 8 h 30-17 h 30, €*), bien conçu, à 8 km au sud-est du centre-ville. Le zoo donne un remarquable aperçu de la faune et de la flore du Chiapas. Iguanes, chachalacas (sortes de faisans) et autres créatures inoffensives y évoluent en liberté, tandis que les animaux plus dangereux vivent dans de vastes enclos reproduisant leur habitat naturel. Un petit musée, une boutique et un restaurant complètent le tout.

À environ une demi-heure de Tuxtla Gutiérrez se situe **Chiapa de Corzo**, lieu d'embarquement pour des excursions en bateau le long du Cañon del Sumidero (voir page suivante), mais qui présente également un intérêt historique. À l'époque de l'invasion espagnole, la belliqueuse tribu des Chiapanèques – d'où l'État tire son nom – dominait la région, où elle s'était établie vers 1300. Luttant contre les villes mayas pour le contrôle des mines de sel et des champs de cacao, elle devint leur ennemi au point que les Mayas s'allièrent avec les Espagnols contre elle.

**On peut prendre un taxi à Tuxtla Gutiérrez pour longer le bord du Cañon del Sumidero.
À l'un des cinq points de vue panoramiques se trouve un restaurant, La Atalaya.**

Une fois que les Espagnols eurent défait les Chiapanèques, ils réduisirent en esclavage leurs alliés mayas. La colonie espagnole établie à Chiapa de Corzo en 1528 fut abandonnée au profit de la ville au climat plus frais et dépourvue de moustiques, qui s'appelle à présent San Cristóbal de las Casas.

Impossible de se perdre à Chiapa de Corzo. Sur la place principale trône **La Pila**, une fontaine octogonale (1562) imitant le diadème de la reine d'Espagne, Isabelle. Contigu à l'**Ex-Convento de Santo Domingo** du XVIᵉ siècle, à un pâté de maisons au sud de la plaza, le **Museo de la Laca** (*ouv. mar.-dim. 9 h-19 h*) présente des gourdes laquées fabriquées en ville, ainsi que d'autres objets laqués venant du monde entier.

À une rue de la place principale de Chiapa de Corzo se trouve l'embarcadère pour les croisières dans le **Cañon del Sumidero**. Ce canyon fut creusé il y a des millions d'années par le flot tumultueux du Río Grijalva, qui fut dompté en 1981 par le **barrage de Chicoasén**. Les immenses parois de roche rouge s'élèvent à plus de 1 000 m au-dessus du fleuve.

Si le canyon est impressionnant, les excursions de deux ou trois heures en bateau (€€) au départ de Chiapa de Corzo peuvent être décevantes : le bruit du moteur couvre les commentaires du guide et les aigrettes, martins-pêcheurs, crocodiles et autres animaux qui peuplent les lieux se cachent au passage du bateau. L'excursion est néanmoins instructive. ■

www.mundomaya.com.mx

San Cristóbal de las Casas

ENTOURÉ DE MAGNIFIQUES MONTAGNES COUVERTES DE PINS, SAN Cristóbal, situé à 2 100 mètres d'altitude possède une atmosphère hors du commun. Des habitations simples et colorées bordent ses rues pavées de galets, et les touristes, bien que nombreux ne diminuent en rien son charme envoûtant. Ses soirées fraîches embaument la fumée des cuisinières à bois et des cheminées. Le climat incite davantage à porter jean et pullover que les tenues légères qui s'imposent dans le suffocant Tuxtla Gutiérrez. Les visiteurs en route pour Palenque et les lacs de Montebello se prennent à différer leurs projets pour passer quelque temps en ville.

Malgré la résistance farouche des Indiens chiapanèques, Villareal de Chiapa de los Españoles fut fondé en 1528 par l'Espagnol Diego de Mazariegos. Elle fut rebaptisée plus tard San Cristóbal de las Casas en l'honneur de son patron, saint Christophe, et de son protecteur, le moine dominicain Bartolomé de las Casas (1474-1566). Premier évêque du Chiapas, celui-ci lutta pour améliorer le sort des indigènes sous le système inique et esclavagiste de l'*encomienda* (voir p. 31).

Les Espagnols organisèrent la ville en *barrios* ayant chacun son église, son saint patron et son artisanat. Par tradition, les habitants d'aujourd'hui continuent de fabriquer friandises et effigies religieuses en cire à **La Merced**, les jouets en bois, les bougies et les articles de cuir à **Guadalupe** et les feux d'artifice à **Santa Lucía**. Ces quartiers sont situés respectivement à quelques rues à l'ouest, à l'est et au sud-est du zócalo.

Le **zócalo**, officiellement Plaza 31 de Marzo, est le centre géographique et social de la ville. Il est bordé de boutiques nichées sous des arcades et de vieilles maisons restaurées abritant des banques, des bars, des hôtels et des restaurants. Côté ouest se dresse l'élégant **Palacio del Municipio** néo-

classique et, au nord, la **Catedral,** bâtie au XVIᵉ siècle et modifiée ensuite en style baroque. Sa façade insolite aux détails floraux stylisés constitue un arrière-plan de toute beauté pour les photos.

Après une courte marche jusqu'aux deux églises perchées au-dessus de la ville, appréciez un panorama unique. Le **Templo de Guadalupe** (*à l'extrémité de Real de Guadalupe*) et le **Templo de San Cristóbal** (*Hermanos Domínguez et Ignacio Allende*), plus haut, offrent une vue magnifique.

Des colonnes salomoniques et des éléments baroques ornent la façade défraîchie du **Templo de Santo Domingo** (*20 de Noviembre et Comitán*). À l'intérieur, remarquez les élégants retables de bois doré et l'extraordinaire chaire sculptée. Le vaste atrium de l'église est occupé par un marché de plein air d'artisanat régional. Dans l'ancien monastère adjacent, **Sna Jolobil** (*tél. (967) 678 26 46, ouv. lun.-sam. 9 h-14 h et 16 h-18 h*), se vendent des pièces de brocart ouvragées et de ravissants textiles tissés main. La coopérative gérée par les indigènes a permis de préserver l'art du tissage dans plusieurs villages des hautes terres. Juste à côté, le **Museo de los Altos de Chiapas** (*tél. (967) 678 16 09, ouv. mar.-dim. 10 h-*

San Cristóbal de las Casas
📍 p. 283 B3
Informations
✉ Av. Miguel Hidalgo 2
☎ (967) 678 65 70

17 h, €) propose des expositions en langue espagnole sur l'histoire et la culture de la région.

À quelques rues au nord, la visite du véritable labyrinthe qu'est le **mercado municipal,** (*av. General Utrilla et Nicaragua*), est fascinante. Le marché quotidien est particulièrement animé le dimanche, lorsque les Tzeltales et les Tzotziles arrivent vêtus de leur costume traditionnel bigarré, les femmes ayant entrelacé leurs lourdes nattes de rubans aux tons chatoyants.

Pour en savoir davantage sur le tissage et la culture indiens, visitez le **Museo Sergio Castro e Hijos** (*Guadalupe Victoria 61, tél. (967) 678 42 89, prix libre*). Sergio Castro, ethnologue autodidacte, donne le soir des conférences accompagnées de diaporamas sur le tissage local et montre son impressionnante collection. Il parle français : appelez-le en arrivant en ville afin d'organiser une visite du musée ou des villages des environs.

La Casa **Na Bolom** (*av. Vicente Guerrero 33, tél. (967) 678 14 18, visite guidée mar.-dim. à 11 h 30 – espagnol – et 16 h 30 – anglais –, €*) est un autre musée consacré aux Indiens. Longtemps résidents du Chiapas, la photographe suisse Gertrude Blom et son mari, l'archéologue danois Frans Blom (tous deux décédés), y accueillirent étudiants, chercheurs et Indiens lacandóns pendant des décennies. Ils ont légué une demeure qui abrite un restaurant, un jardin botanique et une bibliothèque pour les chercheurs. ■

Les couleurs de la façade de la cathédrale – rouge, jaune, blanc et noir – représentent les quatre directions du monde maya. La croix est également d'influence préhispanique.

www.mundomaya.com.mx

Villages mayas autour de San Cristóbal

RELIGION, SPIRITUALITÉ, FAMILLE, DEVOIR ET APPARTENANCE ETHNIQUE sont importants pour les Mayas du Chiapas. Cérémonies et coutumes imprègnent leur quotidien. La société est hiérarchisée et, lors des cérémonies, les autorités des villages portent toujours les symboles impressionnants et insolites de leur statut. Les motifs des textiles ont une signification à la fois pour le tisserand et celui qui le porte. Isolés culturellement, voire géographiquement, de Mexico, les villages tzotziles et tzeltales autour de San Cristóbal conservent leurs traditions dans un contexte marqué par le conflit armé mené par les zapatistes.

Les Chamulas forment un vaste groupe relativement prospère, de langue tzotzile, dont le siège municipal est **San Juan Chamula**, à 11 km de San Cristóbal. La plupart des femmes et des jeunes filles portent une jupe portefeuille en laine noire à poils longs, maintenue par une large ceinture de coton, et une blouse à manches courtes à encolure brodée. Le costume traditionnel des hommes se compose d'un pantalon et d'une chemise de coton blanc, auxquels s'ajoute une pèlerine de laine noire par temps frais.

Le centre physique et spirituel de cette cité traditionnelle est sa charmante église dédiée à saint Jean-Baptiste. La beauté de la façade est saisissante. La porte cintrée – ornée de rangées de fleurs stylisées de couleur vert d'eau, violette, rose vif, dorée et bleue – contraste avec les lignes épurées de la façade blanche.

Dans l'église dépourvue de bancs, aucune messe n'est célébrée. Assis à même le sol dans l'odeur des aiguilles de pin et de l'encens de copal, les fidèles disent leurs prières en allumant des bougies et sacrifient parfois des coqs. Les murs sont ornés de statues de saints catholiques habillés de vêtements tissés avec respect par les femmes. Prendre des photos ou filmer à l'intérieur de l'église est strictement interdit et sévèrement puni d'une amende ou d'une peine de prison. À leur arrivée dans la ville, les visiteurs doivent se faire inscrire à l'office du tourisme et payer une modique somme pour visiter l'église. Si possible, visitez la ville un dimanche, lorsque la place de l'église est remplie de vendeurs, ou un jour férié.

À 8 km, **Zinacantán** est une ville modeste dont les habitants tzotziles sont d'habiles horticulteurs. Lys, chrysanthèmes, glaïeuls et roses poussent dans leurs champs et ornent leurs autels. On peut acheter ces fleurs au petit marché du dimanche, mais nombre d'horticulteurs les vendent

**À gauche :
Carnaval
à Tenejapa.**

**San Cristóbal
de las Casas**
 p. 283 B3
Informations
✉ Av. Miguel Hidalgo 2
☎ (967) 678 65 70

en gros dans les basses terres. Des fleurs brodées ornent les *huipiles* (blouses) blancs des femmes et les chemises roses à fines rayures des hommes. L'**Iglesia de San Lorenzo** (*Isabel la Católica et 5 de Febrero*, €) est la curiosité principale de Zinacantán.

L'idéal pour visiter Zinacantán et San Juan Chamula est une excursion guidée d'une demi-journée (€€€) : adressez-vous à Sergio Castro, Na Bolom (voir p. 287), ou aux agences de voyages de San Cristóbal.

Les guides organisent des démonstrations de tissage dans des familles, savent ce qu'on a le droit de photographier et connaissent des histoires et des anecdotes intéressantes. Hormis les enfants qui le demandent, les

indigènes du Chiapas n'aiment pas être photographiés. Les agences de voyages de la région proposent aussi des excursions à cheval vers San Juan Chamula (€€€).

Une promenade à cheval dans les montagnes au nord de San Cristóbal vous conduira à **San Pedro Chenalhó**, situé dans une jolie vallée. Centre de négociations entre le gouvernement et les zapatistes, cette ville tzotzile à l'ambiance autrefois paisible a subi de nombreux troubles en 2001. Le dimanche, jour de marché, qui est l'occasion de célébrations rituelles, l'on peut s'y rendre sans crainte.

Le village tzeltal de **Tenejapa**, blotti dans une charmante vallée à 27 km au nord-est de San Cristóbal, est ravissant dans son écrin montagneux. ■

Haut en couleur, le marché dominical de San Juan Chamula se déroule sur la place de l'église.

www.cnart.mx/cnca/inah/zonarq/palenque.html

Palenque

SITE ARCHÉOLOGIQUE EXTRAORDINAIRE, PALENQUE EST NICHÉ AU SEIN d'une des dernières zones de forêt tropicale persistante de la région. Des arbres drapés d'épiphytes encadrent les gracieuses pyramides couronnées de temples d'un blanc étincelant. Des cours d'eau sillonnent le site, dévalant en cascades dans le « Bain de la Reine », où l'on peut se baigner. Des sentiers traversent les zones non dégagées de cette réserve de 1 780 hectares peuplée de perroquets et de singes hurleurs, de lézards et de serpents rampant sous le feuillage humide.

La magie de Palenque tient à son cadre sauvage et à l'élégante harmonie de son architecture. Les voûtes en encorbellement permettant d'élargir les embrasures confèrent aux édifices un aspect plus aérien, renforcé par les délicates crêtes faîtières, les toits mansardés et les fenêtres en forme de T évoquant le dieu du vent, Ik. De tous les sites mayas, c'est l'un des plus beaux, des plus mystérieux et des plus accessibles.

Bâtie sur une terrasse naturelle dominant la plaine du Río Usumacinta, la cité commerçait avec la région de Petén, les hautes terres du Chiapas et la vallée de la Grijalva. Le large fleuve Usumacinta véhiculait marchandises et idées, surtout pendant la période classique récente (de 600 à 900), à l'apogée de Palenque. Sous le règne de Pacal et de son successeur, son fils Chan Bahlum, Palenque devint, avec Calakmul, Tikal et Copán, l'un des royaumes les plus influents des basses terres mayas.

Dans les ruines, de nombreuses inscriptions mayas relatent les hauts faits de la dynastie royale. La pénurie de pierres adéquates dans la région explique l'utilisation du calcaire et du stuc pour les bas-reliefs au lieu des stèles présentes ailleurs dans le monde maya. Nombre de ces parements furent commandés par Chan-Bahlum, qui fit graver sa lignée en la faisant remonter jusqu'à la 11ᵉ génération.

Les plus beaux exemples sont les trois panneaux en calcaire du **Templo de las Inscripciones**, sculptés de 620 glyphes. Le roi Pacal, à la tête couverte d'une coiffe à plumes, se tient sur des masques de monstres, représentations de K'awil, l'un des trois dieux vénérés comme ancêtres mythiques. L'accès au temple est limité : dès votre arrivée, réservez ce circuit de 15 minutes au bureau de l'INAH situé à l'entrée du site (visite de 10 h à 16 h).

Cette structure monumentale fut commandée par le père de Chan-Bahlum, Pacal (ou Kan-Hanab-Pacal II), comme sépulture royale. Excavé en 1952, après quatre saisons de déblayage, ce site funéraire est le plus élaboré de ceux découverts au Mexique à ce jour. Un escalier étroit descend à l'intérieur de la pyramide jusqu'à la crypte, dont les murs sont ornés de portraits en relief des neuf Seigneurs de la nuit.

La dalle sculptée qui ferme le sarcophage, où subsistent des traces de peinture rouge, représente la descente de Pacal dans le monde souterrain. De son ventre naît l'arbre cosmique surmonté de l'oiseau céleste. Le contenu de la tombe, dont les ossements, les

Palenque

🅰 p. 283 C4

🕐 ouv. tlj de 8 h à 18 h

💶 €€

Informations

✉ Angle de Francisco J. Mina et Nicolas Bravo

☎ (916) 345 03 56

bijoux et le masque funéraire de jade de Pacal, sont exposés au Museo Nacional de Antropología de Mexico (voir pp. 198-201).

Sur l'autre rive du Río Otolum se trouve le **Grupo de la Cruz**. En 1998, fut découvert dans le Temple XIX le nom du roi Uc-Pacal-Kinich, attestant des liens possibles avec des dirigeants de Copán, dans l'actuel Honduras. Le groupe comprend trois temples, de plan identique, élevés sur un soubassement pyramidal autour d'une vaste cour où ont été retrouvées les statues de chefs ennemis captifs, agenouillés ou mutilés. L'ensemble, construit sous le roi Chan-Bahlum, fut nommé d'après les reliefs cruciformes qui ornent la chambre principale des temples.

Dans le **Templo de la Cruz Foliada** (Temple de la Croix Feuillue), le relief montre une plante de maïs cruciforme émergeant de la gueule du monstre aquatique. Elle est encadrée par Chan-Balhum et son père Pacal qui lui transmet le pouvoir au cours d'une cérémonie sacrée. Au nord de la cour, la dalle sculptée du **Templo de la Cruz** figure la même scène d'intronisation autour de l'arbre cosmique (original au Museo Nacional de Antropologia de Mexico, voir pp. 198-201). Les reliefs des jambages de la porte figurent le rôle de médiateur des rois entre le ciel et la terre. La crête faîtière de ce temple est en excellent état. Du côté ouest de la cour, les panneaux du **Templo del Sol** célèbrent la consécration des

La brume enveloppe le Templo de las Inscripciones. Les neuf corps superposés de cette pyramide à escalier haute de plus de 20 m correspondent aux neuf niveaux du monde souterrain maya.

sanctuaires. Entre Chan-Balhum et son père est placé un bouclier orné du masque du dieu jaguar solaire.

Retraversez la rivière pour admirer le **Palacio**, ensemble de galeries entourant les cours intérieures, dont la fonction fut plus administrative que résidentielle. Il est dominé par une tour à quatre niveaux (peut-être un observatoire), bâtie juste avant la chute de la cité. Sur l'escalier ouest, les glyphes relatant la naissance de Pacal sont les plus anciens du site.

Au nord-ouest du palais, après avoir traversé le **Río Murciélagos** (Rivière des Chauves-Souris), un sentier sur la droite conduit au **Grupo C**, une demi-douzaine de petits temples bordant une place centrale. Le sentier de gauche

Vers le Grupo C, le Grupo Murciélagos (Groupe des Chauves-Souris) et le Baño de la Reina (Bain de la Reine)

Grupo Norte (Groupe Nord)

Templo del Conde (Temple du Comte)

Jeu de balle

Vers l'entrée et le restaurant

Palacio (Palais)

Cet escalier conduit à une tombe souterraine sous le Temple des Inscriptions.

mène au **Grupo Murciélagos**, un complexe résidentiel pour les nobles mayas, et à une série de cascades formant le **Baño de la Reina** (Bain de la Reine), où la baignade est très agréable.

À l'est du Río Otolum, le **Templo del Conde** (Temple du Comte) à quatre degrés tient son nom d'un comte Allemand excentrique, Frédéric Waldeck, qui vécut là au XIXᵉ siècle. Tout près se trouvent le **juego de pelota** (jeu de balle) et le **Grupo Norte**, dont les places et les temples furent les

derniers à être construits avant la chute de la cité.

Chapeau, écran solaire et eau vous aideront à lutter contre le soleil. Le **musée du site** (*fermé lun.*), climatisé est gratuit sur présentation du talon de votre billet. Les excellentes notes explicatives sont rédigées en anglais et en espagnol. On y verra notamment la plaque de la création, découverte dans le palais, une dalle sculptée détaillant la lignée des souverains de Palenque. Des navettes (€) font la liaison entre les ruines et l'avenida Juárez, à Palenque. ■

Dans toute la cité, des panneaux portent des glyphes illustrant la famille royale et ses hauts faits.

Templo de la Cruz (Temple de la Croix)

Templo de la Cruz Foliada (Temple de la Croix feuillue)

Templo del Sol (Temple du Soleil)

Río Otolum

Templo de las Incripciones (Temple des Inscriptions)

De grandes tables de pierre émaillent les 1 780 ha du site.

Circuit : de Palenque au Parque Nacional Lagunas de Montebello

Ce circuit suit la route panaméricaine 199, des plus célèbres ruines du Chiapas, à Palenque, au Parque Nacional Lagunas de Montebello. Sortant de la jungle tropicale, la route grimpe dans les collines avant de descendre dans les vallées tempérées autour d'Ocosingo puis de s'élancer à l'assaut des montagnes entourant San Cristóbal de las Casas. À partir de cette cité coloniale hospitalière, elle baisse un peu d'altitude pour s'achever à la frontière du Guatemala. Cet itinéraire vous fera découvrir toutes sortes de ruines, des cascades écumeuses chutant dans des bassins cristallins, des villages indigènes et de prospères cités habitées par les métis.

Vue aérienne des ruines de Toniná.

Vous pourrez passer la nuit à Palenque, au rustique Rancho Esmeraldas, aux abords d'Ocosingo, à San Cristóbal de las Casas, au Comitán de Domínguez ou à l'élégant Parador Santa María, près de Chinkultic, et aux Lagunas de Montebello.

Après avoir visité les ruines de **Palenque ❶** (voir pp. 290-293), empruntez la route 199 vers le sud pendant 20 km pour aller admirer la cascade de **Misol-Ha** (€€), haute de 40 m. Elle est surtout impressionnante après les pluies de fin d'été et d'automne. Baignez-vous dans le bassin dans lequel elle se jette ou explorez la grotte située derrière la chute, qui conduit à un bassin souterrain.

À 42 km au sud, suivez la route de terre sur 4,5 km vers les extraordinaires chutes d'**Agua Azul ❷** (€€). Entourée d'une végétation tropicale luxuriante, la rivière s'enfonce dans une gorge rocheuse et forme des centaines de chutes blanches écumeuses et, pendant la saison sèche, alimente les bassins aux eaux turquoise auxquels elle doit son nom : « eau bleue ». Près de l'aire de stationnement se trouvent deux points de vue et de nombreux petits restaurants et boutiques de souvenirs. Marchez jusqu'en haut du site et baignez-vous dans une succession de bassins reliés entre eux. Évitez le centre des bassins, où la baignade peut s'avérer dangereuse en été.

Toujours en direction du sud, la route sinue et monte à travers une mosaïque de champs et de fermes, où la chaleur parfois accablante des basses terres fait place à un climat plus frais près de la vallée d'Ocosingo. On y trouve une végétation mixte de feuillus et de nombreuses espèces d'oiseaux. Délaissée par les touristes, **Ocosingo** est une ville métisse agréable et plutôt prospère.

Un détour de 14 km vers l'est d'Ocosingo, par une route asphaltée, vous conduit aux ruines importantes mais peu connues de **Toniná ❸** (*ouv. tlj de 9 h à 16 h*, €), cité florissante durant le classique récent (593-909). Là, le temple du Miroir fumant s'élève à 80 m au-dessus de la Gran Plaza et offre une vue extraordinaire sur la vallée et les montagnes qui se dressent au sud. Il est fort probable que le nom maya de cette cité, qui signifie « grande maison de pierre », fasse référence à l'acropole à sept étages.

La construction de cette structure dura plus de mille ans. Les générations suivantes érigèrent de nouveaux palais et temples et, à ce jour, quatre palais et dix temples ont été identifiés. En 1992, le « Mural des Quatre Soleils », remarquablement bien conservé, fut découvert au pied du sixième niveau.

CIRCUIT : DE PALENQUE AU PARQUE NACIONAL LAGUNAS DE MONTEBELLO

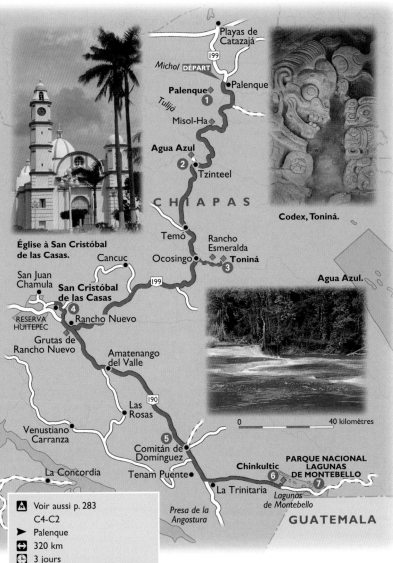

Codex, Toniná.

Église à San Cristóbal de las Casas.

Agua Azul.

0   40 kilomètres

N Voir aussi p. 283
C4-C2

▶ Palenque

↔ 320 km

🕐 3 jours

▶ Parque Nacional Lagunas de Montebello

À NE PAS MANQUER

• Palenque
• Agua Azul
• Toniná
• San Cristóbal de las Casas
• Parque Nacional Lagunas de Montebello

Ce relief en stuc de 4 m de longueur représente un codex maya décrivant les quatres différentes ères de la création. La structure est couronnée par le Temple des Prisonniers et le Temple du Miroir fumant. Sur le côté droit, près de la base de la pyramide, on peut admirer le sarcophage de l'un des derniers dirigeants de la cité, Tzotz-Choj.

Juste avant les ruines de Toniná, une longue route de terre mène au **Rancho Esmeralda** (voir Hôtels, p. 375-376). Vous

pourrez également faire une randonnée à cheval de quatre heures dans la vallée d'Ocosingo ou un tour en petit avion au-dessus de la région, de la Laguna Miramar (voir p. 305) ou des ruines de Yaxchilán et de Bonampak (voir pp. 302- 304).

Retournez sur la route 199, puis bifurquez sur la 190. Au fil des 112 km, avant d'arriver à **San Cristóbal de las Casas** ❹ (voir pp. 286-287), vous verrez des *ranchos* (fermes d'élevage de bétail), des fermettes et des plantations de café. Reprenez la 190 (route panaméricaine) vers le sud-est et la frontière du Guatemala.

Tournez à droite après 13 km, sur une route de terre signalisée, jusqu'aux **Grutas de Rancho Nuevo** (*fermées par mauvais temps*, €). Si ce dédale de grottes constellées de stalactites et de stalagmites calcaires fut découvert au début des années 1960, il n'a été exploré que récemment. Vous pouvez également louer un cheval et un guide pour parcourir la pinède environnante. L'endroit comprend un restaurant.

Reprenez la route panaméricaine 190 : au bout d'environ 16 km, prenez à droite la route menant à **Amatenango del Valle**. Ce village tzeltal spécialisé dans la poterie n'étant pas signalisé, vous repérerez son entrée aux pots et aux animaux en terre cuite polie mais non vernissée, le long de la route. Ces céramiques sont cuites de façon traditionnelle, dans un foyer ouvert. Depuis que les femmes du village se consacrent à la poterie et ne tissent plus, elles achètent le tissu de leurs *huipiles* (blouses) et le brodent de motifs rouges et jaunes simples.

Continuez vers le sud sur 40 km jusqu'à **Comitán de Domínguez** ❺ (*Informations: calle Central Benito Juárez 6, Plaza Principal*), une merveilleuse petite ville coloniale en cours de restauration grâce à des subventions fédérales. Utilisée par les Espagnols comme nœud de communication et centre commerçant, elle remplit aujourd'hui la même fonction pour les Indiens Tzeltales et les *mestizos* des *ranchos* de la région.

Si vous vous intéressez à l'histoire du Mexique ou aux édifices et objets de l'époque

Pour admirer ces eaux cristallines, visitez Agua Azul à la saison sèche.

républicaine, prenez le temps de visiter le **Casa-Museo Dr Belisario Domínguez** (*av. Belisario Domínguez Sur 29, tél. (963) 632 00 13, mar.-sam. 10 h-19 h, dim. 9 h-12 h,* €). Ce médecin et sénateur du Chiapas fut un héros de la révolution : ayant dénoncé le président Huerta à propos des assassinats politiques, il fut lui-même supprimé en 1913. Belisario Domínguez est né dans cette maison en 1863. Sont exposés ses instruments, des produits pharmaceutiques et des remèdes, des photographies, des documents et des lettres datant de la révolution mexicaine.

Les autres curiosités de Comitán sont la **Catedral Santo Domingo de Guzmán** (*av. Castellanos et calle Central*), l'**Iglesia San Caralampio** (*Primera calle Norte Oriente et Cuarta av. Oriente Norte*) et le **Museo de Arte Hermila Castellanos** (*Belisario Domínguez 51, tél. (963) 632 20 82, ouv. mar.-dim. 10 h-17 h,* €), un excellent musée d'art contemporain mexicain.

À 16 km de Comitán, **Tenam Puente** (*ouv. mar.-dim. 10 h-17 h,* €) est un site archéologique très vaste mais sans grand intérêt. Stratégiquement perché sur une colline, ce centre religieux et résidentiel fut florissant au cours de la période classique et au début de la période postclassique, après que les Mayas eurent abandonné des cités telles que Palenque.

Revenez sur la route 190 et, 16 km plus loin, prenez l'embranchement indiqué « Lagunas de Montebello ». Non loin, une piste sur la gauche mène à **Chinkultic** ❻ (*ouv. mar.-dim. 10 h-17 h,* €), une cité maya abandonnée quelques centaines d'années après son apogée (de 600 à 900). Peu d'édifices ont été restaurés, mais la vue depuis le sommet de la pyramide principale, près de l'entrée du parc, est spectaculaire. Baignez-vous dans le **cenote azul** (ce bassin est assez difficile à trouver : demandez au gardien de vous l'indiquer) ou visitez le jeu de balle, moins impressionnant depuis que son bas-relief a été transféré au Museo Nacional de Antropología de Mexico (voir pp. 198-201).

La dernière étape du circuit est le **Parque Nacional Lagunas de Montebello** ❼ (voir pp. 298-299), où l'on a des points de vue différents sur une dizaine de lacs dont les eaux ont des couleurs variées. ■

**Parque Nacional
Lagunas de
Montebello**

🅰 p. 283 C2

Informations

✉ Palacio del
Municipio, Comitán

☎ (963) 632 40 47

Parque Nacional Lagunas de Montebello

DES LACS DE DIFFÉRENTES TEINTES, COMME UNE POIGNÉE DE PERLES translucides jetées là par un géant en colère, émaillent ce parc national. La diversité de ces couleurs s'explique par les différents types et niveaux d'oxyde présents dans l'eau, que l'on distingue particulièrement bien lorsque le soleil brille avec éclat. Certains lacs sont vert foncé, d'autres émeraude, gris acier, bleu-vert, violet ou bleu pâle. Lagunas de Montebello, le seul parc national du Chiapas, comprend 6 022 hectares de forêt tempérée le long de la frontière guatémaltèque.

**Un des nombreux
lacs situés près de
la frontière avec
le Guatemala.**

En raison des herbes poussant au fond des lacs et de quelques noyades, les habitants déconseillent de se baigner dans la majorité d'entre eux. Néanmoins, quelques-uns sont sûrs et d'autres peuvent

être parcourus sur des radeaux de rondins, en barque ou en pédalo. Les plus accessibles possèdent un parking et des échoppes tenues par des femmes qui vous vendront un repas simple ou quelques boissons.

À l'entrée du parc, vous trouverez des guides occasionnels qui vous accompagneront pour faire le tour des lacs contre un petit pourboire. Juste après l'entrée, la bifurcation de gauche conduit aux **Lagunas Coloradas**, ainsi nommées pour la diversité de leurs couleurs. Du parking de la **Laguna Encantada** (Lac Enchanté), on aperçoit plusieurs lacs au loin.

Au bout de la route, faites à pied le tour de la **Laguna Bosque Azul**, promenez-vous en barque à peu de frais ou louez un pédalo. Des jeunes gens proposent des randonnées à cheval d'une heure dans la forêt, où vous apercevrez des oiseaux de la région, une petite grotte et deux bassins. Il y a un parking et un petit restaurant.

Pour visiter les lacs du Sud, retournez à l'entrée du parc et, à la bifurcation, prenez la route de droite. Elle conduit à Tziscao, à 12 km. Vous passez d'abord par la grande **Laguna de Montebello** (10 minutes de piste à pied), où l'on peut se baigner. Au bord du lac, vous pourrez louer des chevaux et acheter à manger.

Continuez vers Tziscao. Une route signalisée conduit à cinq charmants lacs, **Cinco Lagos**, que l'on peut admirer de la terrasse. (Ils sont à environ 30 minutes de marche de la route principale.) Plus loin, sur la route asphaltée, un sentier escarpé descend jusqu'au **Lago Pojoj** aux eaux bleu foncé. Le dernier des grands lacs du parc est **Tziscao**, nom de la communauté qui habite sa rive est. Vous pourrez loger au **Tziscao Lodge**, qui devrait avoir été rénové (des toilettes, un restaurant et des tables sous les arbres étaient prévus). Vous pourrez vous baigner, vous allonger sur la plage de sable ou faire un tour en barque. Les bateaux à moteur sont interdits sur tous les lacs.

La région des lacs se trouve à 48 km au sud-est de Comitán, dont l'office du tourisme vous fournira une carte. Le meilleur moyen de visiter le parc est la voiture, mais on peut facilement trouver un bus ou un taxi à Comitán. Les bus vont à Laguna Bosque Azul et à Tziscao et vous pouvez demander à descendre à l'endroit que vous souhaitez. ■

Le calendrier maya

Les Mayas et les Aztèques partageaient le même calendrier cérémoniel de 260 jours (tzolkin en maya et tonalpohualli en náhuatl), qu'ils utilisaient pour les prophéties astrologiques et les décisions à prendre. Chaque jour était dominé par un dieu dont la personnalité influençait la journée, tout comme, selon les astrologues, le Soleil, la Lune et les planètes affectent le quotidien. Par l'une des fabuleuses coïncidences ponctuant l'histoire de l'humanité, Hernán Cortés arriva au Mexique l'année « 1-roseau » prédite pour le retour au pouvoir du dieu-roi toltèque Quetzalcóatl. Convaincu que la prophétie se réalisait, l'empereur Moctezuma s'opposa à peine à son destin (voir p. 29).

Le *tzolkin* était un calendrier rituel de 260 jours. Il se composait de 20 noms (*imix, ik, akbal*, etc.) combinés avec des chiffres de 1 à 13 ; une même date ne pouvait revenir qu'après un cycle complet de 260 jours. Chaque jour était gouverné par la divinité de son nom et son nombre. Le 13 était porte-bonheur, de sorte que le 13e jour et les jours associés au nombre 13 étaient de bon augure.

Outre ce calendrier sacré, un calendrier solaire de 365 jours correspondait approximativement à l'orbite solaire de la Terre. Appelé *haab* en maya, il se composait de 18 périodes de 20 jours (soit 360 jours), auxquelles s'ajoutait une période néfaste de 5 jours appelée *uayeb*. Selon les astronomes et prêtres mayas, ces 5 jours entre la fin d'une « année » et le début de la suivante étaient extrêmement instables et dangereux, car ils n'appartenaient à aucune des deux années. Les deux calendriers étaient ensuite combinés, comme deux rouages de taille inégale, pour former un cycle calendaire qui permettait d'approfondir le niveau d'interprétation pratique et spirituel. Les jours les plus favorables étaient consacrés aux plantations, aux guerres et aux couronnements. Le cycle se répétait tous les 52 ans.

Du fait de leur répétition, ces calendriers cycliques ne pouvaient servir à dater les événements historiques. Les Mayas inventèrent donc le compte long, un calendrier fondé sur les multiples de 20. L'unité de base était le jour (*kin*, ou soleil), suivie de l'*uinal* (20 jours), du *tun* (360 jours), etc. Cela revenait à exprimer une date ainsi : « Cela s'est produit il y a 5 siècles, 8 décennies, 3 ans, 2 semaines et 4 jours. »

Pendant la période classique, les dates sculptées sur des milliers de stèles mayas marquaient naissances, morts, mariages, accessions au pouvoir et batailles décisives. Cela fut très utile aux scientifiques pour comprendre l'histoire maya. Selon ce mode de calcul, la Création eut lieu l'année 0.0.0.0.0, que l'expert sir Eric Thompson (1898-1975) interpréta comme le 11 août 3114 av. J.-C. La plupart des spécialistes sont d'accord avec lui. La date cérémonielle de la Création était 4 Ahau 8 Cumku.

Fascinés par les mathématiques, à la fois outil scientifique et art, les Mayas avaient un système de calcul à valeur de position et inventèrent le zéro (adaptation possible d'une idée olmèque antérieure). Ils calculèrent l'orbite de Vénus et d'autres planètes avec presque autant de précision que les astronomes d'aujourd'hui. ∎

Le glyphe « singe » indique « jour ». Dans sa main, la tête du dieu représente 6 et le crâne en dessous 10. Le tout signifie donc 16 jours.

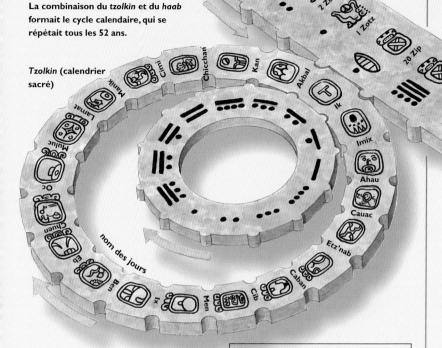

Haab (calendrier solaire)

La combinaison du *tzolkin* et du *haab* formait le cycle calendaire, qui se répétait tous les 52 ans.

Tzolkin (calendrier sacré)

nom des jours

Les cinq jours néfastes de l'*uayeb* sont situés à la fin du *haab*.

Glyphes des mois du haab

Pop	Uo	Zip	Zotz
Zec	Xul	Yaxkin	Mol
Ch'en	Yax	Zac	Ceh
Mac	Kankin	Muan	Pax
Kayab	Cumku	Uayeb	

Les nombres

•	• •	• • •	• • • •
1	2	3	4
—	—•	—••	—•••
5	6	7	8
—••••	═	═•	═••
9	10	11	12
═•••	═••••	≡••••	🐚
13	14	15	0
≡••	≡•••	≡••••	
17	18	19	

(16 = ═ with •)

Le système de numération maya, employé dans le calendrier, était vicésimal (en base 20) : les unités, au lieu d'être de dix en dix fois plus grandes ou plus petites, comme dans un système décimal, l'étaient de 20 en 20. Les chiffres de 0 à 19 étaient notés avec trois symboles : un coquillage pour le 0, un point pour le 1 et une barre pour le 5.

Yaxchilán et Bonampak

YAXCHILÁN ET BONAMPAK FURENT DEUX CITÉS-ÉTATS FLORISSANTES À la période classique tardive, tantôt unies par mariage royal, tantôt en guerre. Comme pour d'autres centres mayas de l'est de l'État, la forêt pluviale (*selva lacandona*) couvrait leurs besoins, et l'Usumacinta et ses affluents facilitaient les transports. Aujourd'hui, ces enclaves protégées, et d'autres, constituent un fragile rempart contre la déforestation et une destination peu touristique pour les amateurs de l'art maya.

Yaxchilán

🗺 p. 283 D3

Informations

🕐 ouv. tlj de 8 h
à 16 h

💶 €€

La séduction qu'exercèrent ces deux sites tient beaucoup à la jungle environnante. Les immenses acajous colonisés par des vignes et des épiphytes sont le domaine des toucans et des perroquets. Des chauve-souris occupent les salles

La petite tribu des Lacandóns s'est réfugiée dans la forêt pluviale pour échapper aux persécutions durant la période coloniale espagnole.

humides de palais en ruine, des mille-pattes courent le long des murs verts de mousse et les moustiques pullulent. Même si Yaxchilán est plus grand, et son cadre plus exubérant, les deux sites donnent le sentiment d'être merveilleusement « perdus dans la jungle ».

À 190 km au sud-est de Palenque, **Yaxchilán** fut bâti sur une terrasse au-dessus d'une très large boucle de l'Usumacinta. Des singes-hurleurs s'ébattent au sommet d'énormes ceibas, « arbres de vie sacré » des Mayas.

Entrez dans le site par l'Édifice 19, ou **el Laberinto** (le Labyrinthe), ainsi nommé en raison de son dédale de salles. Le niveau supérieur comprend un couloir central que jouxte une série de salles. Un étroit escalier conduit aux salles souterraines. La façade, couverte à l'origine de stuc moulé et peint, est couronnée des vestiges de crêtes faîtières surmontant une large corniche. Cet édifice vert-gris ainsi que d'autres, couverts de vigne sauvage, expliquent le nom de « lieu des pierres vertes » donné au site. Il s'ouvre sur la vaste **Gran Plaza** herbeuse, bordée du côté du fleuve par un bain de vapeur (**Edificio 16**) et un **juego de pelota** en forme de « H » (**Edificio 14**).

Les éléments les plus remarquables de Yaxchilán sont les élégantes crêtes faîtières et les toits mansardés supportant un décor anthropomorphe modelé en stuc. Sur les nombreux linteaux et stèles sculptés sont narrés les hauts faits d'armes et divers rites de la vie cérémonielle : les épigraphistes ont identifié des glyphes symbolisant l'accession au pouvoir, les dates de naissance et les alliances matrimoniales. Les plus beaux linteaux sont ceux des Édifices 16, 20 et 33. La stèle 11, déplacée sur plusieurs

kilomètres vers la Gran Plaza, est le joyau du site. La plus grande effigie représente un souverain majeur de Yaxchilán, Pàjaro Jaguar (Oiseau-Jaguar).

Au sud de la Gran Plaza, des marches mènent à la **Gran Acrópolis**, qui offre une vue fantastique sur le site. En contrebas, l'**Edificio 33**, bien conservé, abrite à l'intérieur une statue d'Oiseau-Jaguar, auquel le monument est dédié. Les crêtes faîtières élaborées du temple sont intactes. Les trois portes en façade possèdent de magnifiques linteaux sculptés où Oiseau-Jaguar apparaît avec son épouse (à gauche) et son fils Chel-Te (au centre). Après une courte marche dans la jungle, on parvient au sommet de la **Grán Acrópolis** (où les peintures murales de l'**Edificio 40** ont été préservées). Vers la sortie du site, arrêtez-vous à l'**Acrópolis Pequeña**, dont les **Edificios 42** et **44** sont ornés de linteaux finement sculptés.

Centre de moindre importance sous la juridiction de Yaxchilán, **Bonampak**, au sud, fut fondé vers l'an 600 près de la rivière Lacanjá,

un affluent de l'Usumacinta. Les tout premiers visiteurs, deux employés de la société américaine United Fruit Company, doivent cette découverte à un Indien Lacandón qui accepta de les y emmener en 1946.

Le point d'orgue de la visite est la découverte des peintures polychromes du **Templo de las Pinturas** (**Estructura 1**). Si la reproduction qui est exposée au Museo Nacional de Antropología de Mexico (voir pp. 198-201) restitue heureusement leurs couleurs vives et leurs contours d'origine, les scènes décolorées que l'on peut admirer *in situ* sont toujours d'une grande puissance. Dans la salle 1, la famille royale se distrait en écoutant des musiciens. Au-dessus de la porte, le seigneur de Bonampak, Chaan Muan, resplendit dans un pagne brodé et une jupe en fourrure de jaguar; il porte un collier de jade et une coiffe de plumes de quetzal.

La salle 2 est dominée par des scènes de bataille violentes. Un prisonnier à genoux supplie Chaan Muan, et d'autres sont tor-

Linteaux et stèles sculptés et édifices drapés de vigne sauvage caractérisent Yaxchilán.

Bonampak

- 🅰 p. 283 D3
- ☎ (916) 345 03 56 (Palenque)
- 🕐 ouv. tlj 8 h-16 h
- 💶 €€

Excursions en avion

Servicios aéreos San Cristóbal

- ✉ Carretera Internacional km 1262 Comitán
- ☎ (963) 632 46 62

www.cnart.mx/cnca/inah/zonarq/bonampak.html

Les célèbres peintures murales de Bonampak datent de la fin du VIIIᵉ siècle.

turés et humiliés. Un captif de haut rang s'effondre d'épuisement sur les marches du temple. Dans la salle 3, on célèbre la victoire selon un rituel élaboré. Des femmes pratiquent une saignée de la langue et des guerriers en costume d'apparat exécutent une danse gracieuse.

Ces fresques comptent certainement parmi les plus belles de l'art maya classique. L'expression des visages est l'objet d'une attention particulière, la perspective est réaliste et la composition harmonieuse. Elles datent de 790 et seraient la dernière œuvre effectuée sur le site. Chaan Muan aurait été le dernier souverain de Bonampak. Rien ne prouve que le bébé si fièrement présenté sur les fresques du temple ait jamais été couronné.

D'autres temples et palais de la Gran Plaza et de l'**Acrópolis** attenante peuvent être visités avec un guide lacandón : si l'entrée du parc est gratuite, il faut rétribuer ses services (€€€). Certains racontent des histoires et des légendes sur leurs ancêtres, souvent entremêlées de références à la Bible, souvenirs des missionnaires du siècle dernier.

Des circuits sont organisés à Palenque pour visiter les deux sites et il est possible de faire une excursion d'une heure en bateau à partir de Frontera Corozal pour rejoindre le site de Yaxchilán. À Ocosingo, Comitán et Palenque, il est possible de s'envoler pour une excursion en petit avion : en règle générale, il est prévu une étape d'une heure à Bonampak et de trois heures à Yaxchilán. Les excursions de 3 ou 4 jours incluent la visite du magnifique site de Tikal, dans la région guatémaltèque de Petén, sur l'autre rive de l'Usumacinta.

Certains circuits prévoient une longue randonnée jusqu'aux ruines de Bonampak, mais celle-ci n'a rien d'aventureux ni d'exaltant. La majeure partie se déroule sur une route récemment refaite et souvent en plein soleil. Emportez un produit antimoustique, de l'eau, un écran solaire, un chapeau à large bord, votre passeport et votre carte de touriste en cas de contrôle militaire. Les fers-de-lance et autres serpents venimeux sont fréquents : regardez bien où vous mettez les pieds et les mains. ∎

La pirogue est un moyen de transport pratique dans la forêt pluviale.

Autres sites à visiter

RESERVA DE LA BIÓSFERA EL TRIUNFO

Située dans la Sierra Madre de Chiapas, la réserve de la biosphère El Triunfo date de 1990. Un cinquième de cette région de montagnes, vallées et plaines, d'une surface totale de 200 000 hectares, a été déclaré territoire fédéral. Pinèdes, forêt mixte et forêt tropicale basse sont habitées par plusieurs espèces de félins menacées et le rare quetzal. L'autorisation d'entrer dans la réserve s'obtient une semaine à l'avance et les visites ne sont conseillées que pendant la saison sèche (*mi-nov. à mi-mai*). L'entrée du parc se trouve à 184 km au sud de Tuxtla Gutiérrez via Angel Albino Corzo. Le seul logement possible est un lodge rustique, mais le camping est autorisé.

🅰 p. 283 B2 **Informations** The Nature Conservancy,
✉ 5a, av. Norte et 5a Poniente n° 1555 – Tuxla Gutiérrez
☎ (961) 602 30 24

RESERVA DE LA BIÓSFERA MONTES AZULES

Avec la réserve de la biosphère Calakmul et la région de Petén au Guatemala, Montes Azules est la plus grande forêt vierge qui subsiste au nord du Bassin amazonien. Cette réserve de 331 000 hectares, dont le nom signifie « montagnes bleues », varie fortement d'altitude, du niveau de la mer près du fleuve Lancantún, au sud, à 1 600 m dans l'Ouest, plus montagneux. Marais, lacs, rivières, forêt persistante, forêt pluviale, palmeraies, pinèdes et chênaies la parsèment. Sur les 3 000 espèces végétales recensées, 320 sont des orchidées. La période idéale pour la visite se situe entre janvier et septembre.

Les prestations du parc sont relativement limitées. Des logements dans de petites maisons communales sont proposés. Des excursions guidées, avec bivouac, de quatre jours et plus vous conduisent à la **Laguna Miramar**, le plus grand lac de la forêt des Lacandóns, où l'on peut plonger avec tuba et faire du canoë. Ces excursions sont organisées par l'ONG Dana Association, à San Cristóbal (*tél. (529) 678 72 15*). On peut atteindre le lac Miramar par la route (environ 5 heures d'Ocosingo) ou en petit avion, un trajet passionnant de 30 minutes via les **Servicios Aéreos San Cristóbal**, près de Comitán (*tél. (963) 632 46 62*) ou à Ocosingo (*tél. (919) 673 01 88*).

Près de la limite sud du parc se trouve le lodge écotouristique **Las Guacamayas** (*Reforma Agraria, tél. (961) 615 34 76*), géré par la communauté et financé par le gouvernement. Simples et confortables, les cabanes sont situées sur la rive droite du Lacantún, où l'on peut nager, pêcher ou se promener en pirogue. Des guides locaux dirigent des excursions dans la forêt environnante, peuplée d'oiseaux dont une espèce de perroquets rouges menacée, qui a donné son nom à l'endroit. Il se trouve à environ cinq heures au sud-est de Palenque à Reforma Agraria (220 km de route et 45 km de piste). On peut prendre un petit avion pour s'y rendre à Ocosingo ou Comitán.

▲ p. 283 D3

RESERVA HUITEPEC

Sur le versant est du volcan Huitepec, l'une des plus hautes montagnes du Chiapas (2 700 m), Huitepec (*mar.-dim. 9 h-16 h, €*)

est une réserve naturelle de 235 hectares située à 3,5 km à l'ouest de San Cristóbal de las Casas. Depuis des générations, les Mayas utilisent à des fins médicinales et religieuses ses quelque 300 espèces végétales. Le randonneur pourra observer des renards, des tatous, des écureuils volants et des ratons laveurs et, plus faciles à repérer, une soixantaine d'espèces d'oiseaux. On peut parcourir seul les sentiers de la forêt ou réserver une visite guidée (*mar., jeu., sam.*) auprès de **Pronatura**, à San Cristóbal de las Casas (*av. Benito Juárez 9, tél. (967) 678 50 00*).

▲ p. 283 B3

TAPACHULA

Pour la plupart des visiteurs, Tapachula n'est qu'une étape avant le Guatemala. Or cette ville mérite qu'on s'y arrête. Le **Museo Regional del Soconusco** (*Palacio Municipal, à l'o. de la place principale, ouv. mar.-dim. 10 h-17 h, tél. (962) 626 41 73, €*) présente des stèles et des objets mayas ; on peut aussi en voir, *in situ*, à l'**Izapa** (*carr. A Talismán, ouv. tlj 9 h-17 h, €*), un vaste site archéologique à 10 km à l'est de la ville. À 1 km de l'entrée se trouve le **Grupo F**, le mieux restauré, avec ses autels, son jeu de balle, ses pyramides et ses stèles. Au nord-est de Tapachula et à un jet de pierre du Guatemala, la ville d'**Unión Juárez** est une base parfaite pour des excursions en montagne. Prenez votre maillot de bain et partez pour une agréable randonnée vers les **Cascadas de Muxbal**, où une cascade tombant dans une gorge étroite forme un joli bassin. Les grimpeurs pourront partir à l'assaut du **Volcán Tacaná** (4 123 m), deuxième mont le plus élevé d'Amérique centrale. À environ 11 km à l'extérieur de la ville d'Union Juárez, la plantation de café de **Santo Domingo** (€), toujours en exploitation, fut fondée au début du xxᵉ siècle par des immigrants allemands à l'aide de matériaux d'importation. L'habitation de type chalet vient d'être restaurée et abrite un musée du café et un restaurant proposant des plats régionaux.

▲ p. 283 C1 **Informations** ✉ 4ta av. Norte 16 et calle 1 Poniente, Edificio Genopa ☎ (962) 625 54 09) ■

Dans la forêt de Montes Azules, un toucan à carène pointe le bec hors de son nid.

La péninsule du Yucatán est
réputée pour ses plages
magnifiques et ses mystérieuses
ruines mayas. C'est la région
la plus touristique du Mexique.

La péninsule du Yucatán

Scène de rue dans la joyeuse ville de Campeche.

Les eaux chaudes et le récif Palancar attirent les bateaux vers l'île de Cozumel.

Péninsule du Yucatán

SUR LA CÔTE CARAÏBE DU QUINTANA ROO, LES AMOUREUX S'ISOLENT SUR DES PLAGES DE sable blanc, les amateurs d'oiseaux sont aux aguets dans la mangrove et les paquebots font escale dans les ports qu'utilisaient les Mayas il y a mille ans. Dans toute la péninsule, des villes rurales sommeillent à l'ombre de monastères du XVIᵉ siècle. Les trois États – Quintana Roo, Campeche et Yucatán – regorgent de sites archéologiques nichés dans la jungle. Nul autre endroit du Mexique ne présente autant d'attraits sur une si petite superficie : pêche en haute mer, plongée le long du récif corallien et baignade dans les rivières souterraines ou dans l'un des milliers de bassins naturels.

La péninsule du Yucatán n'a ni lacs ni rivières, mais est couverte de forêts tropicales. En traversant la couche souterraine de calcaire poreux, les eaux de pluie créent un vaste système hydrographique souterrain. Lorsque cette fine strate calcaire s'effondre, des bassins se forment (*cenotes* en espagnol, *dzonot* en maya), puits naturels vert foncé ou turquoise. Dans le seul État du Yucatán, plus de 2 000 cenotes ont été recensés.

L'eau était sacrée pour les anciens Mayas, qui vénéraient Chac, dieu de la pluie. Mathématiciens, astronomes et architectes talentueux, ils bâtirent de fabuleuses cités pendant la période classique (250-900). Cosmologie, histoire, événements célestes et hauts faits furent compilés dans les livres de *Chilam Balam*, recueils qui furent complétés jusqu'au XIXᵉ siècle.

p. 233

Les Mayas couvraient par ailleurs leurs stèles et monuments de glyphes phonétiques. Si de nombreux textes glyphiques ont survécu et ont pu être déchiffrés, la majorité des codex mayas fut brûlée par les moines franciscains.

Le Yucatán est un mélange de cultures, principalement maya et espagnole, mais aussi libanaise ou française. Sa gastronomie unique allie les agrumes, le miel et le très relevé piment habanero local, au safran, aux câpres, aux pruneaux et autres saveurs insolites.

Les festivals reflètent eux aussi cette diversité. À Mérida, Campeche et dans toute la campagne, Hanal Pixan (Toussaint) se fête en préparant les autels et des mets régionaux pour les morts. Campeche et Cozumel sont renommés pour leur carnaval, et Cancún a son festival de jazz. ■

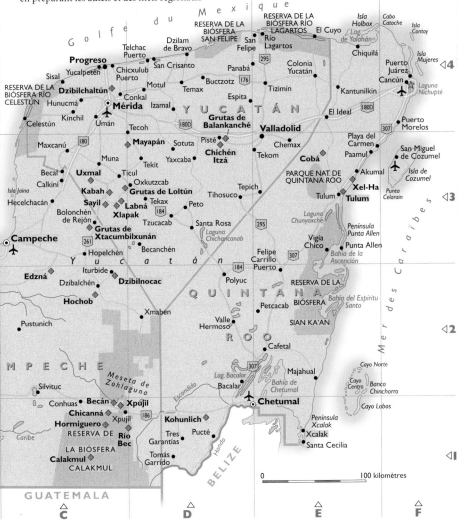

Le développement de Cancún et d'autres stations de la côte du Quintana Roo est inexorable.

Le Quintana Roo

LA NAISSANCE DE L'ÉTAT DU QUINTANA ROO DATE DE 1974, SUITE AU CHOIX DU GOUVERNEment de créer une nouvelle station balnéaire, Cancún. L'État et la ville prirent tous deux un essor rapide, au-delà de toute espérance. Non seulement le Quintana Roo regorge de ruines mayas, mais son littoral est tout simplement paradisiaque.

Le climat semi-tropical est parfait presque toute l'année, si l'on excepte le passage de cyclones de septembre à novembre. Les eaux cristallines des Caraïbes lèchent les plages de sable blanc de Cancún à Chetumal. La jungle broussailleuse assez dense couvre la majeure partie des terres calcaires. Les rivières souterraines traversent des grottes et se jettent dans des *cenotes*, vastes bassins d'eau bleue et fraîche. Les réserves sous-marines sont magnifiques et les tortues de mer se hissent sur les plages les nuits d'été pour pondre.

Cancún est l'endroit le plus fréquenté, notamment par les Américains qui explorent la Riviera maya, selon la récente dénomination du littoral situé entre Cancún et Tulum. Le succès de cette région a provoqué un vaste développement immobilier et les nostalgiques déplorent ce qu'ils appellent la « cancúnisation » : des kilomètres de « resorts », ces complexes hôteliers tout compris.

La seconde plus grande barrière de corail du monde s'étire du littoral continental du Quintana Roo jusqu'aux îles de Cozumel et Isla Mujeres. Certaines zones abritent des épaves de galions du XIXe siècle et des bateaux de pirates anglais. Le corail s'est reconstitué depuis, ce qui n'est pas le cas de celui qui est détruit par les bateaux de croisière modernes. Cozumel est devenu un grand port de plaisance, au grand regret des biologistes marins et des plongeurs.

Le Quintana Roo souffre de divers maux. Les défenseurs de ses ressources naturelles se heurtent à ceux qui voient et cherchent des dollars partout. Cependant, une bonne partie des précieux atouts de la région est protégée par des parcs naturels ou mise en valeur par des aménagements de bon goût. Quoi qu'il en soit, la poursuite de son développement est inévitable et il est préférable de s'y rendre avant qu'il ne soit trop tard. ■

Cancún

www.cancunsouth.com

Cancún
🗺 p. 309 F4
Informations
✉ Av. Tulum 26
☎ (998) 884 80 73

CANCÚN EST UNE DES STATIONS BALNÉAIRES LES PLUS FRÉQUENTÉES DU Mexique. Dépourvue d'intérêt culturel, la ville séduit par ses beautés naturelles : des eaux cristallines bordent des plages immaculées. Essayez d'oublier les buildings parfois disgrâcieux et laissez-vous porter par le bruit des vagues lors de soirées chaudes où la brise agite le sommet des cocotiers. Conçue en 1970 et développée à la fois par des agences gouvernementales et des investisseurs privés, Cancún attire 2,5 millions de visiteurs par an. Elle est construite sur une île reliée par une route au continent tout proche.

Conçue et née par commodité plus que par passion, Cancún n'a pas l'histoire de stations balnéaires comme Acapulco et Puerto Vallarta, dont la croissance s'est faite naturellement, à partir de villages existants. Mais pour qui a de l'argent à dépenser, c'est un lieu idyllique. Les complexes hôteliers proposent un large éventail d'activités pour ceux dont les vacances idéales se résument à une chaise longue à l'abri des palmiers ou à faire du parachute ascensionnel au-dessus d'une plage immaculée.

La plupart des hôtels du front de mer louent des équipements nautiques, dont des boogie-boards, du matériel de plongée, des voiliers et des yachts. Ils sont aussi nombreux à proposer de la pêche en haute-mer, des sorties de plongée, des excursions en hors-bord et autres prestations nautiques.

Comme toute station balnéaire, Cancún a ses centres commerciaux et ses boutiques, mais peu de marchés. Les discothèques sont nombreuses et les restaurants proposent de la cuisine internationale, régionale, mexicaine et californienne. Large de 500 m, l'île a deux golfs de 18 trous : un au **Hilton Cancún Beach et Golf Resort** (*tél. (998) 881 80 00*) et l'autre, le **Pok-Ta-Pok** (*par 72*) (*bd Kukulcán km 7,5, tél. (998) 883 12 30*), au milieu du lagon Nichupté.

Pour les amateurs de culture, des dizaines de ruines mayas bien restaurées émaillent toute la péninsule. Tulum (voir p. 320) et Chichén Itzá (voir pp. 338-341)

sont respectivement à environ 2 et 3 heures de route de Cancún. Louez une voiture ou prenez un bus pour visiter ces ruines impressionnantes, plongez dans les *cenotes* et les rivières souterraines ou bien encore visitez des cités coloniales comme Valladolid ou Mérida. Cancún est un point de départ pratique pour des excursions d'une journée le long de la côte et dans toute la région. ∎

Les plages : premier atout de Cancún.

Playa del Carmen est plus chic, et moins cher, que son voisin Cancún.

Escapade sur la Riviera maya

En voiture, le trajet Cancún-Tulum vous prendra trois heures, mais nous vous conseillons d'y consacrer plusieurs jours. Surnommée la Riviera maya, la côte longeant la route 307 offre de nombreux divertissements. Les nageurs explorent les cenotes ou les criques peuplées de poissons tropicaux. Les adeptes du bronzage se trouvent un coin de plage tranquille. Les amateurs d'art et d'histoire visitent des sites majeurs et des boutiques d'artisanat à l'offre variée.

Il y a peu de temps encore, la route 307 n'avait que deux voies. Voitures et bus y brinquebalaient lentement, partageant l'asphalte avec les piétons. Quelques panneaux signalaient campings et petits hôtels posés sur des plages de sable blanc. La route a désormais quatre voies et des autocars vrombissants dépassent les voyageurs en Coccinelle peu pressés. Des pancartes signalent l'entrée des parcs à thème et des panneaux plus modestes orientent vers des lieux plus isolés.

Puerto Morelos ❶, à 36 km au sud de Cancún, n'est pas encore trop développé. Il reste un village sablonneux doté d'une place près de la mer. La plus grande attraction du village est un récif de corail proche du littoral. Il possède quelques hôtels, restaurants et agences de voyages. Les véhicules en route pour Cozumel attendent le ferry au sud de la ville.

Tres Ríos ❷ (*tél. (998) 887 49 77*, €€€) est un parc naturel de 150 hectares où trois rivières se jettent dans la mer. On peut nager, plonger et faire du canoë sur les rivières et en mer, et même du cheval ou du vélo sur des

---

🅰 Voir aussi carte p. 309 F4-E3
▶ Cancún
↔ 130 km
🕐 3 heures à 3 jours
▶ Tulum

À NE PAS MANQUER
- Tres Ríos
- Playa del Carmen
- Xcaret
- Paamul
- Tulum

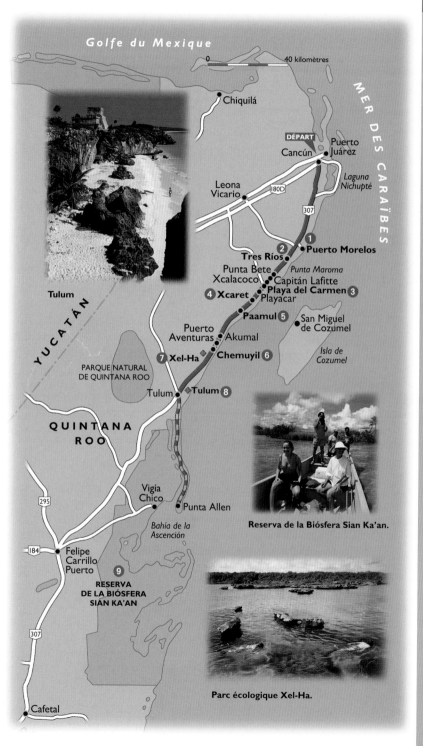

Golfe du Mexique

0   40 kilomètres

Chiquilá

MER DES CARAÏBES

DÉPART Puerto Juárez
Cancún

Laguna Nichupté

Leona Vicario

180D

307

① Puerto Morelos

② Tres Ríos

Punta Bete   Punta Maroma
Xcalacoco   Capitán Lafitte
④ Xcaret   **Playa del Carmen** ③
Playacar

Paamul ⑤

San Miguel de Cozumel

Puerto Aventuras   Akumal

Isla de Cozumel

⑦ Xel-Ha   **Chemuyil** ⑥

Tulum

PARQUE NATURAL DE QUINTANA ROO

YUCATÁN

Tulum   **Tulum** ⑧

QUINTANA ROO

295

Vigía Chico

Punta Allen

Bahía de la Ascención

Reserva de la Biósfera Sian Ka'an.

184   Felipe Carrillo Puerto

307

⑨ RESERVA DE LA BIÓSFERA SIÁN KA'AN

Cafetal

Parc écologique Xel-Ha.

pistes tracées dans la jungle, tout près de la plage. Plusieurs routes de terre mènent à **Punta Bete**, à 22 km au sud de Puerto Morelos, idéal pour qui a des moyens modestes. Certains préfèrent les cabanes de **La Posada del Capitán Lafitte** et d'autres campent à **Xcalacoco**, où les mêmes familles servent du poisson grillé à leurs hôtes depuis vingt ans. On y trouve également une boutique de plongée et un rassemblement sympathique d'adorateurs du soleil.

Vrai paradis, Xcaret est désormais l'une des criques les plus courues de la péninsule.

Playa del Carmen ❸, à 10 km au sud de Punta Bete, est la principale étape entre Cancún et Tulum. Bourgade dépourvue de téléphone il y a vingt ans, c'est aujourd'hui une ville de 50 000 habitants. Banques, supermarchés, boutiques d'accessoires automobiles et hôtels bon marché s'alignent sur l'avenue Juárez, par laquelle on entre dans la ville en quittant la route 307. Un flot constant de camions et de taxis se dirige vers la jetée, point de départ des ferries vers Cozumel. Restaurants internationaux, excellentes boutiques d'artisanat et petits hôtels insolites bordent l'avenue 5 et la plage du nord de la ville. On peut y faire de la plongée, du bateau ou, tout simplement, se reposer dans un hamac. La partie sud de la ville est occupée par **Playacar**, un complexe immobilier ambitieux doté d'un golf de 18

trous et de plusieurs hôtels entourés de pelouses impeccables émaillées de petites ruines mayas.

Les voyageurs pressés pourront se délasser dans le cadre artificiel mais à l'aspect très naturel de **Xcaret** ❹ (*tél. (984) 871 40 00, €*), à 5 minutes au sud de Playa del Carmen. Passez-y une journée complète pour en amortir le coût (supplément pour certaines activités). Vous pourrez visiter la volière, le musée, le jardin botanique et le pavillon aux papillons, descendre une rivière souterraine éclairée par la lumière naturelle, plonger dans le lagon d'eau salée, vous promener dans les grottes, monter à cheval, nager avec les dauphins (cher et compliqué), manger dans l'un des cinq restaurants et vous assoupir sur le sable. Restez pour le spectacle du soir, un mélange captivant d'histoires mayas et de danses folkloriques mexicaines.

Après Xcaret, la circulation devient plus fluide aux abords de **Paamul** ❺, l'antithèse

Lagon de Xel-Ha.

du parc à thème. Tortues et êtres humains aiment à se réfugier dans ce petit paradis, les premières pour creuser leur nid dans le sable, les seconds pour passer quelques nuits dans un hôtel modeste. L'eau est calme, la plongée agréable et le restaurant sert des tacos maison et du poisson frais.

Puerto Aventuras est un complexe composé d'hôtels, d'appartements, d'une marina et d'un golf de 9 trous. Arrêtez-vous au **Museo Pablo Bush Romero**, du nom du plongeur le plus célèbre de la région. Vous y verrez des expositions sur le matériel de plongée d'autrefois, les récifs et les trésors trouvés dans les épaves. Les plongeurs aiment se réunir à **Akumal**, où vivait Romero dans les années 1920. Cabanes-hôtels et maisons privées bordent la crique.

À 4 km d'Akumal, **Chemuyil** ❻ était surnommée « la plus belle plage du monde ». La courbe parfaite de la plage de sable scintillant et la mer calme sont encore mer-

veilleuses et les campeurs accrochent leur hamac aux branches des palmiers. **Xel-Ha** ❼ (*tél. (984) 884 94 22, ouv. tlj de 8h30 à 18h,* €), premier parc écologique de la côte, a retrouvé sa vitalité depuis que l'équipe de Xcaret en a pris la gestion. À l'ombre d'arbres exotiques, des sentiers conduisent à une crique aux eaux aigue-marine où pointe une forêt de tubas. Les bus d'excursion de Tulum s'y arrêtent fréquemment et, parfois, il semble y avoir plus d'humains que de poissons. Allez-y tôt pour apprécier l'endroit.

Le circuit de la Riviera maya s'arrête à **Tulum** ❽ (voir p. 320). Malgré ses ruines célèbres, la ville demeure paisible. Une étroite route longeant la mer est ponctuée d'hôtels et de campings. Cette route s'achève à la **Reserva de la Biósfera Sian Ka'an** ❾ (voir pp. 320-321), vestige de ce qu'était jadis la côte du Quintana Roo. ∎

Îles et plongée sous-marine

LA SECONDE PLUS LONGUE BARRIÈRE DE CORAIL DU MONDE SE TROUVE dans la mer des Caraïbes, entre l'extrémité nord de la péninsule du Yucatán et le Belize. Le commandant Cousteau a filmé ces récifs dans les années 1960. Cette barrière, considérée comme l'un des trois meilleurs spots de plongée du monde, est accessible d'Isla Mujeres, de Cancún et de la côte du Quintana Roo. Mais La Mecque, c'est l'île de Cozumel.

Cozumel
⚠ p. 309 F3
Informations
✉ 5ta av. Sur
☎ (987) 872 75 63

Association des organisateurs de plongée sous-marine de Cozumel
✉ calle 21 sur n° 1300 (angle de 20 avenida)
☎ Tél./Fax : (987) 872 06 40

Isla Mujeres
⚠ p. 309 F4
Informations
☎ (998) 877 03 07

Page ci-contre :
Un plongeur explore Tankah Cenote, l'un des milliers de bassins naturels du Yucatán.

Jadis, les femmes mayas se rendaient à **Cozumel** pour honorer Ixchel, déesse de la fertilité. Les pèlerins d'aujourd'hui y arrivent en avion ou en ferry au départ de Playa del Carmen pour honorer les récifs. La réputation de Cozumel tient à ses eaux transparentes jusqu'à 30 m de profondeur, à leur température – aux alentours de 26 °C –, à sa réserve marine de 27 170 hectares et à ses dizaines de clubs de plongée qualifiés.

Les plongeurs explorent des jardins de coraux blancs, lavande, roses et d'éponges côtoyant des anges bleu électrique, des serrans rose vif, des papillons de mer jaunes et des mérous rouges. Nul besoin de bouteilles pour apprécier ces fonds à la **Laguna Chankanaab** (*tél. (987) 872 29 40, ouv. tlj de 9 h à 17 h, €*), dont les récifs peu profonds hébergent plus de 60 espèces de poissons.

Les attractions terrestres sont tout aussi passionnantes. La vie de l'île est centrée sur la ville de **San Miguel**, sur la côte ouest, dont les rues sont bordées de boutiques et restaurants de qualité. Le plus vieil hôtel, La Playa, abrite l'excellent **Museo de la Isla Cozumel** (*tél. (987) 872-14-75, ouv. tlj de 10 h à 17 h, €*) et ses expositions sur les récifs et l'histoire locale. La plus longue route de l'île fait un détour à la pointe sud, et remonte du côté au vent, où la mer est plus agitée. Une voie secondaire mène au phare de **Punta Celarain** et à la

myriade de *palapas* (paillotes) de **Playa San Francisco**. L'été, les tortues creusent leur nid sur les plages situées au vent et les biologistes prennent leurs quartiers à **Punta Morena** pour protéger leurs œufs contre le braconnage.

À l'intérieur des terres se trouvent les ruines de **San Gervasio** (*carretera Transversal, ouv. tlj de 8 h à 16 h, 15 h les sam. et dim., €*). Ce centre cérémoniel fut occupé de 300 av. J.-C. à l'an 1500 et aurait compté plus de 300 édifices. Une douzaine d'entre eux a été restaurée, dont un temple dédié à la déesse Ixchel.

Isla Mujeres était également consacrée à Ixchel. C'est pour sa situation isolée que les plongeurs apprécient cette plate-forme calcaire de 8 km de long située à 11 km au nord-est de Cancún. On y trouve des requins bordés et des requins-nourrices qui sommeillent dans des grottes sous-marines, à 24 m de profondeur. Ils ne bougent même pas lorsque des plongeurs passent à proximité : mais le risque de rencontrer un requin plus actif et affamé n'est pas nul.

Mexico Divers (*av. Gustavo Rueda Medida, tél. (987) 877 01 31*) propose des excursions vers les grottes des requins et le récif **Los Manchones**. Les plongeurs avec masque et tuba apprécient **El Garrafón** (*carretera Garrafón*), une réserve sous-marine restaurée en 1999 par les créateurs de Xcaret (voir p. 314). Les eaux de la plage

raie manta

sélène

principale de l'île, **Playa Norte**, sont plus adaptées à la baignade qu'à la plongée et l'on trouve là des *palapas*, des restaurants et de petits hôtels. La ville se compose de quelques rues abritant d'autres restaurants, hôtels et boutiques à l'ambiance décontractée.

Hacienda Mundaca (*ouv. tlj de 10 h à 18 h*, €), au sud de la ville, est une ruine recouverte de vigne qui date du XIXe siècle. Elle fut bâtie par un pirate espagnol,

Fermín Mundaca de Marechaja, tombé amoureux d'une femme habitant l'île. Une **ruine maya** est située à l'extrémité sud de l'île, tout près d'un vieux phare.

La plupart des agences de voyages d'Isla Mujeres proposent des excursions pour observer les oiseaux et plonger avec masque et tuba à **Isla Contoy**, à 45 minutes en bateau. Réserve naturelle nationale, cet îlot est peuplé d'une centaine d'espèces d'oiseaux, dont des pélicans, des cormorans et des flamants. Passer la nuit sur l'île n'est pas autorisé et les amateurs d'oiseaux engageront les services d'un capitaine de bateau pour aller à Contoy à l'aube, lorsque les oiseaux sont plus actifs. ∎

Ci-dessus, à gauche : **Demoiselles bleues dans le récif de Cozumel.** Ci-dessous : **Récif El Garrafón, Isla Mujeres.**

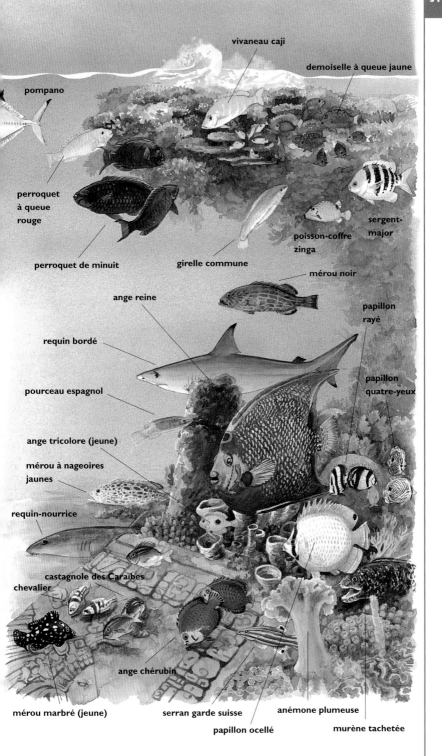

Tulum et Sian Ka'an

À TULUM, LE TEMPLE EL CASTILLO TRÔNE AU SOMMET D'UNE FALAISE dominant la mer des Caraïbes. Il y a six cents ans, des marins mayas se repéraient à la lumière du phare dominant la crique pour se frayer un chemin parmi les récifs. Les premiers explorateurs espagnols, eux, vinrent s'y écraser. Les survivants réussirent à franchir le mur long de 915 m qui protégeait la petite communauté des invasions.

www.cnart.mx/cnca/inah/zonarq/tulum.html – www.cancun.com/siankaan

Tulum

🅰 p. 309 E3

☎ (984) 883 36 71

🕐 ouv. tlj de 8 h
à 17 h

💶 €

**Reserva de
la Biósfera Sian
Ka'an**

🅰 p. 309 E2

**Amigos de Sian
Ka'an (Cancún)**

☎ (984) 848 21 36

**Détail du dieu
Descendant,
à Tulum.**

Tulum est certainement le site archéologique le plus visité et le plus accessible du circuit maya. Chaque matin, des cars viennent y déverser les touristes en provenance de Cancún, à 130 km au nord. Tulum faillit ne pas survivre à tant de curiosité : le gouvernement intervint en 1993 et fit construire un parking à l'écart du site, d'où les visiteurs peuvent se rendre aux ruines à pied ou en navette, et, en suivant ensuite des sentiers balisés, explorer la douzaine de structures mises au jour. On ne peut plus monter jusqu'au sommet d'**El Castillo**, le temple le plus élevé du site que Juan de Grijalva avait pris pour une tour lors de l'expédition de 1518. Il faut beaucoup d'imagination pour se représenter la cité d'origine.

Entre 1100 et la conquête espagnole, Tulum fut un centre marchand prospère, sans doute dirigé par une riche classe commerçante. Ses citoyens vénéraient le **Dieu Descendant**, dont un relief modelé en stuc surmonte la porte du temple du même nom. Représenté la tête en bas, il s'agit peut-être du dieu des Abeilles, déité importante dans cette région réputée pour son miel. Les peintures du **Templo de los Frescos**, protégé par une paillote, représentent des divinités de l'agriculture et de la fertilité mayas.

Les Espagnols qui survécurent au naufrage près de Cozumel en 1511 découvrirent une ville commerçante active aux édifices peints en rouge vif, bleu, jaune et blanc. Gonzalo Guerrero, l'un des naufragés, décida de s'y installer, épousa une Maya et fut le père des premiers métis de la péninsule. Il aida les Mayas à repousser les Espagnols en 1517 mais, à la fin du siècle, Tulum n'était plus qu'une ville fantôme.

Si Tulum était le seul site majeur du bord de mer, les Mayas vivaient et travaillaient tout le long de la côte du Quintana Roo. Ils conçurent un système élaboré de canaux émaillés de lieux saints dans la mangrove au sud de Tulum. Leur œuvre est protégée par la **Reserva de la Biósfera Sian Ka'an**, à 3 km au sud de Tulum, dernier site de la côte Caraïbe épargné par le développement immobilier. Sian Ka'an comprend 100 km de plages, deux baies, des lagons d'eau douce ou salée et la péninsule Punta Allen. Inscrite au patrimoine mondial de l'Unesco en 1987, elle compte plusieurs milliers d'habitants, principalement d'ascendance maya. La majorité est établie autour de la commune de Punta Allen, à l'extrémité de la péninsule longue de 35 km, et vit de la pêche des langoustes. La pêche est autorisée dans la réserve : quelques cabanes de pêcheur sont même ouvertes au public.

Une route en terre longe la péninsule, en suivant des plages idylliques. Le circuit dure environ

trois heures. À Punta Allen, quelques petits hôtels et restaurants peuvent vous accueillir.

Les amateurs d'oiseaux et d'archéologie apprécieront une excursion en bateau avec **Amigos de Sian Ka'an** *(984) 848 21 36)*, une association à but non lucratif de Cancún qui travaille en liaison avec les responsables du parc. 336 espèces d'oiseaux ont été identifiées dans les lagons. Parmi les poissons, on trouve des brochets de mer, des tarpons et autres. À bord de bateaux à fond plat, on glisse lentement devant des nids de hérons et des tortues, mais également devant des ruines mayas, pendant que le guide raconte l'histoire de Sian Ka'an, dont le nom signifie en maya « naissance du ciel ». ■

Tulum était une florissante ville commerçante à l'arrivée des premiers Espagnols.

Autres sites du Quintana Roo

CHETUMAL

Chetumal, capitale de l'État, est peu fréquentée et sans grand intérêt. la baie est peuplée de ménates et de hérons. Les hôtels et restaurants sont destinés à une clientèle d'affaires et aux visiteurs en route pour le Belize.

△ p. 309 D1

Informations ✉ Av. 5, à une rue de la plage

COBÁ

Moins connu que les ruines de Tulum, Cobá est niché dans la jungle à 30 minutes de route de la côte. Ce site de 70 km² aurait été la plus grande cité de la péninsule. Au total, cinq pour cent des structures ont été restaurés et les visiteurs sont peu nombreux à gravir dans la chaleur moite la majestueuse pyramide de

Ascension des pentes escarpées de la plus haute pyramide de Cobá, Nohoch Mul.

Nohoch Mul. L'escalade des 120 marches est épuisante mais en vaut la peine. Les cris des perroquets sauvages et le plus rare bruissement des branches au passage d'un singe-écureuil brisent le silence absolu : on est bien au-dessus de la cime des arbres. Les sentiers tracés au milieu de la jungle mènent aux vestiges d'un jeu de balle, à de petites pyramides et à des temples. De nombreuses stèles sculptées à l'effigie grandeur nature de seigneurs de Cobá accompagnées de longs textes glyphiques se dressent parmi la végétation. Les Mayas continuent de brûler des bougies et de l'encens et prient devant deux ou trois de ces stèles. Emportez

beaucoup d'eau et la carte offerte à l'entrée par les gardes forestiers.

△ p. 309 E3 ✉ Carretera a Cobá, à 45 km au sud-ouest de Tulum ⏱ tlj de 8 h à 17 h 💲 €€

KOHUNLICH

D'étonnants masques de stuc aux yeux globuleux et aux langues saillantes décorent la pyramide principale de Kohunlich. Ce site maya peu visité pourrait contenir plus de deux cents structures, mais seules six ont été restaurées. La plus imposante est la **Pirámide de los Mascarones** (pyramide des Masques), où six modelés en stuc polychrome hauts de 2 m datant du début de la période classique (300-450) sont des portraits du dieu solaire émergeant de la gueule de l'inframonde. Ce site est généralement désert et ne comporte qu'une échoppe de boissons.

△ p. 309 D1 ✉ 81 km à l'ouest de Chetumal sur la route 186 ⏱ tlj de 8 h à 17 h 💲 €

LAGUNA BACALAR

Alimenté par des courants d'eau douce et de mer et par des sources, Laguna Bacalar, à 40 km au nord de Chetumal, est le second plus grand lac du pays. Il est souvent appelé le « lac aux sept couleurs » en raison de ses différentes teintes de vert et de bleu. Ses rives sont bordées de maisons de vacances, de *balnearios* (thermes), de restaurants et de quelques hôtels. C'est un bon point de départ pour visiter les ruines mayas de l'arrière-pays.

△ p. 309 D2

XCALAK

Lorsque l'on atteint la **Península Xcalak**, on a l'impression d'arriver au paradis. Cette péninsule longue de 64 km est le dernier refuge préservé de la côte (si l'on excepte Sian Ka'an). Une route de 48 km descend vers le sud entre Majahual et le minuscule village de pêcheurs de Xcalak. Le plus beau récif longeant le littoral est **Banco Chinchorro**, une barrière de 38 km ponctuée d'épaves de bateaux. Des bateaux vous mèneront à Chinchorro. Vous pouvez loger au **Costa de Cocos** (*tél. (998) 838 04 78*), un hôtel idyllique doté de bungalows sur la plage, avec un magasin de plongée.

△ p. 309 E1 ■

Les temples d'Hochob présentent des éléments de style architectural Río Bec et Chenes.

Le Campeche

LES NOMBREUSES RUINES MAYAS QUI ÉMAILLENT L'ÉTAT DU CAMPECHE SE CARACTÉRISENT PAR un style architectural et décoratif proche du Petén et du Río Bec, appelé style Chenes. Calakmul est enfoui profondément dans la plus grande forêt pluviale du Mexique, mais Edzná, un des sites préhispaniques les plus connus et visités, est à moins d'une heure de route de Campeche, capitale de l'État. Des dizaines d'autres sites sont accessibles par de bonnes routes peu fréquentées. Campeche, dont les magnifiques bâtiments coloniaux ont été restaurés, est un excellent point de départ pour des excursions.

Campeche est la capitale d'État la plus alanguie du pays. La circulation est lente dans son centre historique assez dense, autrefois défendu contre les attaques des pirates par un mur hexagonal. Aujourd'hui, des piétons se promènent sur le *malecón* restauré, pendant que des hommes d'affaires négocient dans leur restaurant favori. Les fruits de mer sont la spécialité locale et, au sud, des flottilles entières partent pêcher le calmar, la crevette et le pompano. Le *pan de cazón* n'est pas, contrairement à ce que son nom suggère, un plat à base de pain mais un ragoût de lanières de renard de mer, de tortillas, de haricots rouges et de sauce tomate.

Orientées à l'ouest le long de la baie de Campeche, les plages n'attirent pas beaucoup les touristes. On peut voir à Seybaplaya des oiseaux pêcheurs se nourrir dans les eaux chaudes et peu profondes des plages de sable parsemé d'herbes. Et les petites villes comme Champotón attirent chasseurs et pêcheurs sportifs. La route 186 relie Escárcega aux ruines de Xpuhil, Becán et Chicanná avant de continuer vers l'est jusqu'à la côte du Yucatán. Les voyageurs les plus aventureux voudront explorer la jungle sauvage de la Réserve de la biosphère Calakmul, où des centaines de ruines mayas demeurent inexplorées.

Les ruines de style Chenes se situent autour d'Hopelchén et la route qui y mène passe devant des habitations mayas traditionnelles. Ce sont des maisons rondes ou ovales aux épais murs d'adobe et toits de chaume élevés, généralement blanches mais parfois couleur adobe naturel ou bleu ciel. ■

**La ville
de Campeche
aux bâtiments
superbement
restaurés est
idéale pour flâner.**

Campeche

UNIQUE ET RELATIVEMENT ISOLÉE, LA VILLE DE CAMPECHE FAIT IMMAN-
quablement penser aux romans de cape et d'épée. Autrefois entourée d'un mur de défense érigé contre les pirates, elle conserve une
élégance du XVIIᵉ siècle que ne possèdent pas les autres cités coloniales. Plusieurs musées sont intéressants à découvrir, mais l'attraction la plus spectaculaire est la ville elle-même. La rénovation
en cours des façades du centre transforme Campeche en un musée
vivant d'architecture coloniale et républicaine. Depuis 1987, des
centaines de bâtiments ont été restaurés dans de délicieux tons
jaune pâle, brun terre, vert clair, doré et ocre rouge.

Campeche
📍 p. 309 C3
Informations
☎ (981) 811 92 55

Fondée en 1540 par Francisco
de Montejo (voir p. 333), la ville de
Campeche prit son essor en tant
qu'unique port du Yucatán d'où
l'or et l'argent étaient expédiés vers
l'Espagne. Cette richesse n'échappa
pas à l'attention des pirates, qui
assiégèrent la cité pendant plus de
deux siècles, se livrant parfois à de
terribles exactions. En fait, la ville
était constamment mise à sac.

Il fallut attendre 1686 pour que
la Couronne espagnole prenne des
mesures préventives. La ville fut
entièrement murée et, une fois
la construction de deux forts

jumeaux achevée, les attaques des
pirates cessèrent enfin.

La vieille ville d'aujourd'hui,
Viejo Campeche, est une zone
dense de quelques dizaines de
pâtés de maisons. Si une bonne
partie des murs d'enceinte est
détruite, les sept bastions, ou
baluartes, sont presque intacts, et
ceux qui avaient été démolis ont
été reconstruits. Les deux entrées
qui constituaient autrefois les seuls
accès à la ville existent toujours.

La porte de la Terre, **Puerta de
Tierra** (*calle 18, en face de calle
59*), fournit un décor extraordi-

naire pour un spectacle son et lumière de deux heures (*soirs de week-end, en semaine en haute-saison*, €€) avec danseurs et musiciens. La porte de la Mer, **Puerta del Mar** (*calle 8 et calle 59*), n'est plus qu'une arche commémorative à deux rues du rempart maritime.

Dans le centre historique, la **Catedral de la Concepción** (*calle 55 et calle 10*), à la sobre façade baroque, fut achevée en 1705. À l'extrémité droite de la nef se trouve un calvaire en ébène sculptée couvert d'anges d'argent. Sous le maître-autel, un souterrain menant aux bastions avait été aménagé pour le clergé en cas d'attaques pirates.

Contrairement à la plupart des places principales des autres villes mexicaines, celle de Campeche n'est pas le lieu de rencontre préféré des habitants. La majorité déambule le soir sur la promenade du front de mer, le *malecón*. La plaza s'anime néanmoins le dimanche soir lorsque l'orchestre symphonique joue dans le kiosque central.

Des visites guidées de la ville sont organisées à 18 h au départ de l'office du tourisme municipal, dans le Baluarte de Santa Rosa (*tél. (181) 811 39 89*). Pour ceux qui préfèrent, des circuits en tramway (€) partent de la grand-place à 9 h 30, 18 h et 20 h.

Sortez du centre historique pour visiter le **mercado municipal** (*av. Circuito Baluartes, entre les calles 51 et 55*). Hormis les beaux chapeaux de style « panama » et des tissus, Campeche n'est pas renommé pour son artisanat mais on trouve au marché une multitude de souvenirs, de tee-shirts, de fruits et légumes locaux et d'objets usuels.

Aux deux extrémités de la ville se dressent les deux forts historiques de Campeche, placés à des endroits stratégiques. L'achèvement de l'imposant **Fuerte San Miguel** (*av. Escénica*), en 1771, mit un terme aux invasions des pirates. Situé à l'extrémité sud de la ville, ce fort abrite aujourd'hui le meilleur musée de Campeche, le **Museo de la Cultura Maya** (*ouv. de 8 h 30 à 19 h 30, fermé le lundi*, €). Y sont exposées des pièces préhispaniques provenant de tout l'État, dont quelques statuettes de l'île de Jaina représentant de manière très réaliste les personnages défunts auprès desquels elles reposaient, et une demi-douzaine de masques funéraires de jade découverts à Calakmul (voir p. 329).

Au nord-est du centre-ville, le **Fuerte San José el Alto** (*av. Francisco Morazán*) héberge le **Museo de Armas y Barcos** (*ouv. de 8 à 20 h, fermé lun.*, €). On peut y admirer des armes des XVIᵉ et XVIIᵉ siècles, de l'art religieux, des manuscrits et des maquettes de navires. Depuis ces deux forts, la vue est superbe.

Plusieurs des bastions qui ponctuaient jadis les murs hexagonaux de la ville abritent aujourd'hui de petits musées. Au **Baluarte de San Carlos** (*calle 8 et calle 65, fermé lun.*), une exposition simple propose une maquette de la cité telle qu'elle était au XVIIIᵉ siècle et des témoignages sur l'époque de la flibuste. On peut visiter le donjon. Le **Baluarte de la Soledad** (*calle 8 et calle 57*), côté nord de la grand-place, abrite le **Museo de las Estelas** (*fermé lun.*, €) et sa collection de stèles mayas provenant des sites du Campeche. On y reconnaît les seigneurs et les glyphes calendaires. Le **Baluarte de Santiago** (*calle 8 et calle 49*) fut le dernier bastion à être achevé, à la fin du XVIIIᵉ siècle. Entre ses murs épais, complètement reconstruits au milieu des années 1950, se trouve un petit jardin botanique comprenant 250 espèces de plantes tropicales. ∎

Le Fuerte san Miguel protégeait le port contre les pirates.

Edzná

📇 p. 309 C2

✉ 60 km au s.-e.
de Campeche

🕐 tlj de 8 h à 17 h

💶 €€

Edzná

LA CITÉ D'EDZNÁ FUT CONSTRUITE PAR ÉTAPES ET HABITÉE SANS INTER-
ruption de 100 av. J.-C. à 600 ap. J.-C. puis connut un second apogée
durant le classique récent (600-900). Si, contrairement à d'autres
cités mésoaméricaines, elle ne fut pas abandonnée brutalement, sa
population commença à décliner peu après l'an 1000. Elle fut habitée jusqu'au XVIe siècle par des populations chontales. Son intérêt
tient à la symétrie et au caractère monumental de ses structures,
ainsi qu'à l'excellente conception de son centre.

Carrefour sur une route marchande reliant le nord de la péninsule, les basses terres du Sud et Ah
Kin Pech (aujourd'hui ville de
Campeche), Edzná est marqué par
plusieurs styles d'architecture. Ses
stèles sculptées de la période clas-

**À l'origine, le
Templo de los
Cinco Pisos, plus
grande structure
du site, était orné
de stuc peint.**

sique, ses crêtes faîtières et ses toits
en encorbellement sont typiques
des basses terres du Sud. Les
mosaïques de pierre complexes et
symboliques ornant les façades de
ses temples sont de style Puuc.

Son vaste système de drainage
des eaux de pluie est unique :
construit entre 200 av. J.-C. et
100 ap. J.-C., il était indispensable
à cette région dépourvue de cours
d'eau. À la saison des pluies,
lorsque la large vallée était inon-

dée, l'eau était recueillie et
conduite par des canaux vers une
multitude de réservoirs (*chultún*).

Les édifices découverts à ce jour
sont regroupés près de la grand-
place, la **Plaza Principal**, et de la
Gran Acrópolis. Au sud de la
place, le **juego de pelota** et le
Templo Sur ont été superbement
restaurés. D'un style différent, le
temple surmontant cette structure
à cinq niveaux aurait été ajouté
durant le classique récent.

Le plus grand édifice est le
Templo de los Cinco Pisos, au
sommet de la grande acropole. Il
est doté d'un sanctuaire à chaque
étage. Le petit temple du sommet
est couronné d'une haute crête faîtière. Un phénomène solaire se produit chaque année à la saison des
semailles (du 1er au 3 mai) et de la
récolte (du 7 au 9 août). À ces dates,
du fait de l'inclinaison de la Terre,
le soleil pénètre dans le temple et
illumine le visage du dieu du soleil,
Kinich-Ahau, gravé sur une stèle.

Certaines des plus anciennes
structures du site sont situées sur
la **Pequeña Acrópolis**, au sud de
la grande acropole. Chacun des
quatre édifices érigés sur cette
plate-forme surélevée fait face à
l'un des quatre points cardinaux.
À l'ouest de la petite acropole, le
Templo de los Mascarones présente de part et d'autre de l'escalier
des masques en stuc du dieu du
soleil à son lever (à gauche) et à
son coucher (à droite). ■

Reserva de la Biósfera Calakmul

Reserva de la
Biósfera Calakmul
 p. 309 C1

LA RÉSERVE DE LA BIOSPHÈRE CALAKMUL EST LA PLUS GRANDE FORÊT tropicale du Mexique. Légèrement surélevée, elle forme un lien écologique entre les forêts pluviales tropicales de la région de Petén, au Guatemala, et les forêts plus sèches du Nord. La réserve abrite les ruines mayas de Xpuhil, Chicanná et Becán, d'accès facile par la route. Hormiguero, Calakmul et Río Bec sont un peu plus difficiles à atteindre, mais procurent davantage au voyageur cette exaltante impression d'être « perdu dans la jungle ».

Calakmul est le refuge de près d'une centaine d'espèces de mammifères, dont certains félins menacés tels le puma et le jaguar. 235 espèces d'oiseaux ont été répertoriées, dont des toucans, des perroquets, des macaos et des espèces indigènes telle la dinde ocellée.

Bien qu'elle soit protégée, la biosphère est menacée par la surexploitation et la colonisation de sa forêt. Les immigrants du Tabasco, du Veracruz et du Chiapas qui s'y sont installés depuis les années 1950 pratiquent la culture itinérante sur brûlis, l'élevage intensif et la chasse. Près de 4 000 personnes vivent dans le parc. L'association à but non lucratif Pronatura Península de Yucatán, directement impliquée dans la gestion du parc, travaille activement avec les communautés à la reforestation et au développement d'industries durables comme l'élevage des porcs et l'apiculture.

À la création de la municipalité de Calakmul en 1996, la ville de **Xpuhil** fut choisie comme siège administratif. La route 186 passe par cette bourgade dotée de quelques restaurants, d'hôtels modestes et de services de bus. La route relie Chetumal, capitale du Quintana Roo, à Escárcega, important nœud de communications et pôle commercial de l'État du Campeche. Au nord de Xpuhil, une route goudronnée conduit à Hopelchén, la région du style Chenes, dans l'État du Yucatán.

On peut louer les services d'un guide ou participer à un circuit en s'adressant au Chicanná Ecovillage (voir p. 380), près de Xpuhil. Les sites archéologiques sont ouverts tous les jours de 8 h à 17 h et payants du lundi au samedi (€).

Situés à faible distance les uns des autres, Chicanná, Becán et Xpuhil peuvent se visiter en une journée. Ces sites associent le style Chenes (principalement dans les portes en forme de « masque » de

Espèce menacée, le jaguar est l'un des mammifères peuplant Calakmul.

monstre terrestre), qui prévaut dans le nord du Campeche, et le style Río Bec, illustré par des tours latérales jumelles surmontées de faux temples, des angles arrondis et des faux escaliers.

Chicanná, petit site dont le nom maya signifie « maison de la gueule

de serpent », fut habité dès le préclassique récent et atteignit son apogée pendant le classique récent.

En traversant une petite forêt de sapotiers pour parvenir à la place principale de Chicanná, bordée de plusieurs édifices, on entend les cris des orioles. Proche des monuments de style Chenes, la façade de l'**Estructura II** représente le masque du monstre terrestre Witz. L'entrée principale en constitue la gueule béante et, au-dessus, des pierres sculptées figurent ses dents en crochets, son nez et ses yeux. Sur les côtés, les rangées verticales de profils de serpents en mosaïque de pierres étaient autrefois couvertes de stuc coloré avec un pigment rouge vif. Ces éléments et ces thèmes se répètent sur de nombreuses structures du site.

Becán, à 2,5 km, était la capitale de la région Río Bec. Un large fossé creusé dès la fondation de la ville entourait les structures les plus larges et hautes organisées autour de plusieurs places. Cette cité intérieure, accessible par sept portes, était réservée à l'élite.

À la base de l'**Estructura IV**, s'ouvre un passage voûté qui conduit à la place centrale. Sur cette dernière, l'imposante **Estructura VIII**, pyramide à quatre degrés, est dotée d'un escalier monumental qui conduit au temple orné d'un masque de monstre terrestre et couronné de hautes tours factices. Du sommet de cette pyramide, on aperçoit le Temple des Trois Tours de Xpuhil, à 8 km à l'est.

Tirant son nom d'une plante très abondante dans la région, **Xpuhil** (Queue de chat), comme Chicanná et Becán, connut son apogée durant le classique récent. Ses hautes tours, l'architecture en trompe l'œil et les masques de monstres sont caractéristiques du style Río Bec. Les bancs trouvés dans les chambres des **Estructuras III** et **IV** suggèrent que ces bâtiments étaient résidentiels.

À 23 km au sud-ouest de Xpuhil, **Hormiguero** (fourmilière) a été ainsi baptisé en raison des tunnels creusés par des pillards. Le style Río Bec est marqué par la présence de tours latérales aux angles arrondis et de faux escaliers dans l'**Estructura II** du Groupe sud.

Des excursions d'une demi-journée en minibus sont organisées au départ de Xpuhil pour visiter ce site ainsi que **Río Bec**, difficile d'accès.

Le terme Río Bec fait référence au groupe composé d'au moins 18 structures cérémonielles près de la rivière Bec, si éparses et distantes que les archéologues se demandent

À gauche : Estructura III, à Calakmul. Ci-dessus : Becán était autrefois la capitale de la région Río Bec. Comme d'autres sites, elle n'est pas entièrement restaurée.

si elles appartenaient réellement à la même communauté.

Une importante ruine maya, mais très peu étudiée, **Calakmul,** est enfouie au cœur de la réserve, à 60 km de la 186. La route d'accès carrossable peut être impraticable durant la saison des pluies et les véhicules 4 x 4 sont recommandés. Le site est inscrit au patrimoine mondial de l'Unesco depuis 2002.

Découverte en 1931, cette vaste cité – bâtie dans une plaine alluviale près d'un grand lac d'eau douce disparu – appartient, du point de vue stylistique, à la région voisine de Petén, au Guatemala. Calakmul fut habité sans interruption pendant plus de mille cinq cents ans, du préclassique (500-300 av. J.-C.) au postclassique ancien (1000-1200).

Les fouilles récentes nous apprennent que Calakmul, rivale de Tikal au Guatemala, fut l'une des plus grandes puissances du classique récent (500-900) et la capitale d'un vaste royaume qui englobait des cités des basses terres telles Dos Pilas, Naranjo et Caracol. Un grand nombre de constructions et de stèles sculptées furent érigées à cette époque. Après la mort de son dirigeant, Griffe de Jaguar, fait prisonnier par le roi de Tikal en 695, Calakmul renforça ses relations avec ses voisins de la région Río Bec comme le montre le style de quelques édifices tels que l'**Estructura V**. Après 810, la cité décline rapidement, réduite aux seules fonctions de centre cérémoniel après l'an 1000. ∎

La plupart des mennonites sont toujours habillés comme leurs ancêtres, arrivés au Mexique dans les années 1920.

Hopelchén, Hochob et Dzibilnocac

À L'EST DE CAMPECHE, HOPELCHÉN EST UNE PETITE VILLE INTÉRESsante, hors des sentiers battus. Les mennonites, une communauté d'immigrés allemands des fermes environnantes, y viennent pour vendre leur fromage et faire des achats. Ils continuent de porter leurs vêtements paysans traditionnels et parlent le dialecte bas-allemand de leurs ancêtres (voir p. 102). Au sud de la ville se trouvent Hochob et Dzibilnocac, deux petits sites archéologiques typiques du style Chenes de la région.

Hopelchén

📍 p. 309 C3

Hochob

📍 p. 309 C2

🕐 tlj de 8 h à 17 h

💶 €

Dzibilnocac

📍 p. 309 C2

🕐 tlj de 8 h à 17 h

💶 €

Hochob se trouve à 11 km de Dzibalchén et légèrement à l'écart de la route reliant Dzibalchén et Chenko. À ce jour, trois places et quatre édifices érigés sur une colline aplanie artificiellement ont été fouillés. Les façades aux masques géants du **Palacio del Este** (Palais de l'Est) et du **Palacio Principal**, tous deux sur la Plaza I, illustrent des éléments majeurs de l'architecture Chenes. Le premier est une figure zoomorphique et le second représente le dieu du soleil, Itzamná, dont les yeux qui louchent apparaissent au-dessus de l'entrée. Des masques de Chac ornent les bords du palais principal et l'on aperçoit des vestiges de crêtes faîtières.

Derrière le palais, les cavités creusées dans le sol témoignent d'un ancien système d'irrigation. Les faux escaliers et les tours couronnées de faux temples de l'**Estructura III** sont typiques du style Chenes.

Au nord de Dzibalchén, les ruines de **Dzibilnocac** font partie de la ville d'Iturbide. Plates-formes, bases de pyramide, palais et chambres en encorbellement y sont éparpillés, mais un seul bâtiment a été mis au jour. Le **Templo Palacio** (Estructura I) à trois niveaux présente les faux escaliers et les tours couronnées de temples caractéristiques du style Chenes. Des masques de Chac et des serpents stylisés ornent le temple du sommet. Ce site, qui fut un centre cérémoniel de taille moyenne entre 250 et 800, était déjà habité en 500 av. J.-C. ∎

Jeune homme de Becal fabriquant un chapeau de paille.

Autres sites du Campeche

NORD DU CAMPECHE

Entre la ville de Campeche et l'État du Yucatán, la route 180 traverse une succession de petites villes dont chacune a au moins une spécialité ou une curiosité digne d'intérêt. Datant du XVIe siècle et situé à 60 km au nord de Campeche, **Hecelchakán** est apprécié des Campechanos pour son *cochinita pibil* (porc cuit relevé d'achiote, une épice) vendu sur des étals de la place principale. L'**île de Jaina** (face à la côte) n'est pas accessible au public, mais on peut admirer ses célèbres statuettes au **Museo Arqueológico del Camino Real** d'Hecelchakán (*fermé lun.*). Située à 25 km au nord, **Calkiní** possède une **église monastique Clarisa** de style plateresque dont la chaire et le maître-autel sont magnifiquement sculptés.

Juste à la limite du Yucatán, **Becal** est le lieu d'où viennent ces fameux *jipis*, des chapeaux de paille allant du superbe et onéreux « panama » (un nom qui exaspère au plus haut point les Campechanos) au modèle coloré et plus grossier qui se porte à la plage. Ces chapeaux sont fabriqués dans des caves situées sous les maisons de façon que la fibre de palme reste souple.

A p. 309 C3

LITTORAL DU CAMPECHE

Si le Campeche n'est pas réputé pour ses plages, son littoral réserve quelques surprises agréables. L'une de ses plus jolies plages se trouve près de **Seybaplaya**, un village de pêcheurs sans prétention à environ 32 km au sud de Campeche. La plage étroite, où s'alignent des barques aux couleurs vives, s'étire vers le nord sur 1,5 km jusqu'à **Payucán**, où hérons, pélicans et bécasseaux pêchent dans les eaux peu profondes marbrées de turquoise, de vert-gris et de bleu. À une heure vers le sud, **Champotón** est la plus grande ville entre Campeche et **Isla del Carmen,** qui est une ville pétrolière peu attirante. C'est dans la baie de Champotón, aujourd'hui appelée **Bahía de la Mala Pelea** (Baie du combat contre le mal), que les Mayas défirent les Espagnols pour la première fois. La cité côtière, agréable mais sans grand intérêt, de Champotón est le point de départ des sorties de pêche et parties de chasse locales.

A p. 308 B2

GRUTAS DE XTACUMBILXUNÁN

Près de la frontière du Yucatán, les grottes de Xtacumbilxunán se composent d'une succession de salles calcaires souterraines présentant des formations intéressantes. Pour les Mayas, elles étaient sacrées, car elles faisaient le lien entre ce monde et le suivant. Si vous vous dirigez vers le nord en venant d'Hopelchén, vous ne regretterez pas ce léger détour en quittant la route 261. Il est préférable de réserver son excursion à Campeche, car le gardien/guide des lieux n'est pas toujours présent et il est déconseillé d'entrer seul dans les grottes.

A p. 309 C3 ■

Le Yucatán

À L'EXTRÉMITÉ DE LA PÉNINSULE, LE YUCATÁN OFFRE MOINS D'ATTRAITS QUE LE QUINTANA Roo en termes balnéaires mais abrite des sites archéologiques remarquables, dont le célèbre Chichén Itzá. La forêt tropicale y est dense et touffue, le climat est très lourd de l'été à l'automne et les moustiques pullulent. La période « la plus fraîche » va de décembre à février.

Si ses plages n'ont pas le sable blanc et les eaux turquoise de la Riviera maya, le littoral du Yucatán est meilleur marché, moins envahi par les touristes et il y a de vraies découvertes à faire. Celestún et Río Lagartos attirent les amateurs d'oiseaux et Isla Holbox, une île proche, est un paradis pour les pêcheurs. L'infrastructure côtière est limitée mais elle se développe, même si les équipements restent rudimentaires. La portion de littoral longue de 80 km entre Progreso et Dzilám de Bravo est en cours d'aménagement sous le nom de La Nueva Yucatán.

Les ruines mayas demeurent la principale curiosité du Yucatán, en particulier Chichén Itzá, l'un des sites archéologiques les plus intéressants de tout le Mexique. Répartis de façon stratégique sur le site, on y trouve le plus grand jeu de balle de Mésoamérique, un puits sacrificiel et des pyramides à degrés couvertes de bas-reliefs.

L'autre joyau du Yucatán, Uxmal, est l'un des quelques sites formant la route Puuc, une boucle d'implantations mayas au sud de Mérida. Dans la même région de collines basses, des villes modestes proposent leurs couvents franciscains, leurs marchés embaumant l'orange et toutes sortes de fragrances.

Autrefois vouées au maïs et à l'élevage, puis à la canne à sucre et au sisal, les haciendas de la péninsule furent vendues et morcelées à la suite des réformes foncières post-révolutionnaires. Aujourd'hui, la plupart d'entre elles ont été converties en hôtels de luxe. ■

Chichén Itzá est l'un des sites les plus étudiés du Yucatán.

Mérida

Vendeur de fruits.

SE RAPPELLE-T-ON QUE MÉRIDA FUT UNE CITÉ CÉRÉMONIELLE MAJEURE DU monde maya postclassique : T'ho (« le cinquième lieu ») ? Elle garde des vestiges de sa période d'opulence et d'élégance européenne, lorsque les revenus tirés du henequen (sisal) permettaient d'acheter du mobilier italien et de voyager. Isolée géographiquement et culturellement du reste du pays, l'élite de Mérida allait chercher à l'étranger son inspiration culturelle. La ville fut forgée par les indigènes sous le brutal système de servage imposé par les propriétaires d'haciendas, tempéré par la résistance des Mayas. Enrichi par les apports des immigrants, le métissage de Mérida est unique.

Contrairement à Tenochtitlán, vaincu après un siège de quatre mois (voir p. 30), T'ho résista à l'envahisseur pendant quinze ans. Les Mayas battirent d'abord le fameux Francisco de Montejo, puis son fils, Montejo el Mozo, qui finit par l'emporter en 1542.

Aujourd'hui, Mérida compte près d'un million d'habitants. Les hôtels sont regroupés dans le centre historique, les plus luxueux bordant la **Prolongación de Paseo Montejo**. Les calèches côtoient voitures, taxis et bus. Églises et théâtres restaurés voisinent avec des structures modernes à un ou deux étages aux couleurs pastel, certaines étant en plutôt mauvais état.

De nombreux bâtiments de seconde et troisième génération entourent le cœur culturel et social de la ville, le *zócalo,* ou Plaza Mayor (*entre les calles 60 et 62, 61 et 63*). Siège d'une banque, la **Casa de Montejo** (*calle 63, côté sud de la place*) est l'un des plus beaux exemples d'architecture plateresque séculaire de la ville, même si seule sa façade est d'origine. Remarquez les armes des Montejo au-dessus du beau balcon en fer forgé.

À l'est de la place, l'église d'origine fut incorporée dans la **Catedral San Idelfonso** (*calle 60 et 61*), commencée en 1561 et complétée au fil des siècles. À l'intérieur, 12 colonnes massives soutiennent les voûtes sur pendentifs de la nef de style roman espagnol. À gauche du maître-autel, le **Cristo de las Ampollas** (Christ aux Ampoules) est une reproduction de la statue

Mérida
p. 309 C4
Informations
Teatro Peón Contreras, calle 60, entre les calles 57 et 59
(999) 924 92 90

d'origine, qui aurait noirci et se serait couverte de cloques dans un incendie, sans brûler.

À côté, le **Museo de Arte Contemporáneo** (*calle 60, entre les calles 63 et 61-A, tél. (999) 928 32 36, fermé mar.,* €) était à l'origine la résidence de l'évêque. Son second étage abrite des expositions temporaires. Le **Palacio de Gobierno** (Palais du Gouvernement), néoclassique, à l'angle nord-est de la plaza, offre une belle vue sur la cathédrale. À l'intérieur, 27 fresques peintes entre 1971 et 1978 retracent l'histoire très tumultueuse de la conquête de la région.

Au Mexique, certaines villes sont désertes le dimanche, à l'exception de quelques touristes à la recherche d'un endroit où se restaurer. Rien de tel à Mérida, où tous les habitants semblent être dans la rue le dimanche, vêtus de leurs plus beaux atours. Le *zócalo* et les places voisines, fermés à la circulation, sont le lieu de spectacles folkloriques gratuits et de théâtre de rue et les boutiques d'artisanat et d'antiquités sont ouvertes. Procurez-vous le programme des festivités à l'office de tourisme, à l'angle sud-ouest du **Teatro Peón Contreras** (*calles 57 et 60*). Si vous êtes dans le quartier avant 13 h, entrez dans ce théâtre de style néoclassique pour admirer ses fresques et son escalier de marbre du XXᵉ siècle restauré au début des années 1980. Mieux encore, allez voir l'un des deux spectacles mensuels de ballet folklorique. De l'autre côté de la rue, les cafés de plein air font du convivial **Parque Hidalgo** l'endroit parfait pour observer les passants.

Le climat tropical humide de Mérida peut être suffocant. La ville sort de sa torpeur après le coucher du soleil, lorsque la brise du soir

Ce *terno* est la version raffinée du *huipil* du Yucatán.

vient agiter les palmiers du **Parque Santa Lucía** (*calles 60 et 55*). Le jeudi soir à 21 h, des jeunes accompagnés de musiciens exécutent des danses régionales. Le samedi après 20 h, touristes et locaux se rassemblent pour la **Noche Mexicana** (*paseo de Montejo et calle 47*), un festival de musique, de danse et d'artisanat. En haut du Paseo de Montejo, le **Palacio Cantón**, demeure néoclassique en marbre de Carrare couleur abricot et crème, aux colonnes doriques et ioniques et aux décors italianisants, héberge le **Museo Regional de Antropología e Historia** (*calle 43 et paseo de Montejo, tél. (999) 923 05 57, fermé lun.,* €€). Si ce musée d'anthropologie et d'histoire n'expose qu'un nombre limité de pièces archéologiques, son prix d'entrée justifie la visite de cette demeure du XXᵉ siècle.

Mérida est une ville charmante mais polluée. Les espaces boisés, le lac, les aires de jeux et le petit zoo du **Parque Centenario** (*av. Itzaes, calles 59 et 65*), à l'ouest de la ville, constituent un agréable refuge. L'**Ermita de Santa Isabel** (*calles 66 et 77, église fermée en semaine*) est une autre oasis de paix dotée d'un autel préhispanique et d'un jardin botanique bien entretenu émaillé d'objets mayas. Encore appelée Notre-Dame du Voyage réussi, cette église paisible était autrefois une étape pour les voyageurs en route pour Campeche.

À sa fondation, le cœur de Mérida était réservé à l'élite. Il était entouré de villes indiennes puis, plus tard, de quartiers mixtes et métis. Chaque enclave était un monde propre dont la vie sociale et religieuse était centrée autour d'une église paroissiale. Absorbés par la ville au XXᵉ siècle, ces *barrios* ont toujours des églises fréquentées et des marchés animés, et valent assurément le détour.

Visitez le **Barrio de Santiago**, dans le secteur nord-est, le mardi soir : des orchestres jouent de la musique des années 1940 dans le parc en face du **Templo de Santiago Apostle** (*calles 59 et 70*). Tout près de la grand-place se trouvent le **Barrio San Juan** et son église du XVIe siècle (*calles 69 et 62*), dédiée à saint Jean. À huit rues au sud-ouest de la grand-place, le **Barrio de San Cristóbal** accueillit au XIXe siècle des immigrants libanais et italiens. L'intérieur de son église (*calles 50 et 69*) est sobre mais ses images de la Vierge de Guadalupe font grande impression (voir p. 193).

Au nord-ouest du centre, **La Mejorada** était autrefois séparée de San Cristóbal par une colline qui fut démolie pendant la guerre d'indépendance. L'ancien monastère franciscain (*calles 59 et 50*) abrite désormais une école d'architecture et le **Museo de Arte Popular** (*fermé lun.*, €), qui expose des pièces d'art populaire du Yucatán et de tout le Mexique.

Par sa position centrale et les bonnes prestations qu'elle offre, Mérida est le point de départ logique des excursions dans la région. On y trouve des chambres d'hôtes, des hôtels cinq-étoiles et d'excellents restaurants proposant de la cuisine régionale, libanaise ou française. Les boutiques abondent. Vous pourrez acheter des chapeaux de style panama, de superbes hamacs, des bijoux filigranés, des vêtements tropicaux et la liqueur locale à l'anis et au miel, le xtabentun. ■

La cathédrale de Mérida, la plus ancienne de l'Amérique continentale (sa construction débuta en 1561) a une sobre façade Renaissance.

Progreso

📖 p. 309 C4

Informations

✉ Casa de la cultura
calle 80, entre
les nᵒˢ 25 et 27

☎ (969) 935 01 04

Le littoral
et les réserves côtières

SI LE QUINTANA ROO ATTIRE FÊTARDS ET PLONGEURS, LE LITTORAL DU Yucatán draine, lui, les amateurs de pêche et d'oiseaux. La popularité croissante de la Riviera maya a encouragé le développement d'une bande côtière de 39 km entre Telchac Puerto et Dzilám de Bravo, « la Nueva Yucatán », même si les investisseurs ne s'y précipitent pas. Loin de la foule, les réserves naturelles de Celestún, El Palmar et Río Lagartos sont un refuge sûr pour les oiseaux, les tortues marines et autres espèces animales et végétales, tandis que les villages mayas et métis s'alanguissent sous le soleil.

Comme Río Lagartos, Celestún ravira ceux qui aiment les oiseaux.

Avec à peine 50 000 habitants, **Progreso** est une station balnéaire très appréciée des habitants de Mérida. Cette cité portuaire bénéficie d'une belle plage de sable, mais ne brille pas par la beauté de son architecture moderne. Le long de la mer, restaurants de fruits de mer, hôtels et cafés modestes s'alignent sur la *calle* 19. La jetée de pierre, d'origine, fut rallongée (deux fois) et le port de plaisance, créé pour attirer les navires de croisière et de commerce.

Après une promenade sur la plage ou la jetée, visitez le phare haut de 40 m, jadis éclairé au kérosène. **Yucalpetén**, à 6 km vers l'ouest, accueille des navires de commerce internationaux dans son port abrité. Une flotte de pêche pittoresque rapporte chaque jour

son lot de poissons : mérous, dorades et bars.

La seule route de plage notable de l'État fait 80 km de longueur et relie Progreso à Dzilám de Bravo, à l'est. Elle longe des salines de l'époque préhispanique et des dunes herbeuses accessibles par des pistes. De nombreux habitants de Mérida se reposent le week-end à **Chicxulub Puerto**, un village de pêcheurs à l'est de Progreso. À cet endroit de la côte, se situe le cratère de Chicxulub qui mesure 180 km de largeur. Creusé par une météorite il y a 65 millions d'années, il fut découvert dans les années 1940 par des géologues cherchant du pétrole. L'impact serait par ailleurs à l'origine des bassins naturels de la péninsule. D'autres petits villages de pêcheurs s'égrènent le long de la côte, dont **San Crisanto** et **Telchac Puerto**.

À l'ouest de Mérida, **Sisal** fut jadis le premier port important de l'État, avant de céder la place à Progreso, agréable village de pêcheurs doté d'une jolie plage, dans la seconde moitié du XIXᵉ siècle. Les touristes lui préfèrent **Celestún**, à 90 km à l'ouest de Mérida. À bord de petits bateaux, on peut parcourir l'estuaire et les mangroves de la **Reserva de la Biósfera Celestún**, peuplées d'oiseaux et de dizaines de milliers de flamants couleur corail. Au bord de l'estuaire, Celestún est une ville tranquille qui accueille les visiteurs d'un jour venant de Mérida et les randonneurs qui ne craignent pas le manque de confort. Les excursions de trois heures pour observer les oiseaux (de septembre à mars pour les flamants) comprennent la visite d'une source d'eau douce (demandez à vous baigner) et d'une forêt d'arbres pétrifiés. **El Palmar**, paradis peu connu peuplé de singes-araignées et d'autres animaux, commence lui aussi à attirer les amateurs de nature.

Au nord de Valladolid, sur la côte centrale nord, la **Reserva de la Biósfera Río Lagartos** est un autre sanctuaire pour la faune et la flore. Son long estuaire salin attire ibis blancs, grands hérons blancs, aigrettes neigeuses et flamants. Réservez votre place pour une excursion de trois heures (€€€ *par bateau*) à Valladolid, à Mérida, au bureau du parc (à l'entrée de la ville) ou au restaurant Isla Contoy. Vous y verrez des pélicans perchés dans les palétuviers, des hérons pêchant entre les racines des arbres et les aires d'alimentation des flamants (leurs lieux de nichée ne sont pas accessibles).

Formidable pour la pêche et la détente, **Isla Holbox** (dont le nom signifie « trou sombre » en maya) se trouve juste au-delà de la frontière du Quintana Roo. Un ferry fait la traversée sept fois par jour (€€) et des embarcations privées (€€€€) assurent également le transport. L'hôtel Delfín organise des sorties de pêche au brochet de mer, au tarpon, au mérou et au pampano (€€€€). La saison de pêche va d'avril à juillet, sauf pour la pêche en haute mer qui se déroule toute l'année. L'hôtel loue par ailleurs des chevaux et des kayaks de mer. ■

Encore peu développé, l'État du Yucatán présente des kilomètres de plages solitaires.

Chichén Itzá

🅰 p. 309 D3

✉ Route 180, 166 km
à l'est de Mérida

☎ (985) 851 01 24

🕐 tlj de 8 h à 17 h

💶 €€€€

Chichén Itzá

LE SITE MAYA LE PLUS MAJESTUEUX DE LA PÉNINSULE EST CHICHÉN ITZÁ. Selon la légende, ce serait le roi toltèque de Tula, Ce Acatl Quetzalcóatl, qui aurait fondé en 987 une nouvelle cité au nord d'un ancien centre cérémoniel Puuc. Le récent déchiffrement des données épigraphiques du site offre une autre version de l'histoire. Ce seraient les marchands-guerriers Itzás, des Mayas mexicanisés, qui se seraient établis ici au début du IXᵉ siècle. Chichén Itzá (« près du puits des Itzás ») devient la capitale d'un vaste empire jusqu'à son déclin en 1195. Délaissé au profit de Mayapan, Chichén Itzá conserva son statut de centre religieux et fut habité jusqu'à la conquête espagnole.

Ci-dessus : Les Mésoaméricains exposaient parfois les têtes coupées de leurs ennemis. La représentation en pierre de cette pratique se nomme tzompantli.
Page ci-contre : Au second plan, on aperçoit le Caracol et, à l'arrière, le temple dédié à Kukulcán, le serpent à plumes.

Contrairement aux sites plus romantiques, perdus dans la jungle, de Palenque et Uxmal, Chichén Itzá a une allure quasi militaire. Ses fresques et ses panneaux sculptés représentent des guerriers, des batailles et des sacrifices humains, alors que l'on a longtemps cru que les Mayas étaient un peuple pacifique. Plus de trente édifices soigneusement restaurés se dressent sur un terrain plat et herbeux, tandis que des centaines d'autres, très endommagés, sont éparpillés dans la jungle. Le site est divisé en deux zones distinctes, le Grupo Sur et le Grupo Norte.

Le **Grupo Sur**, ou zone Puuc, comprend les édifices que l'on tenait pour les plus anciens de Chichén Itzá. Certains archéologues les considèrent aujourd'hui

comme contemporains des différentes constructions du Grupo Norte. Les différences stylistiques traduiraient la politique d'intégration des nouveaux arrivants Itzás. Encore appelés Mayas Chontales ou Putúns, les Itzás étaient un peuple de marins originaire de l'actuel État du Tabasco. Le fait qu'ils étaient considérés comme des intrus ou, tout au moins, comme des étrangers est prouvé par la signification de leur nom en langue maya : « Ceux qui parlent mal notre langue ».

Les édifices de style toltèque dominent le grand **Grupo Norte**, ensemble majestueux de pyramides et temples élevés à partir du IXᵉ siècle. Plus de 35 000 personnes vivaient dans ces lieux durant le postclassique ancien (950-1200). Les fortes similitudes entre l'architecture de Tula (qui est distant de 1 200 km) et Chichén Itzá nord ont frappé les premiers archéologues qui ont émis l'hypothèse d'une conquête des Toltèques sous la conduite du roi Quetzalcóatl, appelé Kukulcán par les Mayas. Si le langage décoratif est certes en rupture avec le style Puuc et Chenes qui prévaut durant le classique au Yucatán, l'utilisation de la fausse voûte maya et le décor de masques sur certains édifices témoignent

plutôt d'une « mexicanisation » de l'architecture qui s'avère, à bien des points de vue, plus novatrice que celle de la contemporaine Tula.

Par ailleurs les contacts entre ces deux grandes cités sont attestés par les échanges commerciaux. Les turquoises trouvées à Chichén Itzá provenaient du sud de l'actuel Arizona et de l'or était exporté vers des contrées aussi lointaines que le Costa Rica d'aujourd'hui.

El Castillo, encore appelé Pirámide de Kukulcán, est l'édifice le plus élevé du groupe Nord. Bâtie au-dessus d'une structure plus ancienne qui continuait à être utilisée pour le culte, cette pyramide possède quatre escaliers totalisant 365 marches, soit le nombre de jours du calendrier solaire. Elle est surmontée d'un temple carré dédié à Kukulcán, le serpent à plumes, symbole de la royauté à Chichén Itzá. Aux équinoxes de printemps (21 mars) et d'automne (21 septembre), des milliers de visiteurs affluent vers le Castillo. Ces jours-là, le soleil frappe la pyramide de telle façon que l'on aperçoit l'ombre d'un serpent descendant les marches. Ce phénomène témoigne de l'incroyable science des Mayas en matière de mathématiques et d'astronomie.

Chichén Itzá regorge d'illustrations de sacrifices humains. Près du Castillo, le **Tzompantli** est une plate-forme dont le pourtour est sculpté de crânes humains. Le **juego de pelota** jouxte cette structure. Des reliefs sur les talus représentent les deux équipes de sept joueurs de balle assistant à la décapitation du capitaine de l'équipe adverse. Le jeu de balle avait une signification cosmique et politique et consistait le plus souvent en un duel opposant un chef victorieux à son ennemi vaincu. L'issue du duel était fixée par avance, le chef victorieux devant absolument gagner, défaite symbolique du mal et de l'obscurité par la lumière et la vie et reconstitution de la création du monde. Pour garantir cette victoire, l'autre joueur était affamé pendant plusieurs semaines et, s'il était encore trop vaillant, on lui cassait un bras ou une jambe avant le match.

Au sommet du talus sud du jeu de balle, le **Templo de los Jaguares** est formé de deux chambres, la supérieure tournée vers l'aire de jeu, l'inférieure tournée vers la place à l'est. Cette dernière est décorée de reliefs peints montrant des scènes de bataille.

Un chemin mène du jeu de balle au **Cenote de los Sacrificios**, un puits naturel profond, de 60 m de diamètre, dans lequel on jetait les sacrifiés. L'exploration du puits en 1923 et en 1960-1961 a permis de rapporter 42 squelettes humains, ainsi que des figurines de jade et d'or et de nombreuses offrandes. De retour au Castillo, des rangées de piliers de pierre, les **Mil Columnas,** précèdent le **Templo de los Guerreros** (Temple des Guerriers, qui n'est pas accessible au public). Les reliefs, autrefois peints, montrent des guerriers et des prêtres autour de la déesse Ix-Chel, formant une procession se dirigeant vers le chac-mool situé en haut des marches. Cette statue, dont plusieurs exemplaires sont présents sur le site, figure un personnage à demi allongé sur le dos tenant une coupelle sur laquelle on présentait aux dieux des cœurs et du sang humains.

Le Grupo Sur est dominé par le **Caracol**, nom dû à sa forme en colimaçon. Servant probablement d'observatoire, le Caracol présente deux niveaux d'escaliers et de terrasses conduisant à une tour circulaire aux fenêtres orientées vers les quatre points cardinaux. Astronomes accomplis, les Mayas

étudiaient les cycles de la Lune et les étoiles pour calculer le temps qui passe. Leurs connaissances étaient particulièrement avancées dans le Yucatán, où il fallait déterminer très précisément la période de plantation de façon à utiliser au mieux la faible pluviosité.

Le style Puuc prévaut à la **Casa de las Monjas** (Quadrilatère des Nonnes), nom attribué par les Espagnols. Des frises très élaborées ornent l'escalier délabré et les encadrements de fenêtre surmontant la longue structure. À côté, **la Iglesia** (autre nom donné par les conquistadores) est elle aussi savamment décorée de sculptures d'animaux et de grecques (motifs géométriques). Un chemin mal entretenu mène du Quadrilatère des Nonnes à **Chichén Viejo**, où les Itzás laissèrent libre cours à leur imagination en couvrant les structures de masques de Chac, de bas-reliefs de jaguars et de dieux et de délicats motifs de treillis. Certaines ruines sont presque ensevelies sous la jungle.

Il faut absolument passer au moins une nuit près des ruines. On trouve plusieurs hôtels et restaurants pas trop chers dans la ville proche de **Pisté**, mais cela vaut la peine de dépenser davantage pour rester plus près du site. Les archéologues qui y travaillèrent au début du XXᵉ siècle logeaient dans des bungalows à la Hacienda Chichén, transformée de nos jours en somptueux hôtel avec piscine. Celle-ci ainsi que la Villa Archeológica du Club Méditerranée sont accessibles par une entrée secondaire du site. ■

Le chac-mool était un intermédiaire entre l'homme et les dieux. Notez la coupelle destinée à recevoir les sacrifices.

Uxmal et La Ruta Puuc

Il fallait que le Yucatán soit bien plat pour qu'une région aussi dépourvue de relief y soit baptisée Puuc, « pays vallonné ». Le mot maya *puuc* décrit également les cités florissantes de la période classique tardive et le style architectural qui les définit. Pauvre en cenotes, bassins naturels, cette zone ne put accueillir des habitants qu'après l'aménagement de *chultúnes* (citernes), dans lesquels on stockait l'eau pour la saison sèche. Entre 200 et 1000, plus de cent communautés prospérèrent dans cette petite région à cheval sur le Yucatán et le Campeche.

Après le déclin des cités des basses terres du Sud de la période classique dont Tikal et Calakmul, la région Puuc fut florissante entre 750 et 1000 av. J.-C. Ce fut une époque de coopération politique intense entre les cités reliées par des *sacbeob*, chaussées surélevées construites en calcaire. Comme souvent en Mésoamérique, les cités Puuc, tout comme les autres grands centres de l'époque classique, furent abandonnées après avoir atteint l'apogée de leur civilisation. La raison en serait la surpopulation, l'épuisement des ressources, la maladie ou l'accumulation des guerres. La cause exacte demeure un mystère.

Le style architectural Puuc est considéré comme l'un des plus harmonieux du monde maya. Il est remarquable par ses façades en mosaïque de pierre, ses parements en maçonnerie, ses colonnes sculptées et les masques de Chaac au nez crochu ornant façades et angles des édifices. Dans cette région aux précipitations irrégulières et dépourvue de cours d'eau de surface, le dieu de la pluie Chac était une divinité majeure. La partie basse des murs est souvent lisse, et la partie supérieure s'orne de formes géométriques élaborées. La fausse voûte, une invention maya, atteint sa forme la plus raffinée au palais du gouverneur d'Uxmal.

À 78 km au sud de Mérida sur la route 261, la ville fortifiée d'**Uxmal** était la préférée de John Lloyd Stephens (voir p. 14), un explorateur du XIXᵉ siècle qui la visita plusieurs fois avec son compagnon de voyage, l'artiste Frederick Catherwood. Capitale de la région Puuc, Uxmal (dont le nom signifie « trois fois construit ») fut fondée au VIᵉ siècle, mais fut habitée dès 800 av. J.-C. Elle atteignit son apogée sous le seigneur Chac, qui y régna de 900 à 950. Considérée comme la plus jolie des cités Puuc, elle fut restaurée mais, en comparaison avec d'autres sites majeurs du Mexique, peu étudiée.

S'élevant à 42 m au-dessus de la forêt environnante, la **Pirámide del Adivino** (pyramide du Devin) offre une vue superbe sur le site et la forêt basse environnante. Cette pyramide est également appelée maison du Nain : selon la légende, elle aurait été bâtie en une nuit par un nain magicien sorti d'un œuf. La base elliptique inhabituelle de cette haute structure, ses angles arrondis et son tracé harmonieux en font l'un des monuments les plus admirés du Mexique, toutes périodes confondues. De part et d'autre, un escalier très escarpé conduit au temple qui la couronne, décoré de reliefs de la planète Vénus, du Soleil, de fleurs et de serpents. Un superbe spectacle

Uxmal

🔺 p. 309 C3

🕐 tlj de 8 h à 17 h

💶 €€€€

son et lumière, en espagnol ou en anglais, met magnifiquement en valeur tous ces bâtiments.

Au-delà, la **Casa de las Monjas** (Quadrilatère des Nonnes) est un quadrilatère composé de quatre bâtiments allongés entourant une cour. Le bâtiment fut ainsi nommé par les Espagnols, pour qui les 74 salles voûtées évoquaient des cellules monastiques. Le haut des murs intérieurs est couvert de sculptures complexes de masques de Chac et de serpents séparés par des motifs en croisillon. Au sud se trouvent le **juego de pelota** et la **Casa de las Tortugas**, qui tire son nom des tortues décorant sa corniche (très abîmée).

L'une des plus belles représentations du style Puuc, le magnifique **Palacio del Gobernador** fut construit vers 900 sur une plate-forme à plusieurs niveaux. Il aurait servi à la fois de résidence et de centre administratif pour l'élite dirigeante. Sur la face est, le plan horizontal du palais est interrompu par l'une des arches les plus raffinées du monde maya. Elle est couverte d'une magnifique

mosaïque géométrique complexe composée de dizaines de milliers de pierres ciselées formant des masques de Chac.

La magnificence des sculptures de style Puuc d'Uxmal, illustrée notamment par celles du palais du Gouverneur, tient en grande partie à l'excellent calcaire travertin de la région. Ce calcaire fin, dont les teintes vont du jaune au rouge, est facile à découper finement et à polir. Ce n'est qu'aux alentours de Mitla, dans l'Oaxaca, que l'on trouve une qualité de pierre semblable, ce qui explique la finesse des mosaïques produites par les Mixtèques de Mitla.

À 20 km au sud-est, **Kabah** était relié à Uxmal par un *sacbe*. À l'est, un grand nombre de structures sont restaurées, dont l'impressionnant **Codz Pop**, ou **Palacio de los Mascarones** (palais des Masques), minutieusement décoré sur six niveaux de masques de Chac en mosaïque de pierre gravée. À l'arrière du bâtiment, admirez les sculptures de guerriers géants portant des pagnes et des colliers de perles.

Le nom d'Uxmal (« trois fois construit ») se réfère aux trois phases de construction du site.

Ticul est réputée pour sa poterie.

Sayil (« Maison des Fourmis ») est l'une des plus anciennes cités Puuc. Sa principale structure est le **Gran Palacio**, à trois étages, considéré, avec le palais d'Uxmal, comme un des sommets de l'architecture Puuc classique. Contenant plus de 90 pièces, il aurait été la résidence de l'élite dirigeante de la cité. **Xlapax**, à 6 km, est un petit site peu restauré. Comme à Sayil, son palais est orné de masques du dieu de la pluie.

Labná (« Vieille Maison »), inhabité depuis le Ier siècle de notre ère, se trouve 4 km plus loin. Sa construction la plus intéressante est l'arche cérémonielle datant du classique récent. Sur la façade ouest sont représentés une chaumière maya et des serpents stylisés. Exemplaire du genre, cette arche destinée à des fins commémoratives, était placée à l'extrémité d'un sacbe reliant Labná à Kabah.

La route bifurque vers le nord en direction des grottes de Loltún (voir p. 346) et la **Ruta de los Conventos**, une succession de monastères bâtis à partir du début du XVIe siècle pour y enseigner le catéchisme aux Indiens. Les églises et les monastères attenants ont beaucoup perdu de leur splendeur. La route revient à Mérida en passant par des villes mayas et métisses typiques. Si vous voulez visiter les églises, arrivez de préférence le matin ou en fin d'après-midi car beaucoup sont fermées entre midi et 16 heures En route, arrêtez-vous à la foire commerciale d'**Oxcutzcab**, réputée dans toute la région pour ses oranges sucrées (*chinas*).

Un détour de 10 km sur la route des couvents vous amène à **Mayapán**, une cité maya qui éclipsa Chichén Itzá vers 1250. Mayapán n'a pas l'esthétique remarquable des autres cités Puuc. Elle possède assez peu de temples importants et n'a aucun jeu de balle. Son mur long de 8 km et épais de 6 m en moyenne suggère qu'elle fut une ville fortifiée. Son temple principal, dédié à Kukulcán, est une version réduite du Castillo de Chichén Itzá (voir p. 340). Mayapán a été mise à sac et incendiée en 1440 lors d'une guerre civile. À sa chute, l'alliance Puuc fut dissoute et des conflits éclatèrent entre les cités de la région. Les conquérants espagnols arrivèrent peu après.

La Ruta Puuc peut se visiter rapidement, en un jour, à partir de Mérida ou de Ticul, ou, plus tranquillement, en deux jours. Cette seconde solution offre l'avantage d'une nuit dans l'un des quelques charmants hôtels situés sur les ruines d'Uxmal ou à Ticul. ■

Se baigner dans le cenote Dzitnup, près de Valladolid, est une expérience inoubliable.

Autres sites du Yucatán

www.yucatantoday.com/destinations/eng-dzibilchaltun.htm

DZIBILCHALTÚN

« Lieu des écritures sur les pierres », Dizibilchaltún est situé à 12 km au nord de Mérida. Autrefois l'une des plus vastes et importantes cités de la péninsule, elle couvre 19 kilomètres carrés. Occupé de 600 av. J.-C. jusque vers 1250, ce grand site connut son apogée lors du classique récent et possède plus de 8 000 structures (dont la plupart n'ont pas été mises au jour). Le sel des mines locales approvisionnait toute la péninsule. Une douzaine de *sacbeob*, au moins, reliait les différents édifices de la cité.

Le site possède un excellent musée, le **Museo de los Mayas**, qui présente des objets d'art colonial et préhispanique et possède un jardin botanique et des aires de pique-nique. Il est possible de nager dans le ravissant **Cenote Xlacah**, où l'on a retrouvé des ossements humains et des objets en os, en céramique et en bois. Parmi les édifices mis au jour autour du puits, le **Templo de los Siete Muñecos** tire son nom des sept figurines d'argile découvertes sous le temple.

 p. 309 C4 tlj de 8 h à 17 h €€

GRUTAS DE BALANKANCHÉ

À quelques kilomètres au nord-est de Chichén Itzá, les grottes de Balankanché servaient aux cérémonies sacrées des Mayas. Les habitants connaissaient depuis longtemps les grottes extérieures, mais une salle scellée contenant des objets anciens fut découverte en 1959. Les poteries que l'on a trouvées indiquent que le lieu servait à des cérémonies religieuses pendant les périodes préclassique, classique et postclassique. Au cours de la période classique tardive, le dieu de la pluie maya Chac fut remplacé par Tláloc, vénéré dans tout le Mexique. On y trouva également de nombreuses représentations de Xipe Totec, dieu de la fertilité et de la régénération.

Des visites guidées permettent de découvrir des grottes aux formations calcaires étonnantes – stalactites et stalagmites – abritant des objets anciens en céramique. Les visites commencent toutes les heures de 9 h à 16 h et un spectacle son et lumière raconte l'histoire des Mayas.

🅰 p. 309 D3 🕐 tlj de 9 h à 17 h 🇪 €€

GRUTAS DE LOLTÚN

À 17 km au nord-est de Labná, sur la Ruta Puuc, se trouvent les Grutas de Loltún, l'un des plus vastes réseaux de grottes de la péninsule. Elles furent d'abord habitées par des chasseurs-cueilleurs nomades entre 9000 et

Izamal était un lieu de pèlerinage pendant l'ère préhispannique.

3000 av. J.-C., dont on a découvert des preuves de la présence sous la forme d'outils lithiques. Bien plus tard, à la période classique, les habitants des environs y puisaient de l'eau. On y a retrouvé des récipients de style postclassique de Mayapán et de Chichén Itzá. Les Mayas vénéraient cinq éléments physiques : les arbres, les roches, les

montagnes, les cols de montagne et les ouvertures dans la terre – *cenotes* et grottes, qui étaient considérés comme sacrés, car ils représentaient une transition entre les mondes physique et spirituel.

De 9 h 30 à 16 h, toutes les heures et demie, une visite guidée permet d'explorer les passages aboutissant à des salles de diverses tailles. Certaines sont ornées de belles peintures rupestres préhistoriques ou offrent de fantastiques concrétions, stalactites et stalagmites.

🅰 p. 309 C3 🇪 €€

IZAMAL

Izamal fut un centre religieux majeur pendant des millénaires. La principale curiosité de cette petite ville animée est le **Convento de San Antonio de Padua**, bâti à l'emplacement d'une pyramide dédiée au dieu des cieux, Itzamná. Son immense atrium fut rempli de centaines de milliers de croyants lors d'une visite de Jean-Paul II en 1993. Sur la place, les visiteurs peuvent louer une calèche pour faire le tour de la ville, avec une halte à la **Pirámide Kinich Kakmó**, seul vestige de cette cité maya royale, actuellement en cours de fouilles. Le dimanche, une excursion en train (€€€€€) au départ de Mérida inclut un déjeuner et un spectacle folklorique, et se termine par une promenade en calèche. Les billets s'achètent dans toutes les agences de voyages. Départ à 8 h de la gare (*calle 55 et calle 48*, tél. (999) 927 77 01).

🅰 p. 309 D4

VALLADOLID

Seconde ville du Yucatán, Valladolid évoque plutôt une petite ville de province. En 1847, elle fut le cadre de la guerre des Castes, au cours de laquelle les Mayas opprimés massacrèrent un grand nombre d'espagnols. Les curiosités intéressantes sont la **catedral**, sur la *Plaza Principal*, et le grand **Ex-Convento San Bernardino** du XVIe siècle, à trois rues vers le sud-ouest. À 7 km à l'ouest du centre, visitez le **Cenote Dzitnup** sacré, dans lequel la lumière, à travers un trou percé dans la voûte, illumine une source souterraine bleu-vert. Valladolid est un autre bon point de départ pour les ruines de Chichén Itzá ou la côte nord.

🅰 p. 309 E3 ■

Informations pratiques

La Vierge de Guadalupe.

INFORMATIONS PRATIQUES
PRÉPARER VOTRE VOYAGE

QUAND PARTIR

La période de votre séjour dépend de ce que vous voulez faire et voir, de votre budget et de votre résistance à la pluie, à la chaleur et à l'humidité. Le Mexique est un vaste pays, à la géographie variée, dont les microclimats dépendent de l'altitude et de la latitude. La période la plus humide va de juin à octobre et, si vous ne craignez pas les averses de fin d'après-midi – qui nettoient l'air à Mexico –, choisissez cette basse saison : vous éviterez la foule et paierez moins cher hôtels et billets d'avion. Mais la pluie n'est pas idéale si vous êtes amateur de plage, sans oublier non plus que les cyclones sont fréquents fin septembre et en octobre sur les côtes du Golfe et du sud/centre du Pacifique (et, plus rarement, en Baja). La Baja California et les déserts du Nord sont extrêmement chauds l'été, ce qui n'empêche pas les hardis pêcheurs de braver la chaleur pour rapporter de très belles prises. Les cités des hautes terres connaissent de grandes chaleurs de mars à mai, juste avant la saison des pluies, tandis que les régions tropicales du Sud sont chaudes toute l'année, et encore plus chaudes, moites et infestées de moustiques pendant la saison des pluies. Pour éviter à la fois la saison des pluies et la haute saison, choisissez la fin de l'été (après Pâques) ou de l'automne.

La haute saison s'étend de fin novembre à la Semaine sainte (Semana Santa), les prix des hôtels étant particulièrement hauts à Noël, au nouvel an et à Pâques. Mexicains et étrangers voyageant souvent pendant ces périodes, il faut réserver longtemps à l'avance.

Ceux qui s'intéressent à la culture mexicaine axeront leur programme autour des nombreuses *fiestas* colorées qui se déroulent les semaines précédant Noël, à Pâques et à la Toussaint. Voir « Festivals et Fiestas » (pp. 16-17), les chapitres par région et « Sortir » (pp. 386-389) pour des suggestions spécifiques. Au Mexique, chaque ville, chaque village organise des festivités en l'honneur de son saint patron. Par exemple, à San Juan, on fêtera saint Jean le 24 juin et à San Miguel de Allende, l'archange Michel les jours précédant le 29 septembre. Vérifiez les dates des différentes manifestations locales auprès des offices de tourisme.

QU'EMPORTER

Les citadins suivent la mode, les hommes et les femmes portent des tenues élégantes dans le monde des affaires. Hormis sur la côte, plus décontractée, les Mexicaines portent rarement des shorts et les hommes n'ôtent pas leur chemise, sauf sur la plage.
Apportez des vêtements légers et confortables pour climats tropicaux, mais également un pull-over ou une veste légère. Le Mexique se compose principalement de montagnes et de hauts plateaux et, s'il fait chaud le jour, l'air peut être glacé la nuit. Des chaussures de marche sont indispensables pour arpenter les sites archéologiques, parcourir les rues pavées de galets et faire de longues randonnées. Une chemise légère à manches longues est un bon rempart contre les moustiques, tout comme les anti-moustiques contenant du DEET.

Emportez de l'écran solaire, des lunettes de soleil et un chapeau. Un petit dictionnaire d'expressions français/espagnol est également utile.
Les campeurs et les randonneurs ne devront pas oublier de prendre des comprimés d'iodine et des filtres pour purifier l'eau dans les endroits où l'on ne trouve pas d'eau minérale.

FORMALITÉS D'ENTRÉE

Les ressortissants français, belges et suisses n'ont pas besoin de visa pour se rendre au Mexique en visite touristique. Sur présentation du passeport en cours de validité et du billet d'avion aller-retour, un formulaire migratoire touristique (FMT) leur est délivré, qui leur permet de séjourner au Mexique jusqu'à 90 jours. Le FMT est distribué dans l'avion.

MÉDICAMENTS, DROGUES ET ARMES
Pour éviter tout problèmes, apportez vos médicaments sur ordonnance dans leur emballage d'origine.

Les drogues comme la marijuana et la cocaïne sont illégales et les infractions sont sévèrement réprimées.

Introduire des armes ou des munitions au Mexique est illégal et passible de fortes amendes et d'une peine d'emprisonnement. Les chasseurs doivent obtenir un permis et une pièce d'identité pour importer et transporter temporairement des armes à feu. Il est préférable de passer par des professionnels agréés comme les sociétés de chasse.

ANIMAUX DOMESTIQUES
Les chats et les chiens sont admis à condition que leur certificat de vaccination soit à jour.

VACCINS ET MALADIES
Aucune vaccination n'est nécessaire pour entrer au Mexique, mais un rappel contre le tétanos est conseillé, de même qu'un vaccin contre les hépatites A et/ou B.
Pour voyager dans les basses terres rurales, un traitement antipaludéen est recommandé ou, au moins, l'emploi d'un bon antimoustiques et/ou d'une moustiquaire, et le port de vêtements adéquats.

VOUS RENDRE AU MEXIQUE

PAR AVION

Les grandes compagnies aériennes desservant le Mexique au départ de la France, de la Belgique et de la Suisse sont les suivantes :
Air France
Paris : 0820 820 820
Bruxelles : 02 541 42 11
Genève : 022 827 87 87
www.airfrance.com

British Airways
Paris : 0825 825 400
Bruxelles : 02 717 32 17
Genève : 0848 80 10 10
www.britishairways.com

Aeroméxico
Paris : 01 55 04 90 00
Bruxelles : 02 777 80 21
Suisse : 056 675 75 69
www.aeromexico.com

Iberia
Paris : 0820 075 075
Belgique : 02 752 16 00
Suisse : 022 717 84 70
www.iberia.com

L'aéroport Benito Juárez de Mexico assure un grand nombre de liaisons avec le centre et le sud du Mexique. Si votre destination finale est un aéroport international, vos bagages n'auront pas à passer la douane à Mexico. Confirmez votre vol d'arrivée et de départ au moins 72 heures avant l'heure du vol. À Mexico, ne prenez que les taxis jaunes officiels, que vous paierez d'avance au terminal.

PAR BATEAU

Depuis la France, pour les croisières dans les Caraïbes, consultez :
www.vacancesaumexique.com
www.aarcroisiere.com,
www.cruceroonline.com.

VOUS DÉPLACER

AVION

Mexicana de Aviación et sa filiale, Aerocaribe (numéro vert dans tout le Mexique : 01 800 502 2000) ; de Mexico : (54 48 30 00), Aeroméxico et Aeromar (numéro vert dans tout le Mexique : 01 800 021 4000 ; de Mexico : 51 33 40 00) sont les principales compagnies qui assurent les vols intérieurs, avec des correspondances avec la plupart des aéroports. Des compagnies plus petites comme Aero California (de Mexico : 52 07 13 92) assurent les vols vers des destinations choisies comme Guadalajara, Hermosillo, La Paz, Los Cabos et Mexico.

BUS

Au Mexique, partout où il y a une route, vous trouverez un bus. Pour les trajets longue distance, choisissez toujours un car première classe (primera) ou classe luxe. Les cars première classe sont climatisés, ont des toilettes et proposent souvent un film vidéo.

Les grandes villes ont des gares routières modernes appelées *central camionera* ou *central de autobuses*, où l'on peut en général acheter son billet à l'avance. Seuls les cars de seconde classe desservent les zones rurales et les hameaux. Certains sont climatisés, mais c'est rare. Tous s'arrêtent chaque fois qu'un passager veut monter ou descendre, ce qui rallonge la durée du trajet.

Il est recommandé d'emporter un en-cas, une bouteille d'eau et du papier toilette. Certains cars longue distance font halte dans les restaurants. Vérifiez auprès de l'office de tourisme que la route est sûre avant de voyager la nuit. Les attaques de car, si elles sont rares, peuvent se produire sur la plupart des routes touristiques : les voleurs savent qu'ils récupéreront appareils photo et autres objets de valeur. Dans les villes, les bus sont bon marché et fréquents, mais bondés aux heures de pointe.

Dans les campagnes, vous pourrez emprunter les *camionetas*, des taxis collectifs bâchés.

VOITURE

La qualité des routes est très variable. Les routes payantes (*cuotas*) sont bien entretenues et sûres, mais chères. Les *libres*, routes gratuites, sont généralement correctes mais, dans les régions pluvieuses, regorgent de nids-de-poule. Dans les campagnes, méfiez-vous des animaux de ferme qui errent sur la route. Ne conduisez pas la nuit et renseignez-vous sur l'état des routes et les risques d'attaque dans chaque région avant de vous mettre en route. De façon générale, observez les limitations de vitesse et les règles de stationnement, et faites attention aux ralentisseurs (les *topes*) à l'entrée et à la sortie des villes.
Les limites de vitesse et les distances sont indiquées en kilomètres. La limitation sur les routes est en général de 100 km/h et 30 à 40 km/h dans les villes. La plupart des panneaux de signalisation représentent des symboles, mais certains mots sont utiles à connaître : *circulación*, avec une flèche, signifie « sens unique » (très fréquent en ville) ; *no rebasar* ou *no rebase* signifie « interdit de doubler » ; et *ceda el paso* signifie « cédez le passage ». Sur les routes principales, les conducteurs mexicains mettent souvent leur clignotant gauche pour indiquer à la voiture de derrière qu'elle peut doubler.

PANNES
Depuis les années 1960, des patrouilles d'*Angeles Verdes*, financées par le gouvernement, aident les automobilistes en panne. Fidèles à leur nom, les Anges verts (tél. 01 800 903 9200) sont les anges gardiens de la route. Ils changent les pneus crevés, fournissent certaines pièces détachées, remorquent et indiquent le mécanicien compétent le plus proche. Les pièces, l'essence et autres frais sont payants, mais le service est gratuit (n'oubliez pas de leur donner un pourboire).

Toutes les stations-service sont des franchises de la compagnie pétrolière d'État, PEMEX, et vendent trois types de carburant : Nova (avec plomb), Magna Sín (sans plomb) et Premium (super sans plomb). Il faut toujours remplir votre réservoir lorsqu'il est à moitié vide ou le plus souvent possible quand vous êtes dans une région isolée. Les stations sont souvent fermées la nuit. Il est d'usage de donner quelques pesos de pourboire au pompiste (mais vérifiez qu'il remet le compteur à zéro avant de vous servir).

LOCATION DE VOITURES

Louer une voiture coûte cher au Mexique. Les formules promotionnelles sont rares et les cautions élevées. Les petites agences locales sont parfois meilleur marché que les compagnies internationales comme Hertz, National et Budget, mais leurs voitures ne sont pas toujours très bien entretenues. En garantie, vous devez laisser un bordereau de carte bancaire vierge signé. Demandez si l'IVA (TVA) est incluse, quels sont les dommages couverts par la police et le montant de la franchise.

Selon la législation mexicaine, toutes les personnes impliquées dans un accident de voiture provoquant des dommages physiques ou matériels sont mises en prison jusqu'à ce que la responsabilité soit identifiée. C'est la raison pour laquelle les Mexicains impliqués dans un accident prennent souvent la fuite. Il est indispensable de souscrire une assurance automobile mexicaine, qui limite la responsabilité et, surtout, peut éviter d'aller en prison.

Pour une journée, il est préférable de prendre un taxi plutôt que de louer une voiture. Demandez conseil à votre hôtel ou à l'office de tourisme ou négociez avec un chauffeur de taxi. N'hésitez pas à marchander : les prix sont forfaitaires et non liés à un compteur. Avec un peu de chance, le chauffeur sera heureux de vous parler de sa ville natale.

FERRY

Des ferries transportant voitures et passagers relient la Baja California Sur au continent. Le ferry de Santa Rosalía (tél. (615) 152 00 13) dessert Guaymas, Sonora (tél. (622) 222 33 90) deux fois par semaine. Le coût de cette traversée de 7 heures est compris entre 13 et 50 €, selon les prestations, pour les passagers et d'environ 130 € pour les véhicules (nettement plus pour les caravanes et les mobile homes). Plusieurs ferries par semaine relient La Paz (débarquement à Pichilingue, à 16 km au nord ; prenez votre billet à La Paz, 5 de Mayo 502, tél. (612) 125 38 33) à Topolobampo, Sinaloa (tél. (668) 862 01 41). La durée de la traversée et les prix sont les mêmes que pour Santa Rosalía. Le tarif du ferry quotidien La Paz-Mazatlán (10 heures) est inférieur de moitié à celui vers Topolobampo ou Guaymas. Il est essentiel de réserver, surtout pendant les vacances. Il faut vous y prendre à l'avance et confirmer dix jours ou deux semaines avant le départ. Pour vous informer et réserver en ligne, connectez-vous au site www.ferrysematur.com.mx ; du Mexique, appelez simplement le 01 800 696 9600.

Sur la côte Caraïbe, des ferries passagers (tél. (984) 872 15 08) et des hydroglisseurs (tél. (984) 872 05 88) fréquents relient Playa del Carmen à Cozumel, juste en face. Les car-ferries partent de Puerto Morelos (tél. (998) 872 17 22). Les ferries passagers et les hydrofoils sont plus fréquents, meilleur marché, plus confortables et mieux organisés que les car-ferries. Vous pouvez louer une voiture, une moto ou une voiture de golf électrique à Cozumel. Des ferries passagers quotidiens relient Puerto Juárez (tél. (998) 877 00 65), juste au nord de Cancún, à Isla Mujeres.

TRAIN

Les trains sont mal entretenus et les horaires rarement res-

pectés. Voyager en car peut être deux fois plus rapide et certainement plus confortable. À part l'exceptionnel train Chihuahua al Pacífico qui traverse le canyon du Cuivre (voir pp. 88-94), il est déconseillé de voyager en train.

VISITER MEXICO

VOITURE

Pour être tranquille, préférez les radio-taxis ou les transports en commun. Laissez les problèmes de circulation aux locaux. Si vous devez conduire, n'oubliez pas qu'un arrêté municipal destiné à réduire la pollution impose une circulation alternée, laquelle dépend du dernier chiffre de la plaque d'immatriculation. Les étrangers comme les locaux sont passibles d'amendes élevées en cas d'infraction. Informez-vous dans les stations-service, les journaux ou à votre hôtel.

BUS

La ville de Mexico possède un bon réseau de bus bon marché. Les itinéraires ne sont pas toujours indiqués aux stations, mais on peut obtenir un plan dans les offices de tourisme. L'une des lignes les plus fréquentées par les touristes relie le parc Chapultepec au zócalo via paseo de la Reforma, avenida Juárez et calle Madero. Si possible, évitez les heures de pointe, quand les bus sont bondés et bloqués dans les embouteillages. Si vous vous retrouvez dans un bus bondé, suivez les conseils de sécurité indiqués à la fin de la rubrique « Métro ».

Quatre grands terminaux assurent des destinations hors de Mexico. Demandez au concierge de votre hôtel ou à l'office de tourisme avant d'entreprendre un long trajet vers le mauvais terminal. En général, le Terminal del Norte (tél. (55) 56 89 97 45) dessert le Nord, TAPO (tél. (55) 57 62 54 14), l'Est et Terminal

Sur, encore appelé Taxqueña (tél. (55) 57 62 54 14), le Sud et Terminal Poniente (tél. (55) 52 71 45 19), l'Ouest.

MÉTRO

Le réseau métropolitain de Mexico est vaste et bon marché. Hors du centre-ville, *el tren ligero* est une ligne en partie aérienne qui dessert des banlieues comme Xochimilco. Des plans de métro sont disponibles dans la plupart des stations et dans les offices de tourisme. La majorité des lignes fonctionnent de 5 ou 6 h du matin à minuit. En semaine, les heures de pointe vont de 6 à 10 h et de 17 à 18 h. À ces horaires, certaines voitures sont réservées aux femmes et aux enfants. Le métro peut être engorgé, mais si vous l'utilisez bien, vous éviterez les embouteillages des rues. Attention aux pickpockets : faites très attention à vos sacs à main, appareils photo et sacs à dos et mettez votre argent dans une ceinture spéciale ou une poche intérieure.

TAXI

Les taxis de Mexico (les fameuses coccinelles) ont eu mauvaise presse ces dernières années, et à juste titre. Voler les passagers sous la menace d'une arme est monnaie courante. Emprunter les radio-taxis plutôt que les taxis en maraude réduit les risques (tél. (55) 52 71 91 46, (55) 52 71 90 58, (55) 52 72 61 25, ou demandez au concierge de l'hôtel). Vérifiez que le visage du chauffeur correspond bien à la photo de sa carte d'identité, qui doit être affichée en évidence, et que le numéro d'immatriculation indiqué correspond bien à celui de la voiture.

Les taxis n'ayant pas toujours de compteur, il est préférable de fixer le prix de la course à l'avance. Le pourboire n'est pas d'usage. En dehors de Mexico, les vols sont moins courants.

TRAM

À Coyoacán, un circuit commenté (50 min.) en tram emmène les touristes (*tous les jours de 10h à 17h, €€*) voir les curiosités du quartier.

CONSEILS PRATIQUES

COMMUNICATIONS
COURRIER
Votre courrier arrivera toujours, mais il faudra entre trois jours et un mois pour qu'il parvienne à destination. Des services de coursiers sont disponibles dans la plupart des villes, mais renseignez-vous d'abord sur le temps que prendra la livraison. MexiPost est le concurrent d'État des sociétés privées comme DHL et FedEx. Dans les campagnes, le télégraphe existe toujours dans les bureaux de poste (ou tout près), généralement ouverts du lun. au ven. de 9 h à 18 h et le sam. de 9 h à midi.

TÉLÉPHONE, FAX, E-MAIL ET ADRESSES
Pour téléphoner au Mexique, composez le 00 52, suivi de l'indicatif régional (chiffres entre parenthèses), puis du numéro. Au Mexique, la numérotation est passée à 10 chiffres. Pour les appels locaux (passés au sein de la même ville), composez le numéro à 7 ou 8 chiffres situé après les chiffres entre parenthèses. Pour les appels longue distance, composez le 01, puis l'indicatif de la ville (chiffres entre parenthèses), puis le numéro à 7 ou 8 chiffres.

Composez le 040 pour les renseignements.

Les appels internationaux à partir du Mexique coûtent cher. Certains téléphones publics appartiennent à des sociétés privées qui pratiquent des tarifs exorbitants. En cas de doute, composez le 020 ou 090 et

demandez à l'opératrice les tarifs internationaux avant d'appeler. (Si elle refuse de vous renseigner, raccrochez et utilisez une cabine publique normale.) La plupart des hôtels, surtout les chaînes qui accueillent des hommes d'affaires, facturent un supplément élevé pour les appels internationaux et tous n'ont pas de ligne directe vers l'extérieur ou d'accès Internet. Les appels locaux sont d'un prix raisonnable. De nombreux magasins et kiosques à journaux vendent des cartes téléphoniques prépayées LADATEL (20, 50 ou 100 pesos) utilisables dans les cabines publiques. Il reste peu de téléphones à pièces. Les cartes LADATEL sont pratiques pour les appels de courte durée hors du Mexique (mais comme le temps passe vite, achetez des cartes à 100 pesos). Pour les appels internationaux, composez le 00, puis l'indicatif du pays (33 pour la France, 32 pour la Belgique et 41 pour la Suisse)

Dans la plupart des villes, on trouve au moins un service privé de fax, payable à la minute ou à la page. Certaines ont des cybercafés permettant de se connecter à Internet (forfait à l'heure). Les lignes sont rarement à haut débit et les connexions sont plutôt lentes : évitez les heures de pointe. Les tarifs des cybercafés sont raisonnables : entre 2 et 4 € de l'heure.

Si la plupart des adresses comportent le nom de la rue et un numéro, dans les petites villes – ou sur les grands axes –, le nom de la rue est suivi de s/n (*sin número*, ou « sans numéro »). Lorsque c'est possible, on ajoute alors le nom d'une rue traversière ou un autre point de repère : on dira par exemple « Juárez et Constitución » pour « av. Juárez, au niveau de av. Constitución ». Les habitations au bord d'une route (*carretera*) ont souvent pour adresse leur distance en kilomètres le long de cette route. Par exemple : « carr. Transpeninsular km 19,5 ». Pour les rues, à l'exception de celles qui ont des numéros, le terme « calle » est rarement écrit devant le nom sur les plans de ville ou les adresses postales.

PLUS AMPLES INFORMATIONS
Sites et liens Internet
www.mexique-fr.com
Répertoire de l'actualité culturelle et d'informations utiles, articles historiques et archéologiques.

www.mexique.infotourisme.com
Guide de découverte, proposant des cartes interactives et une description des régions.

www.mexique-voyage.com
Guide sur le Mexique qui entraîne les voyageurs à travers les mystérieuses civilisations aztèques et mayas. Des conseils pratiques.

www.monde-diplomatique.fr/index/pays/mexique
Regroupement d'articles du Monde diplomatique sur la situation économique, politique et sociale du Mexique

www.partir.com
Le web de l'Amérique latine

Bibliographie
Beaux livres
L'Art précolombien, José Alcina. Citadelles & Mazenod, Paris, 2000.
Les Cités mayas : un monde perdu et retrouvé, Frederick Catherwood. Bibliothèque de l'image, Paris, 1993.
Couleurs et lumières du Mexique, M. Deville et F. Ramade. Arthaud, Paris, 2000.

Ouvrages généraux
L'Art précolombien. La Mésoamérique, Mary Ellen Miller. Thames & Hudson, Paris, 1997.
Le Mexique ancien, Maria Longhena. Gründ, Paris, 1998.
Art précolombien du Mexique, Catalogue de l'exposition du Grand Palais, Réunion des musées nationaux et Olivetti, Paris, 1990.
Mayas, sous la dir. d'Alain Breton

et Jacques Arnauld. Autrement, série Monde H. S. n° 56, Paris, 1991.
Villa, Zapata et le Mexique en feu, Bernard Oudin. Découvertes Gallimard, Paris, 1989.
Les Cités perdues des Mayas, Claude Baudez et Sydney Picasso. Découvertes, Gallimard, Paris, 1987.
Les Mayas : mille ans de splendeur d'un peuple, Michael D. Coe. Armand Colin, Paris, 1987.
Au-dessous du volcan, Malcom Lowry. Gallimard, Paris, 1973.
L'Univers des Aztèques, Jacques Soustelle. Hermann, 1997.
Histoire de la conquête du Mexique, Bernard Grunberg. L'Harmattan, Paris, 1995.
Le Mexique et ses populations, A. Vanneph. Éditions Complexe, Bruxelles, 1986.
Mexique, des Mayas au pétrole, Christian Rudel. Karthala, Paris, 1983.

Littérature
Le Rêve mexicain ou la Pensée interrompue, J.-M. G. Le Clézio. Gallimard, 1988.
Mexico, midi moins cinq, José Agustin. La Différence, 1993.
Christophe et son œuf, Carlos Fuentes. Gallimard, Paris, 1990.
L'Autobus de Mexico, Vilma Fuentes, Actes Sud, Arles, 1995.
Le Labyrinthe de la solitude, Octavio Paz. Gallimard, Paris, rééd. 1990.

CONVERSIONS

En général, le système métrique prévaut : les températures sont en degrés centigrades, les distances en kilomètres, etc.

ÉLECTRICITÉ

Au Mexique, le courant est de 110 volts et les prises rectangulaires sont à 2 fiches plates. Apportez des adaptateurs pour les appareils à 3 fiches et un protecteur de surtension pour les ordinateurs portables. En cas de panne ou de réduction de courant pendant que vous utilisez votre ordinateur, éteignez-le immédiatement.

BIENSÉANCE ET COUTUMES LOCALES

Si les Mexicains sont très polis et courtois, ils ne sont pas toujours à l'aise avec les étrangers. Employez le pronom de politesse usted (« vous ») plutôt que le tú (« tu ») pour vous adresser à des personnes que vous ne connaissez pas, surtout dans les petites villes très touristiques, et pour parler aux personnes âgées.
Lorsque vous demandez votre chemin, n'oubliez pas que les Mexicains trouvent souvent gênant ou impoli de ne pas vous aider, même s'ils ne sont pas sûrs de la réponse. Sachant qu'ils peuvent vous envoyer, malgré eux, dans la mauvaise direction pour ne pas perdre la face, demandez souvent votre chemin, ainsi que des points de repère. Ils vous donneront rarement des noms de rue, mais insistez.

Entrer dans une église en tenue légère ou la visiter pendant une messe est considéré comme irrespectueux.

COURS DE LANGUE

Dans tout le Mexique, des instituts privés et universitaires proposent des cours d'espagnol. Certains sont des cours intensifs axés sur la grammaire, d'autres sont plus culturels (par exemple, cuisine régionale, artisanat ou archéologie). On trouve également des intercambios, conversations à deux avec un(e) Mexicain(e) qui veut s'exercer et améliorer son français en vous aidant en espagnol. Les programmes s'étalent généralement sur deux à quatre semaines (parfois plus) et les étudiants sont hébergés dans des familles, en appartement ou même à l'hôtel. Certaines familles accueillent parfois plusieurs étudiants à la fois. Pour une meilleure immersion, il est recommandé de demander une famille n'accueillant qu'un hôte. Pour des informations et des liens dans tout le Mexique, voir le site Internet www.worldwide.edu.

ALCOOLS

L'âge légal pour boire de l'alcool est 18 ans, mais les vérifications sont rares. La vente d'alcool est interdite les jours d'élection.

MÉDIAS

JOURNAUX ET MAGAZINES

La plupart des journalistes mexicains ne font pas preuve d'une grande impartialité envers ceux qui les financent : grands groupes de presse ou gouvernement. Le journal le plus critique envers le gouvernement est *Reforma*. Avec *La Jornada*, plutôt de gauche, ce sont les deux grands journaux nationaux. Pour les non-hispanophones, on trouve dans les grandes villes le quotidien anglais *The News*, et les villes comptant de nombreux expatriés anglophones publient leur propre journal hebdomadaire ou mensuel. Dans les hôtels, les aéroports et les kiosques à journaux des grandes villes, on trouve des périodiques étrangers comme *Le Monde*, *L'Express* ou *Le Figaro*, mais c'est à Mexico que vous aurez le plus de chances de les trouver. La chaîne de restaurants/librairies Sanborns propose de nombreux magazines, livres et périodiques sur la culture mexicaine.

TÉLÉVISION ET RADIO

Les Mexicains s'informent plutôt par la radio et la télévision que par les journaux. Outre les deux chaînes de télévision d'État, il existe sept chaînes privées. La principale (et la plus influente), Televisa, diffuse le soir les feuilletons à l'eau de rose les plus populaires du Mexique, les *telenovelas*. Le câble se développe dans tout le pays. Les hôtels pour touristes étrangers ont généralement la télévision satellite et le câble ; les chaînes disponibles sont presque toujours en anglais. TV5 et RFI sont encore peu répandus.

QUESTIONS D'ARGENT

Les billets de banque sont de 20, 50, 100, 200 et 500 pesos. Ayez toujours de la petite monnaie, en pièces et en billets, surtout dans les régions non touristiques. Les dollars américains sont acceptés dans les villes frontalières et les grands complexes touristiques, mais il est plus avantageux de payer en pesos. Veillez à avoir sur vous des petites coupures pour les pourboires.

Les taux de change en janvier 2004 étaient de 14 pesos pour 1 euro et de 9 pesos pour 1 franc suisse.

Les traveller's checks se changent dans les banques, mais une *casa de cambio*, dont le change est la seule activité, propose généralement un service plus rapide, des horaires d'ouverture plus souples et des taux de change identiques ou légèrement inférieurs. Vérifiez les taux de change sur le site www.oanda.com.

On trouve des distributeurs de billets (*cajeros automáticos*) dans tout le pays, mais ayez toujours des espèces ou des traveller's checks sur vous au cas où ils seraient hors service ou vides. Les distributeurs d'argent pratiquent un taux de change excellent, mais les frais vont de 2 à 12 € selon la banque. Évitez de retirer de l'argent la nuit ou dans les lieux isolés. En ce qui concerne les cartes bancaires, les taux de change sont également intéressants. Les plus courantes sont Mastercard, Visa et, dans une moindre mesure, American Express, surtout acceptées dans les hôtels et restaurants fréquentés par les touristes.

La TVA (IVA) est pratiquée par certains magasins, mais pas tous. Si vous demandez une facture, elle le sera obligatoirement.

JOURS FÉRIÉS

Banques, services publics et de nombreuses entreprises sont fermés les jours indiqués ci-après. Vérifiez avant de vous présenter dans un musée ou toute autre destination touristique. (Voir aussi « Festivals et Fiestas », pp. 16-17 et « Sortir », pp. 386-389.)

1er janvier
Nouvel an (*Año Nuevo*)
5 février
Fête de la Constitution (*Proclamación de la Constitución*)
24 février
Jour du Drapeau (*Día de la Bandera*)
21 mars
Anniversaire de Benito Juárez (*Natalicio de Benito Juárez*)
Jeudi saint et vendredi saint
1er mai
Fête du Travail (*Día del Trabajo*)
5 mai
Commémoration de la victoire de la bataille de Puebla (*Aniversario de la batalla de Puebla*)
16 septembre
Fête de l'Indépendance (*Día de la Independencia*)
12 octobre
Découverte de l'Amérique par Christophe Colomb (*Día de la Raza*)
2 novembre
Fête des Morts (*Día de los Muertos*)
20 novembre
Fête de la Révolution (*Aniversario de la Revolución Mexicana*)
12 décembre Fête de la Vierge de Guadalupe
25 décembre Noël (*Navidad*)

HORAIRES D'OUVERTURE

Au Mexique, les horaires d'ouverture varient d'une région à l'autre. Dans les régions industrialisées, les services publics sont en général ouverts de 9 h à 17 h (certains ferment à 15 h). Dans les régions chaudes, ils ferment parfois pendant 2 h au milieu de la journée et rouvrent de 16 ou 17 h jusqu'à 20 h (certains ne rouvrent pas l'après-midi). Ouvertes jusqu'à 15 ou 17 h, de nombreuses banques n'assurent les opérations de change que le matin. Théâtres et musées sont en général fermés le lundi et ces derniers, comme les sites archéologiques, sont souvent gratuits le dimanche. Les horaires habituels des magasins sont 9 h à 19 h ou 20 h, avec parfois une pause à la mi-journée. N'oubliez pas que, surtout dans les régions chaudes, cette pause a lieu entre 14 et 16 h ou 17 h. Cela s'applique également aux églises. La plupart des com-

CONSEILS PRATIQUES

merces et certaines institutions appliquent des horaires d'été en ouvrant et fermant une heure plus tard.

PHOTOS

Tous les types de pellicules sont faciles à trouver. Lorsque vous en achetez une, vérifiez la date de péremption. Les labosphoto sont nombreux. Réfléchissez avant de photographier des gens en costume régional : soyez très discret ou faites-le avec leur autorisation. Ils vous demanderont sûrement un pourboire. Dans le Chiapas, il est strictement interdit de photographier les lieux de culte des indigènes – dans les églises ou à l'extérieur.

LIEUX DE CULTE

Environ 90 % des Mexicains sont catholiques. Dans la plupart des villes historiques, il y a presque une église à chaque coin de rue. N'oubliez pas que ces curiosités touristiques sont aussi des lieux de culte. Les shorts et les tenues trop légères sont mal acceptés (voire interdits), et les hommes doivent ôter leur chapeau.

Les offices de tourisme et les hôtels peuvent fournir une liste des églises les plus intéressantes de leur ville, dont certaines célèbrent des messes mariachis ou des services en anglais. La plupart des grandes villes ont au moins un temple protestant (souvent évangélique).

SÉCURITÉ

Le bon sens est la meilleure arme contre le crime lorsque l'on voyage au Mexique. Soyez prudent, sans être paranoïaque. Les crimes de rue étaient fréquents jusqu'en 1994, après que la dévaluation du peso eut entraîné une grande pauvreté. Laissez vos bijoux précieux chez vous, ne sortez pas des liasses de billets et évitez les appareils photo très sophistiqués. La plupart des grands hôtels disposent de chambres fortes ou de coffres dans les chambres. Tenez bien vos bagages et vos sacs, et méfiez-vous des voleurs qui les ouvrent d'un coup de rasoir. Faites une photocopie de votre passeport et, si vous séjournez plusieurs jours au même endroit, laissez-le dans le coffrefort.

À Mexico, malheureusement, il faut faire encore plus attention. Prenez les taxis des hôtels. Lorsque vous partez pour toute la journée et avez besoin d'un taxi, demandez au restaurant ou à la boutique d'en appeler un pour vous, ayez sur vous le numéro d'une compagnie de radio-taxis fiable ou, au pire, cherchez une station (*sitio de taxis*). (Voir aussi « Taxi », p. 351). Pour d'autres informations sur la sécurité, visitez le site Internet du ministère des Affaires étrangères : www.diplomatie.gouv.fr.

La police mexicaine est souspayée. Les pots-de-vin et la corruption sont courants parmi les fonctionnaires et les employés des entreprises. Si des efforts sont fournis pour éliminer *la mordida* (« la morsure »), le problème n'est pas encore réglé.

Si vous êtes victime d'un délit mineur, considérez que la justice est inefficace et, selon les pertes subies (et les tracas possibles), décidez s'il faut ou non contacter la police. En tout état de cause, si vous êtes victime d'une agression grave, prévenez immédiatement votre ambassade ou le consulat le plus proche.

DÉCALAGE HORAIRE

Sud, centre et est de Mexico : GMT – 6 (heure standard centrale). (GMT – 5 à partir du dernier dimanche du mois d'avril jusqu'au dernier samedi du mois d'octobre.)
Nayarit, Sonora, Sinaloa et Basse-Californie du Sud : GMT – 7 (heure de la région montagneuse). (GMT – 6 à partir du dernier dimanche du mois d'avril jusqu'au dernier samedi du mois d'octobre.)

Basse-Californie du Nord : GMT – 8 (heure du Pacifique). (GMT – 7 à partir du dernier dimanche du mois d'avril jusqu'au dernier samedi du mois d'octobre.)
En hiver, quand il est 12 h à Paris, Bruxelles ou Genève, il est 7 h à Mexico.

POURBOIRES

Les Mexicains laissent peu de pourboire dans les endroits modestes, mais il est gentil de laisser 10 %. 15 % conviennent dans les restaurants touristiques si le service a plu. Vérifiez qu'il n'est pas inclus dans l'addition. On ne laisse pas de pourboire aux chauffeurs de taxi, sauf s'ils vous ont attendu pendant vos courses ou vos visites de monuments. Dans les grands hôtels, on laisse généralement 1 € par jour à la femme de chambre et 1 € par bagage au bagagiste. L'usage veut que, pour les visites de groupe, chaque personne donne au guide au moins 1 € par demi-journée. Pour les guides privés, le pourboire varie entre 5 et 10 % du montant de la visite. Il est recommandé de laisser quelque chose aux pompistes et aux gardiennes des toilettes.

TOILETTES PUBLIQUES

En règle générale, la propreté des toilettes publiques laisse à désirer. La plupart sont à la turque et il n'y a pas de papier. Chaque fois que vous le pouvez, utilisez les toilettes de l'hôtel, du restaurant ou du bar où vous vous trouvez.

Sauf dans les hôtels et restaurants destinés aux touristes, ne jetez pas le papier toilette dans la cuvette, mais dans la poubelle à côté. Cela évitera des problèmes de plomberie au propriétaire et des risques de bain pour vos pieds.

VISITEURS HANDICAPÉS

Malgré quelques progrès, le Mexique n'est pas un pays très adapté pour les visiteurs handicapés. Les hôtels récents sont souvent mieux équipés, mais il est recommandé de se renseigner à l'avance.

AUTRES INFOS SITES INTERNET ADRESSES UTILES

Des opérateurs travaillant pour le ministère du Tourisme mexicain (SECTUR) fournissent des informations sur le temps, les périodes de vacances, la sécurité, les formalités d'entrée et autres aspects d'un voyage au Mexique, et peuvent recommander des hôtels et des restaurants. Vous pouvez consulter leur site Internet www.sectur.gob.mx ou les contacter à Mexico au (55) 52 50 01 51 ou au (55) 52 50 01 23.

L'office du tourisme mexicain en France se situe : 4, rue Notre-Dame-des-Victoires 75002 Paris (tél. :01 42 61 51 80)

Ambassade du Mexique en France
9, rue de Longchamp
75116 Paris
Téléphone : 01 53 70 27 70
Fax : 01 47 55 65 29.
E-mail : embfrancia@sre.gob.mx.
www.sre.gob.mx/francia/bienve.htm

Consulat du Mexique et office de tourisme
4, rue Notre-Dame-des-Victoires
75002 Paris.
Tél. : 01 42 86 56 20
Fax : 01 49 26 02 78
www.sre.gob.mx/francia/bienve.htm

Ambassade du Mexique en Suisse
Bernastr. 57
3005 Bern
Tél. : 031 357 47 47
Fax : 031 357 47 48

Ambassade du Mexique en Belgique
Avenue Franklin-Roosevelt 94
B- 1050 Bruxelles
Tél. : 2629 07 11
Fax : 2644 08 19

Protection des consommateurs à Mexico : tél. (55) 55 68 87 22.

Pour des renseignements téléphoniques, appelez le 040. Pour la police, le 060.

URGENCES

AMBASSADES ET CONSULATS

Les ambassades sont toutes situées à Mexico. De nombreuses grandes villes ont un consulat.

Ambassade de France au Mexique
Campos Eliseos 339
Col. Polanco, 11560 México D.F.
Tél. : (55) 91 71 97 00
www.francia.org.mx

Consulat général de France à Mexico
Lafontaine 32, Col. Polanco, 11560 México D.F.
Tél. : (55) 91 71 98 40.
E-mail : fsltmexico@hotmail.com
www.consul-fr.org.mx

Ambassade de Suisse au Mexique
Torre Optima, piso 11, Paseo de las Palmas 405. Lomas de Chapultepec
11000 México D.F.
Tél. : (55) 55 20 30 03
E-mail :
vertretung@mex.rep.admin.ch

Ambassade de Belgique au Mexique
Avenida Alfredo Musset 41, Col. Polanco, México D.F.
Tél. : (55) 52 80 07 58
E-mail : mexico@diplobel.org
www.diplobel.org/mexico

Croix-Rouge mexicaine : tél. (55) 55 57 57 57 ; pour une ambulance (à Mexico) : tél. (55) 53 95 11 11 (poste 173 ou 124).

SANTÉ

Les principaux problèmes de santé rencontrés par les visiteurs étrangers sont d'ordre intestinal. Les troubles gastro-intestinaux peuvent simplement être dus à une eau potable dont la composition est différente de celle que vous buvez d'habitude. Boire de l'eau non potable ou manger des fruits ou légumes mal préparés peut être plus grave. Le trouble le plus fréquent est la diarrhée (la *turista*, ou vengeance de Moctezuma). Soyez prudent, mais refuser de manger dans des établissements modestes réduirait votre expérience du Mexique ; d'ailleurs, les établissements de luxe ne sont pas à l'abri des contaminations.

En règle générale, buvez des boissons en bouteille et évitez les glaçons sauf si vous êtes sûr qu'ils ont été faits à l'eau purifiée. Pelez les fruits et légumes et évitez le poisson et les fruits de mer crus. Si vous contractez la *turista*, buvez beaucoup d'eau et reposez-vous quelques jours jusqu'à ce que les symptômes disparaissent. Ne surdosez pas les médicaments antidiarrhéiques. Dans le pire des cas, l'eau non purifiée peut provoquer salmonellose, hépatite ou autres maladies graves. Si vous avez de la fièvre et des maux de tête et si votre diarrhée persiste au-delà de trois jours, consultez un médecin.

À Mexico et Guadalajara, l'air, très pollué, surtout de décembre à mai, peut entraîner des problèmes de santé chez les enfants, les personnes âgées ou chez les personnes souffrant de troubles respiratoires. L'altitude peut aggraver le problème (Mexico est à 2 250 m d'altitude et entourée de montagnes qui empêchent la pollution de s'échapper). Pour vous acclimater, évitez les activités fatigantes, l'alcool et les aliments gras pendant un ou deux jours.

Les pharmaciens donnent des conseils, vendent des médicaments sans ordonnance et peuvent vous indiquer un médecin. Renseignez-vous également à votre hôtel.

HÔTELS ET RESTAURANTS

Le Mexique possède nombre de charmants petits hôtels et une abondance de grands complexes hôteliers et d'hôtels d'affaires.

Les grandes destinations touristiques offrent les prestations des chaînes internationales et nationales. Les hôtels indépendants pratiquent une gamme de prix allant du très raisonnable à l'inabordable. Entre ces deux extrêmes, une foule de petits hôtels typiques sont à des prix bien plus accessibles qu'en Europe. Dans les villes les plus visitées, l'éventail des tarifs est très large.

La gamme des restaurants est extrêmement variée, des chaînes comme Sanborns aux paillotes (*palapas*) et étals dans les marchés ou dans la rue. Les restaurants chics des hôtels de luxe et de la Zona Rosa à Mexico ont une carte internationale. Certains pratiquent la nouvelle cuisine mexicaine et revisitent les plats traditionnels avec des créations très originales.

PRIX

HÔTELS
Prix indicatifs pour
une chambre double
en haute saison, hors taxe.

€€€€€	plus de 280 €
€€€€	de 200 à 280 €
€€€	de 120 à 200 €
€€	de 80 à 120 €
€	moins de 80 €

RESTAURANTS
Prix indicatifs pour
un déjeuner ou un dîner
de trois plats, hors boisson,
taxe ou pourboire

€€€€€	plus de 80 €
€€€€	de 50 à 80 €
€€€	de 35 à 50 €
€€	de 20 à 35 €
€	moins de 20 €

HÉBERGEMENT

Les auberges de jeunesse sont rares au Mexique mais ne désespérez pas : les logements bon marché sont légion. Dans les zones rurales peu fréquentées par les touristes, il n'y a pas toujours d'hébergements officiels : renseignez-vous à la mairie (*municipio*). Dans les États comme l'Oaxaca et le Chiapas, le gouvernement a prévu des logements bon marché près des zones d'une grande beauté naturelle ou présentant un intérêt culturel. Financés et gérés par les communes, ils sont parfaits pour visiter des endroits reculés du pays. Les informations s'obtiennent auprès des offices de tourisme de l'État ou des municipalités, qui peuvent également faire les réservations par radio ondes courtes ou téléphone mobile. Certaines de ces communes sont en effet trop petites ou trop éloignées pour disposer d'une ligne téléphonique fixe.

Les campings tels qu'ils existent dans d'autres pays très touristiques sont rares, mais l'on trouve un certain nombre d'installations pour camping-cars, surtout dans la péninsule de Baja California et le nord de la côte Pacifique. Le camping est généralement autorisé sur les terrains publics comme sur les plages. Demandez la permission avant de camper sur les terrains collectifs (*ejidos*) ou privés. Les chambres d'hôtes sont rares, et la plupart appartiennent à des étrangers. Mais les amateurs de petits hôtels intimes ne seront pas déçus. Les villes comme San Cristóbal de las Casas, Oaxaca et San Miguel de Allende abritent des petits hôtels sans égal. Et si beaucoup demandent plusieurs centaines d'euros la nuit, d'autres, tout aussi charmants mais moins bien équipés, coûtent moins de 50 euros la nuit.

Les hôtels des grands complexes appliquent des prix en conséquence : par exemple, une nuit au Sheraton ou au Westin coûte aussi cher au Mexique qu'en Europe. On bénéficie cependant d'un service de qualité. Le personnel parle différentes langues (surtout l'anglais) et l'on y trouve un service de concierge, des piscines, des ascenseurs modernes, des coffres-forts et des minibars dans les chambres, la télévision câblée ou satellite, etc. La plupart des stations balnéaires comptent des hôtels avec formule tout compris.

Les hôtels des villes d'affaires comme Mexico, mais aussi Guadalajara, Aguascalientes et Monterrey proposent souvent des services de secrétariat, des centres d'affaires, des salles de réunion, des accès Internet et des lignes téléphoniques directes. Ces deux dernières prestations étant encore peu fréquentes, renseignez-vous avant de réserver si vous en avez absolument besoin. Nombre d'hôtels d'affaires font les réductions les week-ends (parfois 50 % et plus) ou font cadeau de certaines prestations comme un petit déjeuner-buffet. Téléphonez-leur pour vous renseigner.

À certaines périodes, il faut réserver sa chambre longtemps à l'avance. Les stations balnéaires comme Cabo San Lucas et Cancún sont très courues pendant les vacances (Pâques, juillet, août et Noël). Dans les villes dont les festivités ont une réputation internationale, il faut souvent réserver un an à l'avance. Par exemple, à Taxco pour la semaine de Pâques, à Veracruz pendant le carnaval ou à Oaxaca pour Noël.

Les taxes varient selon les États. Elles sont généralement de 15 %, auxquels peut s'ajouter une taxe hôtelière de 2 %. D'autres pratiquent 12 %. Dans les établissements modestes, les taxes sont nulles ou déjà incluses dans le prix. Posez la question et comparez les prix.

Sauf mention contraire, les hôtels énumérés ci-après ont des salles de bains privées et sont ouverts toute l'année.

Dans les petites villes, la mention *domicilio conocido* signifie « adresse connue » : il n'y a pas de nom de rue mais tout le monde sait où se trouve l'établissement.

CARTES BANCAIRES

Dans la liste ci-dessous, le pictogramme ⬦ seul signifie que toutes les grandes cartes bancaires sont acceptées ; AE signifie American Express ; DC, Diners Club ; MC, Mastercard ; V, Visa.

RESTAURANTS

À l'exception des touristes, de certains employés de bureau et des agriculteurs, on déjeune généralement entre 14 et 17 h Le menu à prix fixe (*menu del día* dans les restaurants et *comida corrida* dans les établissements plus modestes) est bon marché mais n'est pas servi avant 13 h 30 ou 14 h. Il se compose d'une soupe, d'un plat accompagné de riz ou de pâtes, d'un dessert et d'un café ou d'un thé. Une boisson – *agua de sabor* – est généralement comprise : jus de fruits (pastèque, citron, melon, etc.) ou eau.

Les *antojitos* sont la nourriture la plus populaire. On désigne ainsi les en-cas de viande, légume ou fromage roulés dans la *tortilla*. Selon le type de tortilla ou d'ingrédients, ils prennent le noms de *memelas*, *tacos*, *enchiladas*, etc. (voir p. 18). Le dîner est un repas très léger, sauf dans les régions touristiques, où il est alors bien plus cher que le déjeuner, pourtant plus copieux. Dans les petites villes, les restaurants ferment à 19 ou 20 h (nota bene : les restaurants qui ne servent que le déjeuner ouvrent généralement de 13 à 18 h).

Si les restaurants et les bars des hôtels ouvrent le plus souvent le matin jusque tard le soir, les petits restaurants n'ouvrent qu'à l'heure du déjeuner et/ou du dîner. Ils ferment l'après-midi entre 17 et 18 ou 19 h et rouvrent pour le dîner. Certains cafés n'ouvrent pas avant 9 ou 10 h. Pour le petit-déjeuner, vérifiez les horaires d'ouverture la veille. Vérifiez sur l'addition si le service est inclus. Les fermetures annuelles sont variables : téléphonez pour réserver.

Dans la liste suivante, les villes sont indiquées par région et par ordre alphabétique. Les hôtels sont énumérés dans chaque ville par prix, puis par ordre alphabétique, suivis des restaurants, également classés par prix et ordre alphabétique.

LA BASSE-CALIFORNIE

CATAVIÑA

🏨 LA PINTA CATAVIÑA
🍴 €€

CARR. I, KM 173,
A CATAVIÑA
TÉL. : 01 800 336 54 54
Ce merveilleux hôtel-restaurant jouxte une oasis de palmiers. On peut admirer des peintures rupestres non loin de là. Il est doté d'une piscine alimentée par une source et d'un restaurant servant de délicieux fruits de mer et des plats internationaux.

🛏 27 🅿 🚫 🏊
🆒 MC, V

ENSENADA

🏨 ESTERO BEACH RESORT
€€

ROUTE I, 10 KM AU SUD DU CENTRE D'ENSENADA, 22800
TÉL. : (646) 176 62 25
FAX : (646) 176 69 25
Cet agréable établissement offre de nombreuses prestations, dont un practice de golf, des bateaux de plaisance, la location d'engins nautiques et une aire de jeux pour enfants. Kitchenettes et patios privés invitent à un long séjour. Branchements pour véhicules de caravaning, camping.

🛏 104 🅿 🚫 🏊
🆒 MC, V

🍴 LA EMBOTELLADORA VIEJA
€€

Angle de Miramar et calle 7a n° 0
Tél. : (646) 174 08 07
La vaste carte des vins inclut ceux des vignobles adjacents, plus des vins français et californiens. Situé dans la *bodega* (le chais) elle-même, ce restaurant tout à fait charmant propose de délicieux plats méditerranéens et mexicains.

🕐 Fermé mar. 🆒 AE, MC, V

LA PAZ

🏨 LA CONCHA RESORT
🍴 €€€

CARRETERA A PICHILINGUE, KM 5, 23010
TÉL. : (612) 121 63 44
FAX : (612) 121 62 18
www.laconcha.com
Cet hôtel-restaurant souvent recommandé, à l'élégant et moderne décor méditerranéen, est situé sur la plage de Pichilingue. Les petites chambres sombres donnent sur un joli parc ou sur le golfe de Californie. Le club de plage possède un excellent magasin de plongée, loue des équipements nautiques et emploie un moniteur de plongée à plein temps. Le restaurant de la piscine sert de merveilleux plats internationaux et mexicains, ainsi que des fruits de mer.

🛏 151 🅿 🚫 🚫 🏊
🆒

🏨 LA POSADA DE ENGELBERT
🍴 €€

NUEVA REFORMA Y PLAYA SUR, APDO POSTAL 152, 23000
TÉL. : (612) 122 40 11
FAX : (612) 122 06 63
www.laposadaengelbert.com
Ce petit hôtel de charme situé sur la Playa del Sur, à 10 min du centre-ville, dispose de 23 grandes chambres et *casitas* avec climatisation et kitchenette pour les longs séjours. Un jardin de rêve avec piscine, une plage privée et un restaurant gastronomique sont ses autres atouts.

🛏 23 🆒 AE, MC, V

LORETO

🏨 VILLAS DE LORETO
€€

ANTONIO MIJARES S/N 23717 COMONDÚ
TÉL./FAX : (613) 135 05 86
Les chambres avec douche, lits confortables et réfrigérateur de cette auberge isolée donnent sur la piscine et sur la plage. Emplacements pour caravaning et camping. Interdiction de

---

🚫 Non fumeurs 🆒 Air conditionné 🏊 Pisc. int. 🏊 Pisc. ext. 🏋 Fitness 🆒 Cartes bancaires acceptées

HÔTELS ET RESTAURANTS

fumer. Moyennant un supplément, on peut faire du kayak et pêcher. Le petit-déjeuner continental (inclus dans le prix de la chambre) est le seul repas servi.

🏨 10 ▨ ▨ ▨
▨ MC, V

LOS CABOS

🏨 CASA DEL MAR
🍴 €€€€€
CARRETERA
TRANSPENINSULAR, KM 19,5
TÉL. : (624) 144 02 69
FAX : (624) 144 00 34
E-mail : casamar@cabonet.net.mx
Lieu romantique sur la plage, avec soins de remise en forme, plusieurs piscines, jardin floral, bibliothèque et de nombreux services. Les chambres de style hacienda, dans une palette agréable de doré, de rose et de bleu Méditerranée, ont des vérandas meublées et un jacuzzi donnant sur la mer. Le restaurant chic, avec également vue sur la mer, sert une excellente cuisine régionale.

🏨 55 🅿 ▨ ▨ ▨
▨ AE, MC, V

🏨 PALMILLA
€€€€€
CARRETERA
TRANSPENINSULAR, KM 7,5,
23400
TÉL. : (624) 144 50 00
FAX : (624) 144 51 00
E-mail : palmilla@ourclub.com
Ses arcades blanches drapées de bougainvillées rouges confèrent à cet hôtel, l'un des plus romantiques de la Baja, une touche de vieux Mexique. Il dispose d'une chapelle de mariages. Le décor des chambres de cette vieille propriété de Los Cabos est sobre et le service somptueux. On y trouve aussi une flottille de pêche sportive et un terrain de golf de 27 trous.

🏨 115 🅿 ▨ ▨
▨ AE, MC, V

RECOMMANDÉ

🏨 LAS VENTANAS AL PARAÍSO
€€€€€
CARRETERA

TRANSPENINSULAR, KM 19,5,
23400
TÉL. : (624) 144 03 00
FAX : (624) 144 03 01
Vedettes de cinéma et grands manitous aiment se réfugier dans cet hôtel de luxe situé dans le couloir de Los Cabos. Cheminées, télescopes, terrasses privées et magnifique mobilier donnent envie de rester dans sa chambre. On se dépêche toutefois d'en sortir pour les excellents restaurants, la piscine à trois niveaux et les hamacs suspendus aux palmiers.

🏨 60 🅿 ▨ ▨ ▨
▨ AE, MC, V

🏨 MELIÁ SAN LUCAS
€€€€
PLAYA EL MÉDANO S/N,
CABO SAN LUCAS
TÉL. : (624) 114 34 44
FAX : (624) 114 30 42
Proche de la baie, de la plage, de la marina et des boutiques, des restaurants et des bars de Cabo San Lucas, cet hôtel, qui appartient à une chaîne, dispose d'une grande et belle piscine autour de laquelle on ne manque jamais de faire la fête.

🏨 150 ▨ ▨ ▨ ▨
▨ AE, MC, V

🏨 LA PLAYITA
€€
PLAGE LA PLAYITA, SAN JOSÉ
DEL CABO, 23400
TÉL./FAX : (624) 142 41 66
Des pêcheurs se racontent leurs histoires autour de la piscine de cet hôtel propre, décontracté et sans prétention sur une longue plage déserte. Il n'y a pas de restaurant, mais on fait cuire son pêche juste à côté. Trois suites disposent de kitchenettes. La route est impraticable à la saison des pluies.

🏨 26 🅿 ▨ ▨ ▨ AE,
MC, V

🍴 CASA NATALIA
€€€€
BD MIJARES 4, SAN JOSÉ DEL
CABO, 23400
TÉL. : (624) 142 51 00
FAX : (624) 142 51 10

Situé dans un hôtel/boutique intime, cet excellent restaurant allie décor moderne et traditionnel. La nouvelle cuisine mexicaine et internationale est servie à l'intérieur ou dans le patio ombragé de palmiers. Essayez les pâtes au fromage de chèvre et à la sauce au mezcal.

🕐 Fermé le midi, sauf pour les clients de l'hôtel ▨
▨ AE, MC, V

MULEGÉ

🏨 SERENIDAD
€€€
ROUTE 1, À 3 KM AU SUD DE
MULEGÉ, 23900
TÉL. : (615) 153 05 30
FAX : (615) 153 03 11
Pendant la haute saison d'été (où les prix grimpent), la piscine et les jardins charmants de cet hôtel sont un véritable refuge. Simple mais très calme (comme son nom l'indique), cet établissement dispose de sa propre piste d'atterrissage et d'une aire de caravaning. Trois bungalows bien équipés, avec salon et cheminée, sont à louer à la journée ou au mois. Petit-déjeuner compris.

🏨 50 🅿 🕐 Fermé sept.
▨ ▨ ▨ ▨ MC, V

TECATE

RECOMMANDÉ

🏨 RANCHO LA PUERTA SPA
€€€€€
ROUTE 2, À 5 KM À L'OUEST
DE TECATE, 21275
TÉL. : (665) 654 91 55
FAX : (665) 654 11 08
www.rancholapuerta.com
Depuis 1940, la célèbre famille Szekely et ses 250 employés proposent à leurs clients une gamme croissante de soins et d'activités : massage aux pierres chaudes, nettoyage de peau, yoga, méditation, randonnées, exfoliation au luffa, pour n'en citer que quelques-uns. Les séjours dans ce ranch de 1210 ha vont du samedi au samedi. Les bunga-

lows de style hacienda décorés d'artisanat mexicain sont disséminés dans un parc pourvu de piscines de luxe et de centres de remise en forme. Les repas diététiques, plutôt végétariens, sont délicieux. Le trajet à partir de l'aéroport de San Diego est compris dans le prix.
Réservation nécessaire.
① 80 🚭 🌊 🍴 MC, V

TIJUANA

🏨 CAMINO REAL
€€€€
PASEO DE LOS HÉROES 10305
TÉL./FAX. : (664) 633 40 00
www.caminoreal.com
Ne faisant plus partie de la chaîne Camino Real, cet établissement de luxe reste toutefois à la mode et a conservé son ambiance relativement classique. Plutôt orienté vers la clientèle d'affaires, il se trouve près du centre culturel et du centre-ville de Tijuana.
① 250 **P** 🚻 🚭 🍴
🌊 📺 🍴

🍴 CIEN AÑOS
€€€
AV. JOSÉ MARÍA VELASCO 1407
TÉL. (664) 634 72 62
Ce joli restaurant proche du centre culturel propose de la nouvelle cuisine mexicaine. Les steaks sont sa spécialité, tout comme le *pollo cien años*, du poulet et des pommes de terre dans une sauce au piment relevée. Pour le dessert, laissez-vous tenter par le cheesecake à la goyave ou par la crème brûlée au lait de chèvre.
P 🕐 Fermé dim. après 20 h
🍴 🍴

🍴 LA ESPECIAL
€€
AV. REVOLUCIÓN 718, ENTRE LES CALLES 3 ET 4 (PASAJE EL GÓMEZ)
TÉL. (664) 685 66 54
FAX. (664) 685 13 76
Situé dans la partie touristique de l'Avenida Revolución, ce restaurant festif et décontracté accueille touristes et

locaux. Il sert des viandes grillées au feu de bois et des mets mexicains populaires.
🚭 🍴 🍴 MC, V

TODOS SANTOS

🍴 CAFÉ SANTA FE
€€€
CENTENARIO 4
TÉL. : (612) 145 03 40
Ce joli café italien possède quelques tables agréables dans un jardin. Il est renommé pour ses salades vertes bio, ses pâtes maison et ses vins étrangers.
🕐 Fermé mar., sept. et oct.
🍴 MC, V

LE NORD-OUEST DU MEXIQUE

ÁLAMOS

🏨 HACIENDA DE LOS SANTOS
€€€
MOLINA 8, 85763
TÉL. : (647) 428 02 22
FAX : (647) 428 03 67
Cet établissement joliment meublé d'antiquités offre une salle de billard, un théâtre et une cantina du XIXᵉ siècle. Les chambres, toutes décorées différemment, ont une cheminée. Le linge de lit est fin et le centre de remise en forme dispose d'un masseur et d'un moniteur à plein temps. Les enfants et les fumeurs ne sont pas admis.
① 21 **P** 🕐 Fermé juin
🚭 🌊 🍴 MC, V

CHIHUAHUA

🏨 HOLIDAY INN HOTEL & SUITES
€€€
ESCUDERO 702,
FRACC. SAN FELIPE, 31240
TÉL. : (614) 439 00 00
FAX : (614) 414 33 13
www.holiday-inn.com
Le petit-déjeuner continental est compris dans le prix de ce charmant hôtel de luxe situé dans un quartier résidentiel proche du centre-ville. Les

chambres ont une cuisine équipée. Les clients ont accès au golf et aux courts de tennis à proximité.
① 74 **P** 🚭 🍴 🌊
🌊 📺 🍴

🏨 PALACIO DEL SOL
€€€
INDEPENDENCIA 116, 31000
TÉL. : (614) 415 74 69 OU
01 800 711 40 07
FAX : 14/15-49-47
Situé dans le cœur du quartier historique de la ville, cet hôtel de luxe, relativement impersonnel, propose plusieurs bars et restaurants très animés, une agence de location de voitures et bien d'autres prestations.
① 183 **P** 🚻 🚭 🍴
📺 🍴 AE, MC, V

🍴 LA CASA DE LOS MILAGROS
€€
VICTORIA 812, PRÈS D'OCAMPO
TÉL. : (614) 437 06 93
Dans cette hacienda en adobe restaurée, on peut manger à l'intérieur ou dans le patio. Populaire auprès des habitants comme des visiteurs, ce restaurant propose des plats mexicains légers, une ambiance festive et un orchestre de musique populaire du jeu. au dim. à partir de 21 h.
🕐 Fermé le midi 🍴
🍴 AE, MC, V

DURANGO

🏨 HOTEL GOBERNADOR
🍴 €€
20 DE NOVIEMBRE OTE, 257
TÉL. : (618) 813 19 19
FAX : (618) 811 14 22
Le plus charmant hôtel de Durango était à l'origine une prison. Aujourd'hui, c'est un établissement confortable avec chauffage, téléphone direct, télévision satellite et piscine. Le restaurant La Hacienda sert des spécialités régionales comme le *caldillo durangeño*, une soupe de bœuf aux pommes de terre.
① 100 **P** 🚭 🍴 🌊
🍴 AE, MC, V

EL FUERTE

🏨 HOTEL POSADA DEL HIDALGO
€€€

HIDALGO 1001, JUSTE À CÔTÉ
DE LA PLAZA
TÉL./FAX : (698) 893 02 42
Cette hacienda du XIXᵉ siècle
dispose dans son bâtiment
d'origine de chambres spacieuses avec poutres apparentes et mobilier ancien ou
rustique mais sans télévision.
Le bâtiment récent fait face à
un joli patio. Discothèque le
week-end.

ⓘ 51 🅿 🔃 ⏱ 🌊
◈

HIDALGO DEL PARRAL

🏨 HOTEL ACOSTA
€€€

AGUSTÍN BARBACHANO
TÉL. : (627) 522 02 21
FAX : (627) 522 06 57
Il n'y a que des hôtels simples
à Parral. L'un des plus jolis est
cet établissement familial à trois
étages dominant la place principale. Pas de restaurant mais un
toit-terrasse qui offre une vue
superbe sur la cathédrale.

ⓘ 26 🔃 ◈

MAZATLÁN

🏨🍽 HACIENDA LAS MORAS
€€€€€

COCOTEROS N° 1, RICÓN DE
LAS PALMAS, ZONA DORADA
TÉL./FAX : (669) 914 13 46
www.lasmoras.com
Cette ravissante ancienne
plantation de maguey (dont
on fait le mezcal) a été rénovée et convertie en hôtel. Les
locaux viennent y déguster
des spécialités mexicaines et
boire d'excellentes margaritas.
On peut se baigner dans la
vaste piscine extérieure, monter à cheval dans les collines
environnantes ou admirer les
paons et le charmant parc.
Appelez pour réserver et
demander le chemin.

ⓘ 11 🅿 ⏱ ⏱ 🌊
◈ AE, MC, V

🏨 PUEBLO BONITO
🍽 €€€

CAMARÓN SABALO 2121,
ZONA DORADA, 82110
TÉL. : (669) 914 37 00
FAX : (669) 914 17 23
www.pueblobonito.com
Des flamants prennent la pose
dans le parc de palmiers de cet
hôtel de luxe sur le front de mer.
Les chambres ont chacune leur
kitchenette équipée et un patio
meublé. Un orchestre et des
bougies complètent agréablement la cuisine italienne et continentale au restaurant **Angelo**.

ⓘ 246 🅿 🔃 ⏱ 🌊
⏱ ◈ AE, MC, V

🏨 PLAYA MAZATLÁN
€€

RODOLFO T. LOAIZA 202,
ZONA DORADA, 82110
TÉL. : (669) 913 11 20
FAX : (669) 914 03 66
Les chambres sont carrelées,
très propres et dotées d'une
terrasse privée. Les plus agréables sont celles qui donnent
sur la plage.

ⓘ 425 🅿 🔃 ⏱ 🌊 2
⏱ ◈ MC, V

🍽 EL CUCHUPETAS
€€

JESUS CARRANZA, 301 ESQ.
REFORMA, VILLA UNIÓN
TÉL. : (669) 967 04 60
Sur la route de l'aéroport et
d'Isla de Piedra, El Cuchupetas
offre des spécialités de fruits
de mer très authentiques. Les
tables de ce restaurant simple
ont des nappes en tissu à
fleurs et un sol en ciment et
carrelage. Des photos de
Mazatlán sont accrochées aux
murs et les cartes sont
bilingues. Essayez la *campechana* (cocktail de poulpe, de
palourdes et de crevettes).

🅿

🍽 MARISMEÑO
€€

OLAS ALTAS 1224 ET
CONSTITUCIÓN, CENTRO
TÉL. : (669) 912 26 12
Les fruits de mer que pêche le
père du propriétaire sont bien
préparés. Après une délicieuse

HÔTELS
Prix indicatifs pour
une chambre double
en haute saison, hors taxe.

€€€€€	plus de 280 €
€€€€	de 200 à 280 €
€€€	de 120 à 200 €
€€	de 80 à 120 €
€	moins de 80 €

RESTAURANTS
Prix indicatifs pour
un déjeuner ou un dîner
de trois plats, hors boisson,
taxe ou pourboire

€€€€€	plus de 80 €
€€€€	de 50 à 80 €
€€€	de 35 à 50 €
€€	de 20 à 35 €
€	moins de 20 €

margarita et les amuse-gueules
offerts, essayez le plat du chef :
la pêche du jour sautée avec
des crevettes et des pommes
de terre. Terminez par l'excellent flan à la crème anglaise.

🔃 ◈ AE, MC, V

PUERTO PEÑASCO

🏨 PLAYA BONITA HOTEL
🍽 €€

PASEO BALBOA 100
TÉL. : (638) 383 25 86
FAX : (638) 383 55 66
www.playabonitaresort.com
Les chambres sont simples
mais jolies et certaines ont un
balcon donnant sur la Playa
Hermosa. Toutes ont la télévision satellite. Le patio du **restaurant Puesta del Sol** est l'un
des préférés des locaux. Le
petit déjeuner-buffet du samedi
et du dimanche est savoureux.

ⓘ 122 🅿 🔃 ⏱ 🌊
◈ MC, V

SAN CARLOS

🏨 CLUB MEDITERANÉE SONORA BAY
€€€€

PLAYA LOS ALGODONES, 85400
TÉL. : (668) 818 70 46
FAX : (622) 227 00 02

Le désert rencontre la mer dans ce complexe de 17,5 ha aux multiples activités. Les chambres sont simples mais pratiques. Comme d'habitude au Club med, les repas et la plupart des activités sont inclus.
(i) 375 **P** ⏰ Fermé oct.-mars ou avr. 🄷 🄼 🄵 🅰 AE, MC, V

SIERRA TARAHUMARA

🏨 MIRADOR
€€€€€
ESTACIÓN POSADA BARRANCA
TÉL. : (668) 818 70 46
FAX : (668) 812 00 46
www.mexicoscoppercanyon.com
Ces cabanes de rondins offrent une vue fantastique sur le canyon. On peut faire des randonnées à cheval et à pied. Les chambres ont le chauffage, une cheminée et un balcon, mais ni téléphone ni télévision. Les repas sont inclus dans le prix.
(i) 70 🅰 AE, MC, V

🏨 MISIÓN
€€€€
À 18 KM DE LA GARE DE BAHUICHIVO, CEROCAHUI
TÉL. (668) 818 70 46
FAX : (668) 812 00 46
Ce lodge isolé est un bon point de départ pour explorer le canyon Urique. Une grande cheminée réchauffe le bar, et les chambres sobrement meublées sont entourées de petits jardins et d'un vignoble. Attention, un générateur d'électricité fonctionne à certaines heures.
(i) 38 🅰 AE, MC, V

🏨 BEST WESTERN LODGE DE CREEL
€€
LÓPEZ MATEOS 61, 33200, CREEL
TÉL. : (635) 456 00 71
FAX : (635) 456 00 82
Cabanes confortables dans le centre-ville, cuisinières à bois, baignoires et petites vérandas. Le petit-déjeuner est inclus dans le prix.

Possibilité de randonnées dans la région.
(i) 27 🄷 🄴 🅰 AE, MC, V

🏨 REAL DE MINAS
€
DONATO GUERRA ET PABLO OCHOA, BATOPILAS, CANYON URIQUE
Ce minuscule lodge est situé dans une joile demeure du XIXe siècle rénovée. Attention, pas de téléphone pour réserver : les premiers arrivés seront les premiers servis.
(i) 7 🅰

LE NORD-EST DU MEXIQUE

MONTERREY

🏨 RADISSON GRAN 🍴 ANCIRA PLAZA
€€€€
AV. MELCHOR OCAMPO 443 OESTE, 64000
TÉL. : 01 800 830 60 00
Situé au cœur de la zone piétonnière du centre-ville et près de la Macroplaza, cet hôtel du début du XXe siècle est inscrit au Patrimoine mondial de l'Unesco. Le restaurant à ciel ouvert se trouve dans un salon d'une élégance rare, doté d'un grand escalier de marbre et d'un plafond cathédrale.
(i) 241 **P** 🄷 🄸 🄴 🄼 🅰 AE, MC, V

🏨 QUINTA REAL MONTERREY
€€€€
DIEGO RIVERA 500, FRACC. VALLE ORIENTE, 66260
TÉL. : (81) 83 68 10 00
FAX : (81) 83 68 10 80
www.quintareal.com
Dans la zone résidentielle, cet établissement de style colonial a le luxe raffiné et le confort d'un hôtel moderne. Chambres spacieuses, dont certaines donnant sur le superbe jardin intérieur, restaurants agréables offrant une cuisine mexicaine et internationale, centre de fitness et parking couvert.
(i) 240 🅰 AE, MC, V

🍴 LUISIANA
€€€
AV. HIDALGO 530 ORIENTE
TÉL. (81) 834 315 61
Cet agréable restaurant du centre-ville, très accueillant, est élégamment décoré mais plutôt sombre. Il est réputé pour ses viandes typiques du Nord – dont des steaks au feu de bois et de la chèvre au barbecue – et d'autres plats mexicains.
🄷 🅰

PARQUE NACIONAL CUMBRES DE MONTERREY

🏨 HOTEL CHIPINQUE
€€
MESETA CHIPINQUE 1000, GARZA GARCIA, 66297
TÉL. : (81) 378 66 00
FAX : (81) 378 67 59
Au-dessus de Monterrey, perché dans le parc qui lui a donné son nom, ce lodge confortable comblera ceux qui aiment les randonnées, le vélo, le tennis et la natation. Depuis le bar-restaurant on a une vue merveilleuse sur la ville.
(i) 72 **P** 🄷 🄸 🄴 🄼 🅰 AE, MC, V

SALTILLO

🏨 RANCHO 🍴 EL MORILLO
€
PROL. OBREGÓN SUR Y PERIF. ECHEVERRÍA, 25070
TÉL. : (844) 417 40 78
FAX : (844) 417 43 76
www.elmorillo.com
À 10 min du centre-ville, cette ancienne hacienda du XIXe siècle est un agréable hôtel géré en famille. Aux chambres calmes et confortables donnant sur le jardin fleuri et à la piscine s'ajoute une cuisine authentique à base de produits frais.
(i) 15 🅰 MC, V

🍴 LA CANASTA
€€
BD V. CARRANZA 2485
TÉL. : (844) 415 80 50
Avec ses sols carrelés, ses plafonds bas à poutres apparentes,

HÔTELS ET RESTAURANTS

ses cheminées et son mélange de mobilier ancien et moderne dans chaque chambre spacieuse, La Canasta est une tradition à Saltillo pour les longs repas d'affaires. La carte propose de nombreux *antojitos* et autres plats mexicains.

🅿 🛇 🛇 🛇

TAMPICO

🏨 CAMINO REAL MOTOR HOTEL
€€

AV. HIDALGO 2000, 89140
TÉL. : (853) 229 35 35
FAX : (853) 229 35 40

Ce charmant hôtel situé hors de Tampico n'appartient pas à la chaîne Camino Real. Il séduit par son jardin tropical et ses prestations telles que minibars et téléphone direct vers l'extérieur. Son agence de voyages organise des sorties de pêche.

🅸 103 🅿 🛇 🛇 🛇

ZACATECAS

🏨 QUINTA REAL 🍴 ZACATECAS
€€€€

AV. RAYÓN 434, 98000
TÉL. : (492) 922 91 04
FAX : (492) 924 05 75
www.quintareal.com

Cet hôtel de prestige, merveilleusement insolite, fut bâti dans une arène du XIXe siècle. Ses confortables chambres avec balcon sont dotées soit d'une baignoire, soit d'un jacuzzi. Le bar occupe les anciens boxes à taureaux. L'élégant restaurant, où l'on sert de la cuisine internationale et régionale, offre la nuit une vue fantastique sur l'aqueduc du XVIIIe siècle.

🅸 47 🅿 🛒 🛇 🛇
🛇 AE, MC, V

🏨 HOSTAL DEL VASCO
€€

AV. ALAMEDA ET VELAZCO 1
TÉL. : (492) 922 04 28
FAX : (492) 924 06 86

Des fleurs multicolores ornent la cour centrale de cette *casona* (demeure coloniale) reconvertie, à trois rues de la cathédrale.

Certaines chambres ont une kitchenette, mais dépourvue d'ustensiles de cuisine.

🅸 18 🛒 🛒 🛇 🛇AE, MC, V

🍴 LA CUIJA
€€

TACUBA LOCAL 5 (MARCHÉ GONZÁLEZ ORTEGA, NIVEAU INFÉRIEUR)
TÉL. : (492) 922 82 75

On sert un peu de tout dans cette fausse cave à vins. Parmi les spécialités régionales, citons le *pachole* (bœuf et porc hachés dans une sauce spéciale), l'*asado de boda* (viandes grillées) et les fruits de mer. Orchestre du mercredi au dimanche pendant le déjeuner (14-17 h), puis après 21 h.

🅿 🛇 🛇AE, MC, V

LE MEXIQUE CENTRAL

AGUASCALIENTES

🏨 HOTEL QUINTA REAL 🍴 AGUASCALIENTES
€€€€

AV. AGUASCALIENTES SUR 601, 20270
TÉL. : (449) 978 58 18
FAX : (449) 978 56 16
www.quintareal.com

Dans ce splendide hôtel, tout est luxe, élégance et tradition. Meubles anciens et modernes se mêlent harmonieusement dans les très agréables espaces communs ornés de pierres de taille et de marbre rutilant. Les chambres luxueuses parfaitement équipées donnent sur la cour de style colonial. Bar avec cheminée et salle à manger où l'on sert de la cuisine régionale, nationale et internationale.

🅸 85 🅿 🛇 🛇 🛇AE, MC, V

GUANAJUATO

🏨 LA CASA DE LOS ESPÍRITUS ALEGRES
€€€€

EX-HACIENDA DE TRINIDAD 1, MARFIL
TÉL./FAX : (473) 733 10 13

Décorée de meubles anciens, cette jolie « maison des esprits joyeux » du XVIe siècle se situe à peine à quelques kilomètres de Guanajuato. Chaque chambre de cette maison d'hôte est décorée différemment (et de couleurs vives) ; certaines ont une cheminée. Un généreux petit-déjeuner est servi dans la cour couverte.

🅸 8 🅿

🏨 QUINTA LAS ACACIAS
€€€€

PASEO DE LA PRESA 168, 36000
TÉL./FAX : (473) 731 15 17
www.int.com.mx/acacias

Cette nouvelle maison d'hôtes de style européen située dans un bâtiment du XIXe siècle possède peu de chambres, mais de nombreux et charmants espaces communs, notamment une bibliothèque, un bar, des terrasses ombragées et un jacuzzi avec vue sur la ville. Les chambres ont la télévision satellite, un sèche-cheveux et un téléphone sans fil. Le petit-déjeuner complet est compris et des en-cas et repas légers sont servis toute la journée.

🅸 9 🅿 🛇AE, MC, V

🏨 EX-HACIENDA DEL ANTIGUO CAMINO
€€

CAMINO ANTIGUO 12, MARFIL
TÉL. : (473) 733 18 53
antica@redes.int.com.mx

Située près des jardins de San Gabriel de la Barrera, cette élégante ancienne hacienda offre charme et tout le confort moderne. Ce bâtiment à 2 étages alliant brique, pierre et stuc blanc est orné de carrelage rouge rustique, de portes en bois et de rampes en fer forgé. Le prix des chambres, claires et propres, inclut le petit-déjeuner.

🅸 7 🛇

🏨 POSADA SANTA FE 🍴 €€

JARDÍN UNIÓN 12, 36000
TÉL. : (473) 732 00 84
FAX : (473) 732 46 53
www.posadasantafe.com

Les couloirs et chambres un rien sombres et un mobilier lourd sont compensés par des prix modestes et un emplacement imprenable sur la place la plus animée de la ville. Le café-restaurant d'extérieur est idéal pour observer les passants.

📅 45 🔖 AE, MC, V

🍴 LA HACIENDA DE MARFIL
€€

ARCOS DE GUADALUPE 3, MARFIL

TÉL. : (473) 733 11 48

Une ambiance merveilleuse règne dans ce petit restaurant situé dans un bâtiment colonial restauré, à environ 15 min de Guanajuato. Essayez les délicieux plats français comme le civet de lapin au vin rouge et aux champignons ou le filet de bœuf en sauce au tamarin.

🅿️ ⏰ Ouvert 13 h 30-18 h. Fermé lun. 🚭
🔖 AE, MC, V

🍴 TRUCO 7
€

TRUCO 7

TÉL. : (473) 732 83 74

Accueillant et prosaïque : ainsi peut-on décrire El Truco. Le service et les plats − steaks, sandwiches, enchiladas et autres mets typiques − sont bons. Affiches, peintures et autre bric-à-brac confèrent au lieu une ambiance joviale.

QUERÉTARO

🏨🍴 LA CASA DE LA MARQUESA
€€€€

MADERO 41, 76000

TÉL. : (442) 212 00 92

FAX : (442) 212 00 98

Un goût et une classe certaine, mais sans prétention, pour cet hôtel du centre historique de la ville, une demeure de 1756 restaurée. Les suites sont meublées d'antiquités exquises, le carrelage est peint à la main et les tapis sont somptueux. Le restaurant paraîtra trop guindé pour certains, mais les excellents

plats mexicains et internationaux font taire toute critique.

📅 25 🚭 🔖 AE, MC, V

🏨 HACIENDA JURICA
€€€

CARR. MÉXICO-SLP KM 229, FRACC. JURICA, 76100

Tél. : (442) 218 00 22

Fax : (421) 218 01 36

www.hoteljurica.com.mx

Sur la route 57, cette vaste hacienda du XVIᵉ siècle a été réaménagée en superbe hôtel de charme au milieu d'un parc. Les chambres sont climatisées, avec télévision satellite, et sèche-cheveux. La piscine, le sauna, les courts de tennis, le bar et les deux restaurants sont parfaits pour se détendre.

📅 182 🏊 🔖 AE, MC, V

🏨🍴 MESÓN DE SANTA ROSA
€€

PASTEUR SUR 17, 76000

TÉL. : (442) 224 26 23

FAX : (442) 212 55 22

starosa@ciateq.mx

Les meubles de style colonial sont des reproductions de ceux qu'abritait à l'origine ce bâtiment du XVIIIᵉ siècle. Son emplacement central et ses prix modérés expliquent sa clientèle de fidèles. L'un des trois jolis patios intérieurs est dévolu à un restaurant à ciel ouvert servant des plats mexicains modernisés comme le chevreau rôti en sauce au poivre et au pulque.

📅 21 🏊 🔖 AE, MC, V

🍴 EL ARCÁNGEL
€€

GUERRERO NORTE 1

TÉL. (442) 212 65 42

Cette demeure chaleureuse transformée en restaurant aux jolis rideaux de dentelle a de petites tables de café à l'intérieur et dans un patio couvert. Commandez des plats traditionnels comme la soupe aux fleurs de courge, les tacos au poulet ou les piments farcis au fromage et au *cuitlaloche*, un champignon délicieux.

🔖 MC, V

SAN LUIS POTOSÍ

🏨 WESTIN SAN LUIS POTOSÍ
€€€

REAL DE LOMAS 1000, 78216

TÉL. : (444) 825 01 25

FAX : (444) 825 02 00

www.westin.com

Située dans un quartier résidentiel près du centre historique, cette hacienda est un vrai palais. Toutefois, l'intérieur est moderne et offre de nombreuses prestations et services pour sa clientèle d'affaires.

📅 123 🅿️ 🔄 🚭 🏊
🔖 AE, MC, V

🏨 PANORAMA
€

CARRANZA 315, 78000

TÉL. : (444) 812 17 77

FAX : (444) 812 45 91

Clientèle d'affaires et voyageurs à petit budget sont restés fidèles au fil des ans à cet établissement un peu vieillot mais très respectable, proche de la Plaza los Fundadores. Vue merveilleuse depuis le bar-restaurant situé sur le toit.

📅 120 🅿️ 🔄 🚭 🏊
🔖 AE, MC

🍴 POSADA DEL VIRREY
€€€

JARDÍN HIDALGO 3

TÉL. : (444) 812 70 55

Un pianiste joue pendant tous les repas dans cette ancienne demeure du premier vice-roi du Mexique. Faisant face au Parque Hidalgo, ce restaurant sert des spécialités régionales dans une charmante cour couverte.

🔖 AE, MC, V

🍴 LA PARROQUIA
€

CARRANZA 303

TÉL. : (444) 812 66 81

FAX : (444) 813 04 48

La maigre décoration de cet établissement du centre-ville est inversement proportionnelle à sa popularité. Des hommes élégants, d'un certain âge, y passent des heures devant un café, tandis que les dénicheurs de bons plans se régalent des spécialités à petits prix. Le restaurant ouvre tôt et ferme tard.

🛗

SAN MIGUEL DE ALLENDE

🏨 CASA DE SIERRA NEVADA
€€€€
HOSPICIO 35, 37700
TÉL. : (415) 152 70 40
FAX : (415) 152 14 36
Cet hôtel de luxe se compose de plusieurs haciendas rénovées. Toutes les chambres ont leur propre décoration, superbe, avec rideaux de dentelle, commodes anciennes et de nombreuses pièces d'art et d'artisanat local. Les enfants de moins de 16 ans ne sont pas admis.
🛈 24 🅿 🏊 🖃 AE, MC, V

🏨 LA PUERTECITA 🍴 BOUTIQUE HOTEL
€€€€
SANTO DOMINGO 75, 37740
TÉL. : (415) 152 50 11
FAX : (415) 152 55 05
www.lapuertecita.com
Située dans un quartier résidentiel à environ 20 min de marche de la ville et dominant celle-ci, « la petite porte » possède de jolis jardins ornés de sculptures et de fontaines. Chambres et suites confortables sont meublées dans le style colonial. Des bouquets de fleurs égayent le salon et la bibliothèque. Des spécialités mexicaines sont servies dans la salle à manger, chic mais rustique, et à la terrasse du jardin.
🛈 34 🅿 🛗 🏊 🖃 AE, MC, V

🏨 VILLA JACARANDA 🍴 €€€
ALDAMA 53, 37700
TÉL. (415) 152 10 15
FAX : (415) 152 08 83
www.villajacaranda.com
Ce petit hôtel sans prétention mais très confortable est situé à proximité du centre-ville. Les chambres sont décorées de jetés de lit tissés à la main et

disposent de baignoires et de la télévision câblée. Le soir, regardez un film (cocktail à la main) dans la salle vidéo ou dînez au restaurant ou sur la terrasse extérieure. Fabuleuse cuisine internationale.
🛈 15 🅿 🖃 AE, MC, V

TEQUISQUIAPAN

🏨 HOTEL DEL PARQUE
€€
CDA. CAMELINAS 1
TÉL. : (414) 273 29 39
FAX : (414) 273 09 38
Ce petit hôtel bien entretenu, fondé il y a dix ans, domine la place principale fleurie de Tequisquiapan, où se tient au mois de juin une foire au fromage et au vin.
🛈 21 🅿 🏊 🖃 AE, MC, V

LE CENTRE DE LA CÔTE PACIFIQUE

ACAPULCO

RECOMMANDÉ

🏨 QUINTA REAL
€€€€
PASEO DE LA QUINTA 6, FRACC. REAL DIAMANTE, 39907
TÉL. : (744) 469 15 00
FAX : (744) 469 15 16
www.quintareal.com
Chacune des suites de cet hôtel raffiné mais à un prix abordable offre une vue splendide sur l'océan et dispose de la télévision satellite, d'un minibar et d'autres prestations. Certaines ont une piscine et une salle à manger privées. Les meubles font « Mexique rustique », mais le confort est là. Cet établissement récent, perché sur les falaises, offre une belle vue sur la baie d'Acapulco. Un sentier et un ascenseur donnent accès aux piscines et à la plage située en contrebas. Un centre de remise en forme assure massages et autres soins.
🛈 74 🅿 🛗 🛗 🛗 🏊 🖃 AE, MC, V

🏨 ELCANO 🍴 €€€
AV. COSTERA MIGUEL ALEMAN 75, 39690
TÉL. : (744) 435 15 00
FAX : (744) 484 22 30
www.hotel-elcano.com
Le blanc et le bleu dominent dans les ravissantes petites chambres confortables, les espaces communs très aérés et le restaurant extérieur Bambuco, qui sert des plats régionaux modernisés comme les tacos aux crevettes ou la dorade rose grillée aux asperges, aux crevettes et aux palourdes.
🛈 180 🅿 🛗 🏊 🛗 🖃 AE, MC, V

🏨 BOCA CHICA
€€
PLAYA CALETA S/N, 39390
TÉL. : (744) 483 63 88
FAX : (744) 483 95 13
Si les clients reviennent, ce n'est pas pour les chambres sobres et convenables mais pour l'intimité de cet endroit sans prétention. Loin des endroits trop fréquentés, ce petit établissement domine d'un côté la plage Caleta et, de l'autre, une superbe crique, idéale pour la plongée avec

masque et tuba. Le bar à sushis est un plus.

☐ 52 ☐ ☒ ☒ ☒ AE, MC, V

🍴 MADEIRAS
€€€€

CARR. ESCÉNICA 33, FRACC. EL GUITARRÓN

TÉL. : (744) 446 57 00

FAX : (744) 446 57 23

Une cuisine internationale sublime dans un cadre romantique, avec bougies et musique douce. Dominant la baie d'Acapulco, l'établissement propose à la carte un choix varié de soupes, de salades et des entrées originales (poulpe à la vinaigrette).

☐ ☐ Fermé le midi ☒ MC, V

🍴 EL OLVIDO
€€€€

PLAZA MARBELLA, AV. COSTERA M. ALEMAN S/N

TÉL. : (744) 481 02 14

FAX : (744) 481 02 56

Moderne et élégant, ce restaurant sert une cuisine imaginative, mexicaine et internationale. La salade d'épinards au chèvre chaud, la soupe crémeuse au roquefort, les steaks et les fruits de mer sont délicieux. Pour le dessert, laissez-vous tenter par une crème brûlée ou un bon tiramisu. Si possible, demandez une table dans le patio ouvert avec vue sur la mer.

☐ Fermé le midi ☐ ☒
☒

🍴 EL AMIGO MIGUEL
€€

BENITO JUÁREZ 31

TÉL. : (744) 483 69 81

Situé sur la plage, ce restaurant à la réputation établie emploie un personnel jeune et dynamique. Les plats composés avec des fruits de mer sont traditionnels et savoureux, d'une qualité et d'une fraîcheur irréprochables. L'autre établissement de 2 étages situé dans le centre-ville sert une cuisine tout aussi délicieuse.

☒ AE, MC, V

🍴 LA TORTUGA
€

LOMAS DEL MAR 5-A

TÉL. : (744) 484 69 85

On y sert au déjeuner des plats bon marché tels que des assiettes assez copieuses pour deux et d'excellentes *tortas* (sandwiches) dans un jardin du centre-ville, à une rue de l'Avenida Costera.

COLIMA

🏨 AMÉRICA
€

MORELOS 162, 28000

TÉL./FAX : (312) 312 03 66

À quelques rues à l'ouest du Parque Nuñez, cet hôtel d'affaires assez moderne, plutôt impersonnel, possède un intérieur rutilant et un sauna réservé aux hommes.

☐ 75 ☐ ☒ ☒ ☒ AE, MC, V

🏨 CEBALLOS
€

PORTAL MEDELLÍN 12, 28000

TÉL. : (312) 312 44 44

FAX : (312) 06 45

Bâti dans les années 1880, cet édifice rénové au charme envoûtant fut autrefois la résidence de trois gouverneurs de l'État. Les chambres très spacieuses, élégamment aménagées, sont hautes de plafond. Certaines ont même un ravissant petit balcon.

☐ 63 ☐ ☒ ☒ MC, V

🍴 EL CHARCO DE LA HIGUERA
€€

JARDÍN DE SAN JOSÉ S/N, ENTRE 5 DE MAYO ET TORRES QUINTERO

TÉL. : (312) 313 01 92

Situé à 5 min de marche à l'ouest du centre-ville, ce paisible restaurant de plein air propose une carte variée : *tortas* (sandwiches), poulet, viandes grillées et *pozole* (soupe de maïs concassé). Guitariste et ambiance sympathique la plupart des soirs de week-end.

☒ MC, V

🍴 LOS NARANJO
€€

GABINO BARRERA N° 34

TÉL. : (312) 312 00 29

Les habitants de Colima épris de tradition fréquentent ce restaurant équipé de ventilateurs près du paisible Jardín Quintero. La carte se compose d'une longue liste d'*entojitos* traditionnels et de nombreux plats de viande, dont le *filete especial* pour deux, un steak grillé aux oignons verts, au piment jalapeño et au lard, servi avec des haricots et des tortillas.

COSTA ALEGRE

🏨 LAS ALAMANDAS
€€€€€

DOMICILIO CONOCIDO, AU NORD DE SAN PATRICIO MELAQUE

TÉL. : (322) 285 55 00

FAX : (322) 285 50 27

www.las-alamandas.com

Hôtel de luxe loin de la civilisation, Las Alamandas offre golf, pêche et croquet, ainsi qu'un service impeccable. Les visiteurs ne résidant pas à l'hôtel ne sont pas admis. Appelez pour réserver et demander le chemin.

☐ 8 suites, 4 villas ☒ ☒
☒ AE, MC, V

🏨 GRAND BAY
€€€€€

ISLA NAVIDAD, BARRA DE NAVIDAD

TÉL. : (314) 355 50 50

FAX : (314) 355 60 70

Ce country-club de luxe, à l'entrée gardée, a complètement transformé Barra de Navidad, un village à l'ambiance décontractée. Adossé aux collines couleur émeraude et faisant face à l'océan et au lagon, cet élégant complexe de style méditerranéen, niché dans de ravissants jardins, possède un terrain de golf de 27 trous, des courts de tennis, et propose diverses activités nautiques.

☐ 167 ☒ ☒ ☒ ☒
☒ ☒ AE, MC, V

☒ Non fumeurs ☒ Air conditionné ☒ Pisc. int. ☒ Pisc. ext. ☒ Fitness ☒ Cartes bancaires acceptées

EL TAMARINDO
€€€€€
ROUTE MELAQUE-PUERTO
VALLARTA, KM 7,5, CIHUATLÁN
TÉL. : (315) 351 50 32
FAX : (315) 351 50 70
Les villas superbement décorées de ce luxueux complexe
disposent chacune d'une piscine et d'espaces extérieurs
privés. Elles donnent toutes
sur de jolies plages. L'hôtel
possède un golf de 18 trous.
🛈 28 villas 🅿 🏊 📺
🅰

GUADALAJARA

🏨 QUINTA REAL
🍽 GUADALAJARA
€€€€
AV. MÉXICO 2727, 44680
TÉL. : (333) 669 06 00
FAX : (333) 669 06 01
www.quintareal.com
Cet établissement de luxe
affiche des allures coloniales
mais dispose de tout le
confort moderne. Toutes les
suites possèdent une cheminée, une baignoire et un mobilier agréable, et sont ornées de
pièces d'artisanat local. Dîner
sur la terrasse ou à l'intérieur.
Haute cuisine de qualité internationale.
🛈 76 🔁 ⬛ ⬛ 🏊
🅰

🏨 DE MENDOZA
€€
V. CARRANZA 16, 44100
TÉL. : (333) 613 73 10
FAX : (333) 613 96 46
Un endroit fabuleux pour un
prix raisonnable. La piscine en
terrasses et le magnifique salon
égayent cet hôtel de 5 étages
proche de la Plaza Tapatío. Vue
magnifique sur la ville depuis le
bar et danse le week-end.
🛈 110 🅿 🔁 ⬛ ⬛
🏊 🅰 AE, MC, V

🏨 FRANCÉS
€
MAESTRANZA 35, 44100
TÉL. : (333) 613 11 90
FAX : (333) 658 28 31
www.hotelfrances.com
Le plus vieil hôtel de la ville de
Guadalajara occupe un emplacement privilégié dans le cœur
historique de la ville. Admirez
le plafond cathédrale à vitraux
du salon et son ambiance
intime. Les dimensions et la
décoration des chambres sont
variées.
🛈 60 🅿 🅰 AE, MC, V

🍽 LA DESTILERÍA
€€
NELSON 2916 ET AV. MEXICO
TÉL. : (333) 640 31 10
La vaste salle à manger en
brique rouge est décorée avec
le matériel qui sert à fabriquer
la tequila et les employés sont
habillés comme les ouvriers
des distilleries. Cuisine mexicaine et plus de cent cocktails
à la tequila sont proposés.
🅿 🕐 Fermé dim. et le soir
⬛ 🅰 AE, MC, V

🍽 EL SACROMONTE
€€
PEDRO MORENO 1398
TÉL. : (333) 825 54 47
Sacromonte est particulièrement réputé pour son service
impeccable. Icônes et autels
éclairés de bougies créent une
ambiance romantique le soir
dans le jardin. Les soupes sont
vraiment délicieuses (goûtez
celle au bleu) et le canard aux
pétales de rose frits est réputé.
🕐 Fermé dim. 🅰 MC, V

IXTAPA/ZIHUATANEJO

🏨 LA CASA QUE CANTA
€€€€€
CAMINO ESCÉNICO, PLAYA LA
ROPA, ZIHUATANEJO 40880
TÉL. : (755) 555 70 30
FAX : (755) 554 79 00
L'attention accordée à chaque
détail du décor et du service fait
de la Casa que Canta l'un des
meilleurs hôtels du Mexique.
Spacieuses, les chambres au
mobilier peint à la main donnent sur l'océan et occupent
plusieurs bâtiments couleur
terre répartis sur des terrasses à
flanc de colline. La plage est
toute proche.
🛈 24 🅿 🕐 Fermé août
🔁 ⬛ 🏊 📺 🅰

🏨 WESTIN BRISAS
🍽 IXTAPA
€€€€
PLAYA VISTAHERMOSA S/N,
IXTAPA 40880
TÉL. : (755) 553 21 21
FAX : (755) 553 10 31
Le design spectaculaire de
l'architecte Ricardo Legoretta
fait de ce complexe un
endroit hors norme. Étagées
entre le salon et la crique, les
chambres disposent de
grands patios en partie
ombragés et équipés de
hamacs. Le parc aux allures de
jungle est exquis. Parmi les six
restaurants de l'hôtel, le romantique **Portofino** sert des
spécialités italiennes (dîner
seulement).
🛈 428 🅿 🔁 ⬛ ⬛
🏊 📺 🅰

🍽 BECCOFINO
€€
PLAZA MARINA IXTAPA,
VÍA BD IXTAPA S/N, IXTAPA
TÉL. : (755) 553 17 70
FAX : (755) 553 21 09
Angelo Pavia, d'origine italienne, a mis tout son talent
dans ce restaurant spécialisé
dans la cuisine du nord de
l'Italie. La sélection de vins
comprend des crus mexicains,
italiens, français, espagnols et
chiliens. Réservez une table sur
l'adorable terrasse avec vue
sur la mer.
🅰 AE, MC, V

🍽 LA SIRENA GORDA
€
PASEO DEL PESCADOR 90,
ZIHUATANEJO
TÉL. : (755) 554 26 87
Située à quelques pas de la
jetée de la ville, un café populaire, sans prétention, au toit
de palme. On y sert les traditionnels cocktails de fruits de
mer, des tacos ou des soupes.
Le petit-déjeuner est particulièrement recommandé.
🕐 Fermé mer.

MANZANILLO

🏨 LAS HADAS
🍽 €€€€€

AV. DE LOS RISCOS ET VISTA HERMOSA, 28200
TÉL. : (314) 331 01 01
FAX : (314) 331 01 21
Renommé pour son architecture de style mauresque, Las Hadas, aurait grand besoin d'être rénové. Il est équipé d'un golf de 18 trous, d'un court de tennis et d'une marina. Son restaurant le plus romantique, **Legazpi**, propose cependant un service quatre-étoiles et une excellente cuisine.
[1] 220 [P] [≡] [S] [S] ⬛ 🏋 ⬛

🍽 TOSCANA
€€€
CARR. COSTERA 3177
TÉL. : (314) 333 25 15
Sa délicieuse cuisine et sa bonne réputation expliquent la fidélité des locaux et des touristes à ce restaurant franco-italien.
[⊕] Fermé le midi ⬛ MC, V

MORELIA

🏨 VILLA MONTAÑA
€€€
PATZIMBA 201, 58090
TÉL. : (443) 314 02 31
FAX : (443) 315 14 23
www.villamontana.com.mx
Le soir, du bar-terrasse de cette charmante oasis sophistiquée, on a vue sur Morelia scintillant au loin. Des petites maisons magnifiquement décorées s'étagent sur le parc en terrasses. Les jardins paysagers sont émaillés de fontaines et de sculptures. Les petits animaux domestiques sont acceptés, mais pas les enfants.
[1] 36 [P] ⬛ ⬛ AE, MC, V

🏨 HOTEL VIRREY 🍽 DE MENDOZA
€€
AV. MADERO PONIENTE 310, 58000
TÉL. : (443) 312 06 33
FAX : (443) 312 67 19
www.hotelvirrey.com
Située sur le *zócalo*, cette demeure reconvertie conserve sa touche coloniale avec ses lustres de cristal, ses boiseries

et son mobilier ancien. Ses chambres et ses suites sont tout aussi somptueuses. Le restaurant mérite une visite à la fois pour sa décoration et ses spécialités régionales.
[1] 55 [P] [≡] [S] ⬛ AE, MC, V

🍽 FONDA LAS MERCEDES
€€
LEÓN GUZMÁN 47, 58000
TÉL. : (443) 312 61 13
En plein cœur de la ville, ce restaurant haut de gamme est délicieux et confortable. Les tables de cet édifice colonial restauré sont disséminées dans le patio couvert. Cuisine internationale et régionale innovante avec steaks et *pollo Azteca*, du poulet farci aux champignons.
[⊕] Fermé dim. et le midi
⬛ AE, MC, V

PÁTZCUARO

🏨 MANSIÓN DE ITURBE 🍽 €€
PORTAL MORELOS 59, 61600
TÉL. : (434) 342 03 68
FAX : (434) 313 45 93
mansioniturbe@yahoo.com
Insolite mais engageant, cet hôtel aux pièces hautes de plafond domine la Plaza de Quiroga. Même s'il est sombre et vieillot, l'édifice du XVIᵉ siècle restauré est bien entretenu. Le petit-déjeuner est compris et le restaurant **El Gaucho** propose des steaks à la façon argentine au son d'un orchestre.
[1] 14 ⬛ MC, V

🏨 CABAÑAS ISLA YUNUÉN
€
DOMICILIO CONOCIDO, ISLA YUNUÉN
TÉL. (434) 342 44 73
Pour visiter l'île Yunuén, sur le lac Janitzio, prenez un ferry sur le quai de Pátzcuaro et louez une cabane de rondins pour une nuit ou dans le cadre d'un forfait de 4 jours. Les cabanes confortables (aux kitchenettes peu équipées) peuvent accueillir 2, 4 ou 16 personnes.

Le petit-déjeuner est compris. On peut y déjeuner et y dîner.
[1] 6 cabanes

🏨 POSADA DE LA BASÍLICA
€
ARCIGA 6, 61600
TÉL. : (434) 342 11 08
FAX : (434) 342 06 59
hotelpb@hotmail.com
Simples mais fonctionnelles, les chambres de cet hôtel colonial possèdent des cheminées bienvenues lors des soirées fraîches.
[1] 12 [P] ⬛ MC, V

🍽 EL PRIMER PISO
€€€
PLAZA VASCO DE QUIROGA 29
TÉL. : (434) 342 01 22
Ce restaurant situé à l'étage d'un bâtiment donnant sur la plaza sert des plats internationaux. Goûtez le poivron farci aux crevettes, au brie et aux fines herbes et, pour le dessert, les fruits cuits en pâte feuilletée arrosés de rhum.
[⊕] Fermé mar. ⬛ AE

PUERTO VALLARTA

🏨 CAMINO REAL PUERTO VALLARTA
€€€€
PLAYA LAS ESTACAS, CARR. BARRA NAVIDAD S/N, 48300
TÉL. : (322) 221 50 00
FAX : (322) 221 60 00
Le marbre resplendissant et les couleurs vives dominent dans cet établissement retiré situé sur une magnifique plage de sable où l'on peut louer du matériel nautique. Certaines chambres ont un balcon et celles des étages supérieurs sont équipées d'un jacuzzi.
[1] 337 [P] [≡] [S] [S] ⬛ 🏋 ⬛

🏨 QUINTA MARÍA COR-TÉZ
€€€–€€€€
132 CALLE SAGITARIO, CONCHAS CHINAS, 48300
TÉL. : (322) 221 53 17
FAX : (322) 221 53 27
www.quinta-maria.com

HÔTELS ET RESTAURANTS

Les suites et les appartements de cet établissement ont une décoration éclectique et donnent sur une petite crique au sud de Puerto Vallarta. Chaque unité est différente et magnifique, avec terrasse, salle à manger, cuisine, salon, etc. La durée de séjour minimale est de 3 jours.

🛏 8 unités 🏊 ♿
AE, MC, V

🍴 TRÍO
€€€€
GUERRERO 264
TÉL. : (322) 222 21 96
Savoureux et très imaginatifs, les plats méditerranéens dotés d'une touche mexicaine font de ce restaurant l'un des préférés des locaux. La carte inclut un carré d'agneau servi avec une sauce à la menthe et des raviolis ainsi qu'une dorade rose servie avec ratatouille et petites pommes de terre rôties. Le patio extérieur et le toit-terrasse ont du succès à la saison sèche.
🕐 Fermé le midi 🔲
♿ AE, MC, V

🍴 CHICO'S PARADISE
€
CARR. A MANZANILLO, KM 20
TÉL. : (322) 223 60 05
Ce restaurant idyllique au toit de palme offre une vue magnifique sur la rivière Horcones (idéale pour se baigner), sur une cascade et sur la jungle environnante. On peut partager à deux un plat de *mariscada* : langouste, crevettes, dorade rose et poulpe.

SAN BLÁS

🏨 GARZA CANELA
🍴 €€
PAREDES 106 SUR
TÉL. : (323) 285 01 12
FAX : (323) 285 03 08
Dirigé par quatre sœurs, ce charmant hôtel à 2 étages et son restaurant, El Delfin, sont à 10 min de marche de la plage et possèdent un ravissant jardin.
🛏 45 🅿 🔲 🏊 ♿ AE, MC, V

🍴 WALAWALA
€
JUÁREZ, PRÈS DE BATALLÓN
PAS DE TÉLÉPHONE
Situé au centre, ce restaurant simple au service impeccable propose des plats diététiques internationaux et mexicains comme l'émincé de poulet aux champignons accompagné de riz et de légumes. Un orchestre joue parfois de la musique variée.
🕐 Fermé dim.

TAXCO

🏨 POSADA DE LA MISIÓN
€€€
CERRO DE LA MISIÓN 32, 40230
TÉL. : (762) 622 58 18
FAX : (762) 622 21 98
Cet hôtel de style colonial situé aux abords de la ville dispose d'une chapelle et d'une piscine entourée d'un petit jardin. Le prix des chambres inclut le petit-déjeuner-buffet et le dîner.
🛏 125 🅿 🏊 ♿

🏨 POSADA DE SAN JAVIER
€
Estacas 32
Tél. : (762) 622 31 77
Fax : (762) 622 23 51
Chambres et jolies petites suites s'étagent sur la colline, sous la rue principale de Taxco. Certaines disposent d'un patio orné de plantes. Manguiers et orangers ombragent les abords de la piscine.
🛏 26 🅿 🏊

TEPIC

🏨 FREY JUNÍPERO SERRA
€
LERDO 23 PONIENTE ET MÉXICO, 63000
TÉL. : 32/12-25-25
FAX : 32/12-20-51
Situé sur la place principale, cet hôtel bon marché offre des chambres bien entretenues équipées de la télévision satellite. Si possible, demandez

PRIX

HÔTELS
Prix indicatifs pour une chambre double en haute saison, hors taxe.

€€€€€	plus de 280 €
€€€€	de 200 à 280 €
€€€	de 120 à 200 €
€€	de 80 à 120 €
€	moins de 80 €

RESTAURANTS
Prix indicatifs pour un déjeuner ou un dîner de trois plats, hors boisson, taxe ou pourboire

€€€€€	plus de 80 €
€€€€	de 50 à 80 €
€€€	de 35 à 50 €
€€	de 20 à 35 €
€	moins de 20 €

une chambre au dernier étage, d'où la vue est magnifique sur le clocher de l'église, ou une chambre avec baignoire.
🅿 🔲 🔲 ♿ AE, MC, V

TLAQUEPAQUE

🏨 LA VILLA DEL ENSUEÑO
€€
LERDO PONIENTE, 23
TÉL. : (311) 635 87 92
FAX : (311) 659 61 52
www.mexonline.com/ensueno.htm
Cette maison d'hôtes donne sur de jolis patios arborés ornés de fontaines et de statues. Le petit-déjeuner est inclus et le bar sert des rafraîchissements dans le jardin.
🛏 10 🅿 🔲 🏊 ♿ AE, MC, V

🍴 EL ADOBE
€€
INDEPENDENCIA 95
TÉL. : (333) 657 27 92
Goûtez aux plats mexicains présentés de façon moderne comme les *chiles rellenos* ou les *quesadillas* aux crevettes, après avoir admiré ou acheté dans la boutique attenante des chaises *equipale*, habillées de sculptures en fer-blanc ou d'autres beaux

objets d'artisanat. Un orchestre joue de 14 à 18 h.

🕒 Fermé le midi 🐚 MC, V

URUAPAN

🏨 HOTEL MANSIÓN DEL 🍴 CUPATITZIO
€€

CALZADA DE LA RODILLA DEL DIABLO 20, LA QUINTA, 60030
TÉL. : (452) 523 21 00
FAX : (452) 524 67 72
Situé en bordure du Parque Nacional Eduardo Ruiz, ce vieil hôtel, qui ressemble à une jolie hacienda, offre une vue agréable sur le parc. Des bouquets de fleurs ornent le restaurant, où l'on sert principalement des plats régionaux et mexicains.
ⓘ 57 🅿 ⛱ 🏋 🐚 AE, MC, V

MEXICO

🏨 FOUR SEASONS 🍴 HOTEL
€€€€€

PASEO DE LA REFORMA 500, COLONIA JUÁREZ, 06600
TÉL. : (55) 52 30 18 18
FAX : (55) 52 30 18 08
www.fourseasons.com
Les lits des chambres luxueuses sont équipés des plus merveilleux matelas de plume du monde. Atmosphère sophistiquée et luxe discret règnent. Le service est de premier ordre et l'exquis El Restaurant propose toute une gamme d'excellentes tequilas et des plats de haute cuisine mexicaine et internationale.
ⓘ 240 Ⓜ Sevilla 🅿 🚭 🕒 ⛱ 🏋 🐚

🏨 GRAN HOTEL CIUDAD DE MEXICO
€€€

AV. 16 DE SEPTIEMBRE 82, COLONIA CENTRO, 06000
TÉL. : (55) 55 10 40 42
FAX : (55) 55 12 20 85
www.granhotelcdmexico.com.mx
Idéalement situé sur le zócalo, ce palace de style Art nouveau propose des chambres somp-

tueuses et un service de qualité à des prix très abordables. Café avec terrasse panoramique sur Mexico et deux excellents restaurants sont quelques-uns des atouts de l'établissement.
ⓘ 124 Ⓜ Zócalo 🐚 AE, V, MC, DC

🏨 CAMINO REAL 🍴 MEXICO
€€€

MARIANO ESCOBEDO 700, COL. NUEVA ANZURES, 11590
TÉL. : (55) 55 86 88 88
FAX : (55) 52 62 62 30
Conçu par l'architecte de renom Ricardo Legorreta, l'hôtel le plus moderne de Mexico se trouve près du parc Chapultepec. Il arbore des couleurs chaudes, orange et rose, et des œuvres de grands artistes, tel Rufino Tamayo. Le restaurant français Fouquet's de Paris est recommandé et, dans la cantina animée, on goûtera aux excellentes tequilas tout en profitant de l'orchestre.
ⓘ 713 Ⓜ Chapultepec 🅿 🚭 🕒 ⛱ 🏋 🐚

🏨 MARÍA CRISTINA
€€

RÍO LERMA 31
COL. CUAUHTÉMOC, 06500
TÉL. : (55) 57 03 12 12
FAX : (55) 55 66 96 88
Au cœur de la Zona Rosa, cet hôtel de style colonial offre de très belles chambres lumineuses et calmes donnant sur un patio central. Une des meilleures adresses pour son rapport qualité-prix et sa situation centrale. À réserver au moins deux semaines à l'avance. Parking et restaurant.
ⓘ 140 🐚 MC, DC, V

🏨 CATEDRAL
€

DONCELES 95, CENTRO, 06000
TÉL. : (55) 55 18 52 32
FAX : (55) 55 12 43 44
Un hôtel d'excellent rapport qualité-prix situé juste derrière le zócalo et la cathédrale, en plein centre-ville. Les chambres claires, propres et équipées de modem, ont l'eau chaude à

volonté. L'hôtel dispose d'une agence de voyages, d'un personnel efficace, d'un restaurant convenable et d'un bar un peu moins séduisant.
ⓘ 116 Ⓜ Zócalo 🔄 🚭 🐚 AE, MC, V

🍴 LES MOUSTACHES
€€€€€

RÍO SENA 88, COLONIA CUAUHTÉMOC
TÉL. : (55) 55 33 33 90
L'établissement sert une cuisine française dans un cadre élégant. Veste et cravate exigées ; réservation recommandée.
Ⓜ Cuauhtémoc 🅿
🕒 Fermé dim. 🔄 🐚 MC, V

🍴 LA HACIENDA DE LOS MORALES
€€€€

VÁZQUEZ DE MELLA 525, COL. POLANCO
TÉL. : (55) 52 81 45 54
Les riches defeños (habitants de Mexico) viennent goûter la cuisine mexicaine et internationale dans cette hacienda restaurée du XVIe siècle située aux abords du quartier Polanco.
Ⓜ Polanco (plus un court trajet en taxi) 🐚

🍴 SAN ÁNGEL INN
€€€€

CALLE DIEGO RIVERA 50 ET ALTAVISTA, SAN ÁNGEL
TÉL. : (55) 56 16 22 22
Il est recommandé de réserver sa table dans cet ancien couvent carmélite superbement rénové. Carte de plats internationaux primés (steak tartare, steak en croûte de poivre) et orchestre au déjeuner. Un grand feu réchauffe le bar de style club. Tenue correcte exigée.
🐚 AE, MC, V

🍴 LA CASA DE LAS SIRENAS
€€€

GUATEMALA 32, CENTRO, 06000
TÉL. : (55) 57 04 32 25
FAX : (55) 57 04 32 73
www.elgrito.com/sirenas
Un endroit intime où déguster de la bonne cuisine mexicaine. Dans la confortable cantina

---

🚭 Non fumeurs 🔄 Air conditionné ⛱ Pisc. int. 🏊 Pisc. ext. 🏋 Fitness 🐚 Cartes bancaires acceptées

d'en bas, populaire, on peut prendre son petit-déjeuner et un dernier verre tard le soir. Le patio d'en haut, plus romantique, offre une jolie vue.
🅜 Zócalo 🕐 Fermé dim. et le midi 🅐 AE, MC, V

🍴 CICERO CENTENARIO
€€€
REPÚBLICA DE CUBA 79, CENTRO, 06000
TÉL. : (55) 55 21 78 66
Savourez une délicieuse margarita (choix de 200 tequilas) et des plats régionaux dans une demeure coloniale superbement restaurée.
🅜 Zócalo 🕐 Fermé le dim.
🔁 🅢 🅐 MC, V

🍴 CAFÉ DE TACUBA
€€
TACUBA 28
TÉL. : (55) 55 21 20 48
La troisième génération de propriétaires sert depuis 1912 des tacos, du poulet grillé et de fameuses enchiladas. Le restaurant est festif et populaire. La demeure restaurée abrite des antiquités, des tableaux et de la céramique peinte à la main.
🅜 Allende 🕐 Fermé dim. et le midi 🅐

🍴 FONDA EL REFUGIO
€€
LIVERPOOL 166 ET AMBERES, ZONA ROSA, 06600
TÉL. : (55) 55 25 81 28
De vieilles recettes de famille et un excellent emplacement dans la Zona Rosa font de cette demeure joliment restaurée un lieu de rendez-vous de tout Mexico depuis plus de 40 ans.
🅜 Insurgentes 🅟
🕐 Fermé dim. et le midi
🅐 MC, V

🍴 FONDA LA GARUFA
€€
MICHOACÁN 93, COLONIA LA CONDESA
TÉL. : (55) 52 86 26 72
Un restaurant à la mode où l'on sert des steaks à la façon argentine et toutes sortes de salades et de pâtes. Dans le plus pur

style du quartier Condesa, les tables sont à l'intérieur et à l'extérieur, sur le trottoir.
🅜 Chilpancingo 🅢
🅐 MC, V

🍴 SPEZIA
€€
AMSTERDAM 241, COLONIA LA CONDESA
TÉL. : (55) 55 64 13 67
Ce restaurant polonais propose du canard rôti, du bortsch et de la truite. Il est très populaire. Le cadre est élégant, mais la tenue des convives est décontractée.
🅜 Chilpancingo 🅟
🕐 Fermé dim. et le midi
🅐 AE, MC, V

🍴 VILLA MARÍA
€€
HOMERO 704, COLONIA POLANCO
TÉL. : (55) 55 31 82 18
Goûtez une margarita glacée avec un trait de jus de tamarin ou savourez simplement l'ambiance plutôt chic, animée mais sans être trop bruyante, les tacos et autres plats mexicains typiques. Musique romantique de 15 à 17 h, musique *jarocho* (de Veracruz) de 20 à 22 h et mariachis tard le week-end.
🅜 Polanco (plus un court trajet en taxi) 🕐 Fermé dim. et le midi 🅐 AE, MC, V

🍴 CAFÉ LA GLORIA
€–€€
VICENTE SUÁREZ 41, COL. CONDESA
TÉL. : (55) 52 11 41 80
Ce bistrot de trottoir, à la mode mais sans prétention, du quartier Condesa sert des plats délicieux et bon marché, tel le thon grillé au beurre de gingembre. Les merveilleux desserts sont suivis d'un très bon café.
🅜 Chilpancingo 🅐 MC, V

LES ENVIRONS DE MEXICO

CHOLULA

🏨 VILLAS ARQUEOLÓGICAS
€€

CALLE 2 PONIENTE 601, 72760
TÉL. : (222) 273 79 00
FAX : (222) 247 15 08
Au Mexique, le Club Med possède des établissements au bord de la mer mais également près d'une demi-douzaine de sites archéologiques. À l'ombre de la pyramide Tepanapa, celui-ci offre des chambres petites mais confortables et un parc bien entretenu.
🅘 40 🅟 🏊 🅐 MC, V

🍴 LA LUNITA
€€
AV. MORELOS & CALLE 6 NORTE
TÉL. : (222) 247 00 11
Situé juste de l'autre côté de la grande pyramide, ce restaurant propose des écrevisses (*acamaya*) en sauce *chipotle* épicée et autres fruits de mer. Parmi les boissons, sangria et *Cholula en llamas* (« Cholula en flammes »), un mélange de cidre et d'eau-de-vie.

CUERNAVACA

🏨 LAS MAÑANITAS
🍴 €€€
RICARDO LINARES 107, 62550
TÉL. : (777) 312 46 46
FAX : (777) 318 36 72
Appréciée pour son restaurant primé et comme refuge contre le stress de la ville, cette hacienda restaurée est entourée d'un parc soigné que ponctuent étangs et fontaines. Les suites claires sont ornées de meubles anciens et d'art populaire mexicain, et équipées d'immenses salles de bains. Demandez une chambre avec une cheminée ou une grande terrasse. Les tables du restaurant donnent sur le jardin et la cuisine régionale est pleine d'imagination.
🅘 22 🅟 🏊 🅐 AE

🏨 LAS ESTACAS
€€
RAYÓN 30, CUERNAVACA CENTRO, TLALTIZAPÁN (À 1 H DE CUERNAVACA)
TÉL. : (777) 312 44 12
FAX : (777) 312 76 10
Des palmiers et une végétation semi-tropicale ombragent cette

propriété luxuriante bordant la rivière Estacas. Les nombreux équipements sont accessibles aux promeneurs d'un jour (payant). Il est agréable de passer une nuit dans les auberges de type dortoir, l'hôtel à 2 étages, le camping ou l'aire de caravaning. Réservations et transports à Cuernavaca, à une heure de là.

🅿 ⛱

🍴 MARCO POLO
€
HIDALGO 30
TÉL. : (777) 312 34 84
Le propriétaire italien de ce restaurant populaire situé à l'étage propose d'appétissants gnocci, lasagnes et pizzas bon marché. Lieu de rendez-vous des locaux, l'endroit est bondé le soir.
🅂MC

PUEBLA

🏨 CAMINO REAL
🍴 PUEBLA
€€€€
CALLE 7 PONIENTE 105, 72000
TÉL. : (222) 229 09 09
FAX : (222) 232 92 51
L'un des plus anciens monastères du Mexique a été particulièrement bien restauré et transformé en une somptueuse auberge. Le restaurant El Convento, très raffiné, est « la » table de Cuernavaca pour sa délicieuse cuisine internationale (dîner seulement). Réservez, habillez-vous avec soin et préparez votre portefeuille.
ⓘ 83 🅿 🅂 🅂 ⛱ 🅂

🏨 MESÓN SACRISTÍA
🍴 DE LA COMPAÑÍA
€€
CALLE 6 SUR 304 & CALLEJÓN DE LOS SAPOS, 72000
TÉL. : (222) 242 35 54
FAX : (222) 232 45 13
sacristi@hermes.uninet.net.mx
Cet hôtel-boutique de 2 étages regorge de meubles anciens. Les chambres sont d'une élégance rustique et confortable, le bar accueille un orchestre le soir et le restaurant sert de déli-

cieuses spécialités régionales : piments farcis, crème de haricots et, bien entendu, le *mole* traditionnel de Puebla, le *mole poblano* (une sauce au chocolat, aux arachides, aux piments et bien d'autres ingrédients).
ⓘ 9 🅿 🕐 Restaurant fermé dim et le midi 🅂 AE, MC, V

🍴 FONDA DE SANTA CLARA
€
AV. 3 PONIENTE 307
TÉL. : (222) 242 26 59
Vous trouverez un personnel accueillant et de délicieux plats régionaux dans cette auberge pittoresque. Pour le plat principal, choisissez la *tinga* (lanières de poulet en sauce tomate). Pour finir, ne résistez pas à une pâtisserie.
🅂MC, V

SAN JUAN TEOTIHUACÁN

🏨 VILLAS ARQUEOLÓGICAS TEOTIHUACÁN
€€
SAN JUAN TEOTIHUACÁN, 55800
TÉL. : (55) 58 36 90 20
Très bien situé au bord de la zone archéologique, cet hôtel confortable offre de petites chambres typiques des établissements Club Med Arqueológico et un court de tennis.
ⓘ 40 🅿 🅂 ⛱ 🅂 AE, MC, V

TLAXCALA

🏨 POSADA SAN FRANCISCO
€€
PLAZA DE LA CONSTITUCIÓN 17, 90000
TÉL. : (246) 462 60 22
FAX : (246) 462 68 18
Ces chambres d'hôtes récentes n'ont pas gardé l'atmosphère coloniale et pittoresque de la demeure d'origine, restaurée en bar, salon et restaurant. La situation dans le centre historique, la salle de billard, le court de ten-

nis et la grande piscine sont incontestablement des plus.
ⓘ 68 🅿 🅂 ⛱ 🅂 AE, MC, V

🍴 ASADOR DEL VECINO
€€
CALLE DEL VECINO 5
TÉL. : (246) 462 88 67
Le « Grill du voisin » est un vaste restaurant de plein air spécialisé dans la viande de bœuf à la façon argentine et les plats régionaux. Un plat garni typique se compose de viande, de fromage blanc frais, de saucisses locales et de cactus grillé.
🅿 🕐 Fermé le soir

🍴 LA CACEROLA
€€
INDEPENDENCIA 9-A
TÉL. : (246) 466 12 35
Dans les deux petites salles à manger à l'ambiance familiale de ce bâtiment historique restauré, sur la Plaza Xicotencatl, on sert des versions recherchées de la cuisine régionale. Les spécialités comprennent une myriade de piments farcis : goûtez le *chile relleno en salsa de pulque* (piment doux à la sauce au pulque).
🕐 Fermé dim. et le midi

TOLUCA

🏨 QUINTA DEL REY
€€€
PASEO TOLLACAN ORIENTE, KM 5, 52140
TÉL. : (722) 211 87 77
FAX : (722) 216 72 33
Situé hors de Toluca sur la route de Mexico, cet établissement de 3 étages qui a ouvert ses portes il y a six ans affiche un style colonial rustique.
ⓘ 66 🅿 🅂 ⛱ 🎽 🅂

LA CÔTE CENTRALE DU GOLFE

CATEMACO

🏨 LA FINCA
€€
CARR. COSTERA 180, KM 147
TÉL./FAX : (294) 943 03 22
www.lafinca.com.mx

Les amateurs d'oiseaux apprécient cet hôtel au bord du lac pour son cadre verdoyant. Chaque chambre a son balcon et la piscine est dotée d'un toboggan et d'un jacuzzi.

(I) 51 **P** **S** **≋**
◈ MC, V

⊞ NANCIYAGA
€

CARR. CATEMACO-COYAME, KM 7 (EST DE LA ROUTE 180)
TÉL. : (294) 943 01 99

Un refuge paisible et très rustique pour passer une nuit dans un parc écologique new age. Des hérons pataugent et des crocodiles sommeillent tout près des petites cabanes au bord du lac, éclairées par des lampes-tempête. Promenez-vous dans la jungle, faites de la barque ou du kayak sur le lac, et offrez-vous un soin corporel à la boue, puis rincez-vous dans la source minérale.

(I) 10 cabanes **⊕** Fermé mer. et sept.-oct.

⊞ 7 BRUJAS
€

MALECÓN CON MARIA ANDREA
TÉL. : (294) 943 01 57

Malgré la grande réputation de Catemaco en matière de sorcellerie, on ne sortira guère envoûté de ses restaurants. Dans celui-ci, les plats sont juste convenables, mais le petit balcon du second étage des « Sept Sorcières » est balayé par une agréable brise venant du lac.

⊕ Fermé lun.

COATEPEC

⊞ POSADA COATEPEC
€€

HIDALGO 9, COATEPEC 91500
TÉL. : (228) 816 05 44
FAX : (228) 816 00 40
www.posadacoatepec.com.mx

Cette ancienne plantation de café héberge aujourd'hui des suites spacieuses et joliment décorées, avec boiseries et télévision satellite. Des meubles anciens ornent le bar et le salon

ravissants. Possibilité d'excursions dans la plantation.

(I) 23 **P** **≋** **◈** AE, MC, V

VERACRUZ

⊞ FIESTA AMERICANA
€€€€

BD MANUEL AVILA CAMACHO S/N, BOCA DEL RÍO, 94299
TÉL. : (229) 989 89 89
FAX : (229) 989 89 07
www.fiestaamericana.com

Cet hôtel de bord de mer est le favori d'une clientèle d'hommes d'affaires et de familles : les premiers pour le grand nombre de prestations et les secondes pour les activités pour enfants. Les grandes chambres ont tout le confort et une salle de bains luxueuse. Le service de massage et les saunas sont des plus.

(I) 233 **P** **⬍** **S** **S**
≋ **◈**

⊞ HOTEL MOCAMBO
€€€€

CALZADA RUÍZ CORTINES 4000, BOCA DEL RÍO, 94299
TÉL. : (229) 922 02 00
FAX : (229) 922 02 12
www.hotelmocambo.com.mx

Fabuleux et très chic dans les années 1930, ce havre de paix tropical a quelque peu vieilli mais n'a pas perdu de son charme. L'architecture Art déco est aujourd'hui « rétro », la plage bordée de palmiers est très agréable et les prestations incluent sauna, soins de remise en forme et massages.

(I) 90 **P** **S** **⬆** **◈**

⊞ VILLA MARINA
€€€

BD AVILA CAMACHO S/N, PRÈS DE DÉSEMBOCADURAS DE HORACIO DÍAZ
TÉL. : (229) 935 10 34

Ouvert de 13 h à 1 h du matin, Villa Marina offre depuis ses grandes baies vitrées une vue superbe sur la mer et sert des steaks, ainsi que des plats régionaux et internationaux. Les fruits de mer sont sa spécialité et sont accommodés de façons variées. Les serveurs

<table>
<tr><td colspan="2">**PRIX**</td></tr>
<tr><td colspan="2">**HÔTELS**</td></tr>
<tr><td colspan="2">Prix indicatifs pour une chambre double en haute saison, hors taxe.</td></tr>
<tr><td>€€€€€</td><td>plus de 280 €</td></tr>
<tr><td>€€€€</td><td>de 200 à 280 €</td></tr>
<tr><td>€€€</td><td>de 120 à 200 €</td></tr>
<tr><td>€€</td><td>de 80 à 120 €</td></tr>
<tr><td>€</td><td>moins de 80 €</td></tr>
<tr><td colspan="2">**RESTAURANTS**</td></tr>
<tr><td colspan="2">Prix indicatifs pour un déjeuner ou un dîner de trois plats, hors boisson, taxe ou pourboire</td></tr>
<tr><td>€€€€€</td><td>plus de 80 €</td></tr>
<tr><td>€€€€</td><td>de 50 à 80 €</td></tr>
<tr><td>€€€</td><td>de 35 à 50 €</td></tr>
<tr><td>€€</td><td>de 20 à 35 €</td></tr>
<tr><td>€</td><td>moins de 20 €</td></tr>
</table>

vous aideront à comprendre la carte en espagnol.

S **◈** MC, V

⊞ CAFÉ DE LA PARROQUIA
€–€€

CALLE 16 DE SEPTIEMBRE & MALECÓN
TÉL. : (229) 932 18 55

Dans ce café légendaire de Veracruz, près du port, faites tinter votre cuiller contre votre verre de café : un serveur s'empressera de le remplir. L'établissement ouvre tôt mais, comme tout est à la carte, le petit-déjeuner n'est pas bon marché.

VILLAHERMOSA

⊞ HYATT REGENCY
⊞ VILLAHERMOSA
€€€

AV. JUÁREZ 106, ZONA HOTELERA, 86050
TÉL. : (993) 310 12 34
FAX : (993) 315 12 35
www.hyatt.com

Confort et classe résument cet hôtel d'affaires de 9 étages. D'une élégance sobre, les chambres offrent les prestations d'un cinq-étoiles. Les espaces publics comprennent

---

⊞ Hôtel ⊞ Restaurant **(I)** Nombre de chambres **P** Parking **⊕** Horaires **⬍** Ascenseur

plusieurs bars et salons. Le restaurant La Ceiba sert des spécialités mexicaines (une région est à la carte chaque mois) et le petit-déjeuner-buffet du dimanche est impressionnant.

🛏 207 P 🔁 🆒 🏊
🆎

🏨 CENCALI
€€

JUÁREZ & PASEO TABASCO S/N, 86040
TÉL. : (993) 315 19 99
FAX : (993) 315 66 00
www.cencali.com.mx

Avec ses 2 étages, le Cencali (« maison du bord du lac » en náhuatl) est situé sur la rive du lac de Las Ilusiones. Son vaste parc tropical est peuplé de beaux flamants roses. Les jolies petites chambres ont une baignoire et le petit-déjeuner-buffet est inclus dans le prix. Le musée de La Venta est situé juste à côté.

🛏 120 P 🆒 🏊
🆎 AE, MC, V

🍴 LOS TULIPANES
€€

CARLOS PELLICER 511
TÉL. : (993) 312 92 09

Goûtez certains des plats insolites du Tabasco aux « Tulipes », restaurant proche du CICOM (le Centre de recherches sur les cultures olmèque et maya) et surplombant la rivière Grijalva. Petit-déjeuner-buffet tous les jours et plats régionaux (goûtez l'affreux poisson pelelagarto) servis à la carte. Les mêmes propriétaires servent le déjeuner et le dîner à bord d'un bar-restaurant flottant, le Capitán Buelo (fermé lun.).

P 🆒 🆎 AE, MC, V

🍴 CAFÉ DEL PORTAL
€–€€

INDEPENDENCIA 301
TÉL. : (993) 931 27 59

Des marimbas jouent pendant le petit déjeuner-buffet, puis tard le soir dans ce restaurant sur la plaza où l'on sert des spécialités régionales.

🆒 🆎 MC, V

XALAPA

🏨 MISIÓN XALAPA
€

VICTORIA ESQ BUSTAMANTE, COL. CENTRO 91000
TÉL. : (228) 818-22-22, (800) 26-02-600
FAX : (228) 818-94-24
www.hotelesmision.com

Peint en couleurs vives, cet hôtel de 2 étages propose un jardin, une belle piscine et des chambres lumineuses tout en étant à proximité du centre-ville. Confort, petit-déjeuner copieux, service impeccable et restaurant à cuisine italienne.

🛏 200 🆎 MC, DC, V

🏨 MESÓN DE ALFÉREZ
€

ZARAGOZA & SEBASTIÁN CAMACHO 2, 91000
TÉL./FAX : (228) 818 63 51

De grandes touches de couleurs vives réchauffent les murs de cette demeure historique située juste derrière le palais du gouvernement. Lors de sa restauration, les matériaux d'origine ont été conservés quand cela était possible. Certaines chambres sont mansardées.

🛏 20 P 🆎 AE, MC, V

🍴 LA ESTANCIA DE TECAJETES
€€

AVILA CAMACHO 90, LOCAL 12, PLAZA TECAJETES
TÉL. : (228) 818 07 32

Doté d'une vue magnifique sur le parc Tecajetes, ce restaurant du centre-ville est spécialisé dans les plats régionaux comme le fameux blanc de poulet farci aux épinards à la crème et accompagné de sauce aux champignons. Un pianiste joue tous les jours jusqu'à midi et l'on peut écouter presque tous les soirs des musiques variées, à partir de 21 h 30.

P 🕐 Fermé dim. et le midi
🆎 AE, MC, V

🍴 LA CASA DE MAMÁ
€

AVILA CAMACHO 113
TÉL. : (228) 817 31 44

Décoré dans des tonalités sombres et orné de meubles anciens, ce restaurant populaire propose une carte internationale impressionnante incluant un filet mignon de porc et sauce au roquefort. Demandez une table à l'arrière, loin de la circulation bruyante.

🆎 AE, MC, V

L'OAXACA

BAHÍAS DE HUATULCO

🏨 QUINTA REAL
🍴 HUATULCO
€€€€

PASEO BENITO JUÁREZ 2, BAHÍA TANGOLUNDA, 70989
TÉL. : (958) 581 04 28
FAX : (958) 581 04 29
www.quintareal.com

Cet établissement intime incarne l'élégance et le confort. Sur trois niveaux, les suites au luxe discret et au décor crème offrent une vue magnifique sur la baie et toutes sortes de prestations. Certaines ont une piscine privée à débordement, et une navette conduit au club de la plage doté d'un restaurant et d'une piscine. Offrez-vous un dîner très spécial au restaurant Las Cúpulas, qui sert des plats internationaux dans un cadre élégant avec vue sur la mer.

🛏 28 P 🆒 🆒 🏊
🆎 AE, MC, V

🏨 CLUB MED HUATULCO
€€€

BD JUÁREZ 2, BAHÍA TANGOLUNDA, 70989
TÉL. : (958) 581 00 33
FAX : (958) 581 01 01

Cet établissement de bord de mer de style familial propose toutes sortes d'activités, du kayak au karaoké. Repas, animations, cours de fitness et pourboire sont inclus.

🛏 483 🕐 Fermé avr.-fin nov. 🆒 🏊 🍴 🆎 AE, MC, V

🆒 Non fumeurs 🆒 Air conditionné 🏊 Pisc. int. 🏊 Pisc. ext. 🍴 Fitness 🆎 Cartes bancaires acceptées

HÔTELS ET RESTAURANTS

⊞ MISIÓN DE LOS ARCOS
€

GARDENIA 902, CRUCECITA
TÉL./FAX : (958) 587 01 65
reservations@misiondelosarcos.com
Cet hôtel intime de style méditerranéen se trouve à Crucecita, mais des navettes amènent les clients au club de plage de la baie de Santa Cruz. Choisissez une chambre avec ventilateur ou air conditionné. Nombre d'entre elles ont un balcon. Le café Internet sert du café et des desserts.
⬜ 13 P ⬜ ⬜ ⬜ AE, MC, V

⊞ RESTAURANT DE DOÑA CELIA (AVALOS)
€ –€€

PLAYA SANTA CRUZ, SECTOR A, MONTE ALBÁN LOTE 1 & 2 S/N
TÉL. : (958) 587 01 28
Dans ce lieu original, on peut presque enfoncer ses orteils dans le sable tout en se faisant servir. Les tables d'extérieur, abritées sous un toit de palme, bénéficient d'une agréable brise marine.
⬜

OAXACA

⊞ CAMINO REAL OAXACA
€€€€

CALLE 5 DE MAYO 300, 68000
TÉL. : (951) 501 61 00
FAX : (951) 516 07 32
www.caminoreal.com
Ancien couvent du XVIᵉ siècle situé dans une rue calme du centre historique, ce superbe établissement ne manque pas de charme mais de prestations cinq-étoiles qui justifieraient les prix pratiqués. Les dîners sont servis dans le corridor bordé de colonnades qui entourent le patio central. Un trio de musiciens agrémente la soirée.
⬜ 90 P ⬜ ⬜ ⬜
⬜

⊞ HOTEL VICTORIA
€€€

LOMAS DEL FORTÍN 1, 68070
TÉL. : (951) 515 26 33,

FAX : (951) 515 24 11
www.hotelvictoriaoax.com.mx
Depuis les jardins et le bar en terrasse de cet hôtel dominant la ville, la vue est magnifique le soir sur les lumières d'Oaxaca. Les œuvres d'artistes locaux exposées sont à vendre. Le prix des chambres assez confortables varie selon leurs dimensions et leur emplacement. Navettes vers le centre-ville.
⬜ 150 P ⬜ ⬜ ⬜
⬜ ⬜ AE, MC, V

⊞ SUITES DEL CENTRO
€€

AV. HIDALGO 306, PRÈS DE MIER Y TERÁN
TÉL. : (951) 516 82 82
FAX : (951) 516 15 49
Cette demeure classique du centre-ville, dont le toit-terrasse offre une vue magnifique, vient d'être restaurée avec des céramiques talaveras. Prenez une suite avec salon et cuisine entièrement équipée : le prix est avantageux. Pour environ 30 € de plus, vous pouvez disposer d'une seconde chambre.
⬜ 27 ⬜ AE, MC, V

⊞ CAZOMALLI
€

EL SALTO 104 & ALDAMA, JALATLACO, 68080
TÉL. : (951) 513 86 05
FAX : (951) 513 35 13
cazomalli@infosel.net.mx
Un hôtel accueillant situé dans un quartier très tranquille. Les chambres agréables entourent une cour centrale. Internet, jacuzzi sur le toit ; enfants de moins de 12 ans non acceptés.
⬜ 15 ⬜ AE, MC, V

⊞ EL ASADOR VASCO
€€ –€€€

PORTAL DE FLORES 10
TÉL. : (951) 515 19 99
Demandez une table en terrasse dans ce restaurant reconnu, situé à l'étage au-dessus de la place principale animée d'Oaxaca. Outre les délicieuses spécialités basques, vous pourrez déguster des plats mexicains comme le *huachinango veracruzano*, une

dorade rose à la sauce tomate avec des olives vertes.
⬜

⊞ EL NARANJO
€€

TRUJANO 203
TÉL. : (951) 514 18 78
À quelques rues du *zócalo*, ce restaurant situé dans une cour sert une gamme de spécialités de tout le pays. Après un hors-d'œuvre de fromage de chèvre mariné, goûtez la soupe de tomates froide à l'ail et à l'huile d'olive, une salade bio, des piments farcis ou l'un des sept plats en *mole* typiques de l'État.
⬜ AE, MC, V

⊞ TERRA NOVA
€ –€€

PORTAL JUÁREZ 116, À L'ANGLE SUD-EST DU ZÓCALO
TÉL. : (951) 514 05 33
Comme les autres cafés entourant la place, Terra Nova est plein, jour et nuit, de clients occupés à observer les passants. Son service est relativement rapide, les plats corrects et un musicien joue de la guitare électrique presque chaque soir. Salle fermée à l'étage.
⬜ MC, V

⊞ LA ESCONDIDA
€

CARR. YATARENI, KM 7, ACCÈS PAR LA ROUTE DE MITLA
TÉL. : (951) 517 66 55
Le week-end et pendant les vacances, les locaux se retrouvent autour du buffet de spécialités régionales de ce restaurant de plein air situé à 15 min du centre d'Oaxaca. En milieu de semaine, il se remplit d'une clientèle d'affaires et de touristes.
⬜ Fermé le soir P

⊞ LA OLLA
€

REFORMA 402
TÉL. : (951) 516 66 68
Très propre et fiable, ce restaurant du centre propose une carte de plats diététiques et végétariens régionaux et internationaux. La cuisine est

⊞ Hôtel ⊞ Restaurant ⬜ Nombre de chambres P Parking ⬜ Horaires ⬜ Ascenseur

préparée à la demande, ce qui ralentit le service, mais l'artisanat local exposé permet de patienter agréablement.
🕒 Fermé dim. 💳 MC, V

PUERTO ÁNGEL

🏨 LA BUENA VISTA
🍴 €

CALLE BUENA COMPAÑÍA, PRÈS DU SECTOR MILITAR NAVAL
TÉL./FAX : (958) 584 31 04
L'hébergement est rudimentaire, mais l'hôtel « Belle Vue » dispose de baies vitrées et de ventilateurs au plafond. Sur le toit de l'établissement, appréciez la brise en savourant crevettes, poisson, poulet et *tamales* végétariens dans la salle à manger de plein air.
🛏 21

PUERTO ESCONDIDO

🏨 HOTEL FLOR DE
🍴 MARÍA
€€

ENTRÉE PLAYA MARINERO S/N
TÉL. : (954) 582 05 36
FAX : (954) 582 26 17
pajope@hotmail.com
Situé à une courte distance de la plage, cet établissement appartient à de sympathiques propriétaires d'origine italienne. Les chambres sont peintes à la main mais il n'y a ni télévision ni téléphone. Sur le toit-terrasse, des hamacs, une petite piscine et, en saison, un bar. Le soir, les bougies luisent dans le restaurant dont tout un côté est ouvert. Spécialités mexicaines et italiennes, et desserts sublimes.
🛏 24 💳 AE, MC, V

🏨 HOTEL ARCO IRIS
€

CALLE DEL MORRO S/N, PLAGE ZICATELA, 71980
TÉL./FAX : (954) 582 04 32
Une multitude de détails fait l'intérêt de cet hôtel de style bungalow. Ses chambres ont chacune un patio, un jardin tropical entoure la piscine et le bar-restaurant situé sur le toit donne sur la plage de surf de la ville.
🛏 26 🏊 💳 MC, V

🍴 CAFECITO
€

CALLE DEL MORRO S/N
TÉL. (954) 582 05 16
Bourré de surfeurs et de touristes, ce restaurant de plein air situé sur la plage Zicatela sert des pâtisseries maison et toute une gamme de petits-déjeuners copieux. Dans la journée, choisissez entre les sandwiches, les burgers et les filets de poisson au riz et aux légumes.

TEOTITLÁN DEL VALLE

🍴 TLAMANALLI
€€

AV. JUÁREZ 39
TÉL. : (951) 524 40 06
Très réputé ce restaurant zapotèque d'une ville spécialisée dans les tapis est sans prétention et fermé le soir. Les sœurs Mendoza préparent une soupe aux fleurs de courge, des *tamales* au poulet, de la dinde en sauce *mole* et quelques spécialités préhispaniques.
🕒 Fermé le soir, lun. et à Pâques

LE CHIAPAS

COMITÁN

🏨 LOS LAGOS DE
MONTEBELLO
€

BD BELISARIO DOMINGUEZ NORTE 14
TÉL. : (963) 632 10 92
FAX : (963) 632 10 92
L'hôtel le plus chic de Comitán est charmant mais vieillot et légèrement défraîchi. Tout y est spacieux, des grandes chambres hautes de plafond à la piscine extérieure, en passant par le joli patio central ombragé de lauriers indiens et orné de tulipes.
🛏 60 🏊 💳 AE, MC, V

🍴 EL GRECO
€

CUARTA CALLE SUR ORIENTE 8
TÉL. : (963) 632 39 17
Malgré son nom, « le Grec », la nourriture de ce restaurant

situé à quatre rues au sud-est de la place principale est typiquement *chiapaneco* (venant du Chiapas). Le déjeuner se compose d'une grande diversité de plats locaux, des tripes aux *tostadas* (tartines).
🕒 Fermé le soir et dim.

LAGUNAS
DE MONTEBELLO

🏨 MUSEO PARADOR
🍴 SANTA MARÍA
€€

CARR. A LAGUNAS DE MONTEBELLO, KM 22
TÉL./FAX : (963) 632 51 16
Cette hacienda de l'époque de l'indépendance est située à 20 min de la route des lacs. Ses recettes régionales sont simples mais délicieuses : poulet au barbecue avec du riz, *lingua pebre* (langue de bœuf aux tomates frites et au xérès), etc. Les six fabuleuses chambres sont décorées de meubles anciens d'époques et de styles différents.
🛏 6 🅿 💳 MC, V

OCOSINGO

🏨 RANCHO ESMERALDA
€

CARR. A TONINÁ, KM 8 (PUIS 1,5 KM DE ROUTE DE TERRE)
TÉL. : (91) 96 70 89 60 (PORTABLE)
ranchoes@mundomaya.com.mx
Les cabanes de cette pension rustique et rurale, située dans un parc de 10,5 ha, sont éclairées à la lampe. Les hôtes se partagent une baignoire sabot et les toilettes extérieures. Des petits-déjeuners et des dîners copieux sont servis dans cette ferme en activité située à deux pas des ruines de Toniná.
🛏 7 cabanes 🅿

PALENQUE

🍴 MISIÓN PALENQUE
€€

RANCHO SAN MARTIN
PORRES, 29960
TÉL. : (916) 345-02-41

FAX : (916) 345-03-00
www.hotelesmision.com
Délicieuse atmosphère coloniale dans cet ancien ranch aux portes de la ville de Palenque. Si les chambres confortables (minibar, télévision et ventilateurs) sont très simples, on apprécie le jardin magnifique, la grande piscine et une cuisine très correcte, quoique internationale.
🛏 210 🅰 AE, MC, V

🏨 CALINDA INN NUTUTÚN
€
CARR. PALENQUE-OCOSINGO, KM 3,5, 29960
TÉL. : (916) 345 01 00
Fax : (916) 345 06 29
À 10 min de Palenque, la rivière qui serpente à travers le parc boisé de cet hôtel est bordée d'un camping et d'une aire de jeux pour enfants. Spacieuses et simples, les chambres ont la télévision par câble.
🛏 60 🅿 🚫 🅾 🏊 🅰

🍴 MAYA
€
HIDALGO & INDEPENDENCIA, CENTRO
TÉL. : (916) 345 00 42
Fréquenté par une clientèle d'habitués, ce restaurant simple mais populaire de la place principale de Palenque propose fruits de mer et spécialités régionales servies sous des ventilateurs. Un autre lieu plus charmant du quartier La Cañada (Calle Merle Green s/n) offre une carte similaire.

SAN CRISTÓBAL DE LAS CASAS

🏨 FLAMBOYANT ESPAÑOL
€
PRIMERO DE MARZO 15, 29200
TÉL. : (967) 678 07 26
FAX : (967) 615 00 87
Dans cette belle demeure restaurée de la période du porfiriat, les peintures des murs sont chaudes et soulignées de bleu.

Contrairement à ce que suggère son nom, cet hôtel central est plus apaisant que flamboyant. Des statues de saints placées dans des niches entourent le patio central. Les jolies chambres disposent de radiateurs et de lampes de lecture, et certaines des salles de bains carrelées ont une baignoire.
🛏 100 🅿 🅰 AE, MC, V

🏨 SANTA CLARA
🍴 €
INSURGENTES 1 Y PLAZA CENTRAL 33, 29200
TÉL. : (967) 678 11 40
FAX : (967) 678 08 71
Cette demeure coloniale du XVIᵉ siècle, ancienne résidence du gouverneur, possède des chambres spacieuses donnant sur des patios fleuris animés par des perroquets. Superbes balcons en bois, piscine et mobilier d'époque dans cette oasis urbaine bien située sur le *zócalo*.
🛏 40 🅰 MC, V

🍴 LA CASA DEL PAN
€
AV. BELISARIO DOMINGUEZ
Commencez la journée par un excellent café et des pâtisseries maison, puis revenez plus tard pour un repas végétarien dans le patio intérieur animé de cette maison ancienne. Vous pourrez y acheter des biscuits, des gâteaux et des petits pains à emporter. Orchestre les soirs de week-end.
🕐 Fermé lun.

🍴 LA PARRILLA
€
DR NAVARRO 8
TÉL. : (967) 678-22-20
Un endroit très convivial, réputé pour ses spécialités de viandes grillées au charbon de bois. Goûtez aux brochettes avec du fromage grillé et aux tacos. Ouvert jusqu'à minuit.

TUXTLA GUTIERREZ

🏨 CAMINO REAL
🍴 €€€
BLVD. DR. BELISARIO 1195, 29060

TÉL. : (961) 617 77 77
FAX : (961) 617 77 79
On ne s'étonnera pas que le plus bel hôtel de Tuxtla appartienne à la chaîne de luxe Camino Real. Cette structure moderne aux lignes pures comprend une piscine couverte, des espaces verts, des bars et des salons des plus agréables. Le très chic **restaurant Montebello** (qui ouvre à 14 h) et le moins classique mais exceptionnel **Azulejos** méritent une visite. Ce dernier propose un merveilleux petit déjeuner-buffet, dont la plupart des plats sont préparés à la demande par une armada de chefs souriants.
🛏 210 🅾 🏊 🅰

LA PÉNINSULE DU YUCATÁN

CAMPECHE

🏨 HOTEL DEL MAR
€€
AV. RUÍZ CORTINES 51, 24000
TÉL. : (981) 816 22 33
FAX : (981) 811 16 18
Malgré son aspect simple et quelque peu impersonnel, cet hôtel est toujours aussi populaire auprès d'une clientèle d'affaires. Les meubles, matelas

et tapis de l'ancienne Ramada Inn ont été remplacés, la piscine a été agrandie et d'autres améliorations nécessaires ont été apportées.

Ⅰ 146 **P** **⊟** **⑤** **⊠**
ⓨ **⬙**

🏨 HOTEL DEL PASEO
€

CALLE 8 N° 215
TÉL. : (981) 811 00 77
FAX : (981) 811 00 97
www.hoteldelpaseo.8k.com
Cet hôtel clair et propre, surmonté d'un dôme en acrylique, se trouve à environ 10 min à pied de la cathédrale. Les chambres, meublées de façon simple et moderne, sont équipées de la télévision par câble. L'hôtel dispose en outre d'une très bonne agence de voyages et d'un parking en sous-sol.

Ⅰ 48 **P** **⑤** **⬙**AE, MC, V

🏨 LA PIGUA
€€

AV. MIGUEL ALEMÁN 197-A
TÉL. : (981) 811 33 65
Le thème maritime domine la décoration de cet hôtel très prisé, proche de l'extrémité nord de la ville. Les serveurs vous présenteront dans un filet le poisson pêché le jour même, avant qu'il ne soit préparé en cuisine, afin de démontrer sa fraîcheur. Assez chic mais sans ostentation.

⊕ Fermé le soir **⑤**
⬙MC, V

🏨 LA MALINCHE
€

CALLE 10 N° 396
TÉL. : (981) 811 32 05
Lieu décontracté pour dîner, ce restaurant animé, décoré de stuc blanc, offre une ambiance plutôt occidentale et sert boissons, *entojitos* et plats typiquement mexicains. Goûtez les champignons marinés dans l'huile à l'ail, les tacos (choix varié), les côtelettes, les steaks ou même le cactus grillé.

⊕ Fermé le midi

CANCÚN

🏨 HILTON CANCÚN BEACH & GOLF RESORT
€€€€€

BD KUKULCÁN, KM 17, ZONA HOTELERA, 77500
TÉL. : (998) 881 80 00
FAX : (998) 881 80 80
raparicop@hiltoncancun.com
Ce complexe au personnel accueillant et stylé propose tennis, golf de 18 trous et 7 piscines extérieures, dont un bar-piscine. C'est un centre de conférences apprécié des entreprises américaines.

Ⅰ 426 **P** **⊟** **⑤** **⑤**
⊠ **ⓨ** **⬙**AE, MC, V

🏨 LE MERIDIÉN CANCÚN
🏨 €€€€€

RETORNO DEL REY LOTE 37-1 KM 14, ZONA HOTELERA, 77500
TÉL. : (998) 881 22 00
FAX : (998) 881 22 01
Les espaces communs et les chambres sont d'une sobre élégance et le centre de remise en forme, ouvert en 1999, est chaleureux. Le restaurant Côté Sud, qui domine la plage, propose des spécialités du sud de la France.

⊠ **⊕**Fermé le midi
Ⅰ 213 **P** **⊟** **⑤** **⑤**
⊠ **⬙**

🏨 BACCARA
€€€€

BD KUKULCÁN, KM 11,5, ZONA HOTELERA, 77500
TÉL./FAX : (998) 883 21 73
Les superbes suites à 1, 2 ou 3 chambres donnant sur la plage allient architecture de style hacienda et meubles modernes. Chacune dispose d'une kitchenette équipée, d'une salle à manger et d'un patio avec jacuzzi. Le petit déjeuner-buffet est compris.

Ⅰ 23 **P** **⑤** **⊠** **⬙**AE, MC, V

🏨 EL REY DEL CARIBE
€€

AV. UXMAL & NADER, CENTRE-VILLE, 77500

TÉL. : (998) 884 20 28
FAX : (998) 884 98 57
Les chambres équipées de kitchenettes sont nichées dans les jardins broussailleux entourant une petite piscine et un jacuzzi à capteurs solaires.

Ⅰ 24 **P** **⑤** **⊠**
⬙MC, V

🏨 LA HABICHUELA
€€€€

CALLE MARGARITAS 25, CENTRE-VILLE
TÉL. : (998) 884 31 58
Statues mayas, patios éclairés à la bougie et fontaines créent une ambiance romantique dans cet endroit très fréquenté du centre-ville. On s'y régale de cuisine mexico-caraïbe comme la *cocobichuela*, un curry de langouste et de crevettes.

⑤ **⬙**AE, MC, V

🏨 LA CASA DE LAS MARGARITAS
€€€

BD KUKULCÁN, KM 12, CENTRO COMERCIAL LA ISLA, ZONA HOTELERA
TÉL. (998) 883 32 22
La cour couverte et les balcons à l'étage sont décorés dans le style hacienda. Orchestre et plats mexicains relevés. Ouvert tous les jours à partir de 17 h.

P **⊕**Fermé le midi **⑤**
⬙AE, MC, V

🏨 CASA ROLANDI
€€

PLAZA CARACOL, BD KUKULCÁN, KM 8,5, ZONA HOTELERA
TÉL. : (998) 883 25 57
Encore un restaurant chaleureux au décor élégant mais sans prétention. On y sert de la cuisine de la région des lacs italiens ; pâtes maison et carpaccio sont recommandés. Patio couvert, bar.

⑤ **⬙**AE, MC, V

🏨 LA PLACITA
€€

AV. YAXCHILÁN 12, PRÈS D'HACIENDA
TÉL. : (998) 884 04 07
Que vous dîniez dans le patio

extérieur ou dans la salle fraîche à l'intérieur, on vous propose un large choix de viandes (bœuf, poulet…), de délicieux tacos, des quesadillas et autres plats traditionnels.

P 🔆 🏊 🏧 AE, MC, V

CHICHÉN ITZÁ

🏨 HOTEL MAYALAND
€€€
CARR. MÉRIDA-PUERTO
JUÁREZ, KM 120
TÉL. (985) 851 00 77
FAX : (985) 851 01 29
Parties anciennes et récentes émaillent le parc de 40 ha. Mais les chambres les plus jolies et isolées se trouvent dans les bungalows blancs au toit de chaume, dont chaque véranda est équipée de deux hamacs.

🛏 95 **P** 🔆 🏊
🏧 DC, MC, V

🏨 HACIENDA CHICHÉN
€€
CARR. MÉRIDA-PUERTO
JUÁREZ, KM 120
TÉL. (985) 851 00 45
FAX : (985) 924 88 44
(À MÉRIDA)
Les petites maisons sont rustiques mais élégantes avec leurs couvre-lits tissés main, leurs cadres de lit en fer forgé et leurs déshumidificateurs, mais il n'y a ni téléphone ni télévision. La chapelle ancienne sert encore à des mariages et une visite à la piscine colossale s'impose, même si elle est jonchée de feuilles tombées des grands arbres qui la dominent.

🛏 25 **P** 🔆 🏊 🏧

COBÁ

🏨 VILLAS 🍴 ARQUEOLÓGICAS COBÁ
€€
PRÈS DE L'ENTRÉE DES RUINES
TÉL. : (985) 856 60 00
FAX : (985) 856 60 08
www.clubmedvillas.com
Dirigée par le Club Med, cette auberge simple est l'endroit le plus chic de Cobá. Si les chambres peuvent paraître un

peu austères, le restaurant de plein air est bordé d'une piscine ombragée de bougainvillées rose foncé. L'hôtel dispose enfin d'une excellente bibliothèque et d'une boutique de cadeaux.

P 🔆 🏊 🏧 MC, V

COZUMEL

RECOMMANDÉ

🏨 PRESIDENTE INTER-🍴 CONTINENTAL COZUMEL
€€€€€
CARR. A CHANKANAAB, KM 6
TÉL. (987) 872 95 00
www.interconti.com
Les meubles magenta et bleu cobalt qui se détachent sur les murs blancs ajoutent à l'ambiance tropicale des chambres du Presidente. Les suites donnent sur des plages de sable blanc immaculées. Le restaurant **El Caribeño** surplombe une crique aux eaux cristallines où des poissons tropicaux viennent nager tout près de la rive. Les hôtes s'y régalent de jus de melon frais et de salades de fruits de mer. Plus chic, le restaurant El Arrecife sert une cuisine continentale sublime à déguster pendant qu'un guitariste joue de la musique espagnole.

🛏 253 🔌 🔆 🏊 📺 🏧 AE, MC, V

🏨 CONDUMEL
€€
COSTERA NORTE, AU NORD DU BD AEROPUERTO
TÉL. : (987) 872 08 92
FAX : (987) 872 06 61
Des hamacs sont suspendus près des portes de la salle à manger ouvrant sur une terrasse dominant les eaux bleues. Ce petit complexe appartient au propriétaire d'une des meilleures agences de plongée de l'île. Cuisines équipées, énormes baignoires de marbre et matelas bien douillets garantissent des vacances on ne peut plus agréables.

🛏 10 🏧 MC, V

🍴 LA CHOZA
€€
ADOLFO ROSADO N° 198
TÉL. : (987) 872 09 58
Cuisine authentique du Yucatán servie sous un toit de palme : c'est à peu près l'idée que l'on se fait d'un repas idyllique sur une île tropicale. Fruits de mer, *chile rellenos* farcis, *cochinita pibil* (porc mariné) et café à la cannelle raviront tous les sens.

🏧 AE, V

🍴 COCOS COZUMEL
€
AV. 5 SUR 180
TÉL. : (987) 872 02 41
Même en prenant ici votre petit-déjeuner chaque matin, vous n'épuiserez pas la carte : œufs au piment et au fromage, tacos, pommes de terre sautées, énormes petits pains aux fruits, etc. Le service d'échange de livres d'occasion est un plus.

⊕ Fermé le soir 🏧 MC, V

ISLA MUJERES

🏨 VILLA ROLANDI 🍴 GOURMET AND BEACH CLUB
€€€€€
FRACC. LAGUNA MAR, KM 7
TÉL. : (998) 877 07 00

FAX : (998) 877 01 00
www.rolandi.com
Les tarifs de cet établissement de luxe situé dans une crique sableuse comprennent le transfert depuis Cancún, le petit-déjeuner continental et le déjeuner ou le dîner. Les suites sont fraîches et modernes, les matériaux naturels et les couleurs vives. Toutes ont un vaste balcon dominant la plage et équipé de tables avec parasol et d'un jacuzzi. Ouvert à la brise marine, le restaurant propose une carte variée de plats italiens comme les coquilles Saint-Jacques aux penne, gingembre et champagne, et une salade de roquette et de cresson, pour n'en citer que deux.
🛈 20 🚫 🛇 🌊 🛇 MC, V

🏨 CABAÑAS MARÍA DEL MAR
€€
AV. LAZO 1
TÉL. : (998) 877 01 79
FAX : (998) 877 02 13
Cet établissement offre trois types d'hébergement, tous avec réfrigérateur, ventilateurs au plafond et air conditionné. Les chambres les plus récentes possèdent un balcon, les cabanes ont des hamacs et donnent sur la piscine ou le jardin. La superbe Playa Norte est à quelques pas.
🛈 73 🅿 🚫 🌊

MÉRIDA

🏨 HACIENDA KATANCHEL
€€€€€
ROUTE 180, À 26 KM À L'EST DE MÉRIDA
TÉL. : (999) 923 40 20
Cette ancienne plantation de sisal est aujourd'hui le plus élégant hôtel-hacienda du Yucatán. On y dort dans de ravissantes suites avec petite piscine privée et véranda, et on s'y régale de superbes mets du Yucatán préparés avec des légumes et des fruits

bio. Des tapisseries européennes ornent le Gran Salón contigu à la salle de billard. Broméliacées et orchidées s'épanouissent près de la piscine principale. Des excursions sont organisées vers les ruines et les villes coloniales.
🛈 40 🚫 🌊 🛇

🏨 EL GRAN HOTEL
🍴 €€
CALLE 60 N°496, ENTRE 59 ET 61, 97000
TÉL. : (999) 924 77 30
FAX : (999) 924 76 22
www.granhoteldemerida.com.mx
De style néoclassique, l'un des plus anciens hôtels de Mérida, construit en 1901, possède le charme désuet des palaces avec de vastes et agréables chambres climatisées – dont certaines avec jacuzzi – et des balcons en fer forgé. Grand patio fleuri, bar et restaurant. Situé en face de l'église San Ildefonso.
🛈 28 🛇 AE, MC, V

🏨 CASA DEL BALAM
€€
CALLE 60 N° 488, 97000
TÉL. : (999) 924 21 50
FAX : (999) 924 50 11
Ni trop grand ni trop petit, cet hôtel central est l'un des plus vieux de Mérida mais, grâce à des rénovations récentes, les chambres et les espaces communs ont été améliorés, dont la salle de jeux et le restaurant. Services de voyage, location de voiture et boutique.
🛈 51 🅿 🚫 🚫 🌊 🛇 AE, MC, V

🍴 ALBERTO'S CONTINENTAL PATIO
€€
CALLE 64 N° 482 & CALLE 57
TÉL. : (999) 928 53 67
La meilleure cuisine de Mérida – dont de merveilleux plats végétariens libanais (hommos et taboulé) et mexicains – est servie dans la salle de restaurant fraîche meublée d'antiquités ou dans le patio extérieur orné d'arbres géants.
🚫 🛇 AE, MC, V

🍴 EL PÓRTICO DEL PEREGRINO
€€
CALLE 57 N°501, ENTRE CALLES 60 ET 62
TÉL. : (999) 928 61 63
Un excellent service, un patio extérieur charmant orné de plantes en pot et de treilles et une délicieuse cuisine régionale, moyen-orientale et internationale font de ce restaurant l'un des préférés des habitants de Mérida et des touristes.
🚫 🚫 🛇 AE, MC, V

PLAYA DEL CARMEN

🏨 PELÍCANO INN
€€
CALLE 8 S/N
TÉL. : 9/873-0997
Plusieurs bâtiments donnent sur la plage la plus populaire de Playa, à une rue des restaurants et des boutiques. Les chambres sont dotées d'un sol carrelé, de tissus vert menthe et bleus et de meubles en bois blond. Le restaurant de la plage est un lieu de rendez-vous populaire.
🛇 AE, MC, V

🍴 MÁSCARAS
€–€€
AV. JUÁREZ S/N
TÉL. : (984) 873 10 53
Les tables placées sur le trottoir face à la plaza et à la jetée sont les plus recherchées de la ville. Pizzas, calamars à l'ail et vins étrangers s'imposent. Admirez la collection de masques.
🔌 Fermé le midi 🛇 MC, V

RIVIERA MAYA

🏨 PUNTA MAROMA
€€€€€
ROUTE 307, KM 51
TÉL. : (998) 872 82 00
www.maroma.net
Situé dans une jungle protégée de 80 ha, Maroma offre intimité, luxe et toutes sortes de plaisirs. Le centre de remise en forme est axé new age (cristaux et yoga), le restaurant sert une cuisine franco-caraïbe sublime et les chambres sont

HÔTELS ET RESTAURANTS

décorées de merveilles d'art et d'architecture.

🅿 🔲 🔳 🔳 AE, MC, V

🏨 KAILUUM II
€

ROUTE 307, KM 45
TÉL. : (9998) 873 02 14
www.mexicoholiday.com

Vous dormirez dans une tente plantée sous une *palapa,* mais dans des lits douillets. Vous pourrez également vous balancer dans un hamac à la belle étoile. Il y a de l'eau chaude mais pas d'électricité (les bougies sont fournies), et les repas « familiaux » sont servis dans la salle à manger installée sur le sable. Les équipements sont partagés avec la Posada del Capitán Lafitte adjacente, qui dispose de cabanes avec ventilateur au plafond, d'un restaurant intérieur, d'une piscine et d'une boutique de plongée.

🕐 Fermé sept. et oct. 🔳
🔳 AE, MC, V

TICUL

🏨 PLAZA
€

CALLE 23 N° 202 ENTRE LES CALLES 26 ET 26-A
TÉL. : (997) 972 04 84

Cet hôtel simple, propre et assez récent, situé en face de la place de la ville propose un assez vaste choix de chambres avec ventilateur ou même air conditionné.

🛏 24 🅿 🔲 🔳 V

🍴 LOS DELFINES
€€

CALLE 27 N° 216 ENTRE LES CALLES 28 ET 30
TÉL. : (997) 972 04 01

Ce grand restaurant au toit de palmes, ouvert sur un côté, est spécialisé dans les fruits de mer, toutes sortes de cocktails et le *ceviche* (poisson mariné), mais il sert également de la cuisine régionale. Ouvert tous les jours de 11 h à 18 h, son bar est bien fourni. Attention, la piscine est réservée aux clients.

🕐 Fermé le soir

TULUM

🏨 CABAÑAS ANA Y JOSÉ
€

CARR. RUINAS-BOCA PAILA, KM 7
TÉL. : (998) 887 54 70
FAX : (998) 887 54 69
www.anayjose.com

Après plus de 10 ans, cet hôtel très simple de style cabaña demeure l'un des meilleurs refuges de la côte. Le restaurant est excellent et les chambres sont simples et confortables. Certaines n'ont toutefois pas vue sur la mer.

🛏 15 🅿 🔳 🔳 MC, V

UXMAL

🏨 HACIENDA UXMAL
€€€

À CÔTÉ DES RUINES D'UXMAL
TÉL. : (997) 976 20 12

Sol en carrelage peint à la main, rampes en fer forgé ouvragé et arcades donnant sur la jungle des jardins font de cet hôtel situé à courte distance des ruines un lieu hospitalier doté d'un restaurant, d'un bar et de la télévision par satellite.

🛏 82 🔲 🔳 🔳 MC, V

🏨 VILLAS
🍴 ARQUEOLÓGICAS
UXMAL
€€

CARR. UXMAL, KM 76
TÉL. : (997) 974 60 20
FAX : (997) 976 20 40

Un lieu accueillant et intime, géré par le Club Med, tout près du site archéologique. Les chambres sont confortables mais moins agréables que les jardins et les espaces communs, très bien aménagés, qui incluent un court de tennis, une table de billard, une bibliothèque et une boutique de cadeaux. Le restaurant, spécialisé en cuisines française et continentale, propose un menu du jour à prix raisonnable avec entrée, soupe, plat, dessert et café.

🛏 43 🅿 🔲 🔳 🔳 AE, MC, V

VALLADOLID

🏨 EL MESÓN DEL
🍴 MARQUES
€

CALLE 39 N° 203, 97780
TÉL. : (985) 856 20 73
FAX : (985) 856 22 80

Située sur la place principale, cette ancienne hacienda du quartier historique de la ville offre de petites suites confortables avec baignoire. Le restaurant du patio extérieur accueille souvent des groupes qui apprécient le cadre et la cuisine régionale savoureuse. À fuir si vous recherchez l'intimité à tout prix.

🛏 80 🅿 🔳

XPUJIL

🏨 CHICANNÁ
ECOVILLAGE RESORT
€€

CARR. ESCÁRCEGA-CHETUMAL, KM 144
TÉL. : (983) 816 22 33
FAX : (983) 811 16 18

Les confortables bungalows au toit de palme, aux couleurs pastel, dont chacun comporte patio, tables en bois et fauteuils en cuir, donnent sur un jardin de fleurs bien entretenu. L'établissement communique avec l'extérieur essentiellement par radio (les lignes de téléphone et de fax sont situées à Campeche), mais la bibliothèque est équipée d'une télévision.

🛏 150 🅿 🔳 🔳 AE, MC, V

🏨 Hôtel 🍴 Restaurant 🛏 Nombre de chambres 🅿 Parking 🕐 Horaires 🔼 Ascenseur

SHOPPING

Les occasions d'achat et l'intérêt des objets varient grandement d'une région à l'autre. L'Oaxaca et le Chiapas, où les populations indigènes sont nombreuses, fabriquent de ravissants textiles et de belles poteries toutes simples, entre autres. Au Yucatán, on trouvera des hamacs colorés et confortables, de beaux panamas, des vêtements brodés et des objets en rotin et en paille.

L'artisanat mexicain n'est pas le domaine réservé des artisans indiens. Les usines de Guadalajara, Michoacán et Guanajuato associent les techniques modernes (comme la glaçure sans plomb) et les formes et motifs traditionnels pour produire de la vaisselle de haute qualité et un large éventail d'objets pour la maison.

Les articles en cuir s'achètent dans le Nord, pays d'élevage, et dans le centre du Mexique. Vestes, ceintures, porte-documents, bottes et chaussures en cuir sont bon marché. Assurez-vous que les bottes et les chaussures sont confortables, car leur qualité ne vaut pas celle de l'Italie ou de l'Espagne.

Les grandes villes, telles Mexico, Monterrey et Guadalajara, disposent de centres commerciaux offrant une grande diversité d'articles. La chaîne de magasins Sanborns vend disques, parfums, accessoires, chocolats, pâtisseries, livres, revues, etc. Les villes connues pour leur artisanat ont généralement une ou deux rues bordées de boutiques. Chaque ville ou village, ou presque, a son marché, quotidien ou hebdomadaire, et les grandes villes, les deux. Demandez à l'office de tourisme ou à votre hôtel où se trouve le *mercado* (ou *tianguis*).

Il se peut que vous visitiez une petite ville un jour de marché. On y rencontre en général le producteur ou sa famille et c'est toujours une expérience enrichissante. Essayez de visiter d'abord quelques boutiques pour vous renseigner sur les prix et la qualité avant d'acheter dans un marché. Le marchandage y est courant, mais certains vendeurs qui pratiquent des prix justes vous décourageront de le faire. La plupart, toutefois, commenceront par un prix élevé, surtout avec les touristes, et le réduiront de moitié ou des trois quarts si vous discutez avec eux. Il est bon de connaître à l'avance le vrai prix de ce que vous voulez acquérir. Dans la plupart des cas, quelques euros de différence signifient bien davantage pour le vendeur que pour vous.

Les marchés et les petites boutiques ne font généralement pas payer de taxe (IVA) et la plupart n'acceptent pas les cartes bancaires. Hors des zones touristiques, les travellers' checks ne sont pas non plus acceptés. Si vous achetez en grande quantité, demandez une facture pour éviter les problèmes à la douane de votre pays. Dans les grands magasins et les chaînes, la taxe varie de 12 à 15 % selon l'État. Certains peuvent se charger d'expédier les articles. Il est illégal d'exporter des pièces archéologiques : toutes celles qui sont en vente dans les sites archéologiques sont des reproductions.

Les magasins, galeries marchandes et marchés que nous recommandons sont les plus connus et les plus fiables.

LA BASSE-CALIFORNIE

La Baja n'est pas une région réputée pour son artisanat. Les boutiques situées dans les enclaves très touristiques – principalement Tijuana, Rosarito, Ensenada et Los Cabos – importent de l'intérieur du pays les articles qu'elles vendent. Le vin et les eaux-de-vie produits dans le Nord sont corrects.

OÙ FAIRE SES ACHATS ?
Avenida Revolución, Tijuana
Entre la 2e et la 9e rue et calle 1 jusqu'à la frontière américaine.

Statuettes très colorées, *piñatas*, porte-monnaie et portefeuilles en cuir, objets en argent, échiquiers en onyx, etc.

ARTISANAT
Artesanías la Antigua California
Av. Obregón 220, La Paz, B. C. S., tél. (612) 125 52 30. Objets artisanaux de toutes les régions.
Cartes
Plaza Bonita, Cabo San Lucas, B. C. S., tél. (624) 143 17 70. Bon choix d'accessoires artisanaux et de meubles.
Tolán
Av. Revolución 1471, Tijuana, B. C., tél. (664) 688 36 37. Choix d'objets plutôt chers provenant de tout le pays.

GALERIES MARCHANDES
Plaza Bonita
Sur le front de mer, Bd Marina, Cabo San Lucas, B. C. S. Quelques-unes des meilleures boutiques de cadeaux et de bibelots de la ville.

MARCHÉS
Mercado Hidalgo
Sánchez Taboada et Independencia, Tijuana, B. C. Marché mexicain typique à deux pas de la frontière américaine.

LE NORD-OUEST DU MEXIQUE

ARTISANAT
Casa de las Artesanías de Chihuahua
Av. Juárez 705, Chihuahua, Chih., tél. (614) 437 12 92. Artisanat régional, dont poupées tarahumaras, tambours, pots d'argile et paniers en aiguilles de pin.
Casa de las Artesanías de Chihuahua à Creel
Côté ouest de la place principale, Creel, Chih., tél. (614) 456 00 80. Annexe de la boutique précédente.
El Nicho Curios
Calle Comercio 4, Alamos, Son. De véritables trésors, depuis les ex-voto typiques jusqu'à la joaillerie ancienne en passant par la poterie régionale.
Lourdes Gift Shop
Posada de San Carlos, San Carlos,

SHOPPING

Son., tél. (622) 226 00 22. Bijoux, vêtements et artisanat de tout le Mexique.

MARCHÉS
El Mercado de Artesanías
Victoria 506 et Aldama, Chihuahua, Chih. Bijoux, confiserie, T-shirts et artisanat régional.
Mercado Central
Entre Juárez et Serdán, Mazatlán, Sin. Nourriture et objets artisanaux à prix intéressants.
Mercado Municipal
Entre les av. 20 de Noviembre et 5 de Febrero et les calles Patoni et Pasteur, Durango, Dgo. Pour acheter *sarapes*, maroquinerie et confiseries régionales.

LE NORD-EST DU MEXIQUE

Les boutiques du Nord-Est proposent des articles tels que bottes de cowboy, selles, boucles de ceinture en argent, vestes en cuir, et *sarapes* de Saltillo (couvertures rayées). À Monterrey, on trouve des galeries marchandes modernes.

ARTISANAT
El Sarape de Saltillo
Hidalgo Sur 305, Saltillo, Coah., tél. (844) 412 48 89. Grand choix de *sarapes* colorés, ponchos, tapis, argent, cuivre et poteries.
Kristaluxus
José María Vigil 400, Colonia del Norte, Saltillo, Coah., tél. (844) 351 63 96. Les objets en cristal de ce fabricant de renommée internationale s'achètent à prix d'usine.

MAROQUINERIE
Botas Recio,
Allende Norte 701, Saltillo, Coah., tél. (844) 412 12 37. Chaussures pour hommes, ceintures, bottes et portefeuilles en cuir exotique (iguane, autruche, requin, etc.).

GALERIE MARCHANDE
Plaza Fiesta San Agustín
Av. Real de San Agustín et Lázaro Cárdenas, Monterrey, N. L. La plus grande galerie marchande de Monterrey.

LE MEXIQUE CENTRAL

Les États du Centre ont une tradition artisanale raffinée. Dans le Guanajuato, Dolores Hidalgo est réputée pour ses céramiques et ses carrelages peints à la main, Guanajuato pour sa verrerie et ses bijoux filigranés, et San Miguel de Allende pour son art populaire de haute qualité. À San Luis Potosí, achetez des châles de soie finement tissés (*rebozos*).

ARTISANAT
Artes de Mexico
Sortie Calzada Aurora 47, Dolores Hidalgo, San Miguel de Allende, Gto., tél. (415) 152 07 64. Ce magasin d'usine est spécialisé dans l'étain estampé mais vend d'autres articles pour la maison.
Casa del Conde
Carreterra Guanajuato-Dolores Hidalgo, km 5, La Valenciana, Guanajuato, Gto., tél. (473) 732 25 50. Fabrique produisant des articles de maison sur mesure en étain, cuivre et argent allemand selon des techniques anciennes.
Casa María Luisa
Canal 40, San Miguel de Allende, Gto., tél. (415) 152 01 30. Énorme assortiment d'artisanat, meubles sculptés et bibelots.
Casa Querétana de Artesanías
Andador Libertad 52, Querétaro, Qto., tél. (442) 214 12 35. Vaste choix de céramiques, liqueurs, confiserie régionale, textiles, sculptures en pierre et en bois, statues religieuses et tapis de laine.
Tonatiu Metzli
Calle Juárez 7, San Miguel de Allende, Gto., tél. (415) 152 08 69. Masques rituels, art huichol et objets préhispaniques (reproductions et originaux).
Veryka
Calle Zacateros 6-A, San Miguel de Allende, Gto., tél. (415) 152 21 14. Céramique de l'Oaxaca, textiles de Guerrero et art populaire de tout le pays.

BIJOUX
Joyería David
Calle Zacateros 53, San Miguel de Allende, Gto., tél. (415) 152 00 56. Bijoux en argent et en or.

Lapidario de Querétaro
Corregidora 149 Norte, Querétaro, Qto., tél. (442) 212 00 30. Les artisans créent sous vos yeux des bijoux en or et en argent avec des opales, améthystes et topazes.

LE CENTRE DE LA CÔTE PACIFIQUE

Michoacán et Guerrero ont une riche production de textiles, de céramiques, d'objets en bois laqué. Jalisco et Nayarit se consacrent à un art populaire et indigène de qualité et Puerto Vallarta possède de nombreuses boutiques d'art et d'artisanat. On trouve des bijoux en argent à Taxco (Guerrero). Les musiciens apprécieront les beaux instruments en bois à Uruapan (Michoacán).

OÙ FAIRE SES ACHATS ?
El Mercado de Artesanías Turístico
Calle 5 de Mayo, Zihuantanejo, Gro. Un chapelet d'étals de souvenirs, dont des céramiques et des bijoux en argent.
Plaza Los Patios
Bd Ixtapa, Ixtapa, Gro. Sans doute le meilleur petit centre commercial d'Ixtapa. Plusieurs boutiques d'artisanat intéressantes.
Marché du samedi
Av. de los Plateros, près du terminal de bus Flecha Roja, Taxco, Guerrero. Le poinçon .925 indique qu'il s'agit d'argent fin.

BEAUX-ARTS
Sergio Bustamante
Av. Juárez 275, Puerto Vallarta, Jal., tél. (322) 222 11 29. Cette belle galerie vend les œuvres de l'artiste Bustamante : soleils et lunes insolites en céramique et bronze, belles figures en papier mâché et en bois, et peintures à l'huile.

ARTISANAT
Agustín Parra Diseño Barroco
Independencia 158, Tlaquepaque, Jal., tél. (33) 36 57 8 5 30. Trente ans d'expérience dans la fabrication de meubles baroques et d'autres styles, d'accessoires, de cadres et d'autres objets.

Arnoldo
Palma 1, Taxco, Gro., tél. (762) 622 12 72. Masques rituels décoratifs en pierre et en bois, croix et crucifix.

Las Artesanías de Jalisco
Independencia Sur et González Gallo, Guadalajara, Jal., tél. (33) 36 19 46 64. Grand nombre de céramiques et d'objets en verre soufflé de fabrication locale.

Casa de las Artesanías
Ex-Convento de San Francisco, Fray Juan de San Miguel et Humboldt, Morelia, Mich. Deux étages d'objets régionaux. Chaque stand est consacré à l'artisanat d'un village distinct.

Casa de los Artesanos
Av. de los Tonaltecas Sur 140, Tonalá, Jal., tél. (33) 683 05 90. Spécialisée dans la céramique, le bois, le papier mâché, le verre soufflé et le fer forgé.

Casa de los Once Patios
Pátzcuaro, Mich., voir p. 162.

Coco Cabana
Agustín Ramírez 1, Playa Principal, Zihuatanejo, Gro., tél. (755) 554 25 18. Une très bonne sélection d'artisanat régional et national.

Galería José Bernabe
Hidalgo 83, Tonalá, Jal., tél. (33) 683 00 40. Don José et sa famille perpétuent la technique des céramiques *petatillo* (noir et blanc à basse température) vieille de 200 ans et fabriquent de la vaisselle moderne.

La Galería Olinalá
Lázaro Cardénas 274, Puerto Vallarta, Jal., tél. (322) 222 49 95. Masques cérémoniels et petits souvenirs de Jalisco et Michoacán.

Plaza de Artesanías
Juárez 145, Tlaquepaque, Jal. Des boutiques proposant artisanat régional, verre soufflé et poteries.

GALERIES MARCHANDES
La Gran Plaza
Av. Vallarta 3959, Guadalajara, Jal., tél. (33) 122 30 04. Un complexe moderne, avec librairie, cinéma, boutiques et restaurants.

Plaza Bahía
Costera M. Alemán 125, Acapulco, Gro., tél. (744) 485 69 39. Une grande galerie commerciale climatisée avec bowling, cinéma multiplexe, karting et boutiques.

Plaza del Sol
Av. López Mateos Sur et Mariano Otero, Zapopan, Jal., tél. (33) 121 59 50. Cette immense galerie possède de petits espaces verts, un cinéma multiplexe, une librairie et de nombreuses boutiques.

MARCHÉS
Mercado Central
Diego Hurtado de Mendoza et Constituyentes, Acapulco, Gro. Un marché animé typique du centre d'Acapulco.

Mercado de Dulces
Av. Madero et Gómez Farías, Morelia, Mich. Étals où l'on vend des confiseries typiques.

Mercado Libertad
Calzada Independencia Sur et Dionisio Rodríguez, Guadalajara, Jal. Cet immense marché municipal vend des souvenirs et des objets artisanaux, mais surtout des ustensiles de cuisine.

Mercado de Tetitlán
Près de la Plaza Borda, Taxco, Gro., tél. (762) 622 01 32. Un dédale fascinant, sur plusieurs étages, d'étals d'articles principalement destinés aux locaux.

MEXICO

La ville regorge de belles galeries d'art. Vous trouverez la liste des expositions dans la brochure mensuelle *Concierge* ou la rubrique *Tiempo Libre* du journal *La Jornada* (parution le jeudi). Le shopping est particulièrement agréable dans les marchés qui se tiennent le week-end à Coyoacán et San Ángel. À Mexico, faites très attention aux pickpockets : n'emportez pas plus de liquide que nécessaire et laissez à l'hôtel vos objets de valeur et appareils photo. Évitez de prendre vos cartes bancaires sur vous, même si cela limite les possibilités d'achat.

OÙ FAIRE SES ACHATS ?
Bazar Sábado
Plaza San Jacinto 11, San Ángel, ouvert sam. seulement, tél. (55) 56 16 00 82. Objets artisanaux exceptionnels à prix raisonnables sur la place attenante.

El Mercado de Artesanías Insurgentes
Londrés et Amberes, Zona Rosa, tél. (55) 55 25 64 98. Un dédale de 255 étals d'artisanat.

Zona Rosa
Délimitée par Reforma, Niza, av. Chapultepec et Florencia. Nombreuses boutiques de bijoux, maroquinerie, antiquités et art.

ART ET ANTIQUITÉS
Bazar de Antiguedades
Plaza del Ángel, Hamburgo et Estocolmo, Zona Rosa, tél. (55) 56 87 20 90. Une galerie de plus de 30 boutiques d'antiquités haut de gamme. Une centaine de vendeurs sont présents au marché aux puces organisé le week-end à proximité.

Jardín del Arte
Plaza Sullivan, près de Reforma et Insurgentes. Chaque samedi, une centaine d'artistes vendent leurs toiles et sculptures dans ce parc.

ARTISANAT
Artesanías La Carreta
Insurgentes Sur 2105, San Ángel, tél. (55) 56 16 26 27. Un choix étonnant d'artisanat de qualité provenant de tout le Mexique.

Centro Artesanal La Ciudadela
Plaza de la Ciudadela et Balderas, tél. (55) 55 10 18 28. Plus de 300 boutiques proposent de l'artisanat de tout le pays.

FONART
Av. Juárez 89, tél. (55) 55 21 01 71. Artisanat et meubles faits main. Stocks et choix variables.

BIJOUX
Los Castillo
Amberes 41, Zona Rosa, tél. (55) 55 11 83 96. Réputé pour ses « métaux mariés » – un alliage d'argent, de cuivre et de laiton – et ses motifs traditionnels.

Tane
Amberes 70, Zona Rosa, tél. (55) 55 11 94 29. Bijoux en argent, vaisselle et couverts aux motifs audacieux. Nombreux points de vente dans de grands hôtels.

GALERIES MARCHANDES
Liverpool
V. Carranza 22 et 20 de Noviembre, tél. (55) 55 22 85 20.

Le grand magasin de cette chaîne le plus proche du centre-ville.

Sanborns
Madero 4, Col. Madero, tél. (55) 55 12 13 31. Ce café-librairie vend des livres et périodiques, ainsi que des parfums, pâtisseries, chocolats et cadeaux. (Il en existe d'autres ailleurs.)

MARCHÉS
La Lagunilla
Libertad entre República de Chile et Allende. Attire les amateurs d'antiquités et les collectionneurs de monnaies (pickpockets inclus). Marché aux puces le dimanche.
Mercado Xochimilco
Guerrero entre Morelos et 16 de Septiembre, Xochimilco. Un marché couvert agréable (plus intéressant le week-end).

LES ENVIRONS DE MEXICO

À Puebla, vous vous laisserez tenter par les *talaveras* (carreaux et vaisselle) et l'artisanat des Indiens Otomís (*amate* et textiles). Sans oublier la gastronomie poblana ! Tehotiuacán est réputée pour son artisanat en obsidienne.

OÙ FAIRE SES ACHATS ?
La calle de los Dulces
Puebla, Pue. Boutiques vendant notamment du *camote* (friandise à la patate douce) frais.

ARTISANAT
Artesanías Paulina
Av. Revolución 22, Tepoztlán, Mor., tél. (739) 395 22 93. De l'artisanat régional, dont des bâtons de pluie, du bois sculpté et peint, des masques rituels, et de belles céramiques.
Mercado de Artesanías el Parían
2 Oriente et 6 Norte, Puebla, Pue. Souvenirs, confiseries, textiles et céramiques bon marché dans cette halle couverte.
Mercado de Artesanías
Plaza principal, Tepoztlán, Mor. Sur le marché de la place principale, l'artisanat de la région et d'ailleurs est en vente le mercredi et le dimanche.

Mi Mexico Lindo
Portal Hidalgo 7, sur la Plaza Constitución, Tlaxcala, Tlax., tél. (246) 466 06 06. Le meilleur choix d'artisanat local de Tlaxcala. On y trouve parfois des masques de Tlatempan, toute proche.
Quetzal
Av. Morelos 4, Cholula, Pue., tél. (222) 247 47 94. Sur le *zócalo*, bon choix d'art populaire venant de tout le Mexique.
Tianguis Sabado y Domingo
Plaza Xicotencatl, Morelos et Independencia, Tlaxcala, Tlax. Marché d'art populaire ouvert le week-end : bois sculpté typique, blouses brodées et masques.

MARCHÉS
Mercado Cozme del Razo
Hidalgo et calle 5 Norte, Cholula, Pue. Marché quotidien vendant de l'artisanat, des fruits, des légumes et des vêtements.

LA CÔTE CENTRALE DU GOLFE

Ni le Veracruz ni le Tabasco ne sont réputés pour leur artisanat, mais les capitales de ces deux États possèdent des centres commerciaux modernes.

OÙ FAIRE SES ACHATS ?
Zona Luz
Entre calle 27 de Febrero, 5 de Mayo, Zaragoza, et Madero, Villahermosa, Tab. Agréable zone piétonnière où vous trouverez des pharmacies et des vêtements.

GALERIES MARCHANDES
Plaza Acuario
Bd Ávila Camacho s/n, Payon de Hornos, Veracruz, Ver., tél. (229) 932 83 11. Proche de la mer, cette galerie a des boutiques et des banques, mais pas de cinéma.
Tabasco 2000
Municipio Libre 7 et Prolongación Paseo Tabasco, Villahermosa, Tab. Centre commercial moderne avec hôtels et restaurants.

L'OAXACA

Cet État est réputé pour son art populaire et la ville d'Oaxaca

regorge d'artistes de talent et d'excellentes galeries. On n'a que l'embarras du choix : bijoux filigranés, poterie noire lustrée, textiles, broderies… sans oublier le fameux mezcal.

OÙ FAIRE SES ACHATS ?
(Voir aussi encadré p. 271.)

Calle Alcalá
entre les av. Independencia et Constitución, Oaxaca. Une rue piétonnière dotée de nombreuses belles boutiques.

BEAUX-ARTS
Arte de Oaxaca
Av. Murguía 105, Oaxaca, tél. (951) 514 09 10. Expose des peintures du défunt Rodolfo Morales et d'autres artistes.
La Mano Mágica
M. Alcalá 203, Oaxaca, tél. (951) 516 42 75. Tapis de laine de Teotitlán del Valle, peintures et artisanat haut de gamme.
Quetzalli
Constitución 104, Oaxaca, tél. (951) 514 26 06. Excellente peinture contemporaine d'artistes à découvrir et reconnus.

ARTISANAT
Aripo
Calle García Vigil 809, Oaxaca, tél. (951) 514 40 30. Large éventail d'artisanat de l'Oaxaca, dont la poterie noire de Coyotepec, des objets en cuir et en paille, des textiles et des vêtements.
Artesanías Chimalli
García Vigil 513-A, Oaxaca, tél. (951) 514 21 01. Objets artisanaux de qualité et personnel accueillant. Service d'expédition.
Corazón del Pueblo
Alcalá 307, Oaxaca, tél. (951) 516 42 75. Vaste choix de meubles et d'art populaire sur deux étages.
Fonart
Crespo 114 et Morelos, Oaxaca, tél. (951) 516 57 64. Art populaire et assiettes, bols et vases en céramique de tout le Mexique (sauf de l'Oaxaca).
Maro
Av. 5 de Mayo 204, Oaxaca, tél. (951) 516 06 70. Coopérative de femmes vendant des vêtements, du mezcal et des textiles.

Mercado de Artesanías
Calle J. P. García près de Zaragoza, Oaxaca. On n'y vend que des textiles et des vêtements, dont des blouses brodées, des châles et des vêtements de Tehuantepec.

MARCHÉS
Mercado de Abastos
Periférico entre Trujano et Minas, Oaxaca. Le plus grand marché de l'État est un labyrinthe d'étals vendant des plats préparés, des fleurs et presque tout ce que l'on veut.
Mercado Benito Juárez et Mercado 20 de Noviembre, Oaxaca, voir p. 258.

LE CHIAPAS

Les Mayas ont une longue tradition de tissage et de brocart, que perpétuent dans certaines villes les coopératives de femmes. Vous trouverez également des vêtements de laine, des tissus, des poupées en bois. À Chiapa de Corzo, ne manquez pas les bijoux en copal et les laques.

OÙ FAIRE SES ACHATS ?
Amatenango del Valle
À 29 km au sud de San Cristóbal de las Casas. Village spécialisé dans la production de magnifiques grands pots et oiseaux en céramique décorés à l'engobe (argile colorée).
Av. Juárez
Rue principale de Palenque. Hamacs et souvenirs des hautes terres du Chiapas, sont vendus dans les boutiques.

LIBRAIRIES ET PAPETERIES
La Pared
Av. Miguel Hidalgo 2, San Cristóbal de las Casas. Surtout des livres d'occasion, en espagnol et en anglais. Également petit choix de jolis cadeaux.
Taller Leñateros, Flavio A. Paniagua 54, San Cristóbal de las Casas. Articles de papeterie faits à la main, cartes de visite et livres en papier non traité ou recyclé.

ARTISANAT
Galería del Ambar
Crescencio Rosas 4A, San Cristóbal de las Casas, tél. (967) 678 79 25. Bijoux en argent et or avec ambre du Chiapas.
Instituto de las Artesanías
Bd Belisario Domínguez 2035, Tuxtla Gutiérrez, tél. (961) 613 53 13. Également boutique d'artisanat, ce musée vend des laques, des textiles, des *sarapes* et autres objets d'art populaire local.
J'pas Joloviletik
Utrilla 43, San Cristóbal de las Casas. Autre grande coopérative qui vend des textiles et des vêtements tissés, brodés et des brocarts.
Sna Jolobil
Ex-Convento de Santo Domingo, 20 de Noviembre s/n, San Cristóbal de las Casas. Une coopérative de femmes exposant des tissages mayas.

MARCHÉS
Mercado Municipal
Av. General Utrilla et Nicaragua, San Cristóbal de las Casas. Un merveilleux choix de bougies, encens au copal et denrées alimentaires. Le meilleur jour pour le marché est le samedi.

LA PÉNINSULE DU YUCATÁN

Malgré son importante population maya, la péninsule du Yucatán ne produit pas beaucoup d'art populaire (principalement dans le Campeche). En cherchant un peu, on y déniche cependant des hamacs de haute qualité, de beaux chapeaux de style panama, les jipis, des *huipiles* brodés, des robes, des blouses et des chemises plissées (*guayaberas*) et colorées pour hommes. C'est à Mérida et Cancún que le choix est le plus grand.

LIBRAIRIES
Dante's
Calle 17 n° 138-B et Prolongación Paseo de Montejo, Mérida, Yuc., tél. (999) 927 74 41. Un bon choix de livres et un café populaire.

Fama
Av. Tulúm 105, Cancún, Q. R., tél. (998) 884 65 86. Livres sur la péninsule du Yucatán.
ARTISANAT
Arte Maya
Calle 23 n° 301, Ticul, Yuc., tél. (997) 972 10 95. Reproductions chères, mais de qualité, de pièces archéologiques mayas.
El Aguacate
Calle 62 entre 61 et 59, Mérida, Yuc., tél. (999) 923 18 38. Hamacs en nylon ou en coton, dans toutes sortes de teintes et de tailles.
El Becaleño
Calle 65 n° 483 entre les calles 56A et 58, Mérida, Yuc., tél. (999) 985 05 81. Chapeaux panamas de confection et sur mesure, produits à Becal (Campeche).
La Sirena
Av. Morelos Lote 11, Isla Mujeres, Q. R., tél. (998) 877 02 23. Vaste choix d'art populaire de tout le Mexique.
Los Cinco Soles
Av. Rafael Melgar Norte 27, Cozumel, Q. R., tél. (987) 872 01 32. Beaux cadeaux et art populaire de différentes régions du pays.

BIJOUX
Joyería Palancar
Rafael Melgar Norte 15, Cozumel, Q. R., tél. (987) 872 14 68. Beaux bijoux en argent et en or.

GALERIES MARCHANDES
Centro Comercial La Isla
Bd Kukulcán, km 12,5, Cancún, Q. R., tél. (998) 883 50 25. un centre commercial avec marina, sports nautiques, taxi aquatique et plus de 200 boutiques et restaurants.
Plaza Kukulcán
Bd Kukulcán, km 13, Cancún, Q. R. Galerie commerciale comprenant 350 boutiques. Restaurants, bars, bowling et un cinéma.

MARCHÉS
Mercado Municipal Lucas de Galvez
Calles 56 et 56A et calle 67, Mérida, Yuc. Au second étage de ce marché municipal animé sont vendus des *guayaberas*, des vêtements pour femmes, quelques autres textiles, des hamacs et des objets artisanaux.

SORTIR

Les festivals hauts en couleur sont les divertissements les plus fascinants du Mexique. Les fêtes religieuses sont l'occasion de grands rassemblements où l'on mange, danse et tire des feux d'artifice. Certaines sont spécifiques à une région ou à un village, d'autres sont nationales (voir pp. 16-17). La plupart des grandes villes ont au moins une arène et les corridas coïncident généralement avec les jours fériés importants ou les festivals. Les *charreadas* (rodéos) sont la spécialité des États du Nord, de Baja California et de Guadalajara (voir p. 154), tandis que les matches de *fútbol* (football) et de base-ball sont suivis dans tout le pays.

Voici une liste des principaux festivals, centres culturels et activités du Mexique, par région. Demandez au concierge de votre hôtel, à l'office de tourisme ou consultez le journal local pour d'autres festivités ou lieux de divertissement.

LA BASSE-CALIFORNIE

BAR
Hussong's Cantina
Av. Ruiz 113, Ensenada, B. C., tél. (646) 178 32 10. Une popularité qui a plus d'un siècle d'âge.

VIGNOBLE
Bodegas de Santo Tomás
Av. Miramar et calle 7, Ensenada, B. C., tél. (646) 174 08 36. Visites d'une heure en semaine, sur rendez-vous le week-end.

CORRIDAS
El Toreo
Bd Agua Caliente s/n, à 3 km à l'est du centre-ville, Tijuana, B. C., tél. (664) 686 15 10. La saison s'étend d'avril à octobre.
Plaza Monumental
Av. del Pacífico 4, Fracc. Playas de Tijuana, Tijuana, B. C., tél. (664) 680 18 08. La saison s'étend de mai à septembre.

CHARREADAS (RODÉOS)
La plupart des week-ends de mai à septembre. Les lieux varient. Appelez l'office de tourisme de Tijuana : (664) 688 05 55.

CENTRES CULTURELS
Centro Social, Cívico y Cultural
Bd Costero et av. Club Rotario, Ensenada, B. C., tél. (646) 176 43 10. Ancien casino, aujourd'hui centre culturel avec galerie d'art.

Centro Cultural Tijuana
Paseo de los Héroes et av. Independencia, Tijuana, B. C. Cinéma Omnimax, boutique de cadeaux et restaurant.

FESTIVALS
Carnaval à Ensenada et la Paz, dim. avant carême.
Randonnée à vélo Tecate-Ensenada, juin.
Fiesta de la Vendemia, Ensenada, B. C., tél. (646) 178 36 75. Dégustations de vins et manifestations culturelles en août chez les vignerons locaux.
Bisbee's Black and Blue Marlin Tournament, Los Cabos, B. C. S. Concours de pêche pendant trois jours en octobre.
SCORE Baja 1000, novembre. Rallye 4 x 4 d'Ensenada à La Paz ou circuit dans Ensenada.
Fiesta de San Javier, Misión San Javier, B. C. S., 3 décembre.

PÊCHE SPORTIVE
Bahía de Los Angeles, Los Cabos, le cap Est, La Paz, Loreto, Mulegé et San Felipe. Sur le Pacifique, on peut pêcher à Ensenada et dans la baie de San Quintín.

SPORTS NAUTIQUES
On préférera le golfe de Californie (mer de Cortés), bien abrité, pour le **kayak**, surtout autour de Bahía de Concepción, de Loreto, du cap Est, de La Paz, de Cabo San Lucas et de nombreuses îles. Pour la **planche à voile**, les sites favoris de la côte Pacifique sont, entre autres, Punta San Carlos, Punta Abreojos et les baies de San Quintín, Magdalena, Santa Rosalía et Almejas. Sur le golfe, essayez Bahía de Los Angeles, Punta Chivato, Loreto et le cap Est.
La **plongée avec bouteilles ou masque et tuba** est populaire

au large de Cabo Pulmo et de Cabo San Lucas. Le **surf** est lui aussi populaire, mais il est difficile de louer du matériel. Dans le nord de la Baja, l'hiver est la meilleure période pour surfer.

OBSERVATION DES BALEINES
La saison s'étend de janvier à mi-avril (voir pp. 68-69).

LE NORD-OUEST DU MEXIQUE

CENTRES CULTURELS ET THÉÂTRES
Instituto de Cultura del Municipio (ICM) de Chihuahua
Ocampo et Aldama, Chihuahua, Chih., tél. (614) 410 75 06. Musique, danse et expositions.
Teatro Angela Peralta
Carnaval 47, Mazatlán, Sin. Danses folkloriques de décembre à avril et autres événements toute l'année.

FESTIVALS
Semana Santa, danse des Pharisiens chez les Tarahumaras.
Carnaval de Mazatlán, mardi gras et les trois jours précédents.
Fête navale, Puerto Peñasco et Guaymas, Son., 1er juin. Parades de bateaux, simulacres de batailles navales, feux d'artifice.
La Feria de la Fundación de Durango et **La Feria Agrícola**, Durango, Dur., tél. (618) 812 11 21, deux semaines mi-juillet. Festivités célébrant la fondation de la ville, l'agriculture et l'élevage en ranch. Musique, danses folkloriques, combats de coqs, courses de chevaux et *charreadas*.
Fiesta de la Fundación del Pueblo, El Fuerte, Sin. Novembre ou début décembre. Défilés, courses à pied et danses.

VISITE DES ÎLES
Ecogrupos de México
Guaymas, Son., tél. (622) 221 01 94. Excursions d'une semaine dans les îles de la mer de Cortés.

Parque Pinacate
Excursions d'une journée et bivouac d'une nuit, de novembre à avril. S'adresser à l'office de tourisme ou aux hôtels.

PÊCHE SPORTIVE
Cortez Explorer
Marina San Carlos, Son., tél. (622) 226 08 58. Parties de pêche sportive dans la fosse de Guyamas.
Mazatlán
Une flottille de bateaux de pêche sportive est amarrée dans le port, au sud de la ville.

LE NORD-EST DU MEXIQUE

VISITE DE BRASSERIE
Cervecería Cuauhtémoc
Av. Alfonso Reyes 2202 Norte, Monterrey, tél. (81) 83 28 53 55. Après une visite guidée gratuite de la brasserie, dégustation de bières Carta Blanca.

CENTRES CULTURELS ET THÉÂTRES
Centro Cultural Teatro García Carrillo
Allende et Aldama, Saltillo, Coah. Structure organisant concerts et expositions culturelles.
Teatro Calderón
Av. Hidalgo 501 (sur Plaza Goitia), Zacatecas, Zac. Opéra de la fin du XIXe siècle organisant diverses manifestations culturelles.
Teatro de la Ciudad de Monterrey
Zuazua et Matamoros, Monterrey, N. L. Grand théâtre moderne au cœur de Monterrey.

FESTIVALS
La Morisma, Zacatecas, Zac., août. Pendant trois jours, reconstitution d'une bataille entre les maures et les chrétiens.
Feria Estatal, Zacatecas, Zac., deux premières semaines de septembre. Exposition agricole.

PÊCHE
À Caballero, Méndez, Vicente Guerrero et sur d'autres lacs.

LE MEXIQUE CENTRAL

CENTRES CULTURELS ET THÉÂTRES
Centro Cultural
Hernandez Macias 75, San Miguel de Allende, Gto., tél. (415)

152 02 89. Ancien monastère où ont lieu des cours d'artisanat et des manifestations culturelles.
Instituto Allende
Ancha de San Antonio 20, San Miguel de Allende, Gto., tél. (415) 152 01 90. Centre avec galeries de peinture, bibliothèque et théâtre. Cours d'espagnol et d'arts plastiques.
Teatro de la Paz
Segunda de Villerías, Jardín del Carmen, San Luis Potosí, S. L. P., tél. (444) 812 26 98. Élégant théâtre dans le centre-ville.
Teatro Juárez
Calle de Sopena et Jardín Unión, Guanajuato, Gto., tél. (473) 732 03 97. Symphonies, opéras et autres spectacles.

FESTIVALS
Feria del Queso y del Vino, Tequisquiapan, Qto. Festival du fromage et du vin pendant 2 semaines. Théâtre, danses folkloriques, concerts et corridas.
Feria de San Marcos, Aguascalientes, Ags., tél. (449) 915 11 55, du deuxième samedi d'avril au premier dimanche de mai. Plus grande fête de l'État, avec manifestations culturelles, combats de coqs, danses, corridas et feux d'artifice.
Fiesta de San Miguel, San Miguel de Allende, Gto., tél. (415) 152 65 65. Danses, corridas, feux d'artifice et concerts. S'achève le 29 septembre à l'aube.
Festival Cervantino de Guanajuato, Gto., tél. (473) 732 76 22, septembre. Manifestation culturelle internationale.
Festival Internacional de Jazz, San Miguel de Allende, Gto., 4 jours fin novembre.
Fêtes de Noël, Queretaró.

SPÉLÉOLOGIE
Sotano de las Golondrinas
À côté de Tancanhuitz, à l'est de San Luis Potosi. L'un des meilleurs sites de spéléologie au monde.

LE CENTRE DE LA CÔTE PACIFIQUE

PAPILLONS
Les monarques viennent par milliers passer l'hiver dans les sanc-

tuaires forestiers du Michoacán. Voir p. 176.

CENTRE CULTUREL
Instituto Cultural Cabañas
Guadalajara, Jal., voir p. 148.

SPECTACLES
Ballet Folklórico
Teatro Degollado, calle Degollado Guadalajara, Jal. La troupe de l'université de Guadalajara donne des spectacles de danses régionales le dimanche à 10 h.

Centro Internacional Acapulco
Costera Alemán 4455, Acapulco, Gro. Spectacles de danse et voltigeurs du Veracruz, avec dîner ou boisson, deux fois par semaine. L'orchestre joue plusieurs soirs par mois.
Charreadas
Charro de Jalisco, av. Doctor R. Michel 577, Guadalajara, Jal., tél. (33) 36 19 03 15. Mariachis et spectacle équestre des charros le dimanche midi.
Espectáculo de la Quebrada
Quebrada, Acapulco, Gro., tél. (744) 483 14 00. Les plongeurs se jettent de la falaise toute la journée et le soir, pendant le dîner dansant, avec spectacle musical, au restaurant La Perla de l'hôtel El Mirador Plaza las Glorias.
La Plaza de los Mariachis
Calz. Independencia Sur entre Obregón et Mina, Guadalajara, Jal. Les mariachis jouent en fin d'après-midi et toute la nuit.
Salon Q
Av. Costera Alemán 3117, Col. Costa Azul, Acapulco, Gro., tél. (744) 454 32 52. Danse au son d'un orchestre de salsa et musique tropicale après 22 h.

FESTIVALS
Feria de San Felipe de Jésus, Villa de Álvarez, Colima, deux premières semaines de février.
Día de Nuestro Señor de Xalpa, Taxco, Gro., 6 mars. Fête religieuse locale avec danses régionales.
Feria de Michoacán, Morelia, Mich., premières semaines de mai. Promenades à cheval, expositions et manifestations culturelles et musicales.

SORTIR

Encuentro Internacional del Festival Internacional del Organo, Morelia, Mich., tél. (443) 317 23 71, mai. Festival international d'orgue dans la cathédrale.

Fiestas de Mayo, Puerto Vallarta, Jal., mai. Un mois de festivités avec expositions, musique, feux d'artifice et réjouissances diverses.

Feria de la Guitarra, Paracho, Mich., tél. (443) 317 23 71, août. Des artisans vendent des instruments à cordes faits main.

Mariachi y la Charrería, Guadalajara, Jal., fin août/début septembre. Une semaine de manifestations de *charros* et de musique mariachi.

Fiestas de Octubre de Guadalajara, Jal., tout le mois d'octobre. Mariachis, *charreadas*, opéras, concerts et expositions.

Fiesta de San Ysidro, Tepic, Nay., plusieurs semaines jusqu'au 15 mai. Foire agricole, bénédiction des graines et animaux. **Día de los Muertos**, Janitzio, 1er nov., procession sur le lac.

MEXICO

La rubrique *Tiempo Libre* dans la *Reforma* qui sort le jeudi, dresse une liste de manifestations culturelles et d'expositions, tout comme l'édition du vendredi du quotidien anglophone *The News*. *Concierge* est un mensuel gratuit recensant les manifestations culturelles, expositions et autres activités diverses de la ville de Mexico.

BAR
L'Opera
Cinco de Mayo 10 et Mata, tél. (55) 55 12 89 59. Cantina historique avec décor d'époque, toujours aussi réputée, tant pour la boisson que pour la cuisine.

CORRIDAS
Plaza Mexico
Rodin 241 et Holbein, Col. Napoles, tél. (55) 53 25 90 00. Combats le jeudi et le dimanche à 16 h 30 la plupart des semaines de l'année dans la plus grande arène du monde.

CENTRES CULTURELS ET THÉÂTRES
Auditorio Nacional
Paseo de la Reforma 50, Parque Chapultepec, tél. (55) 52 80 92 50. Un lieu immense près de Polanco et du parc Chapultepec. Musique et représentations théâtrales.

Casa del Lago Mayo
Parque Chapultepec, tél. (55) 55 53 63 18. Au bord du lac, lieu proposant des expositions et une programmation culturelle.

Palacio de Bellas Artes
Av. Juárez et Eje Central, Parc Alameda, tél. (55) 55 21 92 51. Deux heures de ballets folkloriques le mercredi et le dimanche soir et matin. Concerts, opéras et autres spectacles.

Sala Nezahualcóyotl
Insurgentes Sur 3000, Ciudad Universitaria, tél. (55) 56 22 71 28. Excellente acoustique pour toutes sortes de spectacles.

FESTIVALS
Bénédiction des animaux, à la cathédrale, 17 janvier. Pour les animaux domestiques et autres.

Día de Nuestra Señora del Carmen, San Ángel, exposition florale et marché annuel.

15-16 septembre, commémoration de l'indépendance.

Fiesta de la Virgen de Guadalupe, Basílica de la Villa de Guadalupe, 12 décembre. Des centaines de milliers de pèlerins pour la sainte patronne du pays.

Fiesta de Santiago Tlatelolco, le dimanche après le 25 juillet, processions et fêtes populaires sur la place des Trois-Cultures.

Viernes de Dolores, à Xochimilco, vendredi des Rameaux, processions en barques.

LES ENVIRONS DE MEXICO

CENTRES CULTURELS
Centro Cultural de Hidalgo
Arista et Casasola, Pachuca, Hgo., tél. (771) 715 14 11. Théâtre et école d'art.

DIVERTISSEMENTS
Concerts gratuits tous les dimanches après-midi, Jardín Juárez, Cuernavaca, Mor.

Fête de la Fleur, Cuernavaca, Mor., avril. Concours de fleurs et expositions.

FESTIVALS
Assomption de la Vierge, à Tepeztintla (Puebla) et à Huamantla (Tlaxcala). Le 15 août : tapis de fleurs.

Cinco de Mayo, Puebla, Pue., 5 mai. Des festivités hautes en couleur pour célébrer la victoire contre les envahisseurs français.

Fiesta Corpus Christi (Fête-Dieu), à Tepeztintla (Puebla), fin mai-début juin, processions avec fruits et fleurs.

Festival de Nopales, Tlaxcalancingo, Pue., avril. Juste à côté de Puebla, cette ville pittoresque fête le nopal (cactus) avec force victuailles.

Fiesta de Hidalgo, Pachucha, Hgo., deux premières semaines d'octobre. Fête de l'État d'Hidalgo.

Día de la Santa Cruz, Tepotzolán (México), feux d'artifice le 3 mai.

Fiesta de la Asunción, Huamantla, Tlax., 14 août. Lâcher de taureaux dans les rues.

Fiesta de Tepoztlán, Tepoztlán, Mor., début septembre. Fête de la Vierge et du dieu aztèque Tepoztecátl, patron du *pulque*.

Feria del Cafe y del Huipil, Cuetzalán (Puebla), le 4 octobre, grand marché de produits artisanaux et dégustation de café.

CENTRES THERMAUX ET PARCS AQUATIQUES
Sources thermales du Morelos. Renseignements à l'office de tourisme de Cuernavaca, av. Mondos, n° 187 (tél. (777) 314 38 72).

LA CÔTE CENTRALE DU GOLFE

CULTURE
Ballets folkloriques et concerts de l'Orchestre de l'État au Teatro del Estado, Ignacio de la Llave et Ávila Camacho, Xalapa, Ver., tél. (228) 817 31 10.

FESTIVALS
Carnaval, Veracruz, Ver., semaine d'avant-carême, dates variables. Le plus grand carnaval du Mexique.

Día de la Candelaria, Tlacotalpán, Ver., début février. Festival haut en couleur avec lâcher de taureaux dans les rues et processions de bateaux.

Fiesta de Corpus Cristi, Papantla, Ver., 8 semaines et 4 jours après Pâques. Feux d'artifice, combats de coqs, danses et voltigeurs de Papantla.

Fiesta de Santiago Apostle, Santiago Tuxtla et Coatzintla, Ver., 25 juillet. Danses indigènes en l'honneur de saint Jacques.

L'OAXACA

EXCURSIONS EN BATEAU
Baie de Santa Cruz, Bahías de Huatulco. Visitez les neuf baies, avec débarquement sur plusieurs d'entre elles pour profiter des magnifiques plages.

FESTIVALS
Procesión de los Siete Altares, Oaxaca, le Jeudi saint et **fiesta el Encuentro** le Vendredi saint, représentation biblique de la montée au calvaire dans les atriums des églises de la ville.

Fiesta del Señor de las Peñas, San Pablo Etna, 5e vendredi de printemps. Dépôt de vœux sous forme de figurines de paille et de terre devant l'église.

Guelaguetza (Lunes del Cerro), Cerro del Fortín, Oaxaca, les deux premiers lundis après le 16 juillet. Danses folkloriques des sept régions de l'Oaxaca dans un amphithéâtre situé sur une colline.

Benedicción de los Animales, Oaxaca, 31 août. Bénédiction des animaux à l'église de La Merced.

Fiesta de las Velas, isthme de Tehuantepec, de mai à septembre. Célébrations anciennes en l'honneur des différents saints patrons de la ville. Pour les dates, contactez l'office de tourisme d'Oaxaca.

Assomption de la Vierge, 15 août, Santa María del Tula, pèlerinage et marché.

Fiesta de la Cruz de Petición, Mitla, 31 décembre. Les habitants adressent leurs vœux sous forme d'objets en miniature autour d'un feu allumé près d'une croix.

La Noche del Rábano, zócalo, Oaxaca, 23 décembre. Concours de tableaux faits avec des radis sculptés.

DÎNER-SPECTACLE
Hotel Camino Real, Oaxaca. Spectacles folkloriques dans cet ancien couvent.

LE CHIAPAS

THÉÂTRE
Teatro Hermanos Domínguez, Diagonal Hermanos Paniagua, San Cristóbal de las Casas, tél. (967) 678 36 37. Concerts et spectacles de danse.

FESTIVALS
Zinacantán, la Fiesta de San Sebastian, 20-22 janvier, tous les vendredis pendant le carême, Pâques et le carnaval.

San Juan Chamula organise des festivités pittoresques pour le carnaval et Pâques, ainsi que la Fiesta de San Juan (22-24 juin).

Fiestas de Enero, pendant 2 semaines à la mi-janvier. Chiapa de Corzo organise défilés, danses et simulacres de batailles navales avec feux d'artifice.

Carnaval de Tenejapa, une semaine avant carême. Les autorités indigènes courent pendant cinq jours derrière un flûtiste.

Fiesta de San Miguel à Huixtan, le 28 septembre. Nombreuses processions, danses avec échasses et joli marché dans ce village tzeltale.

Festivités en l'honneur de la Vierge de Guadalupe avant le 12 décembre, à Tuxtla Gutiérrez et San Cristóbal de las Casas.

Fiesta de San Tomás à Oxchuc le 20 décembre. Procession avec les autorités indigènes et grand marché.

EXCURSIONS
Excursions à cheval pour visiter les villages indigènes à proximité de San Cristóbal de las Casas. Agences de voyages de la région.

Fôret des Lacandóns : Excursions de 3 à 7 jours, avec bivouacs, organisées par DANA, tél./fax (967) 678 04 68.

LA PÉNINSULE DU YUCATÁN

CENTRES CULTURELS ET THÉÂTRES
Casa de la Cultura
Prol. av. Yaxchilán SM 21, Cancún, Q. R., tél. (998) 884 83 64. Ce centre culturel a un théâtre et organise concerts et conférences.

Teatro Peón Contreras
Calle 60 entre les calles 57 et 59, Mérida, Yuc., tél. (999) 924 92 90. Danses folkloriques deux fois par semaine.

PLONGÉE SOUS-MARINE
Aqua World
Bd Kukulcán, km 15,3, Cancún, Q. R., tél. (998) 848 83 26. Centre aquatique complet : pêche sportive, plongée, etc.

SPECTACLES
Noche Mexicana
Paseo Montejo et calle 47, Mérida, Yuc., samedi 19 h 30-23 h. Danses, musique, artisanat.

Spectacles son et lumière
Le soir à Chichén Itzá et Uxmal, Yuc. Également la Puerta de Tierra à Campeche, Camp.

FESTIVALS
Carnaval, Mérida, mi-carême. Danse de la jarana.

Fiestas del Equinoxio, Templo de Kukulcán, Chichén Itzá, Yuc., premiers jours du printemps et de l'automne. Aux équinoxes de printemps et d'automne, l'ombre d'un serpent descend la pyramide pour rejoindre la tête de serpent en pierre située en contrebas.

Fiesta de San Ildefonso à Izamal le 3 avril. La ville fête son saint patron.

Festival de Jazz, Cancún, Q. R., fin mai. Une semaine de concerts de jazz dans différents lieux.

Hanal Pixan, Mérida, Yuc., jours précédant le 2 novembre. Plats traditionnels et autels venant de tout l'État pour la fête de la Toussaint.

Otoño Cultural, Mérida, Yuc., dernière semaine d'octobre et deux premières semaines de novembre. Musique classique, danses et expositions.

LEXIQUE

GÉNÉRAL
oui : *sí*
non : *no*
s'il vous plaît : *por favor*
merci : *gracias*
de rien : *de nada*
salut : *hola*
au revoir : *adiós, hasta luego*
bonjour (le matin) : *buenos días/hola*
bonjour (l'après-midi) : *buenas tardes*
bonsoir/bonne nuit : *buenas noches*
OK/d'accord : *está bien/de acuerdo/OK*
aujourd'hui : *hoy*
hier : *ayer*
demain : *mañana*
Parlez-vous français ? : *¿Habla usted francés?*
Je suis français/française : *Soy francés/francesa*
Je ne comprends pas : *No entiendo*
Veuillez parler plus lentement : *Hable más despacio, por favor*
Comment vous appelez-vous ? : *¿Como se llama?*
Je m'appelle… : *(Yo) me llamo…*
Allons-y : *Vamos*
À quelle heure : *¿A qué horas?*

AIDE
J'ai besoin d'un médecin/dentiste : *Necesito un médico/dentista*
Pouvez-vous m'aider ? : *¿Me puede ayudar?*
Où puis-je trouver un hôpital/une clinique ? : *¿Dónde hay un hospital/una clínica?*
Au secours ! : *¡Auxilio!*

SHOPPING
J'aimerais… : *Quisiera…*
Combien ça coûte ? : *¿Cuánto es?*
C'est très cher : *Es muy caro*
Vous acceptez les cartes bancaires ? : *¿Acepta tarjetas de crédito?*
taille : *la medida* (vêtements), *el número* (chaussures)
reçu : *el recibo/la nota*
boulangerie : *la panadería*
librairie : *la librería*
marché : *el mercado/tianguis*
pharmacie : *la farmacia*
centre commercial : *el centro comercial, la plaza*
supermarché : *el supermercado, la comercial*

TOURISME
informations touristiques : *información turística*
ouvert(e) : *abierto/a*
fermé(e) : *cerrado/a*
église : *la iglesia*
cathédrale : *la catedral*
exploitation agricole : *la hacienda*
musée : *el museo*
visite : *el tour*
village : *el pueblo*
ville : *la ciudad*

À L'HÔTEL
Avez-vous… ? : *¿Tiene…?*
chambre simple : *una habitación sencilla*
chambre double : *una habitación doble*
avec/sans : *con/sin*
salle de bains : *baño*
vue : *vista*

AU RESTAURANT
carte : *el menú/la carta*
petit-déjeuner : *el desayuno*
déjeuner : *la comida*
dîner : *la cena*
addition : *la cuenta*
à emporter : *para llevar*
menu à prix fixe : *el menú del día*
à la carte : *a la carta*
nourriture végétarienne : *comida vegetariana*

LIRE UN MENU

Voir aussi « La gastronomie », pp. 18-21

apéritif : *el aperitivo*
bière : *la cerveza*
bœuf : *la carne de res*
café : *el café*
café à la mexicaine (sucré) : *el café de olla*
café long : *el café americano*
calamar : *el calamar*
chèvre/chevreau : *la cabra/el chivo*
crevette : *el camarón*
décaféiné : *el descafeinado*
dessert : *el postre*
dinde : *el guajolote/pavo*
eau minérale : *agua purificada*
en-cas typique enroulé dans une tortilla : *el antojito*
épicé : *picante*
lait : *la leche*
langouste : *la langosta*
légume : *la verdura*
limonade/orangeade : *la limonada/naranjada*
pain : *el pan*
plat principal : *el guisado*
poisson : *el pescado*
porc : *el puerco*
poulet : *el pollo*
poulpe : *el pulpo*
purée de haricots frits : *frijoles refritos*
rafraîchissement : *el refresco*
riz : *arroz*
salade : *la ensalada*
Santé ! : *¡Salud!*
soupe (bouillon) : *la sopa*
soupe (crème) : *la crema*
soupe de haricots : *la sopa de frijol*
thé : *el té*
viande : *la carne*
vin : *el vino*

CRÉDITS PHOTOGRAPHIQUES

H = haut ; b = bas ; c = centre ; d = droite ; g = gauche

Couverture (hg), Gettyone/Stone, (hd), Larry Dunmire, (bg), Images Colour Library, (bd), Images Colour Library. 4ᵉ de couverture : Larry Dunmire.

1, Suzanne Murphy-Larronde ; 2/3, National Geographic Society/Tomasz Tomaszewski ; 4, Robert Holmes ; 9, Mireille Vautier ; 11, Suzanne Murphy-Larronde ; 12/13, Streano/Havens/Trip & Art Directors Photo Library ; 14, Suzanne Murphy-Larronde ; 15, National Geographic Society/Tomasz Tomaszewski ; 16/17 National Geographic Society/Stuart Franklin ; 19, Brian McGilloway/Robert Holmes ; 20, Rick Strange/AA Photo Library ; 21, Nik Wheeler/Corbis UK Ltd. ; 23, Suzanne Murphy-Larronde ; 24/25, Gianni Dagli Orti/Corbis UK Ltd. ; 26/27 Robert Frerck/Gettyone/Stone ; 28, AKG - Londres ; 29, Bridgeman Art Library/Londres ; 30/31, Bridgeman Art Library/Londres ; 32, AKG - Londres ; 33, Mireille Vautier ; 34/35, Hulton Getty ; 36/37, National Geographic Society/Tomasz Tomaszewski ; 39, Isabelle Tree/Hutchison Library ; 40, Viesti Collection/Trip & Art Directors Photo Library ; 41, Tony Morrison/South American Pictures ; 42/43, Robert Frerck/Robert Harding Picture Library ; 44, Dave G. Houser/Corbis UK Ltd. ; 45, Charles & Josette Lenars/Corbis UK Ltd. ; 46/47, National Geographic Society/Stuart Franklin ; 48/49, Jamie Carstairs ; 50/51, Danny Lehman/Corbis UK Ltd. ; 52, Sergio Dorantes/Corbis UK Ltd. ; 53, James Davis Worldwide ; 54, Tom Bean/Gettyone/Stone ; 55, David Sanger ; 56, Mireille Vautier ; 57, Edward Parker/Hutchison Library ; 58, Robert Holmes/AA Photo Library ; 59, Stuart Wasserman ; 60h, James Davis Worldwide ; 60b, Lee Foster ; 61, Robert Holmes ; 62, Robert Holmes/Corbis UK Ltd. ; 63, Robert Holmes ; 64, David Muench/Corbis UK Ltd. ; 65, Robert Frerck/Robert Harding Picture Library ; 66/67, Nik Wheeler ; 68, Streano/Havens/Trip & Art Directors Photo Library ; 69, Stuart Westmorland/Corbis UK Ltd. ; 70/72, David Sanger ; 71, David Sanger ; 72, David Sanger ; 73, Robert Holmes/AA Photo Library ; 74, Robert Holmes/Corbis UK Ltd. ; 75, Mireille Vautier ; 76, Robert Cundy/Robert Harding Picture Library ; 78, Robert Francis/South American Pictures ; 79, Nik Wheeler ; 80, Eleanor S. Morris ; 81, Markham Johnson/Robert Holmes ; 82, VISOR S. A ; 83hg, Patricio Robles Gil/Agrupación Sierra Madre ; 83hd, Patricio Robles Gil/Agrupación Sierra Madre ; 83b, Dirk Weisheit/DDB Stock Photo ; 84, National Geographic Society/Joanna Pinneo ; 85, Lee Foster ; 86, Patricio Robles Gil/Agrupación Sierra Madre ; 87, Markham Johnson/Robert Holmes ; 89, National Geographic Society/Phil Schermeister ; 90, National Geographic Society/Joe McNally ; 91, Markham Johnson/Robert Holmes ; carte de National Geographic Maps ; 92, Wendy Shattil et Bob Rozinski/Oxford Scientific Films ; 92/93, John Elk III/Elk Photo ; 94h, Robert

Aberman ; 94b, Robert Frerck/Odyssey/Chicago/Robert Harding Picture Library ; 95, Ernesto Rios/VISOR S. A ; 96/97, Fobert Frerck/Gettyone/Stone ; 98/99, Larry Dunmire ; 100, Jan Butchofsky-Houser/Corbis UK Ltd. ; 101, Kevin Shafer/Corbis UK Ltd. ; 103, Robert et Linda Mitchell ; 104, National Geographic Society/George Grall ; 106, Rick Strange/AA Photo Library ; 107, National Geographic Society/George Grall ; 109, Adalberto Rios/VISOR S. A ; 110, Alex Webb/Magnum Photos ; 111, Patricio Robles Gil/Agrupación Sierra Madre ; 113, Robert Francis/South American Pictures ; 114, Scott Walker ; 115, Patricio Robles Gil/Agrupación Sierra Madre ; 116, Robert Frerck/Odyssey/Chicago/Robert Harding Picture Library ; 117, Suzanne Murphy-Larronde ; 118, Isabella Tree/Hutchison Library ; 120/121, National Geographic Society/David Alan Harvey ; 122, Eleanor S. Morris ; 123, David Sanger ; 124, Suzanne Murphy-Larronde ; 125, Danny Lehman/Corbis UK Ltd. ; 126, Iain Pearson/South American Pictures ; 128, VISOR S. A ; 129h, Iain Pearson/South American Pictures ; 129c, Clotilde Lechuga/VISOR S. A ; 129b, Corbis UK Ltd. ; 130, Mireille Vautier ; 131, Rick Strange/AA Photo Library ; 133, Adalberto Rios/VISOR S. A ; 134, Stuart Wasserman ; 135, Peter Wilson/AA Photo Library ; 136, John Bartholomew/Corbis UK Ltd. ; 137, Diana Dicker ; 139, Brian McGilloway/Robert Holmes ; 140, Danny Lehman/Corbis UK Ltd. ; 141, National Geographic Society/Maggie Steber ; 142, Danny Lehman/Corbis UK Ltd. ; 143, James Davis Worldwide ; 144/145, Larry Dunmire ; 146, Adina Tovy Amsel/Eye Ubiquitous ; 148/149, Rick Strange/AA Photo Library ; 151, Suzanne Murphy-Larronde ; 152, Suzanne Murphy-Larronde ; 153, Buddy Mays/Corbis ; 154, Stuart Wasserman ; 155h, Charles & Josette Lenars/Corbis UK Ltd. ; 155b, Suzanne Murphy-Larronde ; 156/157, Roger Ressmeyer/Corbis UK Ltd. ; 158, Adalberto Rios/Mireille Vautier ; 159, Robert et Linda Mitchell ; 160, Rick Strange/AA Photo Library ; 161, Suzanne Murphy-Larronde ; 162/163, National Geographic Society/David Alan Harvey, 164, Isabelle Tree/Hutchison Library ; 165, Tony Morrison/South American Pictures ; 166/167, Robert Frerck/Gettyone/Stone ; 168/169, Lary Dunmire ; 171, Kelly-Mooney Photography/Corbis UK ; 173, Philip Enticknap/Travel Library ; 174/175, National Geographic Society/Sisse Brimberg ; 177, David Sanger ; 179, Chris Sharp/South American Pictures ; 180, Picturesque Inc./Trip & Art Directors Photo Library ; 181, Mireille Vautier ; 182/183, Robert Frerck/Gettyone/Stone ; 184, Bridgeman Art Library/Londres ; 185h, Bridgeman Art Library/Londres ; 185b, Bridgeman Art Library/Londres ; 186, Nik Wheeler ; 187, Peter Wilson ; 189, Rick Strange/AA Photo Library ; 190, Guy Marks/Travel Ink ; 191, Macduff Everton/Corbis UK Ltd. ; 192, David Sanger ; 193, Mireille Vautier ; 195, Peter Wilson ; 196, Carlos Reyes-Manzo/Andes Press Agency ; 197, Rick Strange/AA Photo Library ; 198h, Michel Zabé ; 198b, Carlos Reyes-Manzo/Andes Press Agency ; 199, Robert Aberman ; 200h, Carlos Reyes-Manzo/Andes Press Agency ; 200c,

Carlos Reyes-Manzo/Andes Press Agency ; 200bg, Michel Zabé ; 200bd, Carlos Reyes-Manzo/Andes Press Agency ; 201, Michel Zabé ; 203, Kelly-Mooney Photography/Corbis UK Ltd. ; 204/205, Carlos Reyes-Manzo/Andes Press Agency ; 205, Bettmann/Corbis UK Ltd. ; 207, M Barlow/Trip & Art Directors Photo Library ; 208, Nik Wheeler ; 209, Rick Strange/AA Photo Library ; 211, Robert Frerck/Gettyone./Stone ; 212, Clotilde Lechuga/VISOR S. A ; 214, Tony Morrison/South American Pictures ; 215, Rick Strange/AA Photo Library ; 216, Suzanne Murphy-Larronde ; 217hd, VISOR S. A. ; 217bg, Ask Images/Trip & Art Directors Photo Library ; 218, Tony Morrison/South American Pictures ; 219, National Geographic Society/Sisse Brimberg ; 220, Robert Cundy/Robert Harding Picture Library ; 221, J. Greenberg/Trip & Art Directors Photo Library ; 222, Nik Wheeler/Corbis UK Ltd. ; 223, Stuart Wasserman ; 224, Iain Pearson/South American Pictures ; 225, AKG - Londres ; 226/227, Jonathan Blair/Corbis UK Ltd. ; 228, National Geographic Society/Kenneth Garrett ; 229, National Geographic Society/Kenneth Garrett ; 230, Rick Strange/AA Photo Library ; 231, VISOR S. A. ; 232, VISOR S. A ; 233, National Geographic Society/Musée National d'Anthropologie, Mexico ; 235, Rick Strange/AA Photo Library ; 236, Diana Dicker ; 237, Diana Dicker ; 238/239, Chris Sharp/South American Pictures ; 240, National Geographic Society/Stuart Franklin ; 241, Jamie Carstairs ; 243h, Museo de America, Madrid, Espagne/Bridgeman Art Library/Londres ; 243c, Rick Strange/AA Photo Library ; 243b, Dave G. Houser/Corbis UK Ltd. ; 244, Edward Parker/Hutchison Library ; 245, Mireille Vautier ; 246/247, National Geographic Society/Kenneth Garrett ; 247, Jamie Carstairs ; 248/249, John Elk III/Elk Photo ; 250, National Geographic Society/Kenneth Garrett ; 253, Suzanne Murphy-Larronde ; 255, Kelly-Mooney Photography/Corbis UK Ltd. ; 256, Jill Ranford/Ffotograff ; 257, R. Powers/Trip & Art Directors Photo Library ; 258, Cri Rodriguez/VISOR S. A ; 259, Isabelle Tree/Hutchison Library ; 266, Macduff Everton/Corbis UK Ltd. ; 267hg, Edward Parker/Hutchison Library ; 267c, Lee Foster ; 267b, Steve Watkins/AA Photo Library ; 268, Dave G. Houser/Corbis UK Ltd. ; 269, Isabella Tree/Hutchison Library ; 270, Mireille Vautier ; 271, Mireille Vautier ; 272, Mireille Vautier ; 273h, David Alan Harvey/Magnum Photos ; 273b, National Geographic Society/David Alan Harvey ; 275, Suzanne Murphy-Larronde ; 276, David Alan Harvey/Magnum Photos ; 278/279, National Geographic Society/David Alan Harvey ; 280, Isabella Tree/Hutchison Library ; 281, Jeremy Horner/Hutchison Library ; 282, Mireille Vautier ; 284, D. Done Bryant/DDB Sstock Photo ; 285, Rick Strange/AA Photo Library ; 286/287, H. Elton/Axiom ; 288, Mireille Vautier ; 289, Robert Frerck/Robert Harding Picture Library ; 290/291, National Geographic Society/Images Colour Library ; 292, Clotilde Lechuga/VISOR S. A ; 293h, D. Donne Bryant/DDB Stock Photo ; 293b, Ken McLaren/Trip & Art Directors Photo Library ; 294, Danny Lehman/Corbis UK Ltd. ; 295hg, Gonzalo Azumendi/AGE/ HOA QUI ; 295hd, Iain Pearson/South American

CRÉDITS PHOTOGRAPHIQUES

Pictures ; 295b, E. Hawkins/Eye Ubiquitous ; 296, Isabelle Tree/Hutchison Library ; 298/299, James D. Nations/DDB Stock Photo ; 300, National Geographic Society/Otis Imboden ; 302, Mireille Vautier ; 303, Fabienne Fossez/Ffotograff ; 304, Charles & Josette Lenars/Corbis UK Ltd. ; 305, Robert Leon ; 306, Patrico Robles Gil/Agrupación Sierra Madre ; 307, Adalberto Rios Szalay/VISOR S. A ; 308, Larry Dunmire/Travel Library ; 310, Larry Dunmire ; 311, Peter Wilson ; 312, Peter Wilson ; 313h, Peter Wilson ; 313c, Larry Dunmire ; 313b, T. Bognar/Trip & Art Directors Photo Library ; 314, Alison Wright/Corbis U. Ltd. ; 314/315, Rick Strange/AA Photo Library ; 317, DDB Stock Photo ; 318h, Caroline Garside/Trip & Art Directors Photo Library ; 318b, World Pictures Ltd. ; 320, Jenny Pate/Hutchison Library ; 321, Chris Caldicott/Axiom ; 322, Picturesque Inc/Trip & Art Directors Photo Library ; 323, Robert Frerck/Gettyone/Stone ; 324, John Elk III/Elk Photo ; 325, Mireille Vautier ; 326, Ask Images/Trip & Art Directors Photo Library ; 327, Erwin et Peggy Bauer/Bruce Coleman ; 328, James D. Nations/DDB Stock Photo ; 328/329, Robert et Linda Mitchell ; 330, Richard Bailey/Corbis UK Ltd. ; 331, Mireille Vautier ; 332, Richard A. Cooke III/Gettyone/Stone ; 333, Suzanne Murphy-Larronde ; 334, Chris Sharp/South American Pictures ; 335, Larry Dunmire ; 336, Eleanor S. Morris ; 337, Macduff Everton/Corbis UK Ltd. ; 338, EJB Hawkins LMPA/Eye Ubiquitous ; 339, Larry Dunmire ; 340/341, Mireille Vautier ; 342/343, Mireille Vautier ; 344, Suzanne Murphy-Larronde ; 345, Peter Wilson ; 346, Mireille Vautier ; 347, Sergio Dorantes/Corbis UK Ltd.

Première institution scientifique et pédagogique à but non lucratif du monde, la National Geographic Society a été fondée en 1888 « pour l'accroissement et la diffusion des connaissances géographiques ».

Depuis lors, elle a apporté son soutien à de nombreuses expéditions d'exploration scientifique et fait découvrir le monde et ses richesses à plus de neuf millions de membres par le biais de ses différentes productions et activités : magazines, livres, programmes de télévision, vidéos, cartes et atlas, bourses de recherche. La National Geographic Society est financée par les cotisations de ses membres et la vente de ses produits éducatifs. Ses adhérents reçoivent le magazine National Geographic – la publication officielle de l'institution. Le magazine existe en français depuis octobre 1999.

Visitez le site web de National Geographic France :
www.nationalgeographic.fr

Mexique

est une publication de la National Geographic Society
Président directeur général : John M. Fahey, Jr.
Président du conseil d'administration : Gilbert M. Grosvenor
Premier vice-président et directeur du Département livres : Nina Hoffman
Directrice des publications des guides touristiques : Elizabeth Newhouse
Éditrice : Barbara A. Noe
Directrice artistique : Cinda Rose
Directeur de la cartographie : Carl Mehler
Coordinateur de la cartographie : Joseph F. Ochlak
Directeur de la fabrication : Gary Colbert
Responsable du projet en fabrication : Richard S. Wain
Consultant : A. R. Williams
Coordination éditoriale : Lawrence Porges

Création et réalisation de AA Publishing
Responsable de projet : Virginia Langer
Responsable artistique : David Austin
Éditrice : Susi Bailey
Graphiste : Jo Tapper
Responsable de la cartographie : Inna Nogeste
Cartographie : AA Cartographic Production
Directeur de la fabrication : Richard Firth
Ingénieur prépresse : Steve Gilchrist
Recherche iconographique : Zooid Pictures Ltd.
Cartes des circuits : Chris Orr Associates, Southampton, GB
Illustrations : Maltings Partnership, Derby, GB
Illustration des récifs coralliens : Ann Winterbotham

Édition originale
Copyright © 2001 National Geographic Society. Tous droits réservés.

Édition française
Copyright © 2004 National Geographic Society. Tous droits réservés.
G+J / RBA pour National Geographic France
Direction éditoriale : Françoise Kerlo
Assistée de Marilyn Chauvel
Chef de fabrication : Alexandre Zimmowitch

Réalisation éditoriale : Bookmaker
Traduction : Virginie de Bermond-Gettle, Annick de Scriba
Mise en page : Béatrice Leroy
Suivi éditorial : Jessie Magana
Consultante éditoriale : Katherine Vanderhaeghe
Consultante informations pratiques : Élodie Magana

Dépôt légal : mars 2004
ISBN : 2-84582-086-0
Toute reproduction intégrale ou partielle de l'ouvrage par quelque procédé que ce soit, est strictement interdite sans l'autorisation écrite de l'éditeur.

FRANCE ISBN : 2-84582-040-2

ITALIE ISBN : 2-84582-039-9

ESPAGNE ISBN : 2-84582-042-9

ÉGYPTE ISBN : 2-84582-066-6

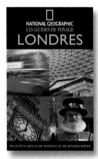

LONDRES ISBN : 2-84582-038-0

PARIS ISBN : 2-84582-037-2

ROME ISBN : 2-84582-043-7

THAÏLANDE ISBN : 2-84582-067-4

BARCELONE ISBN : 2-84582-074-7

AMSTERDAM ISBN : 2-84582-075-5

CANADA ISBN : 2-84582-077-1

FLORIDE ISBN : 2-84582-076-3

FLORENCE ISBN : 2-84582-073-9

VENISE ISBN : 2-84582-072-0

GRÈCE ISBN : 2-84582-078-X

Et aussi

CHINE

CUBA

PRAGUE ET TCHÈQUIE

NEW YORK

IRLANDE

et à paraître

CALIFORNIE

INDE